이 책에
쏟아진
찬사!

"이 책에서는 부담을 느끼면서도 우수한 성과를 거둘 수 있도록 스물두 가지
실용적인 해결책을 제시하고 있다. 게다가 자신감, 낙관, 끈기, 열정을 길러 매
일매일 최선을 다하는 삶을 살 수 있도록 돕는다."
— 에이미 모린, 《나는 상처받지 않기로 했다》 저자

"이 책에서는 어떻게 하면 담대함을 기를 수 있는지 그 길을 알려주고 있다."
— 애덤 그랜트, 와튼스쿨 교수,
뉴욕타임스 베스트셀러 《오리지널스》 저자

"이 책을 읽고 나면 여기 소개되어 있는 비책과 조언, 그리고 도구를 삶에 접
목시키고 싶은 마음이 들것이다."
— 미국 경제지 〈석세스 매거진〉

"이 책은 부담감이 개인생활 및 직장생활에 어떤 영향을 끼치고 있는지 알 수
있는 다양한 연구 사례와 밀착 인터뷰가 놀랍게도 조화롭게 녹아 있다."
— 〈포브스〉

"부담을 느끼면서도 우수한 성과를 올리는 과정을 매우 예리하게 설명하고 있다."

"부담감과 스트레스의 차이를 효과적으로 설명하고 있다. 합리적이면서 사려 깊은 논증이 돋보이는 책이다.

"뛰어난 책이다! 매일 느끼는 부담을 다스릴 훌륭한 로드맵을 제시한다."

"오늘날 중역들은 심신을 약화시키는 부담감의 부정적인 효과를 피하려면, 에너지를 최대한 모아 효과적으로 이용하고 다스릴 수 있어야 한다. 와이신저 박사는 이에 필요한 합리적이면서 실증적인 도구와 기술을 제시하고 있다. 그의 안내를 따라가다 보면 강력한 리더십을 발휘할 수 있게 될 뿐 아니라, 개인적으로도 행복한 삶을 영위할 수 있게 될 것이다."

"이 훌륭한 책에서 와이신저 박사는 성과 심리 체계를 그 어떤 책보다 깊이 들여다보고 있다. 이 작품에 비하면 성과에 관한 다른 모든 조사는 피상적으로 보일 정도이다. 승진하고 싶다면, 이 책을 구입하여 읽고 항상 가까이에 두길 바란다."

"이 책을 통해 부담감과 그것이 초래할 결과를 이해하고, 일상생활 중 부담감을 완화시킬 명쾌한 전략을 배울 수 있다."

"이 책의 저자 와이신저 박사는 스포츠계와 연예계의 인상적인 사례, 과학적 연구 결과, 그리고 실용적인 조언을 담았을 뿐 아니라, 어떤 환경에서든 가장 중요할 때 최선을 다할 방법을 통찰력 있게 그려내고 있다. 면접을 보러가기 전에, 상품 소개를 하기 전에, 업무 평가를 받기 전에, 주주를 만나기 전에, 이 책을 읽어봤으면 한다."

"살면서 가장 중요한 현안을 다루고 있고, 꼭 필요한 기술을 기르는 방법을 소개하고 있다. 이 책에 소개되어 있는 원칙을 통해 매디슨 스퀘어 가든에서 라이브 시작 10분 전에 록 스타들에게 그리고 감독이 '액션'이라고 외칠 때 자신이 잘 할 수 있을지 반신반의하는 주연 배우들에게 내가 하는 조언과 격려가, 부모로서 맞닥뜨리는 다양한 장해물들을 용기 있게 그리고 효과적으로 뛰어넘을 수 있도록 내가 부모들에게 했던 조언과 매우 비슷하다는 것을 독자들은 이해하게 될 것이다. 이는 결혼식 10분 전에 새 신랑·신부에게 하는 조언과도 크게 다르지 않다. 중요한 순간에 부담감을 다스리는 것은 우리가 살면서 누릴 많은 성공을 결정하게 될 것이다."

"이 책에는 주목할 만한 점들이 많이 포함되어 있어서 법대생, 변호사인 두 딸아이와 사랑하는 어머니를 위해 즉각 주문했다. 모든 이들에게, 특히 21세기에 아이들을 가르칠 책임을 갖고 있는 이들에게 필독서이다."

"이 책은 자기계발 분야에서 보기 드문 책이다. 연구 결과를 기반으로 쓰여, 매력적이고 반직관적이며 매우 유용한 책이다. 각 장마다 놀라운 점을 발견했고, 자신감, 낙관, 끈기, 열정을 길러줄 간단하면서 확실한 방법을 배웠다. 아직 다 읽지 못했는데도 내 고객들과 나는 이 책의 혜택을 누리고 있다."
– 하워드 제이콥슨, 플랜트유어셀프 팟캐스트 진행자,
《단백질 중독Proteinaholic》 공동 저자

"이 책은 경영대학원의 부담되는 상황 속에서 어떻게 리더십을 발전시킬지에 대한 나의 시각 자체를 바꿔놓았다. 미시건 경영대학원에서 실력을 갈고 닦아 졸업 후 탁월한 리더십을 발휘하려면 학생들은 스트레스와 부담감을 구분할 수 있어야 할 뿐 아니라, 그 두 가지 모두를 효과적으로 다스릴 수 있어야 한다. 오늘날 복잡하고 역동적인 세계에서 활동하려면, 이 책에 소개되어 있는 장·단기적인 부담감 극복책이 점점 더 중요해질 것이다. 헨드리와 J.P.는 쉽게 이용할 수 있고 언제든 실천할 수 있는 놀라운 안내서를 만들었다."
– 브라이언 T. 플래너건, 미시건 대학교 경영대학원
생어 리더십 센터 상무이사

"극심한 부담감에도 우수한 성과를 올리는 방법을 배우고자 하는 모든 이에게 통찰력 있는 정보를 제공하고 있다. 많은 증거를 바탕으로 성과에 관한 유용하고 실용적인 메시지를 전달하고 있다. 이 책을 적극 권하고 싶다."
– 베로니카 버크, 크랜필드 경영대학원 프로그램 디렉터

나를 난난하게 하는 부담의 심리학

나는 왜
잘하고 싶은데
잘하지 못할까?

헨드리 와이신저 · J.P. 폴루-프라이 지음
정준희 옮김

WINNER'S BOOK

당신은 법정 증인석에 앉았다. 여기서 하는 모든 말은 녹음된다. 해석에 따라 이의제기를 받기도 한다. 그리고 법조문에 근거하여 심사된다. 왜곡된 사실, 제대로 기억하지 못하는 일, 의심스럽게 들리는 진실, 한두 차례의 더듬거림 이 모두가 판결에 중대한 영향을 끼칠 수 있다. 그리고 판결은 당신뿐만 아니라, 다른 사람의 인생도 송두리째 바꿔 놓을, 돌이킬 수 없는 결과를 초래할 수도 있다.

퓰리처상을 수상한 소설, 아카데미상을 받은 영화, 에미상을 받은 텔레비전 작품에서 이런 극적인 사건이 이야기의 중심을 이루는 것은 그리 놀라운 일이 아니다.

그렇지만 밥 앤드리타Bob Andreatta는 가상의 인물이 아니라 실존 인물이다. 그는 사십 대 후반이며, 웨이브가 있는 검은 머리에 검은 테 안경을 썼다. KPMG의 파트너였고, 애플과 픽사의 스톡옵션 소급 적용 혐의 때문에 증권거래위원회에 증인으로 소환되었다.

2013년 샌프란시스코에서 처음 만났을 때 그는 그때의 경험을 여전히 강렬하게 기억하고 있었다. 할리우드 작가를 고용하지 않고도, 이야기는 충분히 흥미진진했다. 그는 증인석에 섰던 5분간의 경험을 자세히 들려주었다.

"머리가 터질 것 같았고 긴장감이 극에 달했습니다. 만약 기소가 되거나 어떤 식으로든 제게 과실이 있다고 판결한다면 명예가 실추되고, 자격증을 박탈당하며, 상장회사에서 더 이상 일하지 못하게 될 게 뻔했습니다. 결국 인생의 실패자가 되는 것이지요. 혹시라도 말을 잘 못할까봐 두려웠습니다. 마치 절벽 위에 서 있는 것 같았습니다."

결과가 어떻게 될지 불확실했기 때문에 밥 앤드리타는 끔찍할 정도로 극심한 부담감에 시달렸다. 그는 결과를 책임져야 하고 그 결과에 따라 '재단'당할 게 뻔했기 때문이다. 발언할 때는 그의 인생에서 가장 중요한 순간이었다.

앤드리타처럼 지금 눈앞에 닥친 일을 훌륭히 해내야만 하며, 만약 실패하면 비참한 결과로 고통 받게 된다는 극심한 부감감에 시달린 경험은 누구나 있을 것이다. 대부분 이런 경우 두려움에 휩싸인다.

지난 20년 동안 이 책의 공동저자 와이신저와 폴루-프라이는 한 사람은 심리학자로서, 다른 한 사람은 뛰어난 코치로서, 그리고 두 사람 모두 연구원이자 컨설턴트로서, 부담감을 느낄 때 사람들이 어떤 감정과 생각에 휩싸이는지 알기위해 방대한 정보를 수집했다.

그들은 워크숍, 세미나, 경영대학원 강의, 임상 치료, 코칭 서비스, 컨설팅 활동 등을 통해 전 세계적으로 다양한 연구를 실시했다. 또한 부담감에 시달리는 사람들을 다년간 연구하며 '조사한 1만 2,000명 가운데 상위 10퍼센트에 속했던 사람들이 다른 사람보다 효과적으로 부담을 다스리고 가장 빠른 승진을 이뤄낼 수 있었던 이유는 무엇일까?' 의문을 가졌다. 단순히 경험담을 수집하는 데 그치지 않고, 최첨단 다면평가(360도 평가)로 이 사람들이 어떤 다른 점이 있는지 알아냈다. 이 평가는 한 사람을 평가할 때 그 사람의 동료, 부하직원, 상사, 고객 그리고 가족과 친구를 포함해 매우 다양한 정보원으로부터 그 사람의 성과 및 행동에 관한 실증적인 정보를 체계적으로 수집할 수 있는 도구이다. 이를 통해 본인의 자아인식에만 의존하지 않고 다각적인 기준에서 그 사람이 부담감을 어떻게 대처하는지 이해할 수 있다. 조사에 응한 1만 2,000명 각각을 여섯 명에서 열네 명에 이르는 관련자가 평가했다. 결과적으로 총 10만 여명이 1만 2,000명의 피험자를 평가한 셈이다. 저자들은 이 평가를 바탕으로 상위 10퍼센트에 속하는 사람들을 찾아냈다. 게다가 매달 J.P.의 건강 및 인간 잠재력 연구소the Institute for Health and Human Potential에서는 전 세계에 흩어져 있는 피험자들에게 짧은 설문지를 보냈다. 설문지는 "부담을 느낄 때 평소보다 우수한 성과를 거두는 것 같습니까?" "부담되는 순간에 실패를 걱정하는 경향이 더 강합니까, 아니면 성공에 집중하는 경향이 더 강합니까?" 등을 물었다. 수만 명의 피험자가 보내온 답변은 부담감의 양상과 극복방법을 찾아내는 데 도움이 되었다.

이 책의 공동 저자인 헨드리 와이신저는 와이신저 부담감 평가목록the Weisinger Pressure Assessment and Inventory을 개발했다. 부담을 느낄 때 어떤 감정이 생기는지, 어떤 생각을 하는지, 어떻게 반응하는지, 부담감을 효과적으로 다스릴 방법이 있는지에 관한 중요한 통찰을 제공하는 임상 평가 도구이다.

지난 15년 동안 이 책의 저자들은 부담 속에서 성과를 올린 사례를 다각적으로 조사한 방대한 연구 자료를 샅샅이 뒤졌다. 여기에는 사회 심리학, 인지 심리학, 스포츠 심리학, 신경과학, 임상 심리학 등의 다양한 연구 자료가 포함되었다.

여기서 중요한 것은 부담감이 성공의 적이라는 사실이다. 부담감은 성과를 갉아먹고, 사람들을 실패의 구렁텅이로 밀어 넣는다. 항공 관제사, 조종사, 석유 시추 책임자가 부담감 때문에 판단 실수를 저지르기도 하고, NBA 농구 선수, 월드컵 축구 선수가 평범한 공을 놓치기도 한다. 응급실 담당 의사와 간호사가 부적절한 판단을 하여 잘못된 진단을 내리기도 한다. 배우가 대사를 잊어버리기도 하고, 정치인이 할 말을 잊어버리거나 말을 더듬기도 한다. 기업 간부, 책임자, 영업 전문가가 어리석은 결정을 내리기도 하고, 부모가 인내심을 갖고 자녀를 지켜보지 못하기도 한다.

따라서 이 책에서는 부담 상황에서 지속적으로 최선을 다할 수 있도록 하는 특성, 즉 자신감, 낙관, 끈기, 열정을 기르는 데 필요한 기본적인 사항을 제시한다. 이 책에서는 자신감, 낙관, 끈기, 열정 이 네 가지를 합쳐서 '코트COTE'라고 부를 것이다. 이 특성은 당신에게 갑옷처럼 입고 다닐 '코트'를 선사할 것이다. 이 코트는 중요한 순간에 지속적으로 부담감을 이겨내고 최선을 다할 수 있는 전략이 될 것이다.

C O N T E N T S

이 책에 쏟아진 찬사

들어가기   004

1부

1장 부담감의 막강한 힘   012

당신이 모르는 부담에 관한 진실 | 똑똑한 학생들이 왜 부정행위를 저지르는
가? | 마이클 조던은 위기에 강하지 않다 | 성공한 사람들의 조금 특별한 부
담감 대처법

2장 부담은 스트레스를 부른다   043

성공해야 한다는 생각은 부담이 된다 | 성공을 결정하는 부담감 | 스탠퍼드는
어떤 사람이 입학할까? | 오늘 발표는 당신의 이력에 그다지 중요하지 않다

3장 부담이란 무엇인가   062

당신이 부담을 느끼는 순간

4장 나는 왜 잘하고 싶은데 잘하지 못할까?   079

선수의 악몽 | 부담은 어떻게 사람들을 초크에 빠뜨릴까? | 상어에게 잡아먹
히지 않고 함께 수영하는 방법 | 당신을 방해하는 생각들 | 〈샤크 탱크〉쇼에
서 승리하는 법 | 부담은 어떻게 행동하게 하는가 | 평소 그대로의 모습으로

5장 부담이 사고에 끼치는 영향   103

위기로 볼 것인가, 도전의 기회로 볼 것인가? | 인지 왜곡이란? | 일생일대의
기회라는 착각은 금물! | 부담감을 증폭시키는 확대 해석 | 부담 조절 장치

6장 부담감의 함정   118

함정은 어떻게 만들어질까 | 응원을 열심히 하면, 경기가 더 잘 풀릴까? | 인
센티브는 오히려 성과를 저해한다 | 1위가 되기 위해 노력하면 안 되는 이유 |
함정을 피할 방법

7장 제 3의 변수   146

잘못된 낙인의 문제점 | 문제가 심각할 때 | 생물학적 특성에 따른 반응 강도 차이

2부 **부담감 극복책**   **166**
부담감을 극복하는 22가지 방법을 사수하라

3부 **갑옷처럼 입고 다닐 '코트cote'를 제작하라**   **238**
부담감을 극복하는 장기적인 전략 '코트 제작'

'코트'의 기원   **242**

자신감   **245**
자신감의 본질 | 자신감은 대형 화재도 잠재운다 | 자신감 기르기 | 자세와 뇌 | 시각화를 통해 뇌의 전원을 켠다 | 승자 효과 | 승자 효과가 뇌에 미치는 장기적 영향 | 소소한 성공을 만들어나간다 | 자신감을 북돋우는 생활습관을 기른다 | 총정리

낙관   **304**
낙관주의자가 누릴 수 있는 혜택 | 낙관주의의 본질 | 낙관 스펙트럼 | 낙관적인 시각을 불어 넣는다

끈기   **349**
끈기의 징글 쟁글 오류 | 재능만으로는 충분하지 않다 | 끈기 DNA | 목표 | 집중 | 결정 피로 현상 | 아침 식사를 하면 일을 더 끈기 있게 할 수 있을까? | 희망 | 대처 | 끈기 있는 사람이 되는 방법

열정   **389**
열정의 뿌리 | 긍정적인 감정이 미치는 효과 | 열정의 과학 | 픽사가 〈토이 스토리2〉를 성공시킬 수 있었던 이유 | 열정을 북돋우는 방법 | 긍정적인 정체성 확립 | 열정을 불러일으킬 단기적인 전략

부담감의 막강한 힘

| 1장 |

결혼 생활 중 느끼는 부담감을 어떻게 극복하면 좋을지 고민해본 적이 있는가? 만약 없다면, 고민해보는 것이 좋다. 결혼 생활을 험난한 가시밭길로 만드는 요소 중 무거운 마음의 짐을 제때 해소하지 않고 방치하는 무능함이 가장 치명적이기 때문이다.

부부 및 가족관계 전문가로 유명한 존 가트맨 박사와 줄리 가트맨 박사의 러브랩Love Lab은 워싱턴 주, 시애틀 도심의 예슬러 테라스에서 멀지 않은 이스트 제퍼슨 거리에 있다. 그곳은 시애틀 대학과 스웨덴 체리 힐 메디컬 센터 사이에 자리한다. 이 연구소의 공식 명칭은 RRIRelationship Research Institute로, 연구소가 둥지를 틀고 있는 평범한 하얀 벽돌 건물은 가트맨 박사 부부의 보금자리이기도 하다. 러브랩이라는 연구소의 별칭은 자유분방한 분위기를 물씬 풍기지만, 실제로는 과학적이고 체계적인 연구소이다.

워싱턴 대학교의 명예교수인 존 가트맨 박사는 지금까지 3천여 쌍의 부부를 연구했고, 상담을 통해 4천 쌍의 부부를 직접 치료했다. 그는 190편의 논문을 발표했고, 공동 집필한 도서를 포함해 40권의 도서를 출간했다. 그중에는 뉴욕타임스 베스트셀러,《행복한 부부 이혼하는 부부The Seven Principles for Making Marriage Work》도 포함되어 있다. 가트맨 박사 부부는 워크숍 및 상담 치료 과정에서 약 8천 쌍의 부부를 만나 실질적인 도움을 줬다.

수많은 경험을 통해 얻은 결과물 가운데 가장 놀라운 것은 사람들을 만나면 어느 부부가 이혼할지 93.6퍼센트 정확히 예측할 수 있다는 것이다. 놀라운 통계치가 아닐 수 없다. 이는 처음 만난 부부의 향후 이혼 여부를 90퍼센트 정확히 예측할 가능성이 100퍼센트가 훨씬 넘는다는 얘기다(정확히 계산하면, 1,000,000,000,000,000,000,000퍼센트에 이른다).

어떻게 이런 일이 가능한 걸까? 존 가트맨 박사는 수십 년간 임상 연구를 해 방대한 자료를 수집했다. 그 자료를 바탕으로 긴장감이 감도는 상황에서 부부가 어떤 식으로 행동하는지 살핀다. 경제적·사회적 조화 능력, 부부 간의 '화학작용', 혹은 부부관계의 핵심이라고 흔히 말하는 여타 주된 요소가 향후 이혼 가능성을 가늠할 수 있는 예측 인자로 꼽힌다. 그렇지만 이혼 가능성을 가장 정확히 예측할 수 있는 단 한 가지 인자를 꼽는다면, 바로 부부가 느끼는 부담감이다. 이것은 숨 막히는 대화 중에 감정이 고조되어 질식사를 하게 되든, 발 빠른 대처로 숨통이 트이든, 이혼 가능성을 예측할 수 있는 가장 훌륭한 가늠자이다.

존 가트맨 박사는 그동안 원만한 결혼 생활에 중요하다고 생각했던 많은 변수가 부부의 백년해로를 예측할 때 무용지물이라고 말한다. 그는 그러한 변수를 조사하는 대신, 화가 치밀어오를 때, 혹은 언쟁을 벌이며 긴장감이 고조될 때 두 사람이 서로에게 어떤 식으로 반응하는지 살폈다. 그 결과 숨 막히는 상황을 지혜롭게 헤쳐 나가지 못하는 부부는 점점 사이가 벌어져 결국 이혼에 이르게 된다는 사실을 발견했다.

그는 연구 과정에 과학적인 방법을 적극적으로 활용한다. 부부에게 첨단 장비를 매달아 심박수, 피부의 전기 전도도(불안 등 감정 변화가 발생하면 땀이 증가하여 피부에 전기가 흐르게 되는) 등 생리적 지표의 변화를 측정하고, 그 결과를 바탕으로 그들이 어떤 식으로 행동하고 있는지, 서로에게 어떻게 반응하고 있는지 파악한다. 그러면 그들이 심적으로 안정되어 있는지, 흥분해 있는지, 혹은 신경이 곤두서서 안절부절 못하고 있는지 미루어 짐작할 수 있다. 그와 동시에 풍부한 경험을 지닌 관찰자가 그들의 행동, 몸짓 언어, 표정, 목소리 등의 변화를 기록하고 코드화한다. 여기에 두 사람이 대화를 나누는 방식과 두 사람이 주고받는 신체 반응에 관한 정보를 결합한다. "두 사람이 이야기를 나눌 때 서로 마주보며 미소를 짓는가, 아니면 인상을 찌푸리는가? 두 사람이 다정하게 붙어서 이야기를 나누는가, 아니면 한 발짝 떨어져서 이야기를 나누는가? 마음의 문을 열고 속마음을 툭 터놓는가, 아니면 마음의 문을 걸어 잠근 채 속마음을 드러내길 꺼리는가? 대화를 나누기 시작한지 어느 정도 지나면 두 사람의 목소리가 격양되는가?" 이러한 정보를 하나하나 꼼꼼히 분석한다.

가트맨 박사는 자신이 수집한 방대한 데이터에 수천 명 심리치료사의 노하우를 접목하여 많은 부부의 관계를 호전시켰다. 그는 전통적인 부부 상담 방식의 문제점을 지적했다. 심리 치료사가 흔히 이용하는 일부 방식이 관계 개선에 그다지 도움이 되지 않을 뿐 아니라, 역효과를 내기도 한다. 전통적인 상담 치료 방식 가운데, 적극적으로 상대방의 이야기를 들어주는 '적극적 경청active listening' 방식이 있다. 이 방식은 두 사람이 대화를 나눌 때 상대방의 잘못을 지적하는 2인칭 화법 대신 자신의 감정을 전달하는 '1인칭 화법'을 쓰고, 상대방이 대화 중 느끼는 감정을 따라 느껴볼 것을 권한다. 이 방법은 결혼 생활 상담에서 오랫동안 주춧돌 역할을 했다. 그러나 가트맨 박사는 자신이 수집한 정보를 통해, 부부 관계 개선에 혹은 상담 치료에 이 방법이 효과가 별로 없다는 것을 보여주었다.

그는 이렇게 말한다. "적극적 경청 방식에 따르면 상대방이 '당신은 형편없는 사람이야.'라고 말하면, 당신은 상대방이 어떤 마음에서 그런 말을 하는지 공감할 수 있어야 하고, 그 말에 담긴 의미를 이해할 수 있어야 합니다. 그러나 우리가 조사한 바에 의하면 아무리 원만한 결혼 생활을 하고 있는 부부라도 상대방의 비방에 그런 식으로 반응하는 경우는 극히 드물었습니다. 누군가 자신을 공격하면, 대개 맞

받아칩니다."

또 가트맨은 이렇게 말한다. "당연한 것입니다. 저는 계좌 잔고 부족으로 수표가 부도나서 돌아오는 경우가 종종 있습니다. 그럼 아내는 제게 몹시 화를 냅니다. 나는 번번이 '미안해, 여보. 다시는 이런 일 없게 할게.'라고 말합니다. 아내는 참다 참다 분노가 폭발하고, 부부 상담을 받는 자리에서 나를 정면으로 공격합니다. 이때 만약 내가 '당신이 무슨 말을 하는지 알겠어. 당신은 정말 화가 났어. 내가 잔고 부족으로 계속 부도를 내고 있으니, 당신이 화를 내는 게 당연해.'라고 말한다고 해봅시다. 그럼 뭐가 달라질까요? 내가 그렇게 말한다고 아내의 기분이 나아지지는 않을 겁니다. 왜냐하면 말만 그렇게 할 뿐 내 행동이 달라지지는 않을 테니까요. 여전히 잔고 부족으로 부도를 낼 테니까요."

그의 연구소에서는 부부를 이혼의 길로 몰아넣는 부정적인 행동 패턴을 발견했다. 첫 번째 행동 패턴은 '부정적인 비판'이다. 상대방을 인신공격하며 불만을 토로하는 것이다. "당신은 내 얘기는 안 듣고 항상 자기 얘기만 해. 너무 이기적이야." 두 번째 행동 패턴은 '경멸'이다. 이 행동 패턴은 특정 부부의 이혼 가능성을 예측할 수 있는 가장 믿을 수 있는 잣대다. "당신은 멍청해."처럼 상대방을 경멸하는 표현을 쓰는 부부는 이혼할 가능성이 그만큼 높다. 세 번째 행동 패턴은 '방어'이다. 상대방이 자신을 비난할 때 방어적인 태도를 취할 수도 있고, 자신의 행동을 정당화시키는 갖가지 변명을 늘어놓을 수 있다. "당신은 항상 내 잘못이래. 그래, 나쁜 건 항상 나지." 상대방이 공격할 때 우리는 그것을 피할 생각으로 방어적인 태도를 취한다. 마지막 행동 패턴은 '담쌓기'와 '무반응'이다. 상대방의 이야기를 벽창호처럼 의식적으로 무시하는 것이다. 상대방의 말을 놓치지 않고 잘 듣고 있다는 무언의 신호를 보내야 원활한 대화가 이루어지는데, 높은 담을 쌓아놓고 그러한 신호를 보내지 않거나 상대방의 말에 아무 대꾸도 하지 않는 것이다.

가트맨 박사의 연구에 의하면 결혼 생활의 성공은 부부 간의 '화학작용'보다는, 막말이 오가는 긴장된 상황에서 마음을 어떻게 다스리느냐에 달려 있다.

부담감을 제대로 극복할 수 없는 부부 혹은 개인일수록, 갈등 상황에서 생리적으로 더 흥분하게 되고, 심적으로 더 경직되며, 보다 충동적으로 행동한다. 이런 경우 보다 쉽게 파괴적인 대화 패턴에 빠져들고, 그 결과 결혼 생활의 만족도가 낮아지고 불만족은 증폭된다. 가트맨 박사는 행복하게 사는 부부는 갈등으로 인한 심적 부담을 좀 더 효율적으로 관리하고, 언쟁을 벌이다가도 극단으로 치닫지 않도록 그 수위를 조절할 수 있다는 것을 발견했다.

러브랩에서는 진정 오랫동안 행복한 결혼 생활을 영위하고 싶다면, 스스로 부담감을 극복할 방법을 배워야 할 뿐 아니라, 배우자 역시 부담감을 극복할 수 있도록 도와주길 권한다.

● 당신이 모르는 부담에 관한 진실

부담에 관한 세 가지 진실이 있다. 이것은 우리도 모르는 사이에,

대개 부정적인 방식으로 일상생활에 영향을 미치고 있기 때문에 막강한 힘을 갖고 있다.

첫 번째 진실, 부담감이 (사람들이 가장 소중히 여기는) 인간관계, 경력, 양육 효과, 중대한 윤리적·도덕적 판단 등에 부정적인 영향을 미친다. 부담감으로 결혼 생활에 금이 갈 수도 있고, 성공 궤도에서 이탈할 수도 있다. 또 어린아이가 부담감 때문에 부모에게서 도망치려 할 수도 있고, 부모의 기대를 충족시켜야 한다는 중압감을 이기지 못해 부정 행위를 저지르고픈 충동에 사로잡힐 수도 있다.

두 번째 진실, 다른 사람보다 부담감을 잘 다스리는 사람도 부담이 없을 때보다 있을 때 통계적으로 우수한 성과를 거두지 못하거나 위기에 제대로 대처하지 못한다. 스포츠팬이라면, 누구나 미디어를 통해 몇몇 운동선수들이 심한 부담감 속에서 더 우수한 성적을 내는, '위기에 강한' 선수라는 극적인 보도를 접한 적이 있다. 간혹 어떤 사람들은 직장에서 부담감을 느낄 때 고객에게 더 많은 이익을 가져다주거나 보다 창의적으로 업무를 처리하거나 생산성이 향상되거나 팀의 일원으로 더 우수한 성과를 거둔다는 얘기를 들었을 수도 있다. 하지만 그것은 사실이 아니다. 뿐만 아니라 이런 드라마 같은 얘기가 끊이지 않으면, 오히려 부담을 가중시켜 성과를 저하하는 역할을 한다.

세 번째 진실, 부담감의 악영향에 효과적으로 대처하기 위해 우리가 선천적으로 갖고 있는 부담감 관리 도구를 지렛대로 이용해야 한다. 부담감을 느낄 때, 대부분 이러한 도구를 지렛대로 이용하지 않아서 불이익을 당한다.

이 통찰은 다양한 조직에서 상황에 따라 알맞게 활용되고 있다. 개인뿐 아니라, 팀도 예측 가능한 방식으로 부담감에 대응하고 있기 때문이다. 일상에서 이 통찰을 정확히 인지하면, 최상의 결과가 절실히 필요할 때 가능한 최선의 성과를 낼 수 있다. 그리고 부담감의 악영향을 없앨 수 있다. 조직 안팎에서 부담감에 시달리고 있는 사람들의 사례를 살펴보자. 그들이 특정 반응을 보이는 이유가 무엇인지 알아보고, 부담감의 부정적인 힘을 증폭시키는 환경은 무엇인지 깊이 이해하자.

● 똑똑한 학생들이 왜 부정행위를 저지르는가?

하버드경영대학원의 하이디 K. 가드너Heidi K. Gardner는 조직행동 석박사과정의 경영학 담당 조교수로, 부담감이 팀의 역학 관계에 어떤 영향을 미치는지 연구하고 있다. 그의 연구에 따르면, 회사나 팀의 미래가 업무 성과에 좌우되어 위험부담이 클 때, 각 팀은 최선을 다하고 싶어 하지만 실제로는 그러지 못하는 것으로 드러났다. 가드너 교수는 전문 서비스를 제공하는 다양한 팀을 폭넓게 조사한 후 이러한 패턴이 되풀이되는 것을 발견했다. 팀이 탁월한 성과를 거두는 데 필요한 요건을 충족시키지 못하고 점점 실패 위험에 휘말린다. 그 결과 고객의 입맛에 꼭 맞는 창의적인 해결책을 제공하지 못하고 표준화된 안전한 접근방식을 선택한다.

또한 가드너 교수는 심한 성과 부담에 시달릴 때 팀이 전문성을 지닌 팀원의 의견을 무시한 채 직급이 높은 구성원의 뜻을 따르는 경향을 파악했다. 의료팀에서도 이와 비슷한 현상을 찾을 수 있다. 의료진 중 가장 뛰어난 실력을 가진 외과 전문의의 견해를 무시한 채, 외과 전문의가 아닌 더 높은 직급 의사의 뜻을 따르는 것이다.

가드너는 이러한 현상을 '성과 부담의 역설performance pressure paradox'이라 부른다. 부담감이 고조되면 중론을 따르는 경향이 강해진다. 이때 사람들은 소수가 알고 있는 전문지식을 무시하고, 다수가 알고 있는 정보만을 경청한다. 이를테면 특정 고객의 기술, 문화, 열망 등에 관한 통찰력 있는 정보를 무시하는 것이다. 다수의 뜻을 따르려는 마음이 강해질수록, 중도 성향의 해결책을 제시하게 된다.

부담감은 사람들의 선택에도 영향을 끼친다. 스타이브슨트 고등학교Stuyvesant High School는 뉴욕에 자리한 아홉 개의 명문 공립 고등학교 가운데 단연 최고로 손꼽힌다. 특목고 입학시험Specialized High Schools Admissions Test을 통해 학생들을 선발하는데 경쟁이 굉장히 치열하다. 학생들은 졸업을 하고 나면 미국 명문대에 입학하곤 한다. 현재 매사추세츠 공과대학교MIT에 다니고 있는 비네이 메이어Vinay Mayar는 그 고등학교의 2010년 졸업생 대표였다.

그는 졸업생 대표 고별사에서 학업에 대한 심한 부담감을 토로했다. 스타이브슨트 고등학교에서는 '교실로 걸어가면서 복도에서 숙제 베끼기', '자유 시간에 무단으로 학교 드나들기', '페이스북을 통한 광범위한 부정행위' 등을 흔히 경험할 수 있다고 말했다. 또한 급우들을 "서로 싸울 준비가 되어 있는, 강인한 사람들의 불안정한 집단"이라고 했다. 불과 몇 달 전, 고등학교에서 발생한 가장 악명 높은 부정행위 중 하나가 스타이브슨트 고등학교에서 일어났다. 백여 명의 '우수한' 학생들이 조직적인 부정행위에 연루되었다. 하지만 그것은 그 학교만의 문제가 아니다. 부정행위 스캔들은 부담감이 극심한 명문 고등학교 및 대학교에서 심심치 않게 일어나는 일이다.

캘리포니아 주, 새너제이San Jose에 위치한 호평 받는 공립학교, 릴랜드 고등학교Leland High School를 몇 달 전에 졸업한 졸업생 아홉 명이 조직적인 부정행위 가담 혐의로 고소를 당했다. 한 학생은 기말 시험 전에 적어도 두 교실에 잠입하여 시험 정보를 빼오라는 지시를 받았다고 한다. SAT 부정행위로 검거된 일당 가운데 스무 명 정도가 학생인 경우도 있었다. 2012년에는 미국정부US Government 수업을 함께 들은 백여 명의 하버드생이 부정행위로 붙잡힌 사건도 있었다.

똑똑한 아이들이 대체 왜 부정행위를 저지르는 걸까? 얼핏 보면, 이해되지 않는 일이다. 그들은 부정행위를 저지르지 않아도 다른 학생을 앞지를 수 있을 만큼 똑똑하다. 뇌 과학을 충분히 이해하고 이를 생물학적으로 설명하면 다음과 같다. 충동을 조절하는 뇌 부위인 외측 전전두 피질lateral prefrontal cortex은 성인이 되기 전까지는 완전히 발달하지 못한다. 반면에 감정적인 행동을 부추기는 뇌 부위인 복측 선조체ventral striatum와 안와 전두 피질orbitofrontal cortex은 사춘기부터 발달하기 시작한다. 따라서 십대는 위험을 감지하는 것보다 스릴을 만끽하고자 하는 욕구가 훨씬 강하다. 그래서 부정행위를 저지르거나 마약을 복용하거나 과속운전을 하게 된다.

특히, 또래와 함께하면 이런 현상이 심화된다. 십대가 종종 부정행위를 집단으로 저지르는 것도 같은 맥락에서 설명할 수 있다. 2010년 템플 대학교의 연구에서 십대는 운전 게임을 할 때 혼자서 할 때보다 친구들이 지켜보고 있을 때 큰 위험을 더 많이 감수한다는 결과가 나왔다. 심지어 충돌도 서슴지 않는 것으로 드러났다.

그러나 교육자와 심리학자(그리고 스타이브슨트 졸업생 대표였던 비네이 메이어)의 주장 중 가장 설득력 있는 것은 부정행위를 저지르는 이유가 부담감 때문이라는 것이다. 칼리지 컨피덴셜College Confidential의 수석 고문인 샐리 루벤스톤Sally Rubenstone은 이렇게 말한다. "시험을 잘 봐야 한다는 부담감 때문에 아이들은 부정행위를 저지를 수밖에 없다고 생각한다." 그레이트넥 노스 고등학교Great Neck North High School의 게이브 캐플런Gabe Kaplan 교장도 이에 동의한다. "시험을 잘 봐야 한다는 극심한 부담감이 부정행위를 부추긴다."

일상에서 아이들은 또래 집단의 압력에 쉽게 넘어간다. 이 때문에 종종 아이들은 훗날 자신을 두고두고 괴롭힐 나쁜 짓을 저지른다. 그 중 하나가 마약 복용이다. 아이들은 또래 집단의 압력에 못 이겨 마약에 발을 들인다. 무책임한 성관계도 그중 하나이다. 가장 비극적인 일은 자살이다. 아이들이 똑똑할지는 모르겠지만, 심적 부담 때문에 그릇된 판단을 내리고 어리석은 짓을 저지를 수 있다는 것은 확실하다.

사람들은 대부분 부담감을 특정 상황의 산물로 생각한다. 이를 테면 9회 말 상황이라든지, SAT 시험을 본다든지, 경영진 앞에서 발표하는 상황이다. 하지만 현실은 그렇지 않다. 부담감은 일상에 존재하는 힘으로, 평소에는 깊숙이 스며든 상태로 위태로워질 때까지 계속 쌓이고 쌓인다.

메리어트 인터내셔널Marriott International 해외 영업부의 수석 책임자, 낸시 메도프Nancy Medoff는 이를 도전이라고 부르며, 이렇게 설명한다.

"기술이 발달하면서, 하루 24시간, 일주일 내내 유·무선으로 연결되어 있어야 하고, 누군가 부르면 즉각 응답해야 하며, 우리 모두 광속으로 움직여야 한다는 기대가 점점 커지고 있다. 이 때문에 끊임없이 내가 뒤처지고 있는 게 아닐까 하는 불안감에 시달린다. 그러다 당신이 짊어진 무거운 짐에 새로운 짐이 얹히는 순간, 부담감이 갑자기 증폭된다. 예를 들면 올해 메리어트에서는 오토그래프 컬렉션(4성급 부티크 호텔들로 구성된 메리어트의 럭셔리 라이프 스타일 브랜드)호텔에 캐리비언의 어떤 유명한 리조트를 추가했다. 그곳은 놀랄 만큼 아름다운 리조트였고, 거의 밤새도록 고객들의 문의 전화가 끊이지 않았다. 고객들은 그 리조트에 대해 더 자세한 정보를 요구했고, 단체로 이용할 수 있는지 물었다. 따라서 우리는 고객의 물음에 완전히 답할 수 있는 전문가가 되어야 하고, 기존에 하던 업무에 그 새로운 업무까지 소화해야 했다."

"이처럼 부담이 급증하면, 할 일을 다 하지 못하는 느낌이 들기 시작한다. 점점 당황하여 어쩔 줄 모른다. 부담감을 제대로 다스리지 못하면, 당신은 누군가 이메일을 보내면 일의 우선순위와 상관없이 즉각 답장을 보내고, 능동적으로 해야 할 일을 찾기보다 수동적으로 대응한다. 원치 않는 사람들에게 원치 않는 영향을 미치기도 한다. 이것은 나의 리더십과 팀의 성과에 부정적인 영향을 미친다."

"이는 직장에서만 일어나는 일이 아니다. 일상에서도 이런 일이 일어난다. 친구가 내게 문자 메시지를 보냈는데, 내가 십분 내에 답하지 않으면 '괜찮아?'라는 또 다른 메시지가 들어온다. 이쯤 되면 나는 폭발할 것 같은 기분이 들고, 이것이 사적인 인간관계에도 악영향을 미치기 시작한다."

트레이더(금융매매 담당원)가 거래 규정을 무시하고 위반하는 것도, 학생이 부정행위를 저지르는 것도 성공해야 한다는 매일매일의 부담감 때문이다. 이는 단순히 최고 경영자나 팀 앞에서 한 차례 발표하고 마는 문제가 아니다. 책임자가 비도덕적인 짓을 저지를 생각을 하는 것은 계획을 수립하고, 금년도 매출 혹은 영업 목표를 달성하며, 연간 보너스를 받아야 한다는 부담감 때문이다.

이쯤 되면 부담감이 비윤리적 행위의 원동력이 될 수 있고, 사람의 성격까지 바꿔놓을 수 있다. 거의 모든 사람은 자신이 다른 사람들, 특히 도움이 필요한 사람들에게 선의를 갖고 있다고 믿고 있다. 텔레비전 예술 및 과학 아카데미the Academy of Television Arts & Sciences 투표에서 역사상 가장 잘 만들었고 가장 성공한 텔레비전 코미디 쇼로 선정된 〈사인펠드Seinfeld〉 마지막 회에서 이러한 믿음의 진위를 테스트했다.

1억 명이 이 마지막 회를 시청했다. 하지만 당신이 못 보았을 수도 있으므로 그 내용을 간략히 설명하면 이렇다. 프로그램의 등장인물 제리, 조지, 일레인, 그리고 크래머는 작은 마을에 살고 있었다. 그들은 그곳에서 힘없는 사람이 강도를 당하는 것을 목격한다. 그러나

네 사람 모두 도와주기는커녕, 당하는 모습을 보고 비웃는다. 그리고 그곳을 떠나기 전, 곤경에 처한 사람을 도와줘야하는 '착한 사마리아인 법Good Samaritan Law'을 어긴 죄로 체포된다. 여기서 우리가 피식 웃고 마는 것은 그들의 행동이 도덕적으로 비난받을 행동일 뿐, 심각하게 받아들일 정도의 문제가 아니기 때문이다. 우리는 그저 혐오스럽고 어처구니없는 그들의 행동을 비웃을 뿐이다. 그러면서 이렇게 확신한다. "우린 저렇게 행동하지 않아. 우리는 착한 사마리아인들이니까!" 그렇지만 정말 그럴까? 심리학자인 존 달리John Darley와 C. 대니얼 뱃슨Daniel Batson은 전통적인 실험을 통해 그렇지 않다는 것을 보여준다.

그 실험의 일부 피험자는 프린스턴 신학교Princeton Theological Seminary 학생들이었다. 우리는 보통 신학생이 윤리적으로 행동하리라 생각한다. 어느 날 아침 연구원들은 그 학생들에게 캠퍼스에서 연설 해야 한다고 설명했다. 그들은 학생들을 두 집단으로 나누고, 첫 번째 집단에는 신학도로서 향후 진로에 관한 연설을 부탁했고, 두 번째 집단에는 설교 준비를 부탁했다. 설교의 주제는 신약 성서에 나오는 착한 사마리아인 이야기였다. 신약 성서에 따르면, 두들겨 맞고 도둑질 당한 어떤 낯선 이를 길거리에서 보았을 때 제사장과 레위인(유대교에서 제사장을 보좌하는 사람)과 상인을 포함해 다른 이들은 그 사람을 죽게 내버려 둔 채 지나가 버렸지만, 착한 사마리아인은 그 사람을 도와주었다.

이 실험에서 학생들은 연설이든, 설교든 실제로는 아무런 약속도

잡혀 있지 않다는 것을 몰랐다. 연구원들이 확인하고 싶은 것은 약속 장소로 가는 길에 발걸음을 멈추고 불쌍한 사람을 도와줄 것인가 하는 것이었다. 요즘 같은 상황에서 윤리적으로 행동하는 성향이 있고 다른 이들에게 사랑의 메시지를 전하는 사람들이 과연 도움의 손길을 더 많이 내밀지 덜 내밀지 궁금했다.

그들은 학생들이 지나가는 길목에 한 남자를 투입했다. 출입구를 가로막고 푹 쓰러져 있는 그는 심한 기침에 신음소리를 내며 몹시 괴로워했다. 옆을 지나간다면 누구나 도움이 필요하다는 사실을 쉽게 알 수 있었다. 연구원들은 각 집단의 학생들 가운데 절반에게는 약속 시간에 늦었다고 말했고, 나머지 절반에게는 시간적 여유가 있다고 말했다. 다시 말해 실험자는 실험에 참가한 학생들 중 절반을 학생자신의 이익을 추구할 것인지 아니면 불쌍한 사람을 도울 것인지 선택해야 하는 부담스런 상황에 밀어 넣었다. 사람들은 대게 타인의 이익보다 자신의 이익을 우선시한다. 여기서 궁금한 것은 '윤리' 때문에 사람들이 자신의 이익보다 타인의 이익을 우선할 수 있을까, 도덕이 사람들에게 그 정도로 강력한 동인 역할을 할 수 있을까 하는 점이었다.

예측하지 못했던 것은 아니지만, 그래도 결과는 실망스러웠다. 착한 사마리아인에 대해 설교하기로 되어 있었던 학생들도 진로에 대해 강의하기로 되어 있었던 신학교 학생들 못지않게 불쌍한 사람 앞에서 발걸음을 멈추지 않았다.

그 상황에 가장 큰 영향을 미친 변수는 약속 장소에 정시에 도착해야 한다는 부담감이었다. 시간적 여유가 있었던 학생들, 즉 시간 부담을 느끼지 않은 학생들 중 63퍼센트는 괴로워하는 사람을 돕기 위해 발걸음을 멈췄다. 약속 시간에 늦었다는 얘기를 들은 학생들 중에서는 10퍼센트만이 걸음을 멈추고 불쌍한 사람을 도왔다. 일부 지친 학생들은 옆 건물로 서둘러가는 도중에, 그 불쌍한 사람을 뛰어넘기까지 했다. 걸음을 멈추지 않았던 피험자들 가운데 상당수가 약속 장소에 도착했을 때 심란하고 불안한 표정을 보였다. 불쌍한 사람을 도울 것인지, 약속을 지킬 것인지 갈등했던 것이 분명했다.

다시 말해 팀의 일원으로 일하고 있는 상황이든, 교실에서 학업에 열중하고 있는 상황이든, 배우자나 파트너와 하기 힘든 대화를 나누고 있는 상황이든, 잠재적으로 사람들은 부담감 때문에 자신도 모르게 평소와 다르게 행동할 수 있다. 아무리 좋은 뜻을 갖고 있었어도, 부담감을 제대로 다스리지 않을 경우 그 뜻이 왜곡될 수 있다.

● 마이클 조던은 위기에 강하지 않다

사람들은 대부분 극심한 부담감에도 기품을 잃지 않는 특별한 이들, 항상 위기를 훌륭히 극복하는 이들, 중요한 순간에 결정타를 날리는 이들이 있다고 생각한다. 이들은 강심장에 부담감을 모르는 사람들 같다.

스포츠팬들은 특히 이런 생각을 많이 한다. 그들은 자신이 응원하는 선수를 영웅화하며, 그 선수는 방탄복처럼 부담감을 막아낼 능력이 있다고 여긴다. 언론뿐 아니라, 스포츠팬들도 부담감 속에서 훌륭한 성적을 거두는 선수를 '위기에 강한 선수clutch player'라고 부른다.

이들은 운동선수가 심한 부담감에도 불구하고 경기에서 훌륭한 성적을 내는 것이 아니라, '부담감 때문에' 우수한 성적을 낸다고 생각한다. NBA 결승전에서 경기 종료 직전에 결승 슛을 넣는 농구 선수, 월드시리즈 9회전에서 홈런을 치는 야구 선수, 월드컵 경기 연장전에서 골을 넣는 축구 선수, 유에스오픈 골프 대회의 서든데스sudden-death 홀에서 퍼트를 성공시키며 우승을 거머쥐는 골프 선수 등이 바로 그렇다. 그들은 슈퍼 히어로다. 그들에 비하면 우리는 너무도 보잘 것 없는 존재다.

부담감은 스포츠를 종종 한 편의 드라마로 만든다. 영화 제작사는 많은 영화에서 그런 절체절명의 순간을 적절히 활용하고 있다. 부담감을 극복하고 극적인 성과를 거두는 영웅의 활약은 몰입도를 높인다. 이러한 영화가 무분별하게 부담감 극복 신화를 퍼뜨리고 있다. 대표적인 사례로 〈내추럴The Natural〉을 꼽을 수 있다. 역사상 가장 사랑받은 스포츠 영화 중 한 편이며, 로버트 레드포드Robert Redford가 주연을 맡았다. 비평가들로부터 호평을 받았을 뿐 아니라, 아카데미상까지 거머쥐었다. 이 영화는 천재 야구 선수 로이 홉스Roy Hobbs의 이야기를 그리고 있다. 그는 방황하는 삶을 살다가 뒤늦게 야구 세계로 온다. 영화에서 그는 가상의 야구팀 뉴욕나이츠의 선수로 출전한다. 그리고 전설적인 야구방망이, '원더보이Wonder Boy'로 꿈같은 일을 이뤄낸다. 우승기가 걸린 9회 말 2아웃 상황에 그가 타석에 서면서 극적인 장면이 펼쳐진다.

그는 몇 차례 파울을 친다. 예전 상처에서 피가 흘러나오며 유니

폼을 적신다. 그러고는 시원한 홈런을 날린다. 하늘 높이 날아오른 공이 경기장 조명탑을 깨뜨리고, 그가 1루, 2루, 3루를 밟으며 달리는 동안 조명탑의 불꽃이 아름다운 불꽃으로 피어난다. 관객과 비평가가 동시에 감동적인 마지막 장면을 사랑했다. 사람들은 로이 홉스를 역사상 최고의 야구 선수라고 생각하며 영화관을 나섰다. 그는 벼랑 끝에서 결정타를 날렸던 것이다. 그것이 바로 스포츠 영웅의 모습이다.

그렇지만 데이비드 그래비너David Grabiner였다면 '말도 안 돼!'라는 생각을 하며 영화관을 나왔을 것이다. 그의 생각이 옳다. 1952년 버나드 맬러무드Bernad Malamud의 원작 소설,《내추럴The Natural》에서는 위기의 순간에 로이 홉스가 스트라이크를 당했고 결국 우승기를 놓쳤다.

데이비드 그래비너는 수학 신동이다. 그는 시험 응시자들 사이에서는 흔히 '퍼트넘'으로 불리는 윌리엄 로웰 퍼트넘 수학 경시대회the William Lowell Putnam Mathematical Competition에서 우승한 바 있다. 이 대회는 1년에 한 번 대학생을 대상으로 열린다. 대학 간의 지적 경쟁을 옹호했던 윌리엄 로웰 퍼트넘William Lowell Putnam을 기리는 뜻에서 그의 이름을 따 1938년에 창시되었다. 많은 이들이 이 대회를 세계에서 가장 권위 있는 대학교 수학 경시대회라고 생각한다. 퍼트넘 경시대회 수상자 중 상당수가 저명한 수학자가 되었다. 많은 이가 수학계의 최고상인 필즈상the Fields Medal을 수상했고, 노벨 물리학상을 수상한 이도 있었다.

이 상은 한 번 받는 것도 대단한 일이다. 그렇기에 두 번 이상 받는 것은 전설에 가까운 일이다. 그럼에도 불구하고, 데이비드는 프린스턴 대학교 재학시절에 그 상을 1986년, 1987년, 1988년 총 세 차례나 받았다. 그러고는 매사추세츠 주 캠브리지에 자리한 하버드 대학교에서 박사 학위를 받았다. 그는 그곳에서 5년을 보내는 동안 보스턴 레드삭스Boston Red Sox의 열혈 팬이 되었고, 자연스레 야구에 대한 사랑과 수학에 대한 열정을 접목하게 되었다. 그는 야구와 부담감, 특히 '적시타'에 대한 부담감 사이의 상관관계를 연구했다. 로이 홉스 같은 가상의 인물 혹은 현실의 야구 영웅들은 '적시타'에 대한 부담감을 느꼈을 것이다. 우리는 그를 인터뷰했고, 연구 결과에 대해 물었다.

데이비드는 단순히 경기를 관람하는 것이 아니라 통계학을 통해 더 깊은 통찰을 했다. 이는 베스트셀러 도서이자 호평 받은 영화인 〈머니볼Moneyball〉 뒤에 숨어 있는 원칙이기도 하다. 〈머니볼〉에서는 전통적으로 선수가 어떤 생활을 하는지, 그리고 타격 실력, 송구 능력, 스피드 등 얼마나 많은 조건을 갖추고 있는지를 바탕으로 선수 영입 여부를 결정했다. 하지만 오클랜드 애슬레틱스Oakland Athletics 팀은 어쩔 수 없는 상황에 떠밀려 통계 자료를 바탕으로 선수를 선발하게 된다. 데이비드는 '위기에 강한 선수'라는 통설 이면에 가려진 진실에 관심을 기울였다. 궁지에 몰렸을 때, 절체절명의 순간에 빛을 발하는 선수가 정말 있는 것일까?

'적시타'를 분석하기 위해 그래비너는 선수 245명의 시즌 경기를 연구했다. 이들은 박빙의 승부가 펼쳐진 경기의 마지막 회에 최소

250번 이상 타석에 섰던 타자들이었다. 부담을 덜 느낄 때보다 더 많이 느낄 때 더 우수한 성적을 거둔 타자가 정말 있었을까? 그는 지속적으로, 이를테면 일 년 넘게 심한 부담감 속에서 더 우수한 성적을 낸 타자들이 있는지 알고 싶었다. 어쩌면 특정 해에만 부담이 적은 경기보다 부담이 심한 경기에서 평균적으로 더 우수한 성적을 올리는 '요행'을 누렸던 것은 아닐까? 다시 말해 정말로 부담이 심할 때 더 우수한 성적을 올리는 선수라면, 그 선수는 한 시즌에서만이 아니라, 다른 시즌에서도 그러한 성적을 낼 수 있어야 한다. 만약 그렇지 않다면 그의 경기 성적은 통계상 정상분포를 크게 벗어난 '비정상적인 값'일 뿐이다. 그래비너는 몇 가지 인상적인 사건을 무시하고, 현재의 데이터를 판단 기준으로 삼기로 했다. 정말로 부담감이 적을 때보다 극심할 때 더 우수한 성적을 거둔 타자가 있었을까?

결론은 '그렇지 않다'였다. 과거 적시타 성적과 현재 적시타 성적 간의 상관관계는 0.03이고 표준편차는 0.06이다. 다시 말해 적시타 동안의 평균 자유투 성공률을 비교했다. 만약 선수들이 점수 차이가 적을 때 시즌 평균 성공률보다 저조한 성적을 거뒀다면, 부담감을 느낄 때 실력이 저하된다. 반면 시즌 평균보다 나은 성적을 거뒀다면, 선수들이 부담감 속에서도 기량을 마음껏 발휘한다고 할 수 있다.

시즌 평균 자유투 성공률은 76퍼센트였다. 하지만 부담감이 가장 극심한 상황에서는 선수들의 자유투 성공률이 69퍼센트로 떨어졌다. 다시 말해 일반적인 경우보다 팀이 1점 차이로 지고 있을 때 자유투 성적은 크게 낮아졌다. 연구 기록자들은 이러한 데이터를 토대로 NBA

선수들이 부담감을 느끼면 평소보다 나쁜 성적을 거둔다는 결론을 내렸다. 스포츠 역사상 가장 훌륭한 선수 가운데 한 명인 전설적인 농구 선수 마이클 조던Michael Jordan도 마찬가지이다.

1998년 유타 재즈Utah Jazz와 시카고 불스Chicago Bulls가 맞붙었던 NBA 파이널 6차전 위기 상황을 살펴보자. 마지막 순간, 모두가 조던에게 공이 넘어오리라는 것을 알고 있었다. 수차례 뛰어난 위기 대처 능력을 보여준 선수였기 때문이다. 조던의 시카고 불스 팀이 경기 종료 16초를 남겨 놓고 1점 차(86대 85)로 지고 있던 절체절명의 순간에, 정말로 조던이 공을 잡았다. 조던은 오른쪽으로 드리블을 하다가 갑자기 왼쪽으로 방향을 틀더니 5.2초를 남기고 점프슛을 쐈다. '철썩' 소리, 공이 그물에 내리꽂히는 소리가 들렸다. 공이 농구골대 림(동그란 링)에 닿지 않고 바로 바스켓 속으로 쏙 들어갔고 조던의 불스 팀은 우승을 거머쥐었다. 사람들의 집단의식에는 그 극적인 성공 장면이 각인되어 있다. 따라서 사람들은 조던을 가장 중요한 순간에 초인적인 힘을 발휘하는 보기 드문 선수라 믿게 되었다. 이는 분명 황홀한 순간이었다. 하지만 별다를 것이 없는 순간이기도 했다. 여기서 우리는 기대와 부담감 차원에서 그 순간을 되짚어볼 필요가 있다.

사실을 규명한다고 그것이 마이클 조던의 명성에 누가 되지는 않을 것이다. 사실 조던은 극심한 부담감을 느낄 때 평소보다 우수한 성적을 낸 적이 없다. 물론 농구팬들은 그렇게 기억하지 않는다. 선수가 평소에 넣은 슛보다 경기 종료 몇 초 전에 넣은 슛이 훨씬 더 기억에 남는다. 훨씬 더 중요한 슛이기 때문이다. 다른 슛보다 그 슛에 의미를 부여할 가능성이 더 높은 만큼, 우리 뇌는 그 슛을 다른 슛보다 쉽게 떠올린다. 심리학자들은 이를 '가용성 편향availability bias'이라 부른다. 조던이 경기 막판에 더 훌륭한 슛 성적을 거두지 않았다는 것은 통계 자료를 보면 알 수 있다. 그는 경기의 승패가 달린 절체절명의 순간에 통산 평균 이하의 성적을 거두었다. 그렇다면 그날 저녁은 어떻게 된 것일까? 조던은 은퇴를 앞두고 시카고 불스 선수로서의 마지막 경기에서 그리고 시카고 불스는 결코 잊을 수 없는 기억으로 남을 저녁에, 한마디로 그가 어느 때보다 심한 부담감을 느꼈을 순간에, 그는 좋지 못한 성적을 냈다. 서른다섯 번 슛을 시도하여 그저 열다섯 번 성공했으니 말이다.

그럼에도 불구하고 사람들은 마이클 조던 같은 일부 선수들이 심한 부담감을 느낄 때 더 우수한 성적을 거둔다고, 절체절명의 순간 위기에 강한 모습을 보여준다고 믿고 있다. 이러한 믿음을 뒷받침해줄 통계학적 근거는 없다. 그런데 우리는 모두 중요한 순간에 더 우수한 성과를 거둬야 한다는 생각을 갖고 있다. 이 근거 없는 믿음이 그런 생각을 부추기고 있다. 조던도 위기에 강한 선수라는 사람들의 생각이 근거 없는 믿음이라고 말한다. 그는 이렇게 털어놓았다. "선수 생활 동안 900번 이상 슛에 실패했고, 거의 300번의 경기에서 졌다. 나를 믿고 팀이 내게 주었던 승부를 결정지을 슛 기회 중 스물여섯 번을 놓쳤다. 살면서 나는 수차례 실패를 거듭했다."

비즈니스계에도 유사한 신화들이 존재한다. 우리 연구소에서 연구했던 사람들, 혹은 우리가 상담 서비스를 제공하고 있는 전 세계 기관에서 일하고 있는 사람들 대부분이 자신은 부담감을 느낄 때 더 나은 성과를 거둔다는 생각을 갖고 있다. 그들은 부담감이 있을 때 문제를 더 잘 해결하고, 창의적으로 사고하며, 보다 우수한 결과를 일궈내고, 전반적으로 더 능률적으로 일한다고 믿고 있다. 한 연구에서 다섯 달에 걸쳐 60여 개국의 7,123명을 조사했는데, 그들 중 67퍼센트가 자신은 '부담감을 느낄 때' 최선을 다하게 된다는 주장에 동의 혹은 강력히 동의했다. 어쩌면 당신도 같은 생각을 갖고 있을지도 모른다. 하지만 그것이 사실일까?

하버드경영대학원 교수인 터리사 애머빌Teresa Amabile은 직장 생활에서 시간에 대한 부담이 직원들의 창의력에 어떤 영향을 미치는지 10년 동안 연구했다. 세계적인 창의력 전문가인 그녀는 하버드경영대학원의 명예교수Edsel Bryant Ford professor of Business Administration이자 하버드경영대학원 연구소장으로, 창의력을 주제로 수많은 영향력 있는 글을 썼고 책을 집필했다.

그녀는 획기적인 방식으로 직장에서의 창의력에 대해 연구했고, 그 과정에서 다른 연구원들이 거의 시도한 적 없는 방법을 사용했다. 그녀는 창의적인 업무를 맡고 있는 사람들이 팀 내에서 얼마나 창의력을 발휘하는지 관찰했다.

"가능한 업무를 방해하지 않으면서 이러한 사람과 팀 그리고 그들의 업무에 대한 실시간 정보를 수집하는 가장 좋은 방법으로, 우리는 연구 참가자들에게 일간 전자 설문지 작성을 부탁했다. 우리는 월요일부터 금요일까지 매일 모든 참가자에게 일간 전자 설문지를 이메

일로 발송했고, 하루가 끝날 때쯤 그 설문지를 작성하여 다시 보내줄 것을 요구했다. 각 팀에서 프로젝트 전체를, 혹은 프로젝트의 특정 단계를 진행하는 동안 각 팀의 연구 참가자들은 매일 설문지를 작성해 보내주었다. 그들의 프로젝트 진행 과정을 조사하는데 5주에서 9개월 정도가 소요되었다."

그녀는 직원들로부터 1만 2,000통의 일간 설문지를 확보했다. 사실 이런 대규모 조사는 부담감이 성과에(이 경우에는 창의력) 미치는 영향을 파악할 수 있는 전례 없는 기회이다.

애머빌은 이렇게 말했다. "나는 25년 동안 연구와 교육에 매진했다. 부담을 느낄 때마다 그것이 창의력과 생산성에 어떤 복잡한 효과를 미칠지 궁금했다. 또 여러 기업과 일하는 과정에서 한 가지 흥미로운 현상을 발견했다. 책임자뿐 아니라, 근로자 상당수가 시간에 대한 부담감이 창의력을 북돋운다는 굳은 믿음을 갖고 있었던 것이다." 여기서 '창의력'이란 사람들이 문제에 접근하여 새로운 해결책을 찾아내는 방식, 즉 기존의 아이디어를 모아 새로운 조합을 만들어내는 능력을 뜻한다.

"우리의 직관과 달리, 부담감이 실제로는 창의력에 부정적인 영향을 미칠 수 있다는 연구 결과를 얻었다. 시간에 대한 부담감이 심한 날에는 참가자들이 창의력을 제대로 발휘하지 못한다는 증거들이 속속 발견되었다. 그런데 놀랍게도 참가자 본인은 오히려 그런 날 자신이 더 창의적으로 생각했다고 보고했다."

"일간 설문지를 살펴보니, 사람들은 마감기간에 대한 부담이 심할 때 가장 창의적으로 일한다는 생각을 갖고 있었다. 하지만 총 1만 2,000일 간의 기록을 취합한 결과는 정반대였다. 시간 압박에 시달릴 때 사람들은 가장 창의력을 발휘하지 못했다. 그리고 일종의 '숙취 hangover' 현상을 발견했다. 시간 부담을 느끼며 일한 그 당일에만 창의력을 발휘하지 못하는 것이 아니라, 다음날, 그리고 그 다음날에도 창의력을 제대로 발휘하지 못하는 일이 벌어졌던 것이다. 마치 술을 마신 당일 뿐 아니라, 다음날과 그 다음날까지 '취기'가 가시지 않는 것처럼 말이다. 시간에 대한 부담감이 창의력을 질식시킨다. 이는 사람들이 문제에 제대로 몰입하지 못해 일어나는 일이다."

애머빌의 연구에서는 사람들이 시간에 대한 부담감 때문에 '열심히 하는 것'과 '잘 하는 것' 간의 차이(심리학 논문에 이는 '힘껏effort-based' 일한다와 '요령껏skilled' 일한다로 표현되어 있다)를 혼동하고 있다는 사실을 찾아냈다. 사람들은 시간 부담 때문에 할 일을 뒤로 미루지 않고 엉덩이 붙일 틈도 없이 바삐 움직이고 있다. 사실 그 덕에 사람들은 훨씬 더 많은 일을 처리하고 있다. 시간(그리고 여타 요인들)에 대한 부담감 때문에 사람들은 자신이 다른 때보다 더 창의적으로 일하고 있다고 생각하지만, 이는 일의 '질적' 향상에는 도움이 되지 않는다. 오히려 그 반대이다. 그런 부담감은 보통 맡고 있는 프로젝트에 부정적인 결과를 초래한다. 애머빌은 이렇게 말했다. "시간 압박이라는 총구 아래, 창의력을 발휘해야 한다면 그들이 맡고 있는 프로젝트는 충격을 면할 수 없다. 그 프로젝트는 회사의 지지도 얻어내지 못하고, 자금 지원도 끊길 것이다. 시간 압박에 사람들은 허겁지겁 더 많은 일을 해내지만, 그 때문에 창의적 사고는 한층 줄어든다." 이러한 효과는 팀에서도 나타난다.

러브랩에서 상담을 받은 부부, 부정행위를 저지른 고등학생, 선의를 갖고 있었던 프린스턴의 신학생, 팀의 일원으로 능률을 추구했던 비즈니스맨, 차기 빅히트 상품을 출시하려던 사업가, 그리고 프로 운동선수 모두 부담감이 자신에게 미치는 부정적인 영향을 인정해야 한다. 로이 홉스의 이야기는 허구이고, 신화이다. 바로 그것이 진실이다.

● **성공한 사람들의 조금 특별한 부담감 대처법**

심한 부담을 느끼면서도 자신의 기량을 십분 발휘할 간단한 방법이 있다면, 그것은 부담감의 부정적인 효과를 최소화하는 것이다.

부담감 없는 인생을 산다는 것은 불가능한 일이므로, 효율적으로 대처해 나가는 것이 관건이다. 다시 말해 부담감이 당신에게 어떤 영향을 미치는지, 어떤 식으로 당신을 위태롭게 하는지 통찰한 뒤 다스릴 방법을 터득하는 것이 중요하다. 우리 연구소의 기업고객이자, 가장 높은 수익을 올리고 있는 북아메리카 최대 은행인 CIBC의 성공한 고위 간부, 앨 도딩턴Al Doddington은 이렇게 말했다. "우리가 바꿀 수 있는 것은 사람들이 느끼는 부담감의 정도가 아니라, 부담감에 대처하는 방식이다. 우리는 어떻게 하면 부담감에 더 효과적으로 대처할 수 있는지 알려줄 수 있다."

우리는 수년간 1만 2,000명을 연구했고, 부담감 속에서도 상위 10퍼센트의 성과를 올린 사람들, 그리고 승진을 거듭하며 통계학적으로 승승장구한 사람들을 통해서 한 가지 사실을 발견했다. 농구 스타 르브론 제임스Lebron James나 뉴잉글랜드 패트리어츠New England Patriots의 쿼터백 톰 브래디Tom Brady처럼 그들은 주변 사람들보다 부담감의 부정적인 영향을 덜 받는다. 이 간단한 사실은 부담감에 대한 마음가짐을 변화시킨다. 즉, '부담'이라는 가시밭길을 지나가야 하는 당신의 험난한 여행을 단축시킬 방법이다. 또한 부담감 극복에 관한 연구에서 우리가 거둔 가장 놀라운 성과물 중 하나이기도 하다.

부담감은 사람들에게 매우 부정적인 영향을 미친다. 이 1,200명 (상위 10퍼센트 집단)은 나머지 1만 800명의 연구 참가자보다 부담감을 더 효과적으로 조절할 수 있었다. 그들도 다른 이들과 마찬가지로 부담을 느꼈고, 분명히 부정적인 영향을 받았다. 하지만 그들은 동일한 부담감을 느꼈던 주변 사람들보다 자기 자신을, 그리고 부담감을 더 효과적으로 조절할 수 있었다.

그들은 슈퍼히어로 같은 전설적인 성과를 거두거나 능수능란한 대처로 '적시타'를 날리지는 않았다. (겉으로는 그렇게 보였을지도 모르지만) 그러한 노력은 오히려 실패를 부른다. 그런데도 사람들은 예상했던 부담 상황이 닥쳤을 때 흔히 이런 시도를 한다.

새로운 일을 맡았을 때의 부담을 예로 들어보자. 사람들은 보통 '내가 가치 있는 사람이라는 것을 보여줘야 한다.', '내 능력을 입증해야 한다.'라는 부담을 느낀다. 스포츠에서 새로 들어온 선수가 무리를 하거나 과욕을 부리는 것도 이 때문이다. 심리학에서는 더 열심히 하여 새로운 환경에 적응하려는 이러한 노력을 '재투자 전략reinvestment strategy'이라고 부른다. 하지만 이러한 노력은 현실적으로 거의 효과를 거두지 못한다. 오히려 불안감과 스트레스를 증폭시켜 성적을 악화시킨다.

사람들은 부담감을 느낄 때 슈퍼맨 같은 성과를 거둘 수 없다. 할 수 있는 것은 그저 최선을 다하는 것뿐이다. 마법처럼 전례 없는 성과를 거두는 일은 일어나지 않는다. 부담의 부정적인 효과는 흔한 일이다. 그렇기에 부담되는 환경에서는 자신의 능력을 100퍼센트가 아니라, 100퍼센트에 가깝게 발휘하는 것이 당신이 할 수 있는 최선이다. 스포츠 통계에서 알 수 있듯, 부담감 때문에 선수들은 최선의 성과를 거둘 수는 없다. 그렇지만 분명 다른 선수보다 부담의 영향을 덜 받는 선수는 있다.

C학점을 받는 학생이 갑작스런 실력 발휘로 높은 SAT 점수를 받지는 못한다. 학기 중에 공부할 의욕이 없어서 우수한 실력에도 불구하고 좋지 못한 학점을 받은 경우라면 몰라도 말이다. 그리고 실제로 특정 거리를 던지는 뛰어난 투포환 선수라 해도 (스테로이드제를 맞지 않는 한) 올림픽에 출전해서 개인 신기록을 갱신하리라 기대할 수는 없다.

부담 속에서 자신의 기량을 100퍼센트에 가깝게 발휘하려면, 평소보다 더 잘해야 한다는 잘못된 믿음을 버려야 한다. 부담감을 느끼면 더 잘할 수 있다는 잘못된 환상은 성과를 저하시키는 비현실적인 기대만 키워 놓는다. 이런 동화 같은 이야기를 굳게 믿고 있으면, 당신 역시 어려운 상황에서 훌륭하게 대처하여 '적시타'를 칠 수 있다고 생각할 것이다. 그런데 막상 자신이 그러지 못하면 당혹감, 수치심, 실망감 같은 괴로운 감정을 느끼게 되고, 훨씬 더 심한 부담감을 느끼는 악순환에 빠진다.

극단적인 예를 들어보자. 만약 부담되는 상황에서 성공할 방법이 과거보다 더 우수한 성과를 거두는 길, 즉 완벽해지는 길밖에 없다고 믿는다면, 자신의 능력을 더 이상 믿지 못할 뿐 아니라 설상가상으로 성공에 전혀 도움이 되지 않는 일을 벌이기 시작한다. 그 결과 처음에 당신을 성공의 길목에 올려놓았던 전략들과 사고방식으로부터 점점 멀어지기 시작한다. 더는 같은 팀에 있는 다른 팀원들을 믿지 못하고, 비난하며 갈등을 빚는 횟수가 증가하기 시작한다.

부담감의 영향을 덜 받는 사람들은 로이 홉스 같은 히어로가 되고자 헛수고를 하는 이들과는 다르다. 그들은 부담감 극복 로드맵을 갖고 있다. 바꿔 말하면 자기 안에 내재되어 있는 '선천적인 도구'를 이용해 자신의 기량을 십분 발휘한다.

사람들은 사고기능, 생리적 반응, 몸동작, 목소리, 감각 같은 선천적인 도구들을 갖고 있다. 얼마나 많은 전문지식과 능력을 갖고 있든, 선의를 얼마나 갖고 있든 상관없이, 이 도구에 따라 부담감을 다스리는 방식이 달라질 수 있다. 부담감의 부정적인 영향을 덜 받는 사람은 부담감에 쉽게 굴복하는 사람보다 이런 선천적인 도구를 훨씬 더 효과적으로 이용한다. 부담감의 부정적인 영향에 정면으로 맞선다.

예를 들면 1만 2,000명의 연구 참가자 중 상위 10퍼센트는 부담되는 상황에서도 비난을 열린 마음으로 받아들이는 능력을 갖고 있었다. 이는 연구 과정에서 우리가 활용한 평가 도구 중 하나기이도 했다.

다른 이가 의문을 제기하거나 냉정한 피드백을 제공함으로써 심적 부담이 커진 상황에서도 그들은 열린 마음으로 정보를 수용하고, 피드백이나 의문을 인신공격으로 받아들이지 않으며, 방어적인 태도를 취하는 법이 없다.

그들은 인지 과정을 통해 어떻게 된 일인지 머릿속으로 되짚어보거나 상황을 새로운 틀에 넣어 재구성해볼 수도 있다. 이는 집중력과 관측능력을 키우는 데 도움이 된다. 자신의 행동이 구체적으로 어떤 결과를 초래하는지 정확히 관측할 수 있다. 또한 비난을 유익한 정보로 받아들인다. 러브랩에서 이혼 가능성이 높은 부부는 동일한 비난을 '공격과 모욕'으로 해석했다.

부담감을 효과적으로 다스리는 사람은 자극으로 생긴 생리적 변화에도 민감하다. 때문에 천천히 심호흡하는 등 다양한 방법으로 자극에 적절히 대처할 수 있다. 그 결과 효율적으로 체내 정보를 처리하고 심적으로 경직되는 것을 막을 수 있다. 그럼 생리적 흥분을 다스리지 못해 일어나는, 반생산적이고 충동적이며 방어적인 막말을 쏟아내는 것도 막을 수 있다. 보통 부담에 수반되는 두려움과 불안 같은 감정에 휩싸이면 어리석을 짓을 저지르게 되는데, 그러한 감정을 제대로 다스리려면 무엇보다도 흥분을 적절히 조절하는 것이 중요하다. 반면 상담차 러브랩을 찾는 부부들은 흥분에 따른 자신의 생리적 변화에 둔감한 편이다. 따라서 그들은 불안감과 분노를 제어하지 못하고 감정을 쉽게 밖으로 드러낸다. 특히 심적 부담을 극대화하는 대화를 나눌 때 이러한 현상이 심해진다.

각각 자신이 갖고 있는 선천적인 도구를 이용하는 법을 알게 되면, 어깨를 무겁게 짓누르고 있는 타인의 기대와 다양한 요구를 감당하기가 한결 수월해질 것이다. 부단히 발표 연습을 하여 어떻게 발표해야 하는지 온전히 체득한다면, 당신은 발표를 훌륭히 해낼 수밖에 없다. 테니스 시합에서는 힘들이지 않고 서브를 넣을 수 있도록 서브 기술을 개발하고 서브 넣는 연습을 하는 것이 무엇보다 중요할 수 있다. 하지만 위기의 순간에 지식을 제대로 활용할 방법이나 실력을 뽐낼 방법을 알려주는 것은 당신이 갖고 있는 선천적인 도구들이다. 이 책의 목적 중 하나가 바로 누구나 선천적으로 갖고 있는 '부담감 조절' 도구를 지렛대로 이용할 방법을 독자들에게 일러주는 일이다.

그렇지만 선천적인 도구도 부담되는 순간에 부정적인 영향을 받는다. 머릿속이 하얘지고 심장이 쿵쾅거려 실력을 제대로 발휘하지 못하게 된다. 그러므로 부담의 본질을 살펴보고, 스트레스와 부담감이 어떻게 다른지 알아보도록 하자.

부담은 스트레스를 부른다

| 2장 |

   '부담을 느끼면서도 우수한 성과를 거두고 리더십을 발휘할 방법'에 관한 세미나 및 워크숍에서 참가자들이 흔히 하는 첫 번째 질문은 바로 "스트레스와 부담감의 차이가 뭡니까?"이다. 이 질문을 자주 하는 이유는 간단하다. 스트레스와 부담감의 공통점이 많기 때문이다. 우선 스트레스와 부담감은 대부분이 달가워하지 않는 존재다. 배우자나 가족에게 더 많은 스트레스를 달라고 요구하는 사람은 아마 없을 것이다. 우리 상담소를 찾은 이들 중 직장에서 부담감이 더 심해졌으면 좋겠다고 말한 이는 단 한 명도 없었다.

   두 번째 공통점은 해로운 행동을 하게 한다는 것이다. 이를테면 섣부른 감정 표출, 파괴적인 자책, 타인에 대한 무분별한 비난, 비윤리적인 행동 등을 초래할 수 있다. 또 스트레스와 부담감을 효과적으로 다스리는 능력은 자신뿐 아니라, 주변 사람들도 갖췄으면 한다. 사람들은 스트레스를 잘 다스리는 상사와 일하고 싶어 한다. 가장 중요한 순간에 목표를 이룰 수 있는 직원을 원한다. 또한 부담 속에서도 자신이 우수한 성과를 거두길 바란다. 사람들이 스트레스와 부담감을 같은 것으로 보는 것도 이 때문이다. 심지어 논문에도 이 두 용어가 종종 잘못 쓰인다. 한 문단 내에서 두 단어를 바꿔 쓰는 경우도 가끔 있다.

그렇지만 스트레스와 부담감은 중대한 차이가 있다. 가령 윔블던 경기에서 우승을 결정짓는 마지막 1점이 걸린 순간, 월드컵 축구에서 승부차기가 벌어지는 순간, 혹은 월드시리즈에서 주자들이 득점 가능한 위치에 나가 있는 상태에서 1점만 올리면 동점이 가능한 9회말 2아웃인 순간을 생각해 보자. 이때 아나운서가 "스트레스가 고조되고 있습니다."라고 말하는 경우는 아마 못 봤을 것이다. 그런 경우에는 보통 "부담감이 고조되고 있습니다."라는 표현을 쓴다. 모두가 스트레스를 받고 부담을 느끼지만, 가장 중요한 순간에 최선을 다하는 방법을 배우기 위해서는 스트레스와 부담감이 어떻게 다른지 이해하는 것이 꼭 필요하다.

부담감을 느낄 때는 그 순간이 초래하는 결과가 매우 중요하여 심한 스트레스를 느끼는 순간이라고 생각할 수 있다. 다시 말해 몸과 마음에서는 부담감을 느낄 때 그것을 스트레스라 생각할 수도 있지만, 심한 부담감을 느끼는 순간은 성패의 혹은 생사의 갈림길에 서 있는 순간이기 때문에 스트레스와는 다르다. 선사시대 사람들에게 부담되는 순간은 즉시 생사가 결정되는 순간을 뜻했다. 그리고 요즘에도 몇몇 사람들은 여전히 이런 순간에 놓인다.

옅은 갈색 빛이 감도는 금발에 신장 1미터 90여 센티미터의 존 러글스John Ruggles는 운동선수처럼 보인다. 그는 J. 랜돌프 리스토레이션스J. Randolph Restorations의 소유주이다. 이 회사에서는 페인트칠, 외벽 청소, 목공 서비스, 테라스 및 울타리 보수, 배관 공사, 전기 공사, 타일 및 지붕 공사 등의 다양한 서비스를 제공한다. 코네티컷 주, 웨스트포트의 던킨도너츠Dunkin' Donuts에서 와이신저 박사Dr. Weisinger를 우연히 만났을 때 그는 일을 하는 중에 종종 겪는 심적 부담이 극대화되는 순간을 이렇게 설명했다.

"약 15미터 높이의 지붕 끝자락을 엉금엉금 기어가서 고압 전기 장치를 설치하고 그 장비 주변에 페인트칠을 해야 합니다. 바람이 특히 심한 날에는 부담감이 더욱 커집니다. 실수를 저질렀다가는 말 그대로 죽습니다." 러글스는 일명 '긴장을 풀고 주의를 집중하는' 방법으로 목숨이 왔다 갔다 하는 순간에 최선을 다한다. "긴장을 풀기 위해 천천히 심호흡합니다. 공기를 들이마시며 공기에서 묻어나는 냄새를 맡습니다. 나는 그 냄새를 좋아합니다. 그러고는 해야 하는 일을 로봇처럼 자동으로 처리합니다." (존은 코네티컷 주의 골프 챔피언이다. 골프를 칠 때도 그는 일할 때와 같은 방법으로 부담감을 다스린다.)

부담감이 아닌 스트레스를 받을 때를 생각해보자. 당신은 그 순간을 중요하게 생각할 수도 있고 부담을 느낄 때와 동일한 생리적 증상 및 현상이 나타날 수도 있다. 하지만 그 순간은 심한 부담감을 느끼는 순간처럼 성공이나 생존이 달려있지 않다. 이러한 차이를 정확히 이해할수록, 상황에 따라 적절히 대처할 수 있다. 걱정할 필요가 없는 것을 걱정한다든지, 항상 신경을 곤두세운 채 어떤 자극에 즉각 대응할 채비를 계속 갖추고 있다든지 하는 감정 소모를 막을 수 있다. 스트레스와 부담을 제대로 구분하지 못하고, 무작정 대응한다면 당신은 결국 진이 빠지고 더는 집중하지 못하며, 맡은 일에 최선을 다하지 못하게 될 것이다. 몇 년 전 존 오도넬John O'Donnell이 부딪혔던 상황을 살펴보자.

우리는 그가 올스테이트 캐나다Allstate Canada의 최고경영자 겸 사장에 오른 지 1년이 지났을 때 만났다. 그는 건장한 체격에 잘생긴 외모를 갖고 있었다. 올스테이트에서 새로운 출발을 하기 전, 그는 골드만삭스와 월트디즈니사에서 심적 부담은 크지만 흥미진진한 일들을 했었다. 그는 자신감 넘치지만 겸손하고, 낙관적이지만 현실적이며, 열정적이지만 신중한 사람이다. 무엇보다 혼란한 상황에서도 냉철함을 잃지 않는 능력을 갖고 있다. 베트남 출신 승려, 틱낫한Thich Nhat Hanh은 이러한 능력을 "작은 배에서 평온함을 잃지 않는 능력"이라고 불렀다.

베트남에서 자랐고 지금은 프랑스에 살고 있는 평화 운동가 틱낫한의 표현에는 베트남의 역사가 반영되어 있다. 과거에 베트남 국민들은 참혹한 환경을 견디지 못해 대혼란을 겪고 있는 조국을 떠났다. 그는 보트피플(난민)이라 불리는 이들을 이렇게 설명했다. "베트남에는 작은 배를 타고 조국을 떠나는 보트피플이 많이 있다. 그 배들은 험한 풍랑을 흔히 만난다. 그럴 때면 사람들은 공포에 휩싸인다. 배가 가라앉을 수도 있기 때문이다. 하지만 배에 탄 사람들 가운데 단 한 사람이라도 냉정함을 잃지 않고 침착한 마음으로 무엇을 하고 무엇을 하지 말아야 할지 정확히 인지한다면, 배가 가라앉지 않도록 할 수 있다. 그 사람의 표정에서, 목소리에서 냉철함과 평온함을 읽는다면, 사람들은 그 사람을 신뢰할 것이다. 그리고 그 사람의 말에 귀를 기울일 것이다. 단 한 명이 수많은 목숨을 구할 수 있다."

'작은 배에서 평온함을 잃지 않는 능력'은 존이 사회생활 및 개인 생활에서 수차례 필요했던 특성이기도 하다. 그의 아내는 어머니와 할머니 두 분 모두 유방암으로 돌아가셨기 때문에 자신이 유전적으로 유방암에 걸릴 확률이 높다는 것을 알고 예방하기 위해 양쪽 유방을 절제하는 수술을 받아야 할지 말지 힘든 결정을 내려야 했다. 당시 존이 새로운 직장인 올스테이트 캐나다로 출근하기 시작한 지 얼마 안 되는데다가 가족들은 애틀랜타에서 토론토로 이사하느라 정신이 없었기 때문에 결정을 내리기가 쉽지 않았다.

존은 스트레스와 부담감을 구분하는 데 도움이 될 이야기를 들려주었다. 그는 예전에 해병대에서 비행 교관으로 복무한 적이 있다. 우리를 만나기 15년 전, 캘리포니아 주 미해병대 펜들턴 기지에서 그는 코브라 헬기를 조종할 신입 조종사 교육을 맡고 있었다. 코브라 헬기는 두 개짜리 회전 날개에 쌍발엔진이 장착된 공격용 헬리콥터였다. 어느 날 오후 존은 신입 훈련병을 가르치며 '슬라이딩 착륙' 시범을 보였다. 그것은 엔진이 나간 경우 사용하는 방법이었다. 그가 헬기의

고도를 낮추는데 어디선가 날카로운 소리가 들렸다. 그것은 착륙 시 결코 듣고 싶지 않은 소리였다.

오도넬은 착륙하려다 말고 헬기의 고도를 다시 높이며 다른 조종사에게 착륙 장치를 확인하도록 지시했다. 나중에 알아낸 사실이지만, 기존에 가 있던 금crack 때문에 착륙 장치의 스키드skid 부분, 즉 코브라 몸체 아래 달린 스키 모양의 두 개의 편평한 금속 막대 부분이 유실된 상태였다. 그 부분이 없으면 헬기 착륙은 불가능했다. 코브라 같이 가로 폭이 좁은 공격용 헬기는 스키드가 없으면 한쪽으로 기울어질 수밖에 없다. 헬기의 회전 날개가 멈춘 상태라면 이것이 문제될 게 없지만, 돌아가고 있는 상황이라면 대형 참사를 부를 수 있었다.

비행 하느라 회전 날개가 멈추지 않고 돌아가고 있었던 상황이므로 관제소에서는 비상사태를 선언하지 않을 수 없었다. 남은 연료로 비행 가능한 시간은 46분, 46분 동안 존과 지상 관제팀은 안전하게 착륙할 방법을 찾아내야 했다.

이런 순간이 바로 부담감이 극대화되는 순간이다. 스트레스와 부담감의 차이를 이해하는 것이 부담되는 순간에 효과적으로 대처할 방법을 익히는 첫걸음이다. 따라서 스트레스와 부담감의 차이점을 몇 가지 더 살펴보는 것이 좋을 듯하다.

● 성공해야 한다는 생각은 부담이 된다

1936년부터 널리 쓰이기 시작한 '스트레스'라는 용어는 한스 셀리Hans Selye가 만든 조어다. 그는 스트레스를 '변화 요구에 대한 신체의 일반적인 반응'으로 정의했다. 생물학적 성격이 짙은 한스의 정의는 심리학적 성격이 강한 스트레스 정의의 토대가 되었다. 그리고 그 정의는 직장에서 요구하는 바를 충족시킬 능력이 부족할 경우, 혹은 부족하다고 느낄 경우 사람들이 스트레스를 경험한다는 시각을 발전시켰다. 연구원들은 이 시각을 체계적으로 연구했고, 시각을 뒷받침하는 다양한 증거를 찾아냈다. 현재 이 시각은 널리 인정받고 있다. 대출금 상환하기, 직장에서 제몫 다하기, 가정에서 훌륭한 부모 노릇하기 등 하루 동안 당신에게 쏟아지는 각종 요구를 생각해 보라. 스트레스는 당신에게 요구하는 바는 너무 많지만 그 요구를 충족시킬 자원, 이를 테면 시간, 돈, 에너지 등은 충분하지 않을 때 발생한다. 공항으로 친구를 마중 나가고, 아이들을 축구장에 데려다주고, 저녁에 먹을거리를 사오고, 세탁소에 맡긴 세탁물을 찾아오고, 우체국 문이 닫히기 전에 우체국에 갔다오고, 손님이 오기 전에 청소를 하는 하루가 바로 스트레스가 심한 하루이다. 직장에서도 비슷하다. 이를테면 두 가지 프로젝트의 마감기한을 맞추고, 끝도 없이 이 회의, 저 회의에 참석하고, 요구사항이 많은 까다로운 고객에게 일일이 대응해야 하는 하루 말이다. 당신은 스트레스를 느끼며 쏟아지는 요구에 짓눌린다.

　　존 오도넬은 과부하에 걸린 듯한 느낌이었다. 비상근무 때 그는 중대 배치를 어떻게 할지 계획도 세웠고, 야간 경영 수업도 들었고, 결혼 계획도 세웠고, 미국 최고의 명문 경영대학원에 제출할 지원서도 작성했다. 그런 나날 속에서 그의 생활은 이미 긴장감이 팽배해 있었다. 다시 말해 그는 스트레스에 시달리고 있었다. 존의 하루를 보면 스트레스와 부담감의 심오한 차이를 알 수 있다. 비상 상태가 발생하기 전까지 그가 했던 모든 활동은 스트레스를 유발하는 활동이지만 부담감을 유발하는 활동은 아니다. 그가 중대를 어떻게 배치할지 준비를 하지 않았다고, 혹은 야간 수업에 참석하지 않았다고 그의 경력이 무너지거나 목숨이 위태로워지지는 않기 때문이다.

부담감과 그 효과를 연구하는 이들은 특정 행동의 결과가 성패를 가른다고 느낀다면 부담되는 순간이라고 말한다. 일반적으로 성과에 따라 사람들은 성공에 한 걸음 다가설 수도 있고, 몇 걸음 뒷걸음질 칠 수도 있다. 조상들은 이러한 순간이 생존과 관련되어 있었다. 한마디로 그들은 특정 행동 때문에 살 수도 죽을 수도 있었다. 그들에게 성공은 하루 더 살 수 있게 되었음을 의미했다. 오늘날은 상관 앞에서 훌륭히 발표를 마치면 그 결과로 승진할 수도 있고, 업무 수행에 꼭 필요한 프로젝트를 망치면 그 결과로 좌천당할 수도 있다.

스트레스에 시달리는 상황에서는 다양한 방법으로 스트레스를 다스릴 수 있다. 그러나 부담되는 상황에서는 선택지가 단 하나뿐이다. 맡은 일을 올바르게 해내는 방법밖에는 없다. 안전하게 헬기를 착륙시키는 일이든, 설득력 있게 발표를 하는 일이든, 농구에서 승부를 결정짓는 자유투를 넣는 일이든, 맡은 일을 성공적으로 완수하는 것 외에는 달리 방법이 없다. 여러 가지 방법으로 부담감을 조절할 수는 있겠지만, 부담되는 상황의 마지막 단계는 항상 특정 임무를 수행하는 것이다. 스트레스 상황에서는 '완화'가 목표라면, 부담 상황에서는 '성공'이 목표이다. 만약 당신이 항상 성공해야 한다는 생각을 갖고 있다면, 그것은 당신이 항상 부담감에 시달리고 있다는 얘기다.

　존의 하루를 통해 이 차이를 뚜렷이 확인할 수 있다. 다음 날 비행 스케줄을 짜는 동시에 얼마 후 있을 중대 배치에 필요한 군수품과 사격 훈련장을 확보하는 등 아침부터 수많은 일들을 조정해야 한다면, 그는 스트레스를 느낄 것이다. 하지만 요구사항을 정확히 처리하지 않는다고, 그가 성공이나 생존에 치명타를 입지는 않을 것이다. 그가 특정 행동을 성공적으로 수행해야만 하는 상황이라면, 그것은 부담되는 상황이다. 코브라 헬기를 성공적으로 착륙시키지 못한다면, 훈련병인 부조종사와 존은 아마도 죽을 것이다. 그것이 부담감이다. 비록 극단적인 예지만, 존이 직면했던 상황은 부담되는 순간의 주된 특징을 보여준다. 스트레스를 느끼는 것은 마찬가지이지만, 부담되는 순간이 더 중요한 것은 효과적으로 대응하면 성공에 한 걸음 다가가게 되지만 부적절하게 대응하면 종종 좌천당할 수도 있고 아예 해고당할 수도 있기 때문이다. 존은 위급한 상황에 효과적으로 대응해야 했다. 그러지 못했다면 그는 영원히 '도태'되었을 수도 있다. 스트레스가 짓눌리는 느낌이라면, 부담감은 "성공하지 않으면 안 된다."는 느낌이다.

　스트레스 상황에서는 긴장 완화 기술을 이용해 우리는 짓눌리는 느낌을 줄이고 균형 잡힌 시각과 침착함을 되찾을 수 있다. 그렇지만 부담되는 상황에서는 긴장 완화가 도움이 될 수는 있어도, 요구사항을 훌륭히 충족시켜야 하는 무거운 짐을 덜어주지는 못한다. 맡은 일을 훌륭히 해내지 못하면, 성공에 다가갈 수 없다. 존이 아무리 평정심을 유지했어도, 헬기 착륙에 성공하지 못했다면 그는 부담되는 상황에서 훌륭한 성과를 거뒀다는 평가를 받지는 못했을 것이다.

● 성공을 결정하는 부담감

인간이 진화하면서 스트레스와 부담감은 각각 특정 기능을 수행했다. 인간은 태초부터 주위 환경으로부터 많은 요구를 받았다. 포식동물과 마주치면 도망치거나 맞서 싸우고, 먹을 것을 구하러 다니며, 거처를 마련하고, 불이 꺼지지 않도록 지키며, 자손을 돌보고, 제천의식에 참여하는 등 생존에 필요한 요구를 충족시키려면, 시간과 노력이 필요했다. 그래서 스트레스 반응이 발달했다. 스트레스는 일할 채비를 하도록 우리 몸에 화학적 연쇄반응을 불러일으킨다. 우리 몸을 깨우고, 할 일이 있다는 것을 알려준다. 따라서 스트레스는 우리에게 도움이 되었다. 이는 오늘날에도 해당되는 이야기이다. 다만 주변에서 요구하는 것이 너무 많아서 요구를 다 충족시킬 수 없는 지경에 이르면 이야기가 달라진다. 그때는 스트레스의 부정적인 결과들이 하나둘 나타나기 시작한다. 하지만 그 전까지는 스트레스가 도움이 될 수 있다. 이는 이미 다양한 연구에서 수백 번 입증된 사실이다.

반면 부담감은 다른 기능을 수행한다. 부담감은 '선택 기제'로 발달했다. 부담감은 인생에서 누가 성공하고 누가 성공하지 못할지 결정하는 역할을 했다. 첫아이를 어떻게 훈육할 것인가를 놓고 아내와 다투는 것은 스트레스 받는 일이다. 당신을 쫓아오는 포식동물을 피해 달아나는 것은 스트레스를 넘어, 극도의 심적 부담을 느낄 일이다. 도망칠 길을 찾아내든 아니면 포식동물의 공격을 막아내든 해야 한다. 만약 그렇지 않으면 당신은 죽음을 면치 못할 것이다. 심적 부담이 극대화되는 순간은 목숨이든 경력이든 당신에게 매우 중요한 무언가가 위태로운 순간이다.

선사 시대 사람이 부담을 느끼는 순간은 실제로 목숨이 위태로운 순간이다. 이편에서 저편으로 건너뛰지 못하면 즉각 죽을 수도 있다. 그 사람에게 "성공하지 않으면 안 된다."라는 생각은 매우 '현실적인' 평가다. 하지만 오늘날 이러한 생각은 부담되는 순간에 사람들을 탈선시키는 원초적인 사고라 보는 것이 가장 적합한 평가가 아닐까 한다.

당신이 미해군 특수부대 요원, 경찰, 등반가, 항공 교통 관제사, 응급실 담당의사 등 위험 부담이 심한 환경 속에서 일하는 사람이 아니라면, 부담이 극심한 상황에 처해 있다고 해도 정말로 목숨이 왔다 갔다 하지는 않는다. 하지만 원초적 차원에서 부담감에 수반되는 생각과 감정은 비슷하다. 당신이 우수한 성과를 거두지 못할 경우, 그것이 당신이나 다른 사람에게 부정적인 영향을 끼칠 수도 있고, 당신이 좌천을 당하거나 출세 길이 막힐 수도 있다.

● **스탠퍼드는 어떤 사람이 입학할까?**

부담감의 기능을 엿볼 수 있는 가장 대표적인 기회는 바로 대학 입학 과정이다. 해가 지날수록 고등학교 졸업생들은 대학 입학을 위해 점점 더 치열한 경쟁을 벌이고 있다. 원하는 대학으로부터 입학 허가를 받는 것은 젊은이들에게 향후 성공의 중대한 관문을 통과하는 것이자 도약의 발판을 마련하는 길이다.

에린 앤드루스Erinn Andrews는 이 경쟁에 대해 어느 정도 알고 있다. 그녀는 스탠퍼드 대학교에 성공적으로 입학했을 뿐 아니라, 그곳에서 학사, 석사, 박사 학위까지 받았다. 그 후 스탠퍼드 대학교의 입학사정관으로 일하며 7년 동안 입학지원자들의 지원서를 검토했다. 우리는 그녀를 만나기 위해 캘리포니아 북부에 위치한 그녀의 집까지 찾아갔다. 그곳은 스탠퍼드 캠퍼스에서 그리 멀지 않은 곳에 있었다.

에린은 경쟁력 있는 대학에 들어가기 위해 믿을 수 없을 정도로 치열한 경쟁이 벌어지고 있다고 했다. 일부 대학은 입학 가능성이 매우 낮아서 입학 허가를 받는 것이 복권에 당첨되는 것과 같다. 2014년 예일 대학교의 합격률은 7퍼센트였고, 하버드 대학교는 6퍼센트였다. 스탠퍼드 대학교는 5퍼센트로 미국에서 가장 낮은 합격률 이었다. 거의 완벽한 입학 시험 점수에 높은 내신 점수를 보유하고 있는 학생들도 이 대학들에 합격하지 못하는 일이 다반사이다. 그녀는 이렇게 말한다. "고등학생들은 믿을 수 없을 정도로 커다란 부담감을 느끼고 있습니다." 대학 지원 과정은 상당히 복잡하다. 학생들은 특정 학교에 지원하는 모든 지원자와 경쟁하는 것이 아니라, 특정 '풀pool'에 속한 학생들하고만 경쟁한다. 즉 동일 지역 출신의 학생, 동일한 운동 능력을 지닌 학생, 혹은 여타 동일한 독특한 특성을 지닌 학생과 경쟁하게 된다.

다시 말해 만약 당신이 샌프란시스코 베이 에어리어에서 사립학교를 다닌 학생이고 내신 성적이 우수하며 스탠퍼드 대학교에 들어가고 싶어 한다면, 그런 사람은 당신만이 아니라는 것이다. 에린은 동일

지역의 명문 사립학교 출신 50명이 스탠퍼드 대학교에 동시에 지원하는 경우도 있다고 말했다. 스탠퍼드 대학교에 들어가기 위해 이 학생들이 느낄 부담감을 상상해 보라. 스탠퍼드 대학교에서는 2,200명을 뽑는데 지원자는 4만 2,000명에 달한다.

입학 과정을 거론하며 그녀는 이렇게 말한다. "우리가 막대한 권력을 쥐고 있다는 것을 알고 있습니다. 어느 누구도 이 일을 가볍게 생각하지 않습니다. 우리는 정말 최선을 다합니다. 대학의 인재상에 맞는 학생을 뽑기 위해, 그들이 제출한 지원서에 적힌 내용이 얼마나 진정성을 갖고 있는지 밝혀내려 심혈을 기울입니다. 어떤 면에서 우리가 마치 학생들의 운명을 가르고 있다는 느낌이 드는 경우도 있습니다. 질릴 정도로 부담감을 느끼는 것은 저만이 아닙니다."

입학 과정에서 사정관들은 일괄적으로 많은 지원서를 읽고, 입학 자격이 있다고 생각하는 학생을 가려낸다. 그러고는 여러 명의 선발 담당자들로 구성된 입학생 선발팀 앞에서, 그 다음은 (학교에 따라 다르지만) 학장 앞에서 그들의 우수한 점을 설명한다. 그녀는 이렇게 말했다. "때때로 입학사정관으로서 당신은 정말 마음에 드는 학생을 적극적으로 추천할 수 있습니다. 하지만 그들이 합격하지 못할 경우, 당신은 참담함을 느낄 수 있습니다. 학교에 커다란 기여를 할 것 같은 학생을 입학시키지 못할 때 그런 기분이 듭니다. 가족 중 대학 나온 사람이 아무도 없는 학생이 가족 대표로 처음으로 대학에 진학하려 했는데 아깝게도 불합격했을 때도 그런 마음이 듭니다."

클래스룸 컨피덴셜Classroom Confidential 같이 다양한 정보를 제공하는 온라인 사이트의 확산은 입학 과정의 부담감을 부채질할 뿐이다. 학생들은 다양한 대학교에서 일어나고 있는 일을 파악하고, 무엇보다도 다른 학생들의 고등학교 내신 평균 평점과 SAT 같은 표준시험의 점수를 알기 위해 사이트를 방문한다. 앤드루스는 이렇게 말했다. "비교는 부담감과 불안감을 가중할 뿐입니다. 이 사이트를 통해 얻을 수 있는 정보는 얼마 안 됩니다. 누군가의 내신 성적과 표준시험 점수에 대한 정보일 뿐, 그 사람을 제대로 파악하기에는 너무도 부족한 정보입니다. (게다가 그것이 솔직한 점수이기나 할까요?) 따라서 그것은 사실 아무 도움도 되지 않는 비교입니다. 장님이 장님의 길을 인도하는 격입니다."

지속적으로 우수한 내신 성적을 받고, 표준시험에서 고정적인 점수를 확보하며, 훌륭히 에세이를 작성하는 학생은 대학에 합격할 것이다. 그렇지만 불합격한 불운한 학생들은 도태의 길로 접어들고, 경우에 따라서는 좌절감에 자신의 인생이 끝났다고 생각할 수도 있다. 이는 부담감에 따른 원초적 반응이다.

균형 잡힌 시각을 가졌다면, 입학 과정에서 부담감이 환경 차원에서, 진화 차원에서 어떤 쓸모가 있는지 간파할 수 있다. 조직(환경)은 엄격한 선발 기준을 통해 합격생이 심한 부담감도 효과적으로 극복할 수 있는지 확인할 수 있다. 뛰어난 내신 성적, 우수한 표준시험 점수, 높이 평가할 만한 스포츠 활동 및 창의적 활동도 마찬가지이다. 선택받은 소수의 학생들은 자신감과 열정이 넘치고, 낙관적인 시각과 끈기를 갖고 있다. 스탠퍼드와 여타 명문 대학들이 지적이고, 혁신적이며, 창의적이고, 도전적인 환경을 지켜나갈 수 있는 것도 바로 이러한 특징 때문이다.

● 오늘 발표는 당신의 이력에 그다지 중요하지 않다

스트레스와 부담감을 제대로 구분하지 못하면 끔직한 결과를 초래할 수 있다. 예상보다 회의가 길어지거나, 동료가 내놓은 결과물이 실망스러운 스트레스 상황이 마치 인생의 성공을 좌우하는 매우 부담되는 상황처럼 무겁게 느껴지기 시작한다. 실제로는 성공에 아무런 영향도 미치지 않는 다소 불편한 상황일 뿐인데도 말이다. 지속적으로 압박감을 느끼고, 항상 성과를 보여줘야 한다는 강박관념에 시달리기 시작한다. 부담 불안 증상pressure anxiety이 점점 심해지기 시작한다. 또한 직장에서 모든 일을 매우 중요하게 생각한다. 이런 태도는 공연스레 고통스런 부담감을 유발하고 심화한다.

그저 일상적인 스트레스 상황일 뿐인데 심각한 부담 상황으로 착각하면, 심리적으로, 육체적으로 상황에 맞지 않는 반응을 하고, 부적절한 행동을 하게 된다. 정말 위험한 것은 단순한 스트레스를 심각한 부담으로 종종 혼동하다가 그것이 아예 몸에 배어 명료히 생각하는 능력을 상실하는 것이다. 스트레스를 부담으로 잘못 진단함으로써 공연히 능력 저하만 초래할 수 있다.

예를 하나 살펴보자. 우리 연구소의 한 개인고객이 제약회사의 영업부문을 맡게 되었다. 그 제약회사에서 상당히 규모가 큰 사업이었다. 회사 전체적으로 커다란 변화 바람이 불고 있었고 몇 분기 동안

내세울만한 실적을 올리지 못했기 때문에, 영업부문은 사업상 중대한 한 해에 직면해 있었다. 그는 우리에게 이렇게 말했다. "내일은 중대한 한 해의 포문을 여는 날이니 만큼, 내 이력에서 가장 중요한 날이 될 것입니다." 정말로 그의 이력에서 가장 중요한 날일까? 45년에 걸친 그의 긴 이력에서? 우리는 그에게 생각의 속도를 늦추길 권했다. 이는 균형 잡힌 시각을 유지하고, 반생산적인 자기 비하를 막을 수 있다. 이렇게 함으로써 그는 상황을 조금 더 깊이 들여다보고 정확히 평가함으로써 무엇이 정말 중요한지 찾을 수 있었다.

그는 자신이 스트레스 상황을 부담 상황으로 잘못 생각하고 있었다는 것을 확실히 깨달았다. 그는 그 날을 심한 부담을 느낄 수밖에 없는 중요한 날처럼 생각했지만, 실제로 그 날은 그의 이력에서 그리 중요한 날이 아니었다. 스트레스가 심한 날인 것은 맞지만, 그렇다고 그의 이력과 회사의 존폐가 갈리는 날은 아니었다. 그리고 그는 새로운 한 해를 시작하는 날에 대한 자신의 과민반응이 오히려 주변 사람들에게 부정적인 영향을 미치고 있다는 것을, 공연스레 불안감을 조성하여 성과를 저하시키고 있다는 사실을 깨달았다.

부담 속에서 우수한 성과를 거두기란 결코 쉽지 않은 일이다. 스트레스 상황과 부담 상황을 혼동하면, 훨씬 더 어려워진다. 왜냐하면 궁극적으로 그리 중요하지 않은 일에 신체, 정신, 감정 에너지를 허비하기 때문이다. 그럼 진짜로 부담되는 상황이 닥쳤을 때 효과적으로 대처할 자원이 부족해지고, 다른 이들이 느끼는 부담감에 관심을 기울이기가 한층 어려워질 것이다. 그것이 다른 이들의 부담감을 덜어주는 길이자, 당신이 다른 이들과의 관계를 돈독히 할 좋은 기회인데도 말이다. 2008년 말 금융위기가 절정에 달했을 때, 시카고의 노던 트러스트사Northern Trust Corporation의 최고경영자, 릭 워델Rick Waddell은 심적 부담이 심한 상황에 처했다. 그는 당일 아침 파산한 경쟁사에 대한 중대한 소식과 금융위기에 당사가 어떤 식으로 대처하고 있는지 인터뷰를 하느라 녹음실에 있었다. 그는 투자자와 고객, 그리고 직원들에게 자사는 파산한 경쟁사와는 상황이 다르다는 믿음을 심어주려 노력했다. 인터뷰 직후 복도에서 앤드루 스티븐스Andrew Stevens와 마주쳤을 때 릭은 당연히 마음이 몹시 무거운 상태였다. 앤드루는 노던 트러스트, 인력관리부 부사장이었고, 회사의 보고체계상 릭보다 세 직급 아래에 있었다. 그러므로 앤드루는 릭이 자신을 얼마나 정확히 기억하고 있을지 확실히 알 수 없었다. 그는 인터뷰를 마치고 나오는 릭을 보고, 걸음을 멈추고 인사했다.

릭은 "안녕하세요, 앤드루 부사장님. 오늘 아침 뉴스 들으셨죠?"라고 말하다가, 갑자기 하던 말을 멈추고 앤드루를 쳐다보더니 이렇게 말했다. "하긴 그런 게 다 무슨 소용있나요…… 요즘 어떻게 지내세요?" 앤드루는 깜짝 놀랐다. 릭은 앤드루의 대녀가 2주 전 세상을 떠난 것을 기억하고 있었을 뿐 아니라, 자신이 겪고 있는 모든 복잡한 상황에도 불구하고 앤드루에게 어떻게 지내는지 물어보았던 것이다. 그들은 잠시 대화를 나누었고, 앤드루는 릭에게 안부를 물어봐주어서 고맙다는 뜻을 전했다. 그로부터 6년이 지났는데도 앤드루는 어제 일처럼 그 순간을 생생히 기억하고 있다. "극심한 부담감에 시달리고 있는 상황에서 어떻게 그는 내가 잘 지내고 있는지 잊지 않고 물어볼 정신이 있었는지 모르겠습니다. 나는 그 일을 결코 잊지 못할 겁니다. 나는 많은 이들에게 그 이야기를 했습니다."

우리는 간단한 부담감 완화 전략을 이용하여 많은 이들이 부적절한 상황에 부담 반응을 일으키지 않도록 도와주었다. 그 방법인즉, 부담감을 느낄 때마다 "이 상황이 정말 내가 이렇게 반응할 상황일까? 쓸데없이 과민 반응하는 건 아닐까? 지금 이 상황에 내가 어떻게 대처하느냐가 성공에 정말 중요한 영향을 미칠까?"라고 스스로에게 물어보는 것이다. 이에 대한 답변을 통해 당신은 자신이 정말 위태로운 상황에 놓여 있는 것인지, 아니면 그저 스트레스를 느끼는 것인지 측정할 수 있다.

상기 전략을 통해 당신은 긴장감을 완화시킬 수 있을 뿐 아니라, 비뚤어진 생각, 과도한 흥분, 적대적인 충동 발언 등의 부적합한 부담 반응도 줄일 수 있다. 그 결과 필요할 때 꺼낼 쓸 수 있는 더 많은 자원을 손에 넣을 수 있고, 실제로 부담되는 상황에서 우수한 성과를 올릴 수 있는 채비를 갖추게 된다. 이는 결코 사소한 일이 아니다. 직장인들에게 코칭 서비스를 제공하는 과정에서 우리는 그들이 스트레스와 부담감을 혼동하여 점점 녹초가 되는 현실을 목격했고, 그 때문에 직장생활에서 궤도를 이탈하기도 하고 가정생활에서 부부관계가 소원해지는 것도 보았다.

존 오도넬은 코브라 헬기를 땅에 안전히 착륙시킬 방법을 정확히 알지 못했다. 스키드 부분이 소실되었고 남은 연료로 버틸 수 있는 시간이 46분뿐임을 알았을 때, 그와 훈련생의 앞날이 어떻게 될지 알수 없었다. 모든 불리함을 딛고 쉽지 않은 착륙을 이뤄내야 했다. 존은 부담감 극복 전략 및 해법을 이용해 창의적으로 사고하고, 관제소와 공조하여 안전히 착륙할 혁신적인 방법을 찾아내야 했다.

우리는 사회생활 그리고 개인생활 중 이따금 이렇게 해야 할 때가 있다. 일반적으로 스트레스가 심한 단계에서 부담감이 고조되는 단계로 접어들었을 때, 수반되는 어려움을 극복하고 우수한 성과를 거두려면 도구가 필요하다.

오도넬은 관제소와 공조하여 이용 가능한 재료를 동원해 임시 착륙대를 만들었다. 그는 마치 '바늘 위에 착륙하는 것' 같았다고 웃으며 말했다. 존도 부담감을 느꼈을까? 물론이다. 그는 자신의 임무를 완벽히 수행했을까? 물론 그렇지는 않다. 하지만 삶에서 부담감이 극대화하는 가장 위험한 순간에 당신이 '완벽할' 필요는 없다. 그저 당시 상황이 요구하는 행동이나 임무를 올바르게 해내면 된다. 부담감을 다스릴 때 요구를 충족시킬 가능성도 높아지고, 기량도 100퍼센트에 가깝게 발휘할 수 있다. 그래야 비로소 당신은 비행할 수 있는 하루를 또 다시 맞이할 수 있게 될 것이다.

부담이란
무엇인가

| 3장 |

2012년 10월 29일 새벽 (직경으로 측정했을 때) 역사상 대서양 최대 허리케인이라 할 수 있는 '슈퍼스톰Superstom' 샌디Sandy가 애틀랜틱시티 북동부, 뉴저지 해안에 착륙했다. 약 1,800km 밖까지 강풍이 불었다. 샌디는 미국 역사상 두 번째로 커다란 피해를 끼친 허리케인이었다. 2013년 6월 즈음 총 손실액이 집계 되었는데, 680억 달러가 넘었다. 이보다 더 큰 피해를 입힌 허리케인은 카트리나Hurricane Katrina뿐이었다. 샌디가 지나가는 길목에 있던 일곱 개국에서 최소 286명이 목숨을 잃었다.

2012년 11월 13일, 뉴욕 주지사 앤드루 M. 쿠오모(Andrew M. Cuomo는 모어랜드법the Moreland Act: 1907년 셔먼 모어랜드에 의해 도입된 법으로 주지사의 직권으로 특정 기관, 부서 등의 운영 실태를 조사할 수 있게 했다—옮긴이)에 입각하여 뉴욕 전력 기관을 조사할 모어랜드 위원회를 설치했다. 이는 슈퍼스톰 샌디와 (지난해 그 지역을 강타했던) 허리케인 아이린Hurricane Irene을 포함해, 뉴욕 주에 영향을 끼친 일곱 개의 대폭풍에 이들 기관이 어떻게 대처하고, 어떤 준비를 하고 있으며, 어떻게 운영되고 있는지 조사하기 위해서였다.

몇 달간 조사가 계속되었고, 6월 비 내리는 어느 토요일 밤, 내비건트 컨설팅Navigant Consulting의 이사 겸 최고경영자인 줄리 하워드Julie Howard는 한 통의 전화를 받았다. 다음날 조간신문에 당사가 모어랜드 위원회 조사에 연루되었다는 기사가 실릴 거라고 했다. 내비건트는 상장기업으로, 에너지, 보건, 건설, 금융 서비스 부문에서 기업들의 중대한 비즈니스 리스크 관리를 돕는 컨설팅 전문 업체였다. 롱아일랜드 전력공사(the Long Island Power Authority, 이하 LIPA)는 내비건트의 주요 기업고객이었다. 내비건트는 수년간 LIPA에 컨설팅 서비스를 제공해오고 있었다.

줄리는 전화 내용을 듣고 큰 충격을 받았다. 모어랜드 위원회의 조사 보고서에서 내비건트가 LIPA에 제공한 일부 서비스에 의혹을 제기했다는 기사가 실릴 예정이라고 했다. 그리고 위원회에서 LIPA의 임원들이나 내비건트를 상대로 형사고발을 할 수 있는지 브루클린 연방 검찰에 검토를 요청해놓은 상태라고 했다. 전화를 끊고 그녀가 얼마나 걱정했을지 쉽게 상상할 수 있다. 그녀는 내비건트가 어떤 불법도 저지르지 않았다고 확신했고, 궁극적으로 당사의 무죄를 입증하리라 자신했다. 하지만 그사이 내비건트의 평판이 크게 훼손될 수도 있었다.

줄리는 여러모로 불확실하고 한정된 정보밖에 갖고 있지 않지만, 즉각 행동 계획을 세우고, 대응책을 마련하고, 우수한 성과를 거둬야 한다는 중압감을 느꼈다. 일상적인 부담감에 이 부담감이 추가됐다. 무엇보다도 한 순간도 경계심을 늦춰서는 안 된다는 느낌이 강렬히 밀려들었다. "최고경영자가 되면, 회의 때마다 논의를 주도하고, 중대한 지적 기여를 하며, 불확실한 상황 속에서 현명히 최종 결정을 내리리라는 기대를 한 몸에 받게 됩니다. 원하든, 원하지 않든, 최고경영자라는 자리에는 이러한 기대가 수반됩니다."

그녀는 사람들 앞에서 연설하는 것도 상당히 부담스러워 했다. "항상 사람들의 이목이 집중됩니다. 고무적인 이야기나 재치 있는 말을 해야 한다는 부담을 느낍니다."

또 기대를 충족시키고 우수한 성과를 거둬야 한다는 부담이 끊이지 않았다. 줄리는 상장회사의 최고경영자로서 매일 이러한 부담을 안고 살아가고 있다. 그리고 이 경우에는 모어랜드 위원회의 보고서가 회사에 미칠 잠재적 영향을 정확히 알 수 없었기 때문에 부담이 한층 가중되었다. 그녀는 직장생활 중 그 어느 때보다 심한 부담을 느꼈다.

이 상황은 전형적인 부담 상황이었다. 부담 상황의 구체적인 내용이야 각양각색이지만, 다음 세 가지 공통된 특성 때문에 두려움과 불안감을 불러일으킨다. 부담을 느낄 때 사람들이 기량을 제대로 발휘하지 못하는 것도 다음과 같은 특성 때문이다.

- 당신에게 결과가 중요하다.
- 결과가 불확실하다.
- 당신은 결과에 책임을 느끼며, 그 결과로 평가받게 되리라 생각한다.

　결과가 당신에게 중요하고 불확실할수록, 그리고 결과에 책임을 많이 느낄수록(그 결과로 자신이 평가받게 되리라 생각할수록), 부담감은 심해지고 좋지 못한 성과를 올릴 가능성은 높아진다. 결과가 당신에게 중요하기 때문이다. 우리의 뇌는 중요한 일에 먼저 주의를 기울이도록 프로그램되어 있다. 그리고 중요한 일은 그만큼 심적 부담을 가중한다. 따라서 중요한 일을 완수해야 할 경우 우리는 모두 심적 부담에 부딪힐 수밖에 없다. 초기 인류는 포식동물과 마주쳤을 때 효과적으로 대응하든지 아니면 목숨을 잃든지 둘 중 한 가지 선택밖에 없었다. 그 후 심적 부담이 극대화되는 위태로운 순간은 거의 항상 '모 아니면 도'였다. 선수가 필드골을 찼을 때 얻을 수 있는 결과는 골을 넣느냐 넣지 못하느냐 이렇게 두 가지 뿐이다. 어떤 방식으로 골을 넣는지는 중요하지 않다. 공이 골대를 맞지 않고 들어가든, 아니면 골대를 맞고 운 좋게 들어가든 중요하지 않다. 중요한 것은 득점에 성공하는 것이다. 마찬가지로 비즈니스 프레젠테이션을 통해 사람들에게 새로운 마케팅 계획안의 필요성을 납득시킬 때 당신이 얻을 수 있는 결과도 설득에 성공하느냐 실패하느냐 이렇게 두 가지뿐이다. 중간은 거의 없다. 이것이 바로 부담되는 순간의 특징이다. 이 순간의 평가는 냉정하다. 성공 아니면 실패뿐이다.

오늘날 우리가 실제로 포식동물과 부딪힐 일은 거의 없다. 그렇지만 정신적으로 그에 맞먹는 심적 부담을 종종 느낀다. 중요하다고 생각하는 일에 자아ego를 쏟아 붓고 있기 때문이다. 이런 맥락에서 보면 사람들이 성공하느냐 실패하느냐에 자신의 자존심이 걸려 있다고 종종 느끼는 이유를 쉽게 이해할 수 있다. 사람들은 자신이 중요하게 생각하는 일에서 성공하고 싶어 한다. 아니면 적어도 실패를 면하고 싶어 한다. 본질적으로 성공해야 한다는 부담감, 실패하지 않아야 한다는 부담감이 존재한다.

결과가 불확실하기 때문이다. 부담이 심한 운동 경기에서 선수들이 불안을 느끼는 것은 그 결과를 알 수 없기 때문이다. 어메이징 레이스The Amazing Race 같은 전형적인 리얼리티 텔레비전 쇼의 경우에는 그 결과가 불확실하다. 누가 이기고 누가 질지 알 수 없다. 시청자로서 그 쇼를 시청하고 있을 때는 불확실성에서 즐거움을 느끼지만, 출연자로서 쇼에 출연한 경우에는 그것이 그리 즐거울 수 없다.

줄리의 경우에는 세 가지 측면에서 불확실함을 안고 있었다. 우선, 언론에서 모어랜드 위원회의 조사 결과를 놓고 어떤 보도를 할지 혹은 어떤 가능성을 시사할지 알 수 없었고, 둘째 내비건트가 연방 지방 검찰에 얼마나 빨리 무죄를 입증하여 검찰의 검토가 조속히 마무리될 수 있을지 불확실했고, 마지막으로 그런 상황이 회사의 평판에, 그리고 궁극적으로 사업에 어떤 영향을 미칠지 불분명했다. 불확실성은 뇌에 특히 강력한 영향을 끼친다. 부담스런 순간에 거북함을 느끼는 것도 부분적으로 그 때문이다.

존 헤네시John Hennessey와 시모어 리바인Seymour Levine은 흥미로운 연구를 통해 불확실성이 뇌와 몸에 어떤 영향을 미치는지 알 수 있는 몇 가지 단서를 제공한다. 그들은 일련의 실험을 했는데, 코르티솔cortisol 수치 측정을 통해 동물의 발에 가벼운 충격을 가했을 때 동물이 어떤 식으로 반응하는지 보았다. 코르티솔은 스트레스 및 부담을 느낄 때 부신피질에서 분비되는 스테로이드 호르몬이다. 주로 이 호르몬은 신체의 '도망·투쟁·정지' 반응을 활성화하는 역할을 한다. 다시 말해 위협적인 상황에 부딪혔을 때 코리티솔 분비가 증가하면서 도망치거나 맞서 싸우거나 잠시 얼어붙어 버리는 반응을 일으키게 된다는 얘기다.

이 실험을 통해 연구원들은 코르티솔 분비가 가장 왕성해지는 것은 충격의 강도가 가장 높을 때가 아니라, 충격의 강도가 '자주 바뀔 때'라는 사실을 알아냈다. 충격의 강도가 임의적으로 자주 바뀔수록, 동물은 점점 더 불확실함을 느끼게 되고 코르티솔 분비가 더욱 왕성해진다.

2차 세계 대전 동안 런던 거주민의 위궤양 패턴을 통해서도 불확실성이 뇌와 몸에 미치는 커다란 영향을 확인할 수 있다. 일반적으로 코르티솔 분비가 왕성해질수록, 위 점막 내벽이 점점 얇아져서 결국 위궤양이 자주 발생하게 된다. 2차 세계 대전 동안 독일은 런던 중심가에는 매일 밤 무차별 폭격을 가한 반면, 런던 외곽에는 예측할 수 없는 방식으로 간헐적인 폭격을 가했다. 흥미롭게도 병원을 찾은 위궤양 환자들이 더 많았던 곳은 런던 중심가가 아니라, 런던 외곽이었다. 폭격의 규모가 아니라, 언제 어떤 식으로 폭격이 이루어질지 알 수 없는 '폭격의 불확실함'이 뇌와 몸에 더 큰 영향을 끼친 셈이다.

케임브리지 대학교의 존 코츠John Coates는 불확실성과 코르티솔이 행동에 미치는 영향을 연구했다. 존은 월스트리트에서 10년간 활동했다. 처음에는 단독으로 트레이딩을 했고, 그 후 2000년대에는 골드만삭스Goldman Sachs와 도이치뱅크Deutsche Bank에서 파생상품 트레이딩을 담당했다. 이렇게 금융계에서 10년을 보낸 뒤, 존은 금융계를 떠나 케임브리지 대학교에서 신경과학을 연구하기로 결심했다.

존과 그의 팀은 불확실성과 부담감에 직면했을 때 트레이더들이 생리적으로 흥분하고, 트레이딩 판단에 중대한 영향을 미친다는 가설을 세웠다. 특히 강세장과 약세장이 전개될 때 그렇다고 생각했다. 그는 트레이더들의 생리적 상태가 위험에 대한 그들의 선호도를 체계적으로 변화시킨다고 믿었다. 다시 말해 주가가 상승하는 강세장이 펼쳐지면 지나치게 위험을 감수하고, 주가가 하락하는 약세장이 전개되면 위험을 제대로 감수하지 않으려 한다고 보았던 것이다. 그러므로 케임브리지 팀은 가설을 입증하기 위해 런던의 월스트리트라 할 수 있는 더시티The City에서 일련의 실험을 했다. 다양한 시장 상황에서 트레이더들이 주식 거래를 할 때 체내에서 어떤 변화가 일어나는지 정보를 수집했다. 그들은 하락장에서는 트레이더들의 코르티솔 수치가 크게 치솟으면서 위험 회피 성향이 강해지고 부정적인 주변 정보에 비이성적으로 주목하는 경향을 보인다는 것을 알아냈다.

코르티솔은 부담 상황에 대처하는 방식에 중대한 영향을 끼치는 호르몬이다. 특히 사고력과 기억력에 막대한 영향을 끼친다. 이 호르몬은 편도체에서 분비되는 또 다른 화학물질인 코르티코트로핀방출호르몬corticotropin-releasing hormone, CRH과 함께, 흔히 '예기 불안anticipatory anxiety'이라 불리는 불안 증세를 불러일으키며, 테스토스테론의 분비를 억제한다. 테스토스테론은 활발한 움직임을 불러일으키는 호르몬이다. 이 호르몬이 없으면 활발한 움직임이 줄어들고, 주변의 부정적인 측면에 과도하게 주의가 집중된다. 일명 주의 편향attentional bias이라 불리는 이 증상은 주변의 모든 자극을 '위협'으로 본다. 시간이 갈수록 이러한 피해망상은 점점 심해지고 부정적인 시각이 점점 증폭되는 악순환의 고리가 형성된다. 실제로 코츠는 트레이더들이 불확실한 상황에 직면했을 때 코르티솔 수치가 급증하며 불안감과 두려움이 증폭된다는 사실을 발견했다.

초기 인류는 주변 환경을 '위협'으로 인식하는 것이 생존에 큰 도움이 되었다. 그들은 실제로 목숨을 잃을 수도 있는 위태로운 상황에 있었기 때문이다. 위협을 인식한 고대인들은 (안전책을 강구하는 초기 단계라 할 수 있는) '조심'함으로써 위험을 피할 수 있었다. 그렇지만 오늘날에는 이런 반응이 예전처럼 이롭지 않을 뿐 아니라, 종종 해롭기까지 하다.

일례로 부정적인 정보에 과도하게 많은 주의를 기울이면서, 트레이더들은 그만큼 위험을 감수하는 횟수가 줄어들었고 그 결과 좋은 매입 기회들을 놓쳤다. 스포츠팀의 경우 위험 회피 경향이 짙어지면 그만큼 보수적으로 경기를 운영하게 된다. 선수들이 실수하지 않기 위해 자신의 행동 하나하나에 신경 쓰느라, 팀에 승리를 안겨줄 팀 활동에 주의를 기울이지 못한다. 그 결과 그들은 부진을 면치 못한다.

존 코츠가 자신의 저서, 《개와 늑대 사이의 시간The Hour Between Dog and Wolf》에서 이야기한 것처럼, 코르티솔에 장기간 노출되면 상대적으로 코르티솔 수용체가 많이 존재하는 뇌 부위인 편도체와 해마가 장기적으로 손상된다. 편도체는 감정적인 기억이 저장되는 곳이고, 해마는 사건에 관한 사실적 기억이 저장되는 곳이다. 편도체는 당신이 과거에 부담되는 순간에 직면했을 때 어떤 감정을 느꼈는지 기록한다. 해마는 무슨 일이 있었는지, 누가 그 일에 연루되었는지, 그 일이 어떻게 해결되었는지, 그리고 그 일을 통해 무엇을 배웠는지 등 사실적인 정보를 저장한다.

코르티솔이 과도하게 분비될 경우 사실에 입각한 정보가 저장되어 있는 해마의 수용체가 줄어든다. 반면 편도체 속의 수용체가 과다 분비된 코르티솔 속에 잠길 경우, 수용체의 수상돌기가 수적으로 크게 증가한다. 따라서 시간이 지남에 따라 감정적 사고는 증가하는 반면 사실에 입각한 사고는 줄어들게 된다.

코르티솔 수치가 증가하여 만성적으로 노출되면, 코르티솔이 왕성히 분비될 때 저장된 기억, 즉 주로 힘들었던 순간, 일이 잘 풀리지 않았던 순간을 점점 더 자주 떠올리게 된다. 다시 말해 부담되는 순간에 일어난 일이 사람들의 기억에 과도한 영향을 끼칠 수 있다는 얘기다.

줄리는 모어랜드 위원회의 조사 결과에 대처하는 과정에서 불확실함에 시달렸고, 그 때문에 체내에 코르티솔의 분비가 증폭될 가능성이 있었다. 그녀는 자신이 처한 상황의 부정적인 측면에 과도하게 주목하지 않도록, 사실을 외면한 채 감정에 휩쓸리지 않도록 신중을 기해야 했다.

줄리는 그것을 이렇게 설명했다. "마치 '태풍의 눈' 속에서 주변을 바라보고 있는 것 같았다. 그것은 마치 당신을 중심으로 주변의 모든 것이 소용돌이를 그리고 있는 것처럼 보인다. 주변의 온갖 파편들이 소용돌이에 휩쓸린다. 이에 어떤 반응을 보였다가는 당신도 그 소용돌이에 휩쓸릴 수 있다."

회사의 운명이 자신의 행동에 달렸다는 것을 이해하는 순간, 줄리는 막중한 책임감을 느낀다. 모어랜드 위원회의 조사에 성공적으로 대처하느냐 그렇지 못하느냐가 그녀의 손에 달려있다. 그런 무거운 책임감을 느낄 때 우리는 실패를 염려하게 되고 사회적으로 겪을 곤혹스러움을 고민하게 된다. 그 결과 우리는 일에 제대로 집중할 수 없게 된다.

줄리의 부담감 중 대부분이 이사회, 투자자, 직원, 고객, 가족과 친구들의 기대를 충족시켜야 한다는 강박관념에서 비롯된 것이다. 이사회의 든든한 지원을 받고 있긴 했지만, 그녀는 자신이 마치 (모두가 들여다볼 수 있는) 작은 어항 속에 들어 있는 느낌이었다. 그녀는 그들 중 누구도 실망시키고 싶지 않았다. 예전에는 그런 상황 속에서 사람들이 느끼는 부담감의 '무게'는 전적으로 책임감에서 비롯된다고 생각했다. 그러나 그것은 전통적인 시각일 뿐 사실이 아니다. 우리를 지켜보는 사람들이 우리를 어떻게 평가할까 하는 생각 역시 부담감에 무게를 더한다.

사람들은 사랑받고 존경받으며 소속감을 느끼고 싶은 욕구가 있다. 부담되는 상황에서 자신이 현재 비난이나 평가를 받고 있다고 느낄 때, 혹은 향후 비난받게 되리라 여길 때, '능력이 부족한 게 아닐까' 하는 무력감, '제대로 하고 있는 걸까?'하는 당혹감, 혹은 '바보처럼 보이지 않을까?'하는 굴욕감을 느낄 수 있다.

사람들은 비판받고 있다는 느낌, 퇴짜를 맞았다는 느낌이 들 때 사회적 고통을 느낀다. 사회적 고통이란 사회적으로 누군가와의 관계가 훼손되거나 아예 단절되었을 때 느끼는 고통이다. 이것은 매우 실질적인 고통이다. 캘리포니아대학교 로스앤젤레스캠퍼스UCLA의 매슈 리버먼Matthew Lieberman은 신경영상neuroimaging을 이용해 선구적 연구를 했는데, 사회적 고통과 육체적 고통이 뇌에서 신경학적으로 동일한 정보 처리 과정을 거친다는 사실을 알아냈다. 이를테면 팔이 부러졌을 때 사랑하는 사람을 잃었을 때와 신경학적으로 동일한 고통을 경험한다는 얘기다.

리버먼은 이렇게 말했다. "문화에 따라 사회적 관계 및 상호의존의 중요성이 다르다. 서구사회에서는 상대적으로 주변 사람들의 영향을 덜 받으며 각자 가야할 길을 가고 있다고 생각한다. 그렇지만 나는 이것이 현실이라기보다 그렇게 믿고 싶은 것뿐이라고 생각한다. 몸집이 작은 설치동물에서 인간에 이르기까지 포유동물에 대한 수많은 연구에 따르면, 사람들은 사회 환경의 영향을 크게 받으며, 무언가가 사회적 유대를 위협하거나 끊어놓으면 심한 고통을 겪는다."

부담되는 상황에서 위기에 몰려 있을 때 거북함을 느끼는 것도 이 때문이다. 리버먼은 이렇게 주장했다. "사람들은 진화론적으로 생존에 위협이 되는 대상에 대해 고통을 느꼈다. 따라서 '사회적 고통'이 존재하는 것은 진화 과정에서 사람들이 '사회적 유대'를 사치품이 아니라, '필수품'으로 여겼다는 뜻이다. 또한 사회적 고통이 동기 부여 방식을 바꿔 놓고 있다. 사람들은 보통 자기중심적이고, 하나라도 더 물질적 이익을 챙기려 애쓰며, 신체적인 위협과 번거로운 수고를 피하는 데 골몰한다. 그렇지만 사회적 고통과 즐거움이 머릿속에 프로그램 되어 있기 때문에, 이러한 요소가 특정 행동의 궁극적인 목적이 되기도 한다. 다시 말해 단순히 사람들로부터 돈과 여타 자원을 얻어내기 위해 유대감을 쌓는 것이 아니라, 유대감을 쌓는 그 자체가 목적이 될 수 있다는 얘기다. 숨은 동기 따위는 존재하지 않는다."

1992년 존 토이어카우프Jon Theuerkauf는 중대한 회의에 참석했다. 당시 존은 시카고의 MCI 텔레콤MCI Telecom에서 일하고 있었다. 여러 보직에서 우수한 성과를 거뒀기 때문에 그는 애틀랜타로 자리를 옮겨 고객 서비스 강화를 위한 특별 프로젝트를 맡게 되었다. 당시 MCI는 급성장하면서 고객 서비스가 제대로 이루어지지 않고 있었고, 그로 인한 고객 불만이 회사의 명성에 악영향을 끼치기 시작했다. 그 문제를 해결하기 위해 존이 투입되었다. 애틀랜타에 그가 발령받은 지 일주일 만에, 직속상관이 문제를 어떤 식으로 해결해 나갈 계획인지 브리핑을 요구했다. 그렇게 단시간 살펴보는 것으로는 무엇이 문제인지 정확히 알 수 없었다. 하지만 그는 브리핑을 하겠다고 했다.

1990년대 초에는 오늘날의 파워포인트처럼 소프트웨어로 슬라이드를 작성하는 것이 상당히 새로운 일이었다. 당시 그 같은 소프트웨어라고는 IBM 제품밖에 없었고, 존은 그것을 사용하는 방법을 몰랐다. 그러므로 그는 자신의 생각을 노란 메모장에 적어 브리핑에 나섰다.

존의 직속상관이 자신의 상관인 MCI의 최고관리책임자CAO와 함께 약속장소에 모습을 드러냈다. 그들은 존에게 어떤 생각을 갖고 있는지 슬라이드로 보여 달라고 요구했다. 존은 몹시 당황했다. 그는 자신의 생각을 정리해놓은 슬라이드가 없었을 뿐 아니라, 어떤 식으로 고객 서비스를 개선해야 할지도 아직 확실치 않았다. 그는 투시기를 이용해 몇 가지 자료를 스크린에 비춰 보여주는 방식으로 몇 가지 아이디어를 두 사람에게 허둥지둥 제시했다. 당연히 그의 발표는 엉망이었다.

존은 문제가 정확히 무엇인지, 그것을 어떻게 바로 잡을지 제대로 간파하지 못했을 뿐 아니라, 그의 발표 방식은 체계적이지 못하고 엉성해 보이기 그지없었다. 존은 막대한 심적 부담을 느낀 탓에 얼음처럼 얼어붙었다. 따라서 그는 가장 간단한 질문에도 사려 깊게 대답하거나 올바르게 생각할 수 없었다. "내 머리는 완전히 과부하가 걸린 상태였다······ 그들이 원한 것은 단순한 대화가 아니라, 온전한 해결책이었다. 5분 만에 '나는 끝났다'는 것을 알 수 있었다."

존의 직속상관과 최고관리책임자는 존의 발표를 형편없게 생각했고, 그가 새로운 임무를 해낼 수 있으리라는 신뢰를 잃었다. 그는 즉각 새로운 보직에서 해임되었고 큰 충격을 받았다. 이 해임 조치로 그는 몇 주 동안 잠 못 이루며, 무엇이 문제였는지 고민에 고민을 거듭했다.

몇 년 뒤 그 일을 반추하다가 그는 자신이 무엇을 잘못했는지 깨달았다. 한 마디로 회의 준비가 제대로 되어 있지 않았음에도 불구하고 그것을 솔직히 인정하지 않았던 것이다. 5분 만에 그 회의가 시간 낭비라는 것을 알았는데도 그는 회의를 멈추지 않았다. 돌이켜보면 그는 자신이 왜 그랬는지 알 수 있었다. 당시 그는 서른한 살이었고, 그것이 그 회사의 고위 간부직인 'C' 직급에 들어서는 첫걸음이었다. 회의 준비가 되지 않았다고 말하면 그는 혹평을 받을까 두려웠다. 그는 직속상관의 상관 앞에서 직속상관을 실망시킬까 겁이 났다. 존이 느낀 것이 바로 리버먼의 연구에서 말한 '사회적 부담에 따른 고통'이었다.

"'예스'라고 말해야 할 것 같았다. '노'라고 말하면 안 될 것 같았다. 틀린 생각이었다. 그것은 너무나도 틀린 생각이었다. 당시 나는 아직 어린 수석 책임자였다. 따라서 준비가 안 되었다는 말을 해도 된다는 사실을 몰랐다. 혹은 내 생각을 말하는 대신에, 그 시간을 이용해 그 문제를 어떻게 생각하는지 그들의 생각을 물어볼 수도 있다는 것을 몰랐다. 그래서 나는 그렇게 하지 못했다. 그들이 나를 어떻게 생각할지 몹시 걱정되었고, 부담감에 완전히 압도당했다."

신경학·심리학 측면에서 부담스런 상황의 역학관계를 살펴보면 이렇다. 부담스런 순간이 갖고 있는 특징이 두려움, 불안감, 패배감, 당혹감, 그리고 스트레스를 유발할 수 있다. 심리적으로 그리고 생리적으로 막강한 영향력을 갖고 있는 이러한 요소는 적절한 상황에서는 도움이 될 수 있지만 부담이 극심한 상황에서는 오히려 해가 될 수 있다. 정신적 위협보다 육체적 위협이 컸던 선사시대에 이러한 특성은 도움이 되었다. 하지만 오늘날에는 이런 원초적인 부담 반응을 능숙히 관리하지 않으면 당신은 뇌의 능력 저하 때문에 효과적으로 대처하지 못함으로써 기량을 충분히 발휘하지 못할 가능성이 있다.

6월 어느 비오는 저녁, 모어랜드 위원회에 관한 전화를 받았을 때 줄리는 어떻게 대처했을까? 저녁에 극장에 가기로 약속이 되어 있었던 그녀는 가족에게 양해를 구하고 내비건트 이사회의 회장을 만나러 갔다. 그녀는 그를 만나 어떻게 대처할 것인지 행동 방침을 세웠다. 모어랜드 위원회의 조사에 관한 소식은 신중하면서도 발 빠른 대응을 요구했다. 그 상황에 따른 부담감을 성공적으로 다스릴 수만 있다면, 그런 대응이 충분히 가능했다.

다행히 줄리는 (나중에 이 책에서 보다 자세히 살펴볼) 부담감 극복 전략을 이용해 불안감과 두려움을 효과적으로 조절할 수 있었다. 예를 들면 자신이 주의를 기울여야 할 곳에 제대로 주의를 기울이고 있는지 확인하기 위해 뒤로 한 걸음 물러나서 가만히 생각할 시간을 가짐으로써 일의 진행 속도를 늦추는 전략을 구사했다. "신중을 기하지 않으면 당신은 부적절한 곳에, 즉 거시적인 시각에서 보면 그리 중요하지 않은 '사소한 일'에 정신이 팔릴 수도 있다." 그녀는 이렇게 말했다. "상황을 신중히 평가했고 최선을 다해 결정을 내렸으므로 훗날 이 결정 때문에 자신을 책망할 필요가 없다는 자신감을 가져야 한다."

어떤 문제가 발생했을 때 그에 대해 책임을 질 줄 아는 자세는 줄리의 장점 중 하나였다. "일부 최고경영자들은 문제가 발생하면 즉각 이사회를 소집하여 도움을 청한다. 하지만 나는 이사회 회장에게 연락하여, 내가 상황을 평가하고 여기저기 조언을 구하여 이사회에 대책을 제시하겠다고 말했다." 그녀는 이사회 멤버들이 누구보다 당시 상황을 부담스러워 하리라는 것을 알고 있었기 때문에 그들의 걱정을 덜어줄 방법을 마련하고 싶었다.

줄리는 만반의 준비를 갖춘 상태에서 이사회에 계획을 제시했고, 이사회에서는 그것을 승인했다. 그들은 즉각 연방 지방 검찰에 연락을 취하여 검찰 측에서 가능한 빨리 조사에 착수하여 신속히 조사를 종결지을 수 있도록 협조를 아끼지 않기로 결정했다. 그들은 조사관들에게 필요한 모든 것을 지원하겠다고 이야기했고, 문제 해결에 도움이 될 수 있도록 의심 가는 바가 구체적으로 무엇인지 회사 측에 알려줄 것을 요청했다. 연방 지방 검찰청의 조사관들은 이런 직접적이고 투명한 대응방식을 높이 평가했고, 철저한 조사 끝에 한 점의 의혹도 남기지 않은 채 수사를 종결했다. 내비건트는 애초에 줄리가 예상했던 바람직한 결과를 얻어냈고, 그 과정에서 명확하고 직접적인 대화를 통해 주주들과 고객, 그리고 근로자들의 우려를 효과적으로 불식시킬 수 있었다.

● 당신이 부담을 느끼는 순간

당신의 삶에서 부담을 느끼는 순간을 상상해 보라. 새로운 고객을 만날 예정이라 불안한가? 발표를 코앞에 두고 있어 두려운가? 공식석상에서 상관에게 결례를 저지를까 걱정되는가? 당신이 부담감을 느끼는 상황을 목록으로 만들어 보자. 그리고 각각의 상황에서 당신이 어떤 생각을 하고 어떤 감정을 느끼는지 고민해 보자. 발표나 회의가 왜 그렇게 중요한가? 무엇 때문에 상관과의 회의가 걱정이 되는가? 부담되는 순간에 만약 실수를 저지른다면 어떻게 될까? 당신은 누구에게 책임감을 느끼는가? 그리고 당신이 올릴 성과에 대한 기대가 현실적인 것인가?

우리는 올림픽 출전 선수, 혹은 내비건트의 줄리 하워드 같은 고객에게 코칭 서비스를 제공하는 과정에서 부담되는 순간에 사람들이 어떤 감정을 느끼는지 파악하고, 어떤 생각들이 이런 감정을 불러일으키는지 곰곰이 생각해 볼 수 있다면, 기량과 판단력이 저하되지 않도록 감정을 효율적으로 다스릴 수 있다는 사실을 찾아냈다.

부담 순간에 당신이 어떻게 생각하고 행동하는지 정확히 간파하고 나면, 이 책의 2부를 펼쳐서 구체적인 부담감 해소 방안을 배워보도록 하자. 이는 다시 말해 부담되는 상황에서 두려움, 불안감, 스트레스, 당혹감 등의 감정을 최소화하는 데 보탬이 될 것이다. 그렇지만 한 가지 주의할 점은 이러한 전략들은 오늘 혹은 가까운 미래에 부담스런 상황을 헤쳐 나가는 데 도움이 되는 '단기적인' 전략이라는 것이다. 이 책의 3부에는 보다 장기적인 전략들이 제시되어 있다. 이 전략들을 통해 당신은 몇 가지 특성을 강화시킬 수 있는데, 이 특성이 심신을 쇠약하게 만드는 부담감의 부정적인 효과에 맞서 싸울 면역력을 길러줄 것이다.

나는 왜 잘하고 싶은데
잘하지 못할까?

| 4장 |

다음은 우리가 흔히 보고 겪는 일이다.

- 제대로 준비했음에도 발표를 그르치고 만다.
- 배우가 기존에 만 번은 했던 대사를 틀린다.
- SAT 시험 당일 학생이 수학 공식을 잊어버린다.

이는 부담의 역효과 중 하나이며 누구나 겪을 수 있는 일이다. 그렇지만 평소보다 현저히 실력이 저하되는 것, '최선을 다하고 싶을 때 기량이 크게 저하되는 것'은 또 다른 문제이다. 스포츠 용어로, 그리고 교육학 용어로 이것을 '초크choke'라 부른다. 어떻게 초크에 빠졌는지 알면 그런 일이 발생하는 것을 줄임으로써 중요한 순간에 최선을 다할 가능성을 높일 수 있다. 실력이 저하되는 것을 막으려면, 우선 뇌의 기억 체계가 부담에 어떤 식으로 반응하는지, 다시 말해 어떻게 '초크'에 빠지는지 이해해야 한다.

● 선수의 악몽

현대어법에 따르면 1950년대 '초크'라는 단어는 스포츠계에서 매우 부정적인 어조였다. 야구 영웅 재키 로빈슨Jackie Robinson이 세인트루이스와 다저스와의 경기에서 심판인 빌 스튜어트가 잘못된 판정을 내렸다는 자신의 생각을 전달하기 위해 자신의 목을 움켜쥐어 보였을 때,(초크에는 '질식, 목멤, 압박에 의해서 호흡을 중단시키다'의 뜻도 있다 - 편집자) 스튜어트가 격분하여 그를 퇴장시킨 것도 그 때문이다. 한편 1964년 스포츠계에서 초크는 '어이없는 실수를 저지른다'는 뜻으로 쓰였다. 당시 필라델피아 필리스Philadelphia Phillies는 정규 시즌에서 단 열두 경기를 남기고 '여섯 경기 반' 차이로 세인트루이스 카디널스를 앞서가고 있었는데, 남은 열두 경기에서 10연패하며 우승을 놓치는 어이없는 실수를 저질렀다.

우리는 초크가 발생하면 그것을 한눈에 알아볼 수 있다. 스포츠에서 강력한 우승 후보 선수나 팀이 우승을 놓치기도 하고, 크게 앞서가고 있던 상황에서 후반 들어 실수를 남발하여 전세가 역전되기도한다. 스포츠에서든, 비즈니스에서든, 학교에서든, 예술에서든 경쟁에는 항상 승자와 패자가 있기 마련이다. 그렇지만 초크는 단순히 성패의 문제가 아니라, '기대'와 밀접한 관련이 있다. 발표를 훌륭히 마쳐도 특정 자리를 얻지 못할 수도 있는 것처럼 경쟁에서 졌다고 무조건 '초크'에 빠졌다고 할 수는 없다. 초크와 보다 밀접한 관련이 있는 것은 부담감이 경기 결과에 미치는 영향이 아니라, '경기력'에 미치는 영향이다.

십대 소녀가 운전면허 시험을 볼 때, 그녀는 친구와 시합하는 것도 아니고 '승리'해야만 운전면허를 딸 수 있는 것도 아니다. 그저 운전할 수 있다는 것을 보여주기만 하면 된다. 연습할 때는 평행 주차를 수차례 훌륭히 해냈지만, 막상 주행 감독관이 옆자리에 앉으니 차를 정해진 주차 공간에 맞춰 넣을 수 없다면, 그녀는 '초크'에 빠졌다고 할 수 있다. 이런 일이 두 차례 발생하면, 친구들은 '초크'에 빠지지 말라며 그녀의 세 번째 시도를 응원할 것이다. 물론 이는 그녀의 부담감을 가중시키기만 할 것이다. 이는 급우들 앞에서 발표를 해야 하는 학생도 마찬가지이다. 전날 밤 완벽히 발표 연습을 했는데도, 교실에서 급우 모두가 자기만 쳐다보자 그는 할 말 중 일부를 잊어버리고 성급하고 초조하게 너무 많은 말을 한꺼번에 쏟아낸다. 그는 자신이 초크에 빠졌다는 것을 느낀다.

우리 모두 이런 경험이 있다. 가령 상관에게 보여주고 싶은 훌륭한 아이디어가 있는데, 상관이 당신에게 설명할 시간을 10분 정도 준다. 그로부터 10분 뒤, 당신은 상관의 사무실을 걸어 나오며 '완전 망했어. ······라는 말을 했어야 했는데'라는 생각에 스스로를 책망한다. 이렇듯 정말 잘하길 '원할' 때, 당신은 부담감 때문에 저조한 성과를 거둔다.

여기서 가장 주목할 단어는 '원한다want'는 단어이다. 부담되는 상황에서 정말 잘하길 '원할' 때 사람들은 '초크'에 빠지기 때문이다. 마지막 3분을 남겨 놓고 12점을 앞서고 있던 농구팀이 3분 사이에 상대팀에게 승리를 빼앗길 수도 있다. 그러나 이미 지역 우승팀이 결정되어 있고 그 경기에서 군이 이겨야 할 동기가 없다면, 그 팀은 우수한 경기력을 보여주지 않을 수도 있다. 이는 그들이 '초크'에 빠져서라기보다 이겨야할 동기가 부족해서이다. 이는 3학년 2학기 때의 고등학생도 마찬가지이다. 그때는 원하는 대학교로부터 이미 입학 허가를 받은 상태이다. 그 학생은 3학년 2학기 화학 시험에서 좋은 점수를 받지 못한다. 이는 그 학생이 초크에 빠져서가 아니라, 시험을 어떻게 보든 그 결과가 더는 중요하지 않기 때문에 그저 공부를 열심히 하지 않은 것뿐이다.

하지만 특정한 일을 계속 성공적으로 해낼 수 있는 경지에 이미 올라 있는 상황에서 터무니없는 실수를 저지른다면, 그것은 초크에 빠졌다고 볼 수밖에 없다. 만약 당신이 주말에만 골프를 치러 다니는 사람인데, 저녁식사가 걸린 시합에서 약 1미터 퍼트를 놓쳤다면, 그리고 그것이 평소에도 종종 성공시키지 못하는 퍼트라면, 당신은 초크에 빠진 것이 아니다. 반면 타이거 우즈Tiger Woods, 필 미켈슨Phil Mickelson, 그리고 로리 맥길로이Rory McIlroy 같은 프로 골퍼는 백 번 중 아흔여덟 번은 1미터 퍼트에 성공할 수 있는 사람들이므로 그들이 우승이 달린 경기에서 1미터 퍼트를 놓친다면 그때는 초크에 빠졌다고 할 수 있다. 1장에서 NBA 농구 선수들이 부담 없는 상황에서 자유투 성공률이 더 높을 수밖에 없는 이유를 이미 설명한 바 있다. 다시 말해 부담되는 상황에서 선수들이 어느 때보다 잘하고 싶어 하면 오히려 실력을 제대로 발휘하지 못하고, 저조한 성과를 거둔다.

● 부담은 어떻게 사람들을 초크에 빠뜨릴까?

인간은 특정한 역할 수행 체계를 통해 원하는 성과를 달성한다. 이 체계의 한 가운데에는 신체 자극, 생각, 행동 이 세 가지 요소의 복잡한 상호작용이 자리하고 있다. 이 요소는 하나의 시스템으로 작용하며, 각각의 요소가 다른 두 가지 요소에 영향을 끼친다. 한 가지 요소에 변화가 일어나면, 그것이 다른 두 가지 요소에도 변화를 불러일으킨다. 최근에 격한 감정을 느꼈던 순간을 떠올려 보자. 격한 감정이 몸에 얼마나 빨리 생리 효과를 일으켰는지, 그리고 그러한 생리 효과가 당신의 행동과 판단에 얼마나 빨리 영향을 끼쳤는지 알 수 있을 것이다. 부담 속에서 훌륭한 성과를 올리려면, 이러한 요소를 지렛대로 적절히 이용할 수 있어야 한다. 즉 신체 자극 수위를 조절하고, 명료하게 사고하며, 적절한 대응으로 기량을 십분 발휘할 수 있어야 한다.

부담감이 성과를 저하시키는 방식은 간단하다. 부담감은 어떤 식으로든 당신의 역할 수행 체계를 혼란에 빠뜨린다. 부담을 느끼는 순간, 심장이 쿵쾅거리고, 사고가 경직되며, 균형 잡힌 시각을 잃기 쉽다. 마찬가지로 부담되는 순간의 결과에 따라 자신의 생사가 갈린다고 생각하면, 불안감과 두려움이 일렁이고 그로 인해 그 순간이 한층 더 위협적으로 느껴진다. 궁극적으로, 신체 자극 수위를 조절하지 못하고 판단력과 대처능력을 상실하게 된다.

역할 수행 체계를 일시적으로 혼란에 빠뜨리기도 하고, 지속적으로 어지럽히기도 하는 많은 요소가 있다. 하지만 가장 흔히 손꼽히는 초크의 원인은 '기억 체계'의 오작동이다. 기억 체계가 제 기능을 다하지 못함으로써 그 순간에 꼭 필요한 정보를 일시적으로 잊어버리기도 하고, 이미 수차례 훌륭히 해온 일에서 말도 안 되는 실수를 저지르기도 한다. 기억 체계 가운데 '작업 기억working memory'은 판단, 데이터 분석, 주요 정보 기억, 의사결정이 필요한 업무를 수행할 때 도움이 된다. 작업 기억은 부담되는 순간에 당신이 필요한 정보를 저장하고 있다. 시험 치는 날 아들아이의 작업 기억에, 시험에 필요한 정보만 들어 있다면 얼마나 좋겠는가. 또 다른 기억 체계인 '절차 기억procedural memory'은 어떤 일을 몸에 완전히 익혔을 때, 그 일을 수행하는 방법을 저장해놓음으로써 힘들이지 않고 그 일을 '자동으로' 처리할 수 있게 해준다. 이를테면 힘들이지 않고 테니스 스윙을 할 수 있는 것도, 아무 생각 없이 차에 시동을 걸고 차고에서 차를 뺄 수 있는 것도, 수차례 예행 연습한 대로 훌륭히 발표를 마칠 수 있는 것도 절차 기억 덕분이다. 긴장되는 순간에 절차 기억 덕에 이러한 일들을 힘들이지 않고 자동으로 수행할 수 있다.

이러한 기억 체계들은 기능도 다르고, 뇌에서 차지하고 있는 위치도 다르지만, 이중 한 가지라도 제 기능을 하지 못하면 '초크'에 빠지는 결과를 얻게 된다.

● 상어에게 잡아먹히지 않고 함께 수영하는 방법

사업가인 킴 아담스 넬슨Kim Adams Nelson은 제과 사업 확장에 필요한 자금을 조달하기 위해 현재 인기를 끌고 있는 텔레비전 프로그램, 〈샤크 탱크Shark Tank〉에 출연했다. 부담이 극심한 순간에 그녀가 어떤 감정을 느꼈는지 알기위해 우리는 그녀를 인터뷰했다.

〈샤크 탱크〉에서 사업가들은 다섯 명의 상어shark, 즉 투자자들로 구성된 집단 앞에서 자신의 사업에 대해 설명한다. 그들은 다섯 명의 투자자 중 누군가가 일정 비율의 경영권을 받고 일정액을 투자하길 기대한다. 2~3분 사이에 그들은 투자자들의 투자 의욕을 고취시켜야 할뿐 아니라, 사업의 가치 및 향후 전망도 성공적으로 전달해야 한다. 대부분의 사업가에게 이는 두렵고 초조한 상황이다. 이는 부담감이 극대화되는 전형적인 상황이다. 사업가 중 상당수가 사업이 존폐의 기로에 서 있을 때 이 프로그램에 참가한다. 투자 자금을 유치하고 방송 매체에 노출될 기회까지 얻어내면 사업은 살아나겠지만, 만약 그러지 못하면 폐업하고 흔적도 없이 사라지게 될 것이다. 금요일 저녁 텔레비전 프로그램 중 이 프로그램이 당당히 1위를 차지한 이유 중 하나가 극도의 부담감과 이 부담감이 사업가들의 마음속에(그리고 시청자들의 마음속에) 불러일으키는 갖가지 감정들 때문이다.

쉰 살의 킴은 사우스캐롤라이나 출신의 제빵사였다. 그녀는 〈샤크 탱크〉에 대해 모르고 있었다. 어느 날 한 친구가 그녀에게 신청서와 사업에 관한 5분짜리 동영상 제출을 권했다. 텔레비전 출연이 킴에게 얼마나 부담스러웠을지 쉽게 상상할 수 있다. 그녀에게 출연 결과는 매우 '중요'했다. 투자자로부터 투자 약속을 끌어내고 사업 설명으로 청중의 마음을 사로잡으면, 거액의 현금을 받을 수 있을 뿐 아니라, 자사 상품을 널리 알릴 기회도 손에 넣을 수 있었기 때문이다. 또한 출연 결과가 매우 '불확실'했다. 그녀는 쇼가 어떤 식으로 진행될지 알지 못했다. 게다가 텔레비전 출연 경험도 없었다. 과연 그녀가 좋은 인상을 심어줄 수 있을지, 투자 유치에 성공할 수 있을지 확실치 않았다. 마지막으로 그녀는 어떤 식으로 사업을 설명할지 무거운 '책임'을 짊어져야 했고 그에 따라 사람들의 '평가'도 감수해야 했다. 잘하면 투자를 유치하고 그에 수반되는 여러 가지 기회도 누릴 수 있었지만, 잘하지 못하면 아무것도 건질 수 없었다. 대중과 잠재 고객뿐 아니라, 가족과 친구들, 그리고 직원들도 그 프로그램을 볼 것이 분명했다. 그녀는 창피 당하고 싶지도 않았고, 그들을 실망시키고 싶지도 않았다.

사우스캐롤라이나, 스파턴버그에 있는 그녀의 집과 부엌에서 인터뷰를 하며, 우리는 그녀가 〈샤크 탱크〉 같은 인기 있는 프로그램에 출연할 수 있었던 이유를 확실히 알 수 있었다. 그녀는 친근하고 긍정적인 성품을 지녔을 뿐 아니라, 자신이 만든 제품과 회사에 불타는 열정을 갖고 있었다. 그녀는 성실하고 진실한 사람이라는 인상을 풍겼다. 인터뷰하러 갔을 때 그녀는 데이지 케이크Daisy Cakes의 검은색 티셔츠를 입고 있었다. 텔레비전 출연 당시 입었던 티셔츠와 동일한 것으로, 그녀 때문에 그 티셔츠는 커다란 인기를 모았다.

킴은 사우스캐롤라이나에서 자랐다. 세 자녀를 둔 그녀는 평생 케이크와 요리에 둘러싸여 살았다. 그녀가 매우 어렸을 때, 두 분의 할머니, 미스 넬리Miss Nellie와 미스 너빌리Miss Nervilee 그리고 고모할머니 데이지Daisy가 그녀에게 빵 굽는 법을 가르쳐주셨다. 산지직송의 신선한 계란과 체로 친 고운 밀가루, 생크림 프로스팅이 케이크의 비밀이었다. 그 비법을 이어받아 킴도 케이크에 인공 감미료나 방부제를 넣지 않고, 하나부터 열까지 모두 직접 만든다. 그녀는 열 살밖에 되지 않았을 때 처음 케이크를 만들어 팔았다. 초콜릿 프로스팅을 올린 노란 색 케이크였다.

그녀는 레스토랑 두 곳과 요리 교실을 운영하고 있다. 2009년 창업을 결심하고 회사이름을 고모할머니의 이름을 따서 데이지라고 지었다. 창업 첫해에 그녀와 그녀의 어머니, 그리고 한 명의 보조원이 주로 루이지애나, 사우스캐롤라이나, 그리고 텍사스의 주니어리그(여성 자원봉사 단체)와 연말에 열리는 각종 홀리데이 기프트 쇼를 이용해 2만 7,000달러어치의 케이크를 소비자들에게 직접 판매했다. 데이지 케이크는 커다란 인기를 끌었고, 그 다음해에는 2,000여 개의 케이크를 팔아 매출을 8만 5,000여 달러로 끌어올렸다.

2010년 여름, 대학교 친구가 킴에게 전화를 걸어 〈샤크 탱크〉 이야기를 했다. 〈샤크 탱크〉는 시즌1이 끝나가고 있었다. 친구는 그녀가 꼭 출연해야 하는 프로그램이라고 말했다. 킴은 한 번 해보기로 마음먹었고, ABC 웹사이트를 통해 출연 신청을 했다. 그 다음 날 캐스팅 담당자로부터 전화를 받았다. 비록 그녀가 아직 정식 신청서를 작성하지 않은 상태였지만, 그들은 그 프로그램과 관련해 그녀와 이야기를 나눠보고 싶어 했다. 그녀는 어떻게 해야 그 기회를 제대로 이용할 수 있는지 잘 알지 못했지만, 일단 그들의 요구를 받아들이기로 했다. 그녀는 여름 동안 두 명의 프로듀서, 즉 빌과 로라의 도움을 받아 사업을 설명하고 투자를 호소하는 3분짜리 발표를 준비했고, 1차 심사를 통과하고 2차 심사를 받을 경우에 대비해 2분짜리 발표도 추가로 만들어 놓았다. 노동절 주말에 그녀는 서류 심사 통과 연락을 받았고, 정식 신청서 작성을 요구받았다. 그녀는 스물일곱 쪽짜리 신청서를 작성하고, 5분짜리 비디오를 만들어 보낸 다음 연락을 기다렸다.

캐롤라이나의 어느 아름다운 가을날 킴은 드디어 프로듀서로부터 투자자들에게 사업을 설명하고 투자를 호소할 기회를 얻었다는 연락을 받았다. 그렇다고 그녀의 사업 아이디어가 시즌2의 에피소드 중 하나로 확정된 것은 아니지만, 그 기회에 한 걸음 다가간 것은 분명했다.

그녀는 다음 날인 10월 31일 로스앤젤레스로 날아갔다. 그다음 날 투자자들을 만나 사업 설명을 하기로 예정되어 있었다. 그날 저녁 호텔에서 그녀는 투자 유치를 고대하고 있는, 열다섯 명에서 스무 명 가량의 다른 사업가들을 만났다. 총 여든 명의 사업가가 사업 아이디어를 설명하고 투자를 호소했다. 그중 열다섯 명은 시즌2 에피소드 중 하나로 뽑혀 실제로 텔레비전에 출연할 예정이었다. 킴이 투자자들로부터 투자 제안을 얻어내고, 그 제안을 수락하더라도, 반드시 텔레비전에 출연하게 되는 것은 아니었다.

사업을 설명하고 투자를 호소하기 위해 무대 위로 올라가자 그녀의 몸과 머리에서 신경내분비계의 체내 화학물질들이, 즉 처음에는 노르에피네프린norepinephrine과 에피네프린epinephrine, 그 다음에는 코르티솔이 마치 작은 폭포처럼 연속적으로 분비되면서, 체내 기관들이 점점 흥분하며 눈앞의 상황에 반응할 채비를 갖췄다.

● 당신을 방해하는 생각들

최근 몇 년 사이 인지 신경과학자들은 초크 현상에 대한 새로운 설명을 내놓았다. 이에 따르면, 서로 다른 뇌 부위에 자리한 두 가지 기억, 즉 작업 기억과 절차 기억 각각이 초크에 중대한 영향을 끼친다. 하지만 그러한 기억들이 어떤 식으로 그리고 왜 초크를 유발하는지는 수행하고자 하는 작업의 종류에 따라 달라진다. 이 두 가지 기억은 상호 관련되어 있지만, 분명 별개의 독립체로 간주된다.

작업 기억력working memory capacity, WMC은 인지 심리학자인 조지 밀러George Miller와 신경외과의사인 칼 프리브램Karl Pribram이 만든 용어로, 1960년대 일부 이론이 인간의 정신세계를 컴퓨터에 비유해 설명할 때 이 용어가 쓰였다. 즉 컴퓨터처럼 인간의 뇌에도 한정된 양의 데이터를 저장할 수 있는 특정 양의 공간이 존재한다고 보았던 것이다. 이런 이유에서 작업 기억력은 '머릿속 메모장'에 비유된다. 이를 통해 의식 속에 저장되어 있는 정보를 쉽게 꺼내볼 수 있다. 저장 용량이 더 큰 컴퓨터처럼 머릿속 메모장의 용량이 가장 큰 사람이 분명 더 유리하다. 그들은 그만큼 인지 능력이 우수할 터이기 때문이다.

작업 기억력에 문제가 생기면 성과 역시 저하된다. 특히 당신이 수행하는 임무가 고난도 수학문제 풀기, 에세이 작성하기, 전화번호 외우기, 혹은 고객에게 설명해야 하는 데이터 조사하기 같이 체계적인 사고를 요하는 일이라면 더욱 그렇다. 프리브램의 동물 병변 조사와 인간의 뇌기능 영상 덕에, 작업 기억력이 뇌의 전전두엽 피질과 관련이 있다는 것이 드러났다.

반면 절차 기억은 소뇌와 관련이 있으며, 민첩한 몸놀림(운동능력)을 조절하는 역할을 한다. 민첩한 몸놀림은 초기 인류의 생사에 가장 중요한 활동처럼 복잡한 활동을 수행하는 데 꼭 필요한 능력이다.

피아노나 기타 연주 같이 복잡한 활동을 처음 배울 때는 작업 기억을 통해 습득하므로, 이 두 가지 기억은 서로 밀접한 관련이 있을 수밖에 없다. 하지만 체계적으로 연습에 연습을 거듭하다 보면 자동으로 복잡한 활동을 행하게 되고, 이 때문에 그 활동을 어떻게 해야 하는지 그 기억이 전전두엽 피질에서 소뇌로 옮겨진다. 그럼 그 활동이 절차 기억의 일부가 되어, 의식적인 노력 없이 그 활동을 하게 된다. 마치 자동화 시스템처럼 움직인다. 연주자들이 복잡한 피아노곡을 완벽히 연주하고 있다면, 그것은 절차 기억을 이용하여 자동으로 연주하고 있는 것이다. 그렇지만 작업 기억의 도움으로 특정 곡을 능숙히 연주할 수 있을 만큼 완전히 몸에 익혀서 그것이 아주 간단한 하나의 절차로 자리 잡은 뒤에야, 그런 자동적인 움직임이 가능해진다. 흔히 볼 수 있는 또 다른 예로 운전을 꼽을 수 있다. 처음에는 작업 기억의 도움을 받아 운전하는 방법을 익혔을 것이다. 초보 때는 차고에서 차를 뺄 때 조작순서에 적힌 대로 따라했을 것이다. 하지만 이제 당신은 별 생각 없이 그 순서대로 차고에서 차를 뺀다.

이 두 가지 기억 체계가 초크에 중요한 영향을 미친다. 고객 앞에서 어떤 아이디어를 발표하고 있다고 해보자. 복잡한 문제를 해결할 복잡한 해법을 설명하려면, 특정 정보가 필요하다. 작업 기억을 이용해 이 정보를 불러와 고객에서 열정적으로 해법을 설명한다. 그러다 문득 고객이 무슨 생각을 하고 있는지, 설명을 흡족하다 여기는지 미흡하다 여기는지 궁금해진다. 당신은 이 궁금증에 점점 마음을 빼앗기기 시작한다. 그러고는 몇 초 뒤, 완벽히 알고 있었던 매우 중요한 부분에서 당신은 갑자기 머릿속이 하얘지고 만다.

고객의 반응을 궁금해 하는 순간 그 생각이 중대한 정보를 저장해야 하는 머릿속 메모장의 값진 저장 공간을 차지해 버린다. 고객에 대한 생각이 머릿속 메모장에서 발표 정보를 저장하고 있던 공간을 '지워' 버린다. 공간이 증발하면서 거기에 저장되어 있던 정보도 함께 날아간다. 그 결과 전날 밤 완벽히 알고 있던 중대한 정보를 까맣게 잊어버린다. 고객에 대한 생각이 저장 공간을, 즉 필요한 정보를 저장하고 있던 작업 기억 속 저장 공간을 잡아먹음으로써 당신은 초크에 빠진다.

흥미롭게도 사람들은 이런 일이 일어나도 그 과정을 알아채지 못할 수도 있다. 그렇지만 사후에 그 사실을 곧 깨닫고 "······라는 말을 했어야 했는데."라며 후회한다. 실제로는 작업 기억이 손상되어 그들은 고객에게 그 말을 할 수 없었던 것이다.

이제 상황과 과제를 바꿔 보자. 1995년 NBA 결승전에서 올랜도 매직(이 책의 공동저자인 J.P. 폴루-프라이가 2002년부터 코칭 서비스를 제공하기 시작한 구단이다)은 휴스턴 로케츠Houston Rockets를 상대로 1차전 마지막 순간에 3점이라는 근소한 점수 차이로 앞서가고 있는 상황에서 상대팀에 점수를 내주지 않기 위해 소극적인 플레이를 펼치고 있었다. 올랜도 매직의 닉 앤더슨Nick Anderson이 자유투 기회를 얻었고 성공하면 점수 차이를 5점으로 벌릴 수 있었다. 승리에 쐐기를 박을 기회였다.

그런데 그는 두 번 다 자유투를 넣지 못했다. 놀랍게도 그는 성공하지 못한 두 번째 자유투 공을 다시 잡아냈고, 또 다시 상대방의 파울로 자유투를 던지게 되었다. 그는 다시 자유투를 던질 수 있는 위치에 섰고 앞서 저지른 실수를 만회하겠다고 굳게 마음먹었다. 그는 서두르지 않고 천천히 다시 자유투를 던졌다. 터무니없게도 또 다시 두 번 다 자유투를 넣지 못했다. 로케츠는 동점을 만들며 연장전을 이끌어냈고, 궁극적으로 그 연장전에서 승리했을 뿐 아니라, NBA 결승전에서 최종 우승도 거머쥐었다.

이러한 종류의 초크에 빠지는 것은 또 다른 기억 체계, 즉 절차 기억 혹은 암묵 기억implicit memory 때문이다. 앤더슨 같은 운동선수는 특정 기술을 몸에 완벽히 익혀서 무의식적으로 그것을 써먹는데, 이때 절차 기억이 안내자 역할을 한다. 그렇지만 아이러니하게도 운동선수들이 그러한 기술을 '의식적으로' 써먹으려 하면, 종종 초크에 빠진다.

학교 음악회를 상상해 보자. 딸아이가 처음으로 공연을 하게 되었다. 딸아이는 몇 주 동안 독주 연습을 했고, 이제 완벽히 '자동으로' 연주하며 노래할 수 있다. 무대의 막이 오르자, 딸아이는 전적으로 혼자다. 아이는 언제나처럼 허리를 꼿꼿이 세우고, 미소를 지으며, 감미로운 목소리로 노래 부르며 부드럽게 기타를 연주하려 주의를 집중한다. 아이는 손가락 동작 하나하나에 신경을 쓰기 시작한다. 그녀는 다른 줄을 치는 실수를 저지르고 음정을 틀린다. 몇 주 사이에 처음 있는 일이다. 아이는 초크에 빠지기 시작한다.

여기서 아이가 초크에 빠진 것은 연주하고 노래하는 방법이 절차 기억 속에 저장되어 있었기 때문이다. 너무 잘하고 싶은 욕심에, 완벽한 조화를 이루고 있는 '무의식적' 기술을 '의식적'으로 써먹으려 하니, 연주 속도가 느려지고 조화에 금이 가기 시작한다. 그 결과 철저히 준비했음에도 불구하고, 제대로 연주하지 못한다. 스포츠 방송 아나운서가 "선수가 생각이 너무 많군요."라는 말을 할 때가 있다. 이는 그 선수의 절차 기억의 속도가 느려졌음을 의미한다. 이는 일반적으로 실책으로 이어진다. 이미 수천 번 했던 것처럼 '자동으로' 하게 내버려 두면 되는데, 연주자가 한 단계 한 단계 빠짐없이 순서를 밟으며 세심한 주의를 기울이니 절차 기억이 제 기능을 발휘하지 못한다.

많은 연구에서 보여주듯, 초보 골퍼들은 골프 기술에 하나하나 신경을 쓸 때 더 잘할 수 있다. 이는 그들이 새로운 기술을 배우고 있고, 스윙 방법을 외우고 실제로 스윙할 때 그것을 떠올리려면 작업 기억의 도움이 필요하기 때문이다. 노련한 골퍼들은 재빨리 스윙을 할 때 더 좋은 성적을 낸다. 그들은 스윙 기술을 완전히 몸에 익혀, 자동으로 스윙을 하기 때문이다. 그러므로 스윙 순서 하나하나를 떠올리며 스윙을 하라고 하면, 그들은 실력을 제대로 발휘할 수 없다. 초크에 빠지기 때문이다.

여기서 다음 차이점에 주목할 필요가 있다. 이미 철저히 익힌 기술의 경우에는 속도를 늦추고 그 기술의 동작 하나하나에 세심한 주의를 기울이는 것이 실력 발휘에 오히려 걸림돌이 되지만, 판단력, 결단력, 신중한 문제 해결력을 요하는 일에는 수행하는 속도를 늦추는 것이 도움이 될 수 있다. 앞에서 언급했던 고객, 즉 이번에 열리는 영업 회의가 자신의 경력에서 가장 중요한 날이 되리라 초조해했던 고객의 경우, 우리는 그가 마음을 느긋하게 먹도록 조언했다. 그 덕에 그는 좀 더 논리적으로 생각하고, 사려 깊은 판단을 내릴 수 있었다.

잡다한 생각을 하면 그런 쓸데없는 생각이 작업 기억의 저장 공간, 즉 긴장되는 순간에 꼭 필요한 관련 정보를 저장해 놓은 공간을 잡아먹어 사람들은 초크에 빠진다. 또한 발표, 운동 경기, 오디션 같이 철저히 연습하여 몸에 완전히 익힌 일을 하면서 의식적으로 행동 하나하나에 신중을 기할 때 사람들은 초크에 빠진다.

부담되는 순간에 이러한 기억 체계들이 제 기능을 다하지 못하는 것을 막으려면 두 가지 기술을 익혀야 한다. 첫 번째는 두려움과 불안감은 걱정이나 불안을 유발하는데, 이러한 걱정이나 우려가 당신의 작업 기억 속에 들어오지 못하게 막는다.

두 번째는 절차 기억이 제 기능을 수행하고 있을 때 그것을 방해하는 '의식적인 간섭'을 삼가는 법을 배워야 한다. 한 마디로, 하던 대로 하도록 내버려 두는 방법을 배워야 한다. 부담감 극복비법들이 이두 가지 기술을 익히는 데 도움이 될 것이다.

● 〈샤크 탱크〉쇼에서 승리하는 법

〈샤크 탱크〉에서 성공하는데 킴은 어떤 기억 체계가 필요했을까? 두 가지 모두 필요했다. 처음에 투자자들에게 투자 권유를 할 때, 즉 준비해온 대로 발표를 할 때는 많은 생각이 필요치 않았다. 이미 수없이 연습했기 때문에 이 단계에서 가장 생산적으로 이용할 수 있는 것은 자동으로 움직이는 절차 기억이었다. 실제로 그녀는 한 걸음 물러서서 입에서 말이 흘러나오는 대로 내버려두었다. 발표는 성공적이었다. 적어도 그 다음 단계, 즉 질의·응답 단계에 진출할 수 있을 만큼 발표는 훌륭했다. 질의·응답 단계에서 그녀가 의지해야 하는 곳은 작업 기억이었다.

이 경우 작업 기억 공간이 가능한 많이 필요했다. 그러기 위해서는 주의를 한 곳에 집중해야 했다. '과연 내가 성공할 수 있을까?', '그들이 나를 마음에 들어 할까?' 같은 잡다한 생각에 주의를 빼앗겨서는 안 되었다. 이러한 잡다한 생각들이 저장 공간을 차지해 버리면, 투자자들의 질문에 대답하는 데 필요한 주요 정보를 잊어버릴 수 있었다. 작업 기억의 저장 공간이 크면, 그녀는 더 효과적으로 상황을 간파하고, 쉽게 질문지를 이해하며, 자신이 받은 질문에 좀 더 정확히 대답할 수 있었다. 안타깝게도 투자자들에게 사업 설명을 하고 투자 권유를 한 사업가들의 상당수가 투자자들이 매출 및 성장 전략에 대한 질문을 했을 때 작업 기억의 일부를 상실할 위험이 있다. 〈샤크 탱크〉쇼가 크게 성공한 이유도 사업가들이 극심한 부담감 속에서 고군분투하는 모습을 지켜보는 것이 매우 흥미롭기 때문이다.

투자자들 앞에서 사람들이 작업 기억 오류를 일으키는 것을 쉽게 찾을 수 있다. 그들은 마치 '헤드라이트 불빛에 바짝 얼어붙은 사슴'처럼 간단한 질문에도 허둥거리며 대답한다. 그들은 잘하는지 못하는지 급우들이 지켜보는 가운데 시를 암송하기 위해 교실 앞에 선, 불안한 기색이 역력한 학생과 다름없다.

작업 기억의 저장 공간이 줄어들면 심적으로 경직되어 비효과적인 행동이나 해결책에 갇혀 옴짝달싹 못한다. 이런 일이 일어나는 것은 머릿속 메모장의 저장 공간이 한정되어 있어서, 그 공간을 써버리고 나면 그들은 다른 선택지를 생각할 수 없기 때문이다. 물론 극심한 부담감 속에 성공하려면 그들은 절대 이렇게 해서는 안 된다. 신속한 판단으로 투자자들의 질문에 능수능란하게 대답해야 한다.

킴은 투자자들이 하는 노골적인 질문에 대답해야 했다. 그들은 매출이 얼마나 되는지 물었다. 그녀는 데이지 케이크를 막 시작했을 때 석 달 만에 2만 7,000달러 상당의 케이크를 팔았다고 말했다. 이때 그녀는 긴장하여 약간 말을 더듬었다. 하지만 투자자들은 깊은 인상을 받은 듯 했다. 그때까지는 괜찮았다. 투자자들은 어떤 식으로 케이크를 선전하고 판매했는지 물었다. 그녀는 어머니와 함께 남부에 위치한 세 주(州)를 돌며 주니어 리그 행사에 참여해 소비자들에게 직접 케이크를 팔았다고 했다. 그 순간 그녀는 첫 번째 커다란 장애물에 부딪혔다. 그들은 그녀와 그녀의 어머니가 이 사업의 규모를 어떻게 키울 수 있을지 의구심이 들었다. 킴이 자신과 어머니를 혹사시키지 않고, 일주일에 5,000개의 케이크를 공급할 수 있는지 물었다. 그녀와 어머니가 일주일 내내 24시간 근무를 해도, 현재 방식으로는 사업 확장 시 필요한 물량의 케이크를 생산할 수 없을 게 분명했다. 킴이 일정 정도 성장 가능성을 지닌, 지방 사업체를 보유하고 있는 것은 확실했지만, 그들이 투자할 만큼 그 규모가 크지 않았다. 한 명의 투자자를 제외하고 모두가 그녀에게 투자하지 않겠다고 말했다. 그녀는 정신이 아득해졌다. 성공을 향한 꿈이 물거품이 된 것 같았다.

그녀는 자신의 대답에 두 가지 측면이 있다는 것을 알지 못했다. 첫 번째는 대답의 실제 내용과 관련됐다. 그녀가 얼마나 많은 매출을 올렸는지, 어떤 유통 계획을 갖고 있는지 등의 내용 말이다. 두 번째는 행동과 관련된 측면이었다. 긴장되는 순간에 처해 있는 대부분의 사람들처럼 그녀 역시 이 측면에 대해 잘 알지 못했다. 대답하는 과정에서 그녀가 어떻게 보이느냐가 대답의 내용보다 더 중요하지는 않다고 해도, 그 못지않게 중요한 것은 틀림없는 사실이다.

● 부담은 어떻게 행동하게 하는가

킴이 〈샤크 탱크〉 쇼에서 했던 것처럼 사업가들이 벤처 자금을 유치하기 위해 사모펀드회사를 찾아가서 사업 계획을 설명하고 투자를 권유하는 과정에서 '비언어적' 요소가 종종 투자자들의 투자 결정에 중대한 영향을 미친다. '창업자가 얼마나 편안하고 카리스마 있어 보이는가' 같은 비언어적 요소 말이다. 하버드 경영 대학원의 에이미 커디Amy Cuddy는 보스턴 대학에서 박사과정을 밟고 있던 학생, 락슈미 발라찬드라(Lackshmi Balachandra: 하버드법대의 협상 프로그램 담당 연구원)의 연구를 인용하며 이렇게 말했다. "실질적으로 누가 투자 유치에 성공할지 예측할 수 있는 가장 좋은 잣대는 상대방이 하고자 하는 말을 어떤 식으로 전달하는지 보는 것이다. 그 사람이 무슨 말을 하는지, 말의 내용 그 자체는 덜 중요하다."

발라찬드라는 벤처 자금을 유치하기 위해 사업을 설명하고 투자를 권유한 185건의 사례를 연구했고, 사업가들이 이야기할 때 말의 실제 내용보다 '침착함', '열정', '눈을 맞추며 이야기하는 태도', '자연스런 행동' 같은 변수들이 투자 유치 성공 여부를 예측할 수 있는 강력한 잣대임을 찾아냈다.

부담되는 상황에서 사람들은 부담감 때문에 심적으로 경직될 뿐 아니라, 행동도 평소와 달라진다. 초조한 모습을 보이고, 곤란한 질문을 받으며 방어적인 태도를 취하며, 더 소극적이 되고 더 불편해 하며, 유머감각을 제대로 발휘하지 못한다. 킴과 그녀의 회사를 평가하던 투자자들은 이러한 미묘한 행동 변화를 알아챘다. 그러나 킴 자신은 그러한 변화를 제대로 알아차리지는 못했다. 성공하려면 킴은 작업 기억을 조절하여 논리적으로 생각하고 사고가 경직되지 않도록 할 수 있어야 했다. 또한 투자자들과 유대감을 형성할 수 있도록 자신의 행동을 효과적으로 다스려야 했다. 그러나 부담감이 킴에게 영향을 끼칠 수 있는 또 한 가지 측면이 있었다. 그녀의 의사결정에도 부담감이 영향을 끼칠 수 있었다.

● 평소 그대로의 모습으로

부담감 연구에서의 가장 일관된 결과 중 하나는 모든 상황에서 부담이 합리적 의사결정의 중대한 적이라는 것이다.

〈샤크 탱크〉에서는 의사결정이 양방향으로 이루어진다. 우선 투자자들이 투자 제안을 할 것인지 말 것인지 결정한다. 그러고 나면 투자자들로부터 투자 제안을 받은 사업자가 각각의 제안을 받아들일 것인지 말 것인지 결정한다. 엄밀히 말하면 이는 협상이다. 투자 제안을 받을 경우, 킴은 그 제안을 한 투자자와 과연 파트너가 될 수 있을지 없을지 결정해야 한다. 어쨌든 제안을 수락하고 나면 그녀는 새로운 파트너를 갖게 된다. 누군가를 파트너로 맞아 함께 일한다는 게 결코 쉬운 일은 아니다. 킴은 투자 제안을 한 그 투자자를 믿을지 말지 결정해야 한다. 사업을 하다보면 힘든 시기에 봉착할 수밖에 없다. 그녀는 이 파트너와 함께 그 시기를 잘 이겨낼 수 있을까? 그녀는 자신의 직감을 믿고 이 결정을 내릴 수 있을까, 아니면 그 상황이 빚어내는 부담감에 어떻게 해야 할지 갈피를 잡지 못할까?

1장에서 성과에 대해 심한 부담감을 느끼고 있는 팀은 전문지식을 갖춘 가장 박식한 팀원의 뜻을 따르기보다 직위가 더 높은 이의 선택을 따르는 경향이 있다고 지적한 바 있다.

그녀가 바로 그런 입장이었다. 투자 제안을 하는 이들은 상대적으로 그녀보다 높은 지위에 있는 사람들이었다. 그들은 투자 자금도 갖고 있었고, 뛰어난 사업 수완으로 성공하여 칭송받는 유명인들이었다. 반면 그녀는 사우스캐롤라이나, 스파턴버그에서 올라온 시골 출신 사업가에 지나지 않았다. 투자 제안을 받아들인다면, 킴은 투자자의 뜻을 따라서는 안 될 때 따를 수도 있고, 자신에게, 혹은 사업에 잠재적으로 바람직하지 않은 제안을 수락할 수도 있었다. 어쩌면 투자자가 킴의 예상보다 더 많은 지분을 요구할 수도 있었다. 이때 킴은 그 사람의 뜻을 따를까?

그렇지만 〈샤크 탱크〉에 출연할 때 그녀는 한 가지 뚜렷한 이점을 갖고 있었다. 살면서 훨씬 더 힘든 도전들을 겪어보았다는 점이었다. 게다가 그녀는 자신의 케이크와 회사에 대해 굳은 믿음을 갖고 있었다. 나중에 그녀는 이렇게 말했다. "모든 영세업체들이 겪는 수많은 좌절을 겪었지만, 나는 다 이겨냈습니다. 단 한 번도 이 일을 포기한 적이 없습니다. 2009년 이 일을 시작할 때 성공하리라는 것을 믿어 의심치 않았습니다."

하지만 그녀가 자사 제품과 회사를 믿었던 것과 달리, 투자자들 중 그 가능성을 믿어준 이는 단 한 명뿐이었다. 마지막까지 관심의 끈을 놓지 않은 유일한 투자자는 미국 최대 부동산회사 가운데 한 곳을 경영하고 있는 부동산 전문가 바버라 코코란Barbara Corcoran이었다. 킴은 5만 달러를 유치하고 싶어 했고, 바버라는 킴이 과연 그 정도 투자 가치가 있는 재목인지 확신이 서지 않았다. 그렇지만 바버라는 촬영장에서 시선을 끄는 장면을 발견했다. "다른 투자자들을 보았더니 모두 그녀가 만든 케이크를 끊임없이 먹고 있었습니다. 투자를 포기하겠다는 말을 해놓고도 계속 먹었습니다. 게다가 그녀가 출연한 시간은 점심식사 직후였습니다. 이 케이크에는 손을 뗄 수 없는 매력이 있다는 것을 알 수 있었습니다."

데이지 케이크는 사람을 매료시키는 맛을 갖고 있다. 하지만 바버라의 마음을 결정적으로 움직인 것은 킴이 보여준 태도와 성격이었다. "그녀는 자신의 일에 대한 굳은 믿음을 갖고 있었습니다. 그녀는 수차례 힘든 일을 겪었지만 그때마다 이겨냈습니다. 그녀에게는 넘치는 에너지가 있었습니다. 그녀는 '여전사'였습니다. 다른 남자 투자자들이 질문을 하면 할수록, 사업과 관련해 그녀를 깎아내리면 깎아내릴수록, 그녀에게서 투지가 불타오르는 것을 볼 수 있었습니다. 나는 들은 것이 아니라, '본 것'을 믿기로 마음먹었습니다."

바버라는 5만 달러 투자를 결정했다. 킴은 감격했다. 조건도 적당했다. 그녀는 즉시 그 투자 제안을 받아들였다. 그로부터 2년 뒤 바버라는 킴에 대한 투자가 '자신의 〈샤크 탱크〉 투자 가운데 최고의 투자'였다고 말했다. 그리고 이렇게 덧붙였다. "매력적으로 보이는 많은 이들이 실제로는 그렇지 않은 경우가 많습니다. 하지만 그녀는 정말 매력적인 사람입니다. 그녀는 가는 곳마다 고객들로부터 충성심을 이끌어냅니다." 킴은 바버라의 신뢰에 보답했고, 이 속도대로라면 조만간 케이크 매출이 300만 달러를 넘어설 것이다. 바버라는 이렇게 말했다. "이 사업은 이제 시작입니다!"

미국 전역으로 방송될 뿐 아니라, 많은 것이 걸려 있는 극히 부담스런 상황 속에서 그녀는 절차 기억 혹은 암묵 기억에 의존해야 하는 설명 초기 단계에서도, 투자자들로부터 질문을 받고 발 빠른 판단을 내려야 하는 단계에서도 초크에 빠지지 않았다. 그녀는 각각의 단계에서 다양한 문제점을 제기하는 투자자들에게 그들 못지않은 침착함을 보여주었다. 분명 그녀가 완벽하지는 않았다. 그렇지만 그 순간에는 완벽할 필요가 없었다. 최선을 다하는 것만으로 충분했다.

킴의 〈샤크 탱크〉 경험에서 분명한 것은 그녀는 자신의 평소 모습을 그대로 보여주었다는 점이다. 그저 부담감을 훌륭히 다스렸을 뿐, 나머지는 자연스럽게 흘러가도록 내버려 두었다. 투자자들은 그녀의 사업 못지않게 '그녀가 어떤 사람'인지 파악하려 노력했다. 마지막 투자자가 마침내 투자를 결심한 것도 그 때문이다. 바버라 코코란은 이렇게 말했다. "많은 이들이 이 쇼에 출현했습니다. 그들은 자신의 사업에 대한 믿음을 갖고 있었지만, 다른 사람에게까지 그 믿음을 심어줄 수 있는 설득력을 갖고 있지는 않았습니다. 그녀는 타고난 선전 능력으로, 자신의 사업을 신뢰하도록 다른 이들을 설득할 수 있습니다."

킴은 이렇게 말한다. "데이지 케이크가 무한한 발전 가능성을 갖고 있다고 생각합니다."

부담이 사고에 끼치는 영향

| 5장 |

철학자 에픽테토스Epictetus는 2000여 년 전에 이렇게 말했다. "사람들을 괴롭히는 것은 사건 그 자체가 아니라, 그들의 사건 해석 방식이다." 역사상 가장 성공한 아마추어 골퍼이자, 매년 마스터스 골프 대회가 열리는 골프장 오거스타Augusta의 설계자인 바비 존스Bobby Jones는 이렇게 지적했다. "골프는 머릿속에서 벌어지는 경기이다."

종종 회자되는 이 두 사람은 서로를 알지 못한다. 하지만 두 사람 모두 인지적 평가cognitive appraisal가 사람들을 수렁에서 건져낼 힘을 갖고 있다는 사실을 이해하고 있었다. 오늘날 심리학자들은 사람들이 어떤 반응을 보이는 것이 사건 그 자체 때문이 아니라, 사건을 해석하는 방식 때문이라는 데 동의한다. 사건을 어떻게 해석하느냐에 따라,

사람들은 자신감을 느끼기도 하고 걱정에 휩싸이기도 한다.

● 위기로 볼 것인가, 도전의 기회로 볼 것인가?

자신에게 혹은 주변에서 어떤 일이 일어나면 사람들은 그것이 무슨 일인지 규정하는 심리 과정을 밟게 되는데, 심리학에서는 이를 '인지적 평가'라고 부른다. 이는 사람들이 주위 환경과 자신이 직면한 상황을 이해하는 과정이다. '현 상황을 타개하는 데 필요한 것들을 내가 갖추고 있는가?', '현 상황이 내게 중요한가?'같은 질문에 대답할 수 있는 것도 이 과정이 있기 때문이다. 부담되는 상황에 부딪혔을 때 가장 중요한 질문을 단 한 가지 꼽는다면 그것은 '현 상황을 위기로 볼 것인가, 아니면 도전의 기회로 볼 것인가?'라는 질문이다.

사람마다 상황을 평가하는 방식이 다른 것은 기본적으로 인격 형성의 근간을 이루는 특수한 환경과 특성들, 이를테면 가정환경, 삶의 역할 모델role model, 정신 건강 및 심리적 특성, 믿음 체계, 두려움과 희망 등이 다르기 때문이다. 또 사람마다 이력이 다르고, 갖고 있는 자랑거리나 재능이나 자격이 다르며, 느끼는 자부심이 다르기 때문이다. 사람들은 각기 다른 방식으로 자신의 환경을 해석하고, 외부 사건들에 의미를 부여하며, 일상생활 중에, 특히 부담되는 순간에 부딪히는 여러 상황을 평가하는데, 이러한 요소가 토대를 형성한다.

부담감은 사람들의 생각을 바꾸고, 사건을 바라보는 시각을 왜곡시킴으로써 뇌와 행동에 알게 모르게 큰 영향을 끼치고 있다. 많은 이들이 사건을 바라보는 자신의 시각이 '정적'이라고, 즉 변하지 않는다고 생각한다. 하지만 이는 결코 사실이 아니다. 사건을 평가하는 방식은 얼마든지 바뀔 수 있고, 실제로 종종 바뀐다. 그리고 이러한 평가에 가장 강력한 영향을 끼치는 요인 중 하나가 바로 부담감이다.

예를 들면 직장에서 월요일에는 그저 그런 성과 평가서를 받고 몹시 속상해하다가 수요일에는 '이 정도면 괜찮네.'라는 생각이 들 수도 있다. 오후에는 주차 위반 딱지에 부당하다며 불같이 화를 냈지만 그 다음날에는 대수롭지 않게 여길 수 있다. 무언가 때문에 공포에 질려 한밤중에 깼지만, 다음 날 아침에는 그리 끔찍하게 생각되지 않을 수도 있다. 무엇이 달라진 걸까? 바로 사건을 평가하는 시각이다. 다시 말해 '부당한 처사야.'에서 '음, 내가 딱지 뗄 짓을 했네.'로, 그리고 '해고당하겠는걸'에서 '이 정도면 괜찮네' 혹은 '실망스럽긴 하지만 얼마든지 나아질 수 있어.'로 상황을 바라보는 시선이 달라진 것이다. 상황에 대한 사람들의 평가가 달라질 수 있다는 것은 결국 그들이 느끼는 부담감도 조절이 가능하다는 얘기다.

게다가 두 사람이 동일한 사건을 다르게 평가할 수 있다. 당신은 어떤 발표를 위기 혹은 위협으로 보지만, 동료는 도전의 기회로 생각할 수 있다. 이 경우 그 사람이 당신보다 부담을 덜 느낄 것이다. 또한 여러 사람들이 동일한 사건을 비슷하게 해석할 수도 있다. 만약 팀원들 가운데 다섯 명이 특정 프로젝트를 위협으로 평가한다면, 팀 내에서 상당한 갈등이 빚어질 게 분명하다. 마지막으로 그 순간의 마음 상태 때문에 평가가 왜곡될 수 있다. 화가 나거나 우울한 상태라면 상황을 절망적으로 해석할 수 있다. 행복하거나 열정이 넘치는 상태라면 동일한 상황을 희망적으로 인식할 수도 있다.

　이 각각의 상황에서 사건이 달라지지 않아도, 사람들의 평가가 달라지면 그 상황과 관련된 감정과 행동이 달라질 수 있다. '사고'는 역할 수행 체계의 구성요소 중 하나이고, 인지적 평가는 사고의 '핵심'이다. 따라서 인지적 사고를 '당신의 적'이 아니라, '당신의 편'으로 만드는 것이 부담감 극복 과정에서 매우 중요하다.

● 인지 왜곡이란?

　심리학자들은 사건의 현실을 제대로 반영하지 못한 평가를 '인지 왜곡cognitive distortions'이라고 부른다. 인지 왜곡은 컴퓨터 바이러스에 비유할 수 있다. 역할 수행 체계의 구성요소 중 하나인 '사고'가 충돌을 일으켜 잘못된 데이터를 (역할 수행 체계의 다른 두 가지 구성요소인) '신체 자극'과 '행동'에 제공할 수 있기 때문이다.

　인지 왜곡은 강력한 힘을 갖고 있어서, 불안감, 무력감 그리고 우울증을 종종 느끼게도 하고, 혹은 종로에서 뺨 맞고 한강에서 눈 흘긴다고 괜히 사랑하는 이들에게 화풀이하게도 한다. 자주 스트레스와 불안감에 시달리는 이들은 일반적으로 비뚤어진 사고방식을 가진 사람들이다.

　마찬가지로 부담 왜곡pressure distortion이란 불필요하게 부담감을 증폭시키는 사고 패턴을 의미한다. 부담되는 순간 바로 직전에, 혹은 부담감을 느끼는 동안에 부담 왜곡 현상이 일어날 수 있다. 어느 경우든 이런 사고 패턴에 빠지면, 보통 정상궤도를 이탈하게 된다. 부담감 속에서 성과를 이뤄내는 능력에 특히 걸림돌이 되는 부담 왜곡 유형 두 가지를 찾아냈다.

● 일생일대의 기회라는 착각은 금물!

코치나 책임자나 부모들은 "다신 이런 기회를 얻을 수 없어.", "이건 정말 중대한 기회야." 혹은 "오늘, 우리가 새로운 역사를 쓰게 될 거야."라는 말을 종종 한다.

이러한 말은 특정 사건의 유일무이함, 즉 다신 없을 '일생일대의 기회'임을 시사한다. 그런 말을 듣는 순간 사람들은 어쩔 수 없이 부담감이 증폭된다. 그 말이 위기감을 고조시키고 자존심을 건드리기 때문이다. 이런 말을 귀 담아 듣다보면 이제 다른 사람이 아니라, 당신 스스로가 부담감을 증대시킨다. 스스로 '다신 이런 기회를 얻을 수 없어.', 혹은 '이 기회를 날려버리면 안 돼.'라는 생각을 하는 것이다. 사건의 유일무이함, 즉 부담되는 순간을 단 한 번의 절호의 기회로 보는 시각은 위기의식과 상실감을 가중시킬 수 있다.

위기의식과 상실감은 신경 화학적으로 커다란 영향을 끼치고, 이런 신경화학 효과는 의사결정과 행동에 영향을 끼친다. 행동과학 연구에 따르면, 월스트리트에서 일하는 트레이더와 금융 상담사가 상실감을 느끼고 싶지 않아서 불리한 포지션을 정리하지 않고 계속 보유하는 경우가 종종 있다. 가령 주가가 떨어져 손실이 났을 때 그 주식을 계속 갖고 있으면 그것은 미실현 손실일 뿐이지만, 매도하면 손실이 실현되기 때문이다. 노벨상 수상자인 대니얼 카너먼Daniel

Kahneman의 연구에서는 위험 감수를 통해 특정액의 이익을 얻을 수 있는 기회와 동일한 금액의 손실을 피할 수 있는 기회가 있다고 했을 때 그중 한 가지를 택하라고 하면 사람들이 이익을 얻을 기회보다 손실을 회피할 기회를 선택할 가능성이 두 배 더 높다는 사실을 보여주었다. 장기적으로 채권보다 주식에 투자할 때 더 높은 수익을 올릴 수 있다는 사실에도 불구하고, 젊은 사람들이 분산투자 시 채권에 과도한 금액을 투자하는 것도 이 때문이다.

운동선수들은 손실 회피 성향 때문에 소극적인 플레이를 펼칠 때가 있다. 이기기 위해 뛰는 것이 아니라, '지지 않기 위해' 뛰는 것이다. 우리 팀이 앞서가고 있을 때 보수적인 플레이를 펼치기 시작하면서 완전히 다른 팀처럼 보이는 경우가 얼마나 많은가? 올림픽 및 미국 프로 농구 팀에서 활동하는 코치들과 오랫동안 함께 일해 온 터라, 우리는 이 때문에 코치들(그리고 팬들)이 속 터져 할 때가 있다는 것을 알고 있다. 이는 코치들이 직면하는 힘겨운 상황 중 하나이다. 선수들이 지지 않기 위해 소극적인 플레이를 펼칠 때 어떻게 하면 팀에 에너지와 활력을 불어넣을 수 있을지 고민하게 된다.

미국 프로 아이스 하키리그 결승전에서 2004년 탬파베이 라이트닝Tampa Bay Lightning의 코치들 가운데 한 명은 "안전한 플레이는 죽음과 같다"라는 모토 아래 경기 전략을 제시했고, 그 전략은 분명 효과가 있었다. 탬파의 선수들은 앞서가고 있을 때 조심스런 경기 운영으로 우위를 지켜내는 전략을 구사하는 대신, 밀어붙이기 전략으로 점수 차이를 벌려 나갔다. 그들은 이 전략으로 승리를 거두었고, 결승전 우승팀에게 주어지는 스탠리컵the Stanley Cup을 거머쥐었다.

직장에서 당신이 프로젝트 진행을 차일피일 미루거나 실수를 저지르는 것을 두려워하고 있다면, 일생에 단 한 번뿐인 기회여서 날리고 싶지 않다는 부담감 때문에 그러는 것일 수 있다. 선사시대 사람들의 경우에는 이것이 사실이었을 수도 있다. 그 시대에는 한 번의 기회로 생사가 갈릴 수 있었기 때문이다. 그렇지만 그동안 당신이 겪은 일들을 돌이켜 생각해 보면, 요즘에는 선사시대와 달리 또 다른 기회가 거의 항상 있다는 것을 알 수 있다. 그것이 세일즈 방문이든, 시험이든, 혹은 새로운 사람과의 만남이든 말이다(그리고 재혼에 동의하는 사람이 족히 수십만 명은 될 것이다).

● 부담감을 증폭시키는 확대 해석

확대 해석은 상황을 지나치게 과장하는 경향을 말한다. 상황을 침소봉대하는 것이다. 그 결과 직장에서 특정 세일즈 방문이 당신의 경력에서 '가장 중요한' 방문이 되고, 딸아이 혹은 아들아이가 치르는 시험이 아이의 인생에서 '가장 중요한' 시험이 된다. 또 다시 선사시대의 상황과 오늘날의 상황을 비교해보자.

선사시대 사람들에게는 물을 엎지른다는 것은 긴급히 물을 더 구해야 하는 위기 상황을 의미했다. 오늘날에는 엎지른 물을 닦아내면 그뿐, 달리 위급할 게 없다. 선사시대에는 부담되는 순간을 극도로 중대한 순간으로 인식하는 것이 결코 부담 왜곡이 아니었지만, 오늘날에는 부담에 대한 왜곡이 분명하다.

중요하다는 생각이 부담감을 증폭시키기 때문에, 부담되는 순간에 상황을 확대 해석하면 두렵고 불안한 생각이 커질 수밖에 없다. 특히 실패와 성공과 관련해 두렵고 불안한 생각이 커진다. 이런 근심스런 생각들은 실질적으로 두려움과 불안감을 불러일으키고, 그 결과 중대한 정보를 잊어버릴 수도 있고 괜히 작업 기억의 저장 공간을 낭비할 수도 있다. 결과에 너무 집착할 경우 뭔가를 확대 해석하는 경향이 강해진다. 어떤 시험이나 임무를 중요하게 생각하면 더 많은 노력을 쏟아붓게 된다. 하지만 그 때문에 추가로 부담을 느끼게 되어 일반적으로 성과가 더 나빠진다.

스탠퍼드 대학교에서 한 학생 집단에게 시험지를 나누어주며 시험 결과가 교수진이 학생들을 좀 더 정확히 파악하는 데 쓰일 것이라고 설명했다. 한편 다른 학생 집단에는 동일한 시험지를 나눠 주며 시험 결과가 그들의 장래 학업 및 진로 계획을 평가하는 데 중요하다고 이야기했다. 당연히 시험 결과가 중요하다는 이야기를 들은 집단이 다른 집단보다 훨씬 낮은 점수를 받았다.

● 부담 조절 장치

인지적 평가는 부담감을 다스리기 위해 우리가 보유하고 있는 가장 효과적인 도구 중 하나이다. 외부 사건과 우리의 머리와 몸과 행동 사이의 중재자이기 때문이다. 부담되는 순간에 같은 사건을 어떻게 평가하느냐가 바로 당신의 머릿속을, 그리고 차후 행동을 바꿔 놓을 수 있다.

인지적 평가가 감정과 행동에 영향을 미친다는 발상은 결코 새로운 개념이 아니다. 심리학의 거의 모든 부문에서 이는 연구를 통해 이미 밝혀진 사실이다. 몇십 년 전 심리학자인 앨버트 엘리스Albert Ellis가 합리적 정서행동치료를 소개했다. 이 치료는 사건을 이성적으로 해석하고, '모두가 나를 사랑해야 해.' '나는 화를 내선 안 돼.' 같은 '신경증적' 인지 왜곡을 하지 않으면 더욱 생산적인 삶을 영위할 수 있다는 원칙을 바탕으로 하고 있었다.

인지적 평가 그리고 그것이 행동과 감정에 미치는 영향이 상당히 설득력 있는 발상이어서, 연구원들은 이제 신경과학적 차원에서 그 과정을 조사하고 있다.

뉴욕의 컬럼비아 대학교에서는 최근 한 연구를 통해 부담감이라는 맥락 속에서 이 개념을 설명했다. 연구원들은 대학원생들을 컬럼비아 대학교 연구실에 설치된 fMRIfuntional magnetic resonance imaging 기능성 자기공명영상 촬영 장치로 한 명씩 촬영했다. 일반적으로 신경 활동이 활발해지면 혈액의 산소 소모 정도 및 혈류량이 변하는데, 이 장치로 그러한 변화를 탐지함으로써 뇌의 활동을 측정할 수 있다. 뇌의 특정 부위의 움직임이 활발해질 때, 그 부위 산소 소모량이 증가하며 그곳으로 혈액의 흐름이 증가한다. fMRI에서는 이러한 신경 활동을 측정하여 기록한다.

연구원들은 fMRI에 누워 있는 학생들에게 마음의 준비를 할 수 있는 시간이 몇 분 정도 있으며, 비즈니스 리더 집단을 대상으로 관세와 자유무역의 관계에 관한 전문가 수준의 연설을 해야 한다고 설명했다. 그 비즈니스 리더들은 비즈니스와 법에 관한 특별한 지식과 전문지식을 갖고 있다고 했다. 또 연설의 내용, 연설 태도, 주장의 명료성을 바탕으로 그들을 평가한다고 했다.

그들이 fMRI 촬영 장치 속에 누워서 마음속으로 연설을 연습하고 있는 동안, 연구원들은 그들의 심장박동을 모니터했다. 또한 20초마다 불안 정도를 학생들에게 물어보았다. 중대한 연설을 해야 한다는 생각 때문에 불안과 분노, 우울 같은 부정적인 감정을 조절하는 우측 전전두 피질right prefrontal cortex 영역의 활동이 증가했을 뿐 아니라, 학생들의 심장박동과 불안 정도도 높아졌다. 그렇지만 흥미롭게도 모든 학생이 동일한 변화를 겪지는 않았다. 학생마다 생리적 변화의 정도가 달랐다. 그렇다면 일부 학생들이 다른 학생들보다 우측 전전두 피질에서의 활동이 더 활발해진 이유는 무엇일까?

과학의 발달로 정신 작용을 표로 더 정확히 나타낼 수 있게 되었다. 우리는 뇌와 인지가 교차되는 지점을 최첨단 기술을 이용해 연구하고 있는 젊은 신진 연구원들을 찾아갔다. 그중 한 사람이 뉴욕의 로체스터 대학교the University of Rochester의 제레미 제이미슨Jeremy Jamieson이었다. 예전에 그는 하버드 대학교에서 박사 학위 취득 후 연구원postdoctoral fellow으로 정신생리학 연구소the Psychophysiology Laboratory와 임상 발달 연구소Clinical and Developmental Research에서 일한 바 있다. 서른 살의 젊은 나이에 그는 콜비칼리지Colby College에서 심리학 학사 학위를, 노스이스턴 대학교Northeastern University에서 사회심리학 박사학위를 받았다.

한 연구에서 제레미와 그의 팀은 대학원 입학 자격시험GRE을 준비 중인 학생들을 조사했다. 이 시험은 대학원 지원자를 평가하기 위해 대학원에서 요구하는 표준 입학 테스트이다. 연구원들은 학생들에게 스트레스가 인지에 미치는 영향을 연구하는 과정에 그들이 참여하고 있다고 했다. 또 학생 절반에게는 최근 연구 결과에 따르면 "시험 때 마음을 졸이는 사람들이 더 좋은 성적을 받는다"라고 말했다. 다시 말해 모의고사에서 학생들이 마음을 졸일 때, 그들은 "걱정할 것 없다……그냥 시험 걱정을 하면 시험을 더 잘 볼 수 있다고 생각하면 된다"라는 격려를 들은 셈이다.

모의고사 전에 이 말을 들은 것만으로 학생들의 성적이 크게 향상되었다. 그들은 통제 집단보다 모의고사의 수리 영역(800점)에서 50점 더 높은 점수를 받았다. 그로부터 두 달 뒤 그 학생들은 실제로 시험을 보았고, 점수를 연구원들에게 알려왔다. 제레미와 그의 팀은 자신들의 간섭이 장기적인 영향도 미치는지, 아니면 단기적인 효과만 있는지 알고 싶었다. 실험에서 부담감과 불안감이 성적 향상에 도움이 된다는 말을 들은 학생들은 실제 시험에서도 통제 집단보다 60점 더 높은 점수를 받았다. 다시 말해 불안감이 도움될 수 있다고 믿은 학생들이 현저히 더 좋은 성적을 올렸다는 얘기다.

이 연구에서는 특정 상황에서 부담감을 느낄 때 전전두 피질에서의 활동이 증가하고 심장작동이 빨라지는 것이 연설(혹은 발표 혹은 경기) 그 자체 때문이 아니라, 사람들이 연설(혹은 발표 혹은 경기)에 부여하는 '의미' 때문이라는 것을 보여주었다. 의미가 사람들의 반응을 좌우는 것이다. 바꿔 말하면, 오래전 에픽테투스의 말처럼, 사건을 어떻게 해석하느냐에 따라 사람들의 반응이 달라질 수 있다는 얘기다. 또 부담감과 불안감을 바라보는 시각을 바꾸면, 그것이 성과에 미치는 부정적인 영향도 달라질 수 있다는 얘기다.

2010년 캐서린 민슈Kathryn Minshew는 여성들의 인맥구축 사이트인 PYPPretty Young Professionals를 경영하기 위해 클린턴재단의 클린턴 의료접근 사업Clinton Health Access Initiative을 그만두었다. PYP는 두 달 전 세 명의 동료들과 함께 시작한 회사였다. 그녀는 외부의 지원 없이 최소한의 돈으로 그 회사를 차렸다. 얼마 안 되는 인건비는 우선 개인 돈으로 충당하기로 하고, 그녀는 '무급'으로 최고 경영자이자 편집장으로 일했다.

불행히도 가장 좋은 회사 경영 방법을 놓고 갈등을 빚었고 결국 회사를 둘로 쪼갤 수밖에 없는 위기에 내몰렸다. 그녀는 이렇게 회상했다. "우리에게는 변호사도 없었습니다. 그저 종이에 적어 지분을 나누었습니다. 사실 변호사의 필요성도 느끼지 못했습니다."

회사가 무너졌을 때 그녀의 마음이 얼마나 무거웠을지 쉽게 상상할 수 있다. 그녀는 항상 '스타'였다. 학창시절에는 뛰어난 학생이었고, 클린턴 의료접근 사업으로 자리를 옮기기 전에는 유명한 컨설팅 업체, 맥킨지에서 근무했다. 그동안 그녀는 승승장구하는 인생을 살았다.

캐서린은 부담감이 상황을 평가하는 자신의 시각을 어떤 식으로 왜곡시키고 있는지 알지 못했다. 회사가 둘로 쪼개졌을 때 그녀는 사업가가 될 수 있는 일생일대의 기회를 날릴 것 같아 몹시 고통스러웠다. 그녀는 그저 자신이 실패했으며 모두가 그 사실을 알아버렸다는 생각밖에 할 수 없었다.

일생일대의 기회라는 왜곡된 시각은 사람들을 마비시킨다는 문제점을 갖고 있다. 정말 자신을 입증할 일생에 단 한 번뿐인 기회라면, 그 기회를 날려버려서는 안 될 것이다!

다행히 시간이 지남에 따라 캐서린은 사업 실패가 결코 자신의 경력의 끝이 아니라는 것을 깨닫기 시작했다. 얼마든지 다른 사업을 다시 시작할 수 있다는 것을 알게 되었다. 회사가 나누어졌을 때 그녀는 이십대 중반밖에 되지 않았다. 2011년 9월 그녀는 '더 데일리 뮤즈 (the Daily Muse, 커리어 개발 플랫폼, 더뮤즈the Muse의 전신)'를 선보였고, PYP 의 창립 멤버들 모두가 그녀와 손을 잡았을 뿐 아니라, 공동설립자를 한 명 더 영입하기까지 했다. 〈허핑턴포스트the Huffington Post〉와 〈테 크크런치TechCrunch〉에서 '더 데일리 뮤즈' 출시 소식을 보도했고, 출시 한 달 만에 사이트 방문자 수가 PYP 전성기 때보다도 더 많아졌다. "고통스런 일이었지만, 다시 시작할 수밖에 없었던 경험이 오히려 '선물'이 되었습니다. 함께 많은 일을 겪은 덕에, 이제 그 무엇보다 우리를 막을 수 없다는 확신을 갖고 나아갈 수 있게 되었습니다."

돌이켜 생각해 보면, 캐서린의 첫 사업 실패가 평생에 한 번뿐인 기회를 놓친 게 아니었다. 비록 그 부담되는 순간에는 그렇게 느꼈겠지만 말이다. 오늘날 그녀의 회사에서는 전 세계적으로 200만 명이 훨씬 넘는 전문가들이 활동하고 있으며, 캐서린은 CNN과 블룸버그에 출연하고 있고, MIT와 하버드에서 강의도 하고 있고, 얼마 전 〈포브스〉가 선정한 '미디어 부문의 영향력 있는 서른 살 이하의 30인30 Under 30 in Media'에 뽑혔으며, 미국 경제 잡지 〈Inc.(아이엔씨닷컴)〉가 선정한 '기술 부문 주목할 여성 15인15 Women to watch in Tech'에도 올랐다. 이제 캐서린은 그 좌절이 살면서 부딪히는 수많은 기회 중 하나였고, 깨달음을 얻을 훌륭한 기회였다는 것을 안다.

인지적 평가는 모든 사람이 가진 타고난 재능 가운데 하나다. 이 도구를 이용해 상황을 어떤 식으로 해석할지 조율하는 방법으로, 사람들은 자신이 느끼는 부담감의 정도를 조절할 수 있다. 또한 부담감을 극복하는 데 도움이 되는 생산적인 생각들을 낳을 수 있고, 그 과정에서 부담감에 대한 인지적 왜곡을 줄일 수 있다.

우선 부담되는 순간에 들어서기 전에 마음속에서 무슨 말들이 오가는지 정확히 파악하도록 한다. 이것이 궤도 이탈을 부추기는 부담 왜곡을 줄이는 첫걸음이 될 수 있다. 부담 왜곡은 고통스런 감정을 불러일으킨다. 당신은 바로 이 점을 유용하게 써먹을 수 있다. 다시 말해 부담되는 순간에 들어서기 전, 당신이 고통, 불안, 두려움을 느끼기 시작한다면, 이것을 부담 왜곡이 시작되었다는 신호로 보면 된다는 얘기다. 이런 신호가 오면, 앞에서 언급했던 고객처럼 뒤로 한 걸음 물러나서 생각의 속도를 늦추도록 한다. 그러고는 당신의 머릿속에서 오가는 말들이 왜곡된 것인지 아닌지 하나하나 따져본다. 그 사이 당신은 긴장이 풀릴 것이고 좀 더 나은 성과를 거두게 될 것이다.

마찬가지로 다음에 당신이 부담되는 순간에 자신감을 느낀다면, 잠시 멈춰 서서 자신이 무슨 생각을 하고 있는지 살펴보자. 당신이 긍정적인 생각을 하고 있다는 것을, 부담 왜곡이 없다는 것을 알게 될 것이다. 이는 최선을 다하는 것이 가장 중요할 때 최선을 다할 수 있도록, 인지적 평가가 당신을 돕고 있다는 신호이다.

부담감의
함정

| 6장 |

오늘날의 프로 스포츠 세계에서 두 팀의 리더가 극심한 부담감을 이유로 무승부로 경기를 끝내기로 합의하는 경우를 상상할 수 있는가?

미국 대표 골프선수 팀이 (전 세계의 나머지 국가들의 최고 골퍼들로 구성된) 국제 팀과 겨루는 골프 시합인 프레지던츠 컵the President's Cup이 2003년에는 예년과 다른 방식으로 막을 내렸다. 4일 동안 엎치락뒤치락하는 피 말리는 경기 끝에 17대 17로 동점인 상황에서, 당시 세계 1위였던 타이거 우즈Tiger Woods와 당시 세계 2위였던 어니 엘스Ernie Els가 각각 미국 팀 대표, 국제 팀 대표로 (단판으로 승부를 결정짓는) 서든데스 플레이오프를 치르게 되었다.

플레이오프 3개 홀을 치렀지만 우승팀이 가려지지 않자, 각 팀의 단장인 잭 니클라우스Jack Nicklaus와 게리 플레이어Gary Player는 무승부를 선언했다. 〈스포츠 일러스트레이티드Sports Illustrated〉의 온라인 보도에 따르면, 그 이유인즉 '단장들이 한 선수에게 과도한 부담을 주고 있다'고 느꼈기 때문이다. 보아하니 선수들도 그에 동의했던 것 같다.

무엇 때문에 그처럼 부담감이 급증했던 걸까? 어쨌든 프로 골퍼들은 부담감에 익숙한 사람들이 아닌가? 물론 그들은 부담감에 익숙하다. 그렇지만 그들은 동료 선수들의 응원을 받으며 팀의 일원으로 골프를 치는 일에는 익숙하지 않다. 프레지던츠 컵에 출전하는 골퍼들의 실력 발휘 원동력 중 하나는 프레지던츠 컵 출전팀에 뽑혔다는 것이다. 이는 흔히 얻을 기회가 아니다. 또 다른 원동력은 그에 수반되는 명예와 동료애이다. 엘스는 플레이오프에 대한 솔직한 심정을 이렇게 털어놓았다. "다리가 떨리는 것을 느꼈던 경기는 아마도 그때가 처음이었던 것 같습니다." 그는 이렇게 덧붙였다. "잠시 주위를 둘러보는데 팀원들이 눈에 들어왔습니다. 그러자 나도 모르게 '시선을 다른 데로 돌리는 게 좋겠어. 너무 부담돼.'라는 생각이 들었습니다." 우즈는 그 플레이오프를 "골프선수 생활 가운데 가장 신경이 곤두섰던 순간 중 하나"라고 말했다. 그는 붉은색 셔츠를 입은 동료들에게 둘러싸여 퍼트를 준비하던 순간을 이렇게 묘사했다. "온통 붉은 빛이 시선을 사로잡았고, 나는 그 빛에 마음을 빼앗기지 않으려 안간힘을 썼습니다." 이 두 사람은 세계 최고의 골프선수라서 부담감에 매우 익숙한 사람들이었다. 그런데 그들이 단순히 동료 선수들이 지켜보고 있다는 이유로, 그 어느 때보다 심한 부담감을 느꼈던 것이다.

이는 부담감 함정의 대표적인 사례이다. 동료들의 응원처럼 보통 도움이 되리라 생각되는 요소가 반 직관적이게도 부담감을 부채질하여 오히려 최선을 다하기 어렵게 만드는 역효과를 일으키는 것이다.

부담감의 함정은 세 가지 주목할 만한 특징을 갖고 있다. 첫 번째는 어디에나 존재한다는 것이다. 이 함정들은 직장에서도 찾을 수 있고, 학교나, 데이트 장소 혹은 우리가 즐기는 스포츠에서도 볼 수 있다. 이 함정들은 부담되는 상황 속에서 사람들을 옴짝달싹 못 하게 할 수도 있고, 때로는 그러한 상황에 들어서기 전부터 사람들의 발목을 움켜잡을 수도 있다. 그런데 사람들은 보통 그 존재를 인식조차 하지 못한다.

두 번째는 모든 효과적인 함정처럼 잘 숨어 있다는 것이다. 이 함정은 종종 '동기부여'와 '응원'이라는 탈을 뒤집어쓰고 있다. 이 경우 실제로는 부담감을 증폭시키고, 의도나 생각과는 정반대되는 역할을 한다.

세 번째는 위험하다는 것이다. 이 함정에 빠지면, 가장 중요한 순간에 궤도를 이탈하게 된다. 또한 세심한 주의를 기울이지 않으면, 이 함정이 일상생활 속에 더욱 깊이 스며들어 부담 불안 증세를 일으킬 수 있다. 즉 계속 뭔가를 보여줘야 한다고 느끼며 자신이 과연 할 수 있을지 끊임없이 의심하게 된다.

사람들이 자기 발로 이 함정 속으로 걸어 들어 가는 경우가 많은 데, 본 장에서는 우리 때문에 직원과 자녀, 그리고 파트너 같은 다른 사람이 빠지는 함정을 중점적으로 살펴볼 예정이다. 일반적으로 우리의 '부주의함' 때문에 다른 이들이 함정에 빠지게 된다. 그렇지만 이 함정 때문에 우리한테 매우 중요한 사람들이 실제로 궤도를 이탈할 수 있으므로 이는 결코 간과할 수 있는 문제가 아니다.

● 함정은 어떻게 만들어질까

부모로서, 책임자로서, 교사로서, 관리자로서 우리는 다른 이들이 최선을 다할 수 있도록 의욕을 고취시키겠다는 목표 아래 하루를 시작한다. 현재 우리가 쓰고 있는 방법은 과거에 다른 이들이 우리의 의욕을 북돋우기 위해 썼던 방법이다. 따라서 최신 연구 결과로는 그 방법들이 효과적인지 아닌지 알 수 없는데도, 효과적이라 믿고 있다.

우리는 현재 쓰고 있는 금전적인 인센티브, 격려와 응원, 경쟁의식 등의 방식이 의욕을 고취시키고 성과를 향상시키는 효과가 있다고 믿고 있다. 그러나 항상 그런 것은 아니다. 인지 심리학, 사회 심리학, 그리고 행동 경제학에서 이루어진 새로운 연구에 따르면, 이러한 방법들은 성과를 저하시키는 경우가 종종 있다고 한다. 중대한 순간에 부담감을 실질적으로 증폭시켜 오히려 성과를 저하시킨다는 얘기다.

● 응원을 열심히 하면, 경기가 더 잘 풀릴까?

우리는 대부분 이목이 집중되어 있을 때 응원하고 격려해주면 최선을 다하게 된다는 이야기를 들으며 자랐다. 그렇지만 늘 그런 것은 아니다. 타이거 우즈와 어니 엘스가 프레지던츠 컵의 최종 대결에서 경험한 것처럼, 응원이 종종 성과에 대한 부담감을 극대화해 선수들이 제 기량을 발휘하지 못하는 경우가 허다하다. 이는 다양한 연구를 통해 이미 확인된 사실이다.

플로리다 주립대학교의 연구원인 제니퍼 버틀러Jennifer Butler와 로이 바우마이스터Roy Baumeister는 수차례 연구에서 피험자들이 자신을 응원하지 않는 청중들보다 응원하는 청중들 앞에서 더 저조한 성적을 거둔다는 사실을 알아냈다. 사람들이 자신을 응원하는 이들 앞에서 실력 발휘를 하지 못하는 이유가 무엇일까? 자신을 응원하는 사람들이 있으면 자의식이 더 강해지고 그 결과 자신이 올바르게 하고 있는지, 다른 이들이 자신을 어떻게 생각할지 신경 쓰느라, 정작 자신이 해야 하는 일이나 생각에 집중하지 못하기 때문이다. 다시 말해 열 살 먹은 딸아이가 자신이 어떻게 하는지, 즉 셀프 모니터링에 신경 쓰느라, 연주에 집중하지 못해서 공연을 망칠 수 있다는 얘기다. 아이는 부모님이 자신을 보고 있다는 것을 잘 알고 있다. 그래서 부모님이 자신을 어떻게 생각할지 궁금해하기 시작한다. 이렇게 자신에게 신경 쓰다 보면 그동안 갈고닦은 대로 혹은 예행 연습했던 대로 '자동'으로 실력을 발휘하지 못한다. 절차 기억이 제 기능을 수행하지 못하기 때문이다.

응원하는 청중이 부담감을 증가시키는 이유가 뭘까? 가족의 응원이 어째서 부담감을 가중시킬까? 진화의 초기 단계를 살펴봄으로써 그에 대한 심오한 답을 찾을 수 있다. 이것이 집단의 일원으로 인정받고자 하는 욕구 그리고 버림받는 것에 대한 원초적 두려움과 밀접한 관련이 있기 때문이다.

선사시대에는 다른 사람을 실망시키거나 할 일을 다 하지 못하면 창피를 당하기도 하고, 곤욕을 겪기도 하고, 심지어 추방을 당하기도 했다. 개인의 생존이 집단에 달려 있었기 때문에, 집단으로부터의 추방은 사형 선고나 다름없었다. 혼자보다는 무리 지어 사냥하는 것이 먹을 것을 구하는 데 훨씬 유리했다. 집단의 기대에 부응하면 집단의 일원으로 인정받을 게 분명했고, 그럼 살아남을 가능성도 그만큼 높아질 수 있었다. 집단의 일원이 되는 것이 진화·발전에 훨씬 유리했다. 비록 요즘 사람들은 먹을 것을 구하러 사냥을 다니지도 않고, 과거와 같은 방식으로 집단에 기대어 살고 있지도 않지만, 그들의 머릿속에는 집단과 타인으로부터 인정받고자 하는 욕구가 여전히 프로그램되어 있고, 선천적으로 이 욕구에 휩쓸리게 되어 있다.

응원의 함정은 양측으로 영향을 끼친다. 즉 한편으로는 버림받는 것에 대한 선천적인 두려움을 불러일으키고, 다른 한편으로는 집단의 일원으로 인정받고자 하는 타고난 욕구에 호소한다. 응원의 함정이 끼치는 이러한 영향이 사람들이 응원을 통해 얻을 수 있는 긍정적인 영향 못지않게 크다.

사람들이 걱정하는 것은 다른 사람을 실망시키는 것이 아니라, 다른 사람들이 자신을 거부하는 것 혹은 받아들이지 않는 것이다. 그러므로 인정받고자 하는 욕구, 집단의 일원이 되고자 하는 욕구가 강할수록 사람들은 부담감을 더 많이 느끼게 된다. 이는 매우 강력한 힘을 갖고 있어서, 부담되는 순간에 최정상급 선수에게도 영향을 끼칠 수 있다. 이를테면 이미 살펴본 것처럼, 세계 최고의 골프 선수들에게도 영향을 미칠 수 있다. 부모의 인정을 받고자 하는 욕구가 매우 강한 학생들 역시 스스로를 인정하는 자존감이 높은 학생들보다 더 심한 학업 부담을 느낀다고 대답했다.

이 책의 2부에서는 부담감 극복책을 제시할 것이다. 이는 다른 사람들이 자신을 어떻게 생각하든 신경 쓰지 않고, 맡은 일에 계속 집중함으로써 자신을 응원하는 청중들 앞에서 실력을 제대로 발휘할 수 있게 도와줄 것이다. 다른 사람들이 당신에 대해 어떤 생각이나 감정을 갖고 있는지 당신이 통제할 수 없을 때, 즉 다른 이의 영향을 받고 있지만 그것을 제어할 힘을 갖고 있지 않을 때 이러한 극복책들이 특히 중요하다.

당신이 통제할 수 있는 것은 '자신의 감정'뿐 이다. 자신을 높이 평가할수록, 자신감은 증가하고 부담감은 줄어든다. 이러한 통찰은 다른 이들을 통솔하거나, 부모 노릇을 하는 데 중요한 의미가 있다. 당신은 다른 이들을 응원할 때 성과 달성 여부에 따라, 자신의 태도가 달라지는 일이 없도록 반드시 주의를 기울여야 한다. 아이의 성과에 따라 부모가 아이에게 베푸는 사랑과 지지를 달리할 경우 아이와 부모 사이에 '조건부 인간관계'가 형성될 수 있기 때문이다. 이는 아이가 자신감 넘치는 사람으로 성장할 가능성을 훼손시킬 수 있다.

상담치료 및 코칭 과정에서 그리고 부담감에 관한 워크숍에서 만났던 사람들과 이야기를 나누면서, 많은 부모들이 자신도 모르게 자녀들을 응원의 함정에 빠뜨리고 있다는 사실을 알아냈다. 이는 때때로 부모들 스스로가 느끼는 부담감 때문이다. 그들은 자녀가 스포츠팀에서 두각을 나타내길, 명문 학교에 들어가길 바란다. 자신이 좋은 부모인지 아닌지 사람들이 자신을 바라보는 시각에 이러한 요소들이 영향을 미치기 때문이다. 그들은 자녀들에게 부모의 자랑거리가 되어야 할 책임이 있지는 않다는 사실을 모르고 있는 듯하다.

당신의 삶에서 중요한 의미를 가진 사람들의 부담감을 덜어줄 가장 좋은 방법의 하나는 어떤 한 가지 활동이나 시험 때문에 그들에 대한 당신의 응원이 달라지지는 않는다는 사실을 알려주는 것이다. 그것은 그들이 어떤 사람인지 알 수 있는 결정적인 요인이 아니기 때문이다. 그들이 지든 이기든, 그것은 당신이 한 인간으로서 그들을 보는 시각에 영향을 미치지 않는다.

사람들이 극심한 부담감을 느낄 때, 가장 기본적인 욕구들이 수면 위로 떠오르게 되어 있다. 사랑받고자 하는 욕구, 인정받고자 하는 욕구, 버림받지 않으려는 욕구 같은 것 말이다. 이런 부담되는 순간에 어떤 성과를 올리든 당신이 온전히 응원하리라 느낀다면, 그들은 부담감이 줄어들 것이고 그만큼 실력을 충분히 발휘할 가능성이 높아질 것이다. 더 중요한 것은 이렇게 했을 때 부담되는 순간 역시 가장 소중한 관계에서 친밀감을 다질 기회가 될 수 있다는 점이다.

● 인센티브는 오히려 성과를 저해한다

상관으로부터 "좋은 아이디어를 제시하면, 여러분 모두 10퍼센트의 보너스를 받게 될 겁니다."라는 말을 들어본 적이 있는가? 아니면 "이번 학기에도 성적이 안 좋으면 디즈니월드에 안 데려간다." 같은 부정적인 인센티브로 채찍질을 당해본 적이 있는가?

겉보기에는 '당근 혹은 채찍'을 적절히 이용해 동기를 부여하고 있는 것처럼 보일 수 있다. 그렇지만 이는 부담감 함정의 또 다른 예로, 오히려 상대방(혹은 팀)의 성과를 저하시킬 수 있다. 프린스턴 대학교의 심리학자인 샘 글럭스버그Sam Glucksberg는 이런 인센티브들이 어떤 식으로 부담을 증가시키고 성과를 떨어뜨리는 함정으로 작용하는지 보여주는 한 가지 실험을 했다.

글럭스버그는 피험자 집단을 한 방으로 데려갔는데, 그곳에는 테이블이 하나 놓여 있었다. 그 테이블은 한쪽 벽에 바짝 붙어 있었고, 그 위에는 한 개씩 떼어 쓰는 종이 성냥과 압정 한 상자, 그리고 초 한 개가 놓여 있었다. 그는 피험자들에게 이렇게 말했다. "여러분이 할 일은 초에 불을 붙인 다음, 벽에 붙이되 촛농이 테이블에 떨어지게 해서는 안 됩니다. 소요시간을 재도록 하겠습니다. 평균값과 기준점을 정할 때 이 결과를 자료로 이용할 겁니다."

또 다른 피험자 집단에게는 똑같이 종이 성냥과 압정 한 상자와 초 한 개를 제공하고 동일한 지시사항을 전달하되, 한마디 말을 추가했다. "여러분이 얼마 만에 끝내는지 시간을 재도록 하겠습니다. 소요시간을 토대로 여러분에게 보상을 제공하겠습니다. 소요시간이 상위 25퍼센트에 속하는 사람들에게는 X달러의 보상을 제공하고, 가장 빨리 끝낸 사람에게는 그 두 배의 보상을 제공하겠습니다."

금전적 보상 약속을 받은 집단들이 정답을 맞히는 데 다른 집단들보다 평균적으로 3분 30초가 더 걸렸다. 이유가 뭘까? 보상 약속 때문에 (그 상황에 걸린 게 더 많아진 만큼) 그 상황에 대한 부담감이 증가했고, 주안점이 주어진 임무 그 자체에서 임무에서의 성공과 실패에 따른 '결과'로 이동했기 때문이다. 인지력과 집중력이 문제 해결에 쓰이지 않고, 인센티브로 얻을 득실을 따지는 데 쓰이게 된 것이다. 그 결과 사람들은 문제 해결에 온전히 집중하지도, 최선의 노력을 기울이지도 못한다.

이는 또 다른 연구를 통해서도 입증되었다. 이는 〈심리학 저널the Journal of Psychological Science〉에 실린 연구로, 영국 연구원들이 뇌를 fMRI로 스캔하여 소정의 금전적 보상을 얻기 위해 컴퓨터 게임을 하는 사람들을 조사했다. 열아홉 명의 피험자들이 컴퓨터 게임에 참여했고, 그 게임에서 그들은 '보상금이 많이 걸린 사냥감'이나 '보상금이 적게 걸린 사냥감'을 잡아야 했다. 보상금이 많이 걸린 사냥감을 잡으려 노력할 때 그들은 더 저조한 성과를 거뒀다. 그리고 뇌 스캔을 통해 중뇌 중앙에서의 움직임이 활발해지는 것을 볼 수 있었다. 그곳은 동기 부여 및 보상 반응과 관련된 뇌 부위이다. 인센티브를 받고 싶다는 강한 욕망이 과도하게 뇌를 자극하여, 활동이 과다해져 사실상 판단력, 기억력, 주의력이 저하될 수 있다. 결국 이러한 연구들을 통해 인센티브 혹은 보상 때문에 사람들의 성과가 저조해질 수 있다는 것을 알 수 있다.

금전적 보상이 어떤 식으로 성과를 저하시키는지는, 주의 분산 및 과다자극 이론을 통해 합리적으로 설명할 수 있다. 이는 부담감 극복책을 마련하는 데 도움이 될 수 있다. 하지만 이것으로는 금전적 보상이나 여타 보상이 부담감을 증폭시키고 애초에 우리를 함정에 빠뜨릴 힘을 갖고 있는 이유를, 혹은 사람들이 매일같이 부담을 느끼고 바람직하지 못한 행동을 하는 이유를 설명할 수는 없다.

사실 분기별 보너스나 심지어 주간 보너스 같은 인센티브를 받으려는 욕심이 그것을 받고자 하는 사람들의 부담감을 증폭시켜 종종 부정행위를 저지르고, 속임수를 쓰게 하며, 직원들 간의 사이까지 멀어지게 한다는 것을 보여주는 연구들이 상당히 많이 있다. 부정행위, 속임수, 소원한 관계 이 세 가지는 본래 모든 기업이 지양하는 바가 아닌가. 그럼에도 대부분의 조직들이 이런 식의 동기 부여 시스템을 갖추고 있다. 금전적 인센티브는 기업에서 실적을 끌어올리는 근본적인 수단 중 하나이지만, 금융기관의 경우 인센티브 때문에 내부 거래 규제법을 위반한 사건이 종종 도마 위에 오른다. 보너스와 연봉 인상 등 이 모든 인센티브가 눈앞에 당근처럼 달랑달랑 매달려 있다고 생각해 보라. 당신은 과연 어떤 감정이 들겠는가, 그리고 어떤 반응을 보이겠는가?

인센티브 때문에 반생산적인 행동을 하는 이유가 무엇일까? 그 이유를 알려면 우선 인센티브가 사람들에게 어떤 활동을 하도록 종용하거나 자극하는 생각 혹은 대상임을 이해해야 한다. 초기 인류의 활동은 생존과 직결되어 있었기 때문에, 최초의 인센티브는 분명 음식과 물이었을 것이다. 이 최초의 인센티브는 그들에게 동기를 부여하는 역할을 했을 뿐 아니라, 살아남기 위해서는 반드시 손에 넣어야만 하는 대상이었고 그것을 지속적으로 획득한 자는 진화에 우위를 차지했다는 것이 진화론적 논리이다.

초기 인류에게는 인센티브의 상실이나 획득 실패도 생존에 위협이 되었던 것이 사실이었다. 그들은 인센티브가 필요했고, 그것을 놓쳐서는 안 되는 형편이었다. 이는 오늘날 많은 이들이 인센티브 보너스에 대해 느끼는 감정이다.

지리적 위치에 상관없이 모든 초기 인류는 살아남기 위해 그 인센티브가 필요했고 그것을 놓칠 수 없는 입장이었기에, 인센티브의 필요성(혹은 상실)과 생존을 결부시키는 이런 사고방식이 사람들의 머릿속에 굳어져 '인센티브'하면 저절로 '생존'을 떠올리게 되었다는 것은 진화론적으로 일리 있는 이야기다. 신경과학자들은 인센티브라는 자극을 받으면 언제든, 특히 부담되는 상황에서는 더욱이 이 연상 작용을 한다고 주장한다.

바로 여기에 인센티브 함정의 원초적 유혹이 도사리고 있다. (상실 회피 성향과 더불어) 인센티브에 대한 타고난 욕구 때문에, 원초적 부담 반응이라는 퇴화된 반응을 일으킨다. 그래서 당신은 그 인센티브가 '필요' 하고, 반드시 손에 넣어야 한다고, 즉 그것이 없으면 살 수 없다고 생각하고 느낀다. 당신을 함정에 빠뜨리고, 심한 압박에 시달리게 하는 도화선은 바로 '필요'라는 개념이다.

바꿔 말하면 '잠재의식'이, 즉 현재 의식 세계와는 동떨어진 감정, 생각, 연상, 기억이 현재 당신의 감정에 가장 중대한 영향을 미친다는 얘기다. 원초적인 사고와 감정은 잠재의식 속에 살아 있기 때문에, 그것이 오늘날의 당신과 아무리 멀리 떨어져 있다고 해도, 여전히 삶의 모든 측면에 알게 모르게 영향을 끼치고 있다. 한 간부가 살아남기 위해 어떤 인센티브가 필요하다고 느낄 때, 그것을 손에 넣기 위해 필요한 일을 하는 것은 놀라운 일이 아니다. 살아남기 위해 A학점이 필요하다고 느낀다면 그 학생은 부정행위를 저지를 수 있다.

이 논리를 당신에게 한 번 적용해 보자. 당신이 얻고자 하는 인센티브를 한 가지 떠올려본다. 당신이 그에 대해 어떤 생각을 갖고 있는지 다음 질문에 답해본다.

그 인센티브는 당신에게 '필요한' 것인가, 아니면 그저 '원하는' 것인가?

'이것이 필요해, 꼭 가져야 해.'라는 생각을 가진 사람들은 그 인센티브를 손에 넣을 수는 있겠지만, 그 대신 그들의 세상 자체가 압력이 가득 들어 있는 '압력솥'으로 바뀔 수 있다고 강력히 주장하는 심리학적 관점 및 연구가 많이 있다. 그 인센티브가 필요하다는 믿음 때문에, 그것의 중요성이 점점 커지고 그것을 가지려 더 열심히 노력하게 되며 그것을 꼭 손에 넣어야 한다는 부담감이 날로 증가한다. 경우에 따라서는 어떤 대가를 치르더라도 꼭 가져야 한다고 생각한다. 동시에 그 인센티브를 놓칠 수 있다는 생각은 불안감을 불러일으킨다. 이는 원초적인 연상 작용에 따른 자연스러운 반응이다. 인센티브와 생존을 결부시켜 생각하는 원초적 연상 작용으로, 인센티브 상실이 생존에 위협이 된다고 생각하여 불안감을 느끼는 것이다.

인센티브 함정에 빠지지 않으려면, 우선 당신이 필요한 것은 무엇이고 원하는 것은 무엇인지, 그리고 '필요한' 것과 '원하는' 것 간의 차이가 무엇인지 곰곰이 생각해봐야 한다. 우리는 수백 명의 워크숍 참가자를 대상으로 이 테스트를 해보았고, 우리의 예상처럼 일반적으로 생존에 필요한 기본적인 것들을 '필요한 것'으로 분류하고 있음을 알 수 있었다. 다시 말해 사람들은 모두 의식주와 돈(혹은 사회적으로 통용되는 여타 화폐), 사랑이 필요하다. 기본적으로 필요한 이런 인센티브가 없으면, 우리는 궁극적으로 살아남지 못할 것이다.

반면 '원하는 것'은 '과장된' 필요라고 할 수 있다. 한 여성은 이렇게 말했다. "우리는 모두 옷이 필요하다. 이는 '필요한' 것이다. 반면 샤넬 브랜드의 옷이나 구찌 브랜드의 옷을 갖고 싶어 한다. 이는 필요한 것이라기보다 '원하는' 것이다." 사람들은 종종 '원하는 것'을 '필요한 것'으로 착각하여 그 둘을 바꿔 말함으로써 부담감을 증폭시킨다. 잠재의식에 내재해 있던 원초적 연상 작용이 수면 위로 떠오르며, 그 인센티브를 놓칠지 모른다는 두려움과 불안감을 불러일으킨다. 그것을 원하는 것이 아니라, '필요한' 것으로 생각하기 때문에, 그것을 손에 넣어야 한다는 더 심한 부담감을 느끼게 되는 것이다.

그다음으로는, '필요한 것'과 '원하는 것'이 다르다는 것을 명확히 인식함으로써 이 둘 사이의 원초적 연상 작용의 고리를 끊어내야 한다. 그리고는 '원하는 것'을 필요한 것이 아니라 '원하는 것'으로 바르게 표현해야 한다. 좋은 차가 필요하다는 생각과 좋은 차를 원한다는 생각은 분명 당신에게서 다른 반응을 불러일으킨다. 좋은 차가 필요하다는 생각이 당신에게 더 많은 부담감을 안겨준다. 대부분의 사람들이 좋은 차를 원하지만, 원하는 것을 필요한 것으로 바꾸어 생각하는 사람들은 고급차를 살 형편도 되지 않으면서 그것을 사야만 한다고 느낄 수 있다. 반면 좋은 차를 원하지만 실제로는 어떤 차든 믿을 수 있는 차면 괜찮다고 생각하면, 그들은 금전적인 측면뿐 아니라, 자신의 필요를 충족시킬 수 있다는 측면에서도 부담감을 덜 느끼게 된다. 중국 속담에 이런 말이 있다. "어떤 사람이 얼마나 부자인지는, 그 사람이 돈 없이 무엇을 할 수 있는지를 보면 알 수 있다."

다른 이들과 함께 일할 때, 누군가에게 코칭을 할 때, 이 점의 중요성을 간과해서는 안 된다. 우리가 한 말이 상대방의 마음속에 커다란 부담감을 불러일으켜 결과에 중대한 영향을 끼칠 수 있다. J.P. 폴루-프라이는 맏딸이 대학교에 지원하는 과정에서, '필요하다'와 '원하다' 같은 단순한 말이 아이의 부담감을 증폭시킬 수 있다는 사실을 깨달았다. 그녀는 SAT에서 일정 수준 이상의 점수를 받아야 하고, 실내용 조정기구인 로잉머신rowing machine에서 높은 점수를 받아야 한다는 데 심한 부담감을 느꼈던 것이다. (그녀는 상당히 실력 있는 선수다) 아이들은 우리가 하는 말을 생각보다 훨씬 더 글자 그대로 받아들인다. 따라서 자신에게 말할 때뿐 아니라, 아이들이나 직원들에게 이야기할 때 단어 선택에 신중을 기할 필요가 있다. 다른 사람에게 일부러 더 많은 부담감을 안겨주려는 사람은 없다. 특히 그 사람이 이미 스스로 많은 부담감을 느끼고 있는 상황에서는 더욱 그렇다.

● 1위가 되기 위해 노력하면 안 되는 이유

경쟁이 치열한 세계에 사는 것은 어쩔 수 없는 현실이다. 부담감 속에서 어떤 활동을 할 때 경쟁이 어떤 영향을 미치는지 다양한 분야에서 그리고 각종 활동에서 자세한 연구가 이루어졌다. 어떤 연구원들은 경쟁이 학생들의 학습 의욕을 고취시켜 시험 점수를 끌어올리는 역할을 하며, 특정 조직이나 개인이 시간이 지날수록 더 잘 적응하고 더 우수한 성과를 거두도록 채찍질하는 강력한 원동력임을 발견했다. 반면 또 다른 연구원들은 경쟁이 사람들을 바닥까지 떨어뜨리고 기본적으로 반사회적 행동을 하게 함으로써 부정행위, 성적 저하, 괴로움을 유발한다는 사실을 찾아냈다.

여기서의 목적은 경쟁 때문에 최선의 결과를 얻게 되는지, 아니면 최악의 결과를 얻게 되는지 갑론을박하려는 것이 아니라, 경쟁을 특정 '틀'에 끼워 보는 것이 어떤 식으로 부담감을 증가시켜 실력을 저하시키는 함정 역할을 하는지 이해하려는 것이다. 특히 경쟁을 특정 틀에 넣어 생각하는 것이 다른 사람들에게 미칠 영향과 관련하여, 이 문제를 살펴보고자 한다.

대부분 사람이 경쟁을 두 가지 틀에 끼워 생각한다. 하나는 '순위'를 중요시하는 시각이고, 다른 하나는 '탁월함'을 중요시하는 시각이다. 우선 이 두 가지, 즉 순위 중심 사고방식ranking mind-set과 탁월함 중심 사고방식excellence mind-set을 확실히 구분하는 것이 중요하다.

경쟁에서 순위 중심 사고방식의 특징은 어떤 대가를 치르더라도 경쟁에서 이기려고 한다는 것이다. 이러한 사고방식의 근저에는 자신의 가치를 입증해 보이려는 욕구와 불안감이 자리해 있다. 이런 사람들은 가능한 모든 길목에서 경쟁을 벌이려 한다. 심지어는 자신이 전문지식을 제대로 갖추고 있지 않은 경우에도 그렇다. 그들에게는 자신이 다른 사람보다 '낫다'는 것을 입증하는 것이 중요하다. 심지어 경쟁이 오래전에 끝났는데도, 이런 사람들은 여전히 경쟁하며 자신과 다른 사람을 비교한다.

초기 경쟁의 특성을 고려할 때, 초기 인류에게는 순위(서열) 중심 사고방식이 진화에 유리했으리라는 것을 쉽게 알 수 있다. 집단 사냥이 이루어지기 전, 인류는 본래 혼자서 사냥을 다녔다. 그러다가 두 사람이 한꺼번에 동일한 먹잇감을 보고 그것을 잡으려 달려드는 일이 발생했다. 두 사람 다 살아남으려면 그 식량이 필요했다. 누가 식량을 가질 것인지 어떻게 결정되었을까? 아마도 승부를 겨뤘을 것이다. 그래서 이긴 자는 살아남아 먹잇감을 챙겨 그 자리를 떠났을 것이고, 진 자는 이별을 고해야 했을 것이다. 당연히 초기 경쟁은 부담감을 유발할 수밖에 없었다. 그것은 한 사람이 이기면 다른 한 사람은 반드시 져야만 하는 일종의 '제로섬zero-sum 게임'이었기 때문이다. 이런 '승자독식' 구조는 몇십만 년이 지난 지금도 흔히 볼 수 있는 현상이다.

이 두 명의 초기 선수들은 어떤 식으로 승부를 결정지었을까? 분명 누가 돌을 멀리 던질 수 있는지, 혹은 누가 더 빨리 나무를 오를 수 있는지로 실력을 겨루지는 않았을 것이다. 아마도 격렬한 몸싸움으로 승부를 결정지었으리라. 종종 죽을 때까지 서로 싸웠으리라. 그러고는 승자가 모든 것을 차지했을 것이다. 경쟁 본능을 종종 생존 본능이라 부르는 것도 이런 이유 때문이다. 당신의 생존이 경쟁자를 이기느냐 못 이기느냐에 달린 셈이다. 경쟁과 공격성 사이에는 밀접한 관련이 있는 것도 이 때문이다. 초기 경쟁에서는 폭력적인 방법으로 승부가 정해졌다. 오늘날 성격의 진화 양상을 보여주는 다양한 연구들이 있다. 이를테면 경쟁심이 강한 성격을 지닌 사람들은 공격적인 성향도 띤다. 초기 인류의 경우 경쟁자를 물리치면 포상(식량)뿐 아니라, 종족 번식의 기회도 얻었다. 초기 경쟁은 승자독식 구조였기 때문에, 1등이 되는 것이 분명 진화에 유리했다. 당신의 서열 순위가 당신이 먹을 수 있는지 없는지, 그리고 언제 먹을 수 있는지를 결정했다. 또 당신이 짝으로 누구를, 언제 선택할 수 있는지를 결정하는 것도 서열 순위였다. 따라서 높은 서열에 오르는 것이 모두의 목표였다.

그로부터 아주 오랜 시간이 흐른 뒤, 많은 이들이 일상생활 가운데 부딪히는 크고 작은 난관을 마치 시합처럼 대응하고 있다. 성공했다고 느낄 수 있으려면, 상대방을 이기고 1등에 올라서야 하는 시합처럼 말이다. 한편 시합에서 지거나 2등을 하면 죽음을 면할 수 없다는 원초적 사고가 잠재의식 속에 박혀 있다.

그렇지만 인류가 사회적인 동물로 진화했기 때문에, 이제 성공하기 위해 다른 사람을 이길 필요가 없어졌다. 오히려 다른 이들과 협력하고 집단의 일원으로서 최선을 다할 필요가 있다. 젊은 전사는 더 이상 동료 전사보다 더 멀리 창을 던질 필요가 없다. 그는 그저 최선만 다하면, 자신도 성공하고 집단에도 기여할 수 있다. 그것이 그가 발전할 길이다. 오늘날 우리는 이것을 '탁월함 중심 사고방식'이라고 부른다.

순위 중심 사고방식과 달리, 탁월함 중심 사고방식의 특징은 순위 및 경쟁보다 능력을 충분히 발휘할 수 있도록 실력을 갈고닦는 데 더 많은 주의를 기울인다는 것이다. 이런 사고방식을 지닌 사람들은 경쟁의식을 '실력 향상의 기회'로 활용한다. 자신이 다른 사람보다 확실히 더 낫다는 것을 입증할 기회가 아니라, 바로 자기 자신에게 도전장을 내밀 기회로 이용하는 것이다. 그들은 경쟁을 자신의 전문지식과 기량을 발전 혹은 향상시킬 기회로 환영할 뿐 아니라, 심지어 그것을 영광으로 생각한다.

J.P. 폴루-프라이가 올림픽에서 세 차례 코칭 서비스를 제공했던 비치발리볼 선수, 존 차일드John Child는 순위 중심 사고에 비해 탁월함 중심 사고방식이 강했던 훌륭한 사례이다. 존은 최선을 다하는 선수가 되고 싶은 마음이 강했다. 그래서 그는 다른 사람들이 자신을 어떻게 생각하는지, 자신이 구체적으로 몇 위를 차지하고 있는지, 다른 선수들에게 비해 신경을 덜 썼다. 이런 사고방식은 그에게 효과가 있었다. 이를테면 그와 그의 파트너, 마크 히스Mark Heese는 자신들이 시드seed 배정을 받으리라 생각했는데 중요한 경기에서 시드 배정을 받지 못했을 때(우승이 유력한 팀끼리 붙지 않도록 평균 전적에 따라 대진표 배정이 이루어지는 것이 시드 배정이다. 만약 시드 배정을 받지 못하면 추첨으로 대진표 배정이 이루어진다—옮긴이), 그는 크게 동요하지 않았다. 분명 그에게 경쟁의식이 부족했던 것은 아니다. 다만 경쟁 의욕을 고취시키는 동인이 달랐던 것

이다. 그는 다른 이들만큼 시합에서 이기길 원했지만, 외적 요인이 아니라 내적 요인이 경쟁 의욕을 고취시키는 동인 역할을 했기 때문에, 관람석이나 경기장에서 일어나는 일에 주의를 덜 빼앗겼고 그 결과 올림픽 게임이나 월드 챔피언십처럼 부담이 심하고 경쟁이 치열한 환경에서 더 효과적으로 경기에 임할 수 있었다. 1996년 애틀랜타 올림픽 게임에서 그와 마크는 탁월함 중심 사고방식을 이용해 시드 순위 7위 팀을 꺾고 동메달을 획득했다. 그들은 그 메달을 받을 자격이 충분했다.

코치나 영업책임자들이 경쟁에서 순위 중심 사고를 부추기는 경우를 얼마나 많이 보았는가? 여기서 그들이 주안점으로 삼는 것은 최선을 다하기는 것이 아니라, 경쟁자를 이기는 것이다. 그들은 이 방식으로 선수나 영업사원으로부터 더욱 많은 에너지와 활력을 끌어낼 수 있다고 생각한다. 물론 단기적으로는 그럴 수도 있다. 하지만 이는 지속적인 에너지 공급원이 될 수 없다. 탁월함 중심 사고방식에 의해 강화되는 행동과 그에 따른 긍정적인 성과가 훨씬 더 강한 영향력을 발휘한다.

흥미로운 점은 순위 중심 사고방식을 갖고 있으며 이에 대한 연구를 계속하고 있는 조직에서, 즉 책임자들에게 근로자들을 상대 평가 방식으로 평가하고 최하위에 속한 이들을 해고할 것을 종용하는 조직체계에서 그 접근방식이 무용지물이나 마찬가지라는 사실을 체계적으로 밝혀냈다. 순위 중심 사고방식은 사실상 근로자들의 노력을 가로막는 장해물이 되는 경우도 종종 있었다. 이 사고방식이 효과가 없는 것은 선사시대와 같은 '제로섬' 환경을 조성하기 때문이다. 제로섬 환경에서는 '당신이 잘하면 내가 해고를 당하게 된다. 그러니 당신을 도와줄 게 아니라 이겨야 한다'라는 생각을 할 수밖에 없다. 당연히 이런 시스템에서는 공동 작업도, 팀의 화합도, 집단으로서 더 나은 성과도 기대할 수 없다. 우리의 기업고객 중 한 곳인 마이크로소프트 같은 기업들과 많은 다른 조직들도 이제 이 시스템의 유해한 효과를 알고 점점 탈피하고 있다.

순위 중심 사고방식이 습관으로 굳어질 경우 강한 신체 자극을 받게 된다. 순위에 대한 생각에 계속 안절부절못하기 때문이다. 그 결과 항상 싸울 준비를 하고, 늘 경쟁자를 이길 준비를 하게 된다. 이처럼 과도한 자극이 계속되면 사람들은 계속 승리에 주목하게 된다. 이것이 스포츠 경기에서는 도움이 될 수 있지만, 부담되는 순간에 과도한 자극을 필요에 맞게 조절하지 못하거나 이러한 상태가 며칠 동안 계속 이어지면 오히려 걸림돌이 된다. 심적으로 경직되어 새로운 방법을 찾아내고 대안을 마련하는 능력을 상실하기 때문이다. 경쟁 상황 속에서 그저 다른 사람을 이길 생각만 하느라, '최선을 다하겠다'는 가치 있는 목표를 잊어버리는 것이다.

상대적 이득relative gain 개념을 이용하여 이 점을 더욱 자세히 살펴보자. '상대적 이득'이란 어떤 결과의 한 측면에만 주의를 집중함으로써 다른 중요한 요소들을 놓치고 마는 사고방식을 뜻한다. 이러한 시각으로 인해 사람들은 부적절한 의사결정을 내리고, 후회할 행동을 저지를 수 있다. 협상을 할 때 협상당사자들 사이에서 인신공격이 오가기 시작하면, 상대적 이득에 주의가 쏠려 있는 상태라고 할 수 있다. 결혼 생활에서 부부 사이에 경멸과 무반응, 방어적 태도가 등장하기 시작하는 것도 바로 이때다. 경매에서 단순히 상대방을 이기려는 생각에 터무니없이 높은 입찰가를 부를 수도 있다. 경매품이 지닌 가치보다 높은 입찰가를 부르는 것이다. 아마도 최고의 사례는 값비싸고 무모한, 불필요한 소송일 것이다. 상대방을 쓰러뜨리겠다는 일념에, 반생산적인 행동에 골몰하기 쉽다.

흥미롭게도 순위 중심 사고방식에 빠져 상대적 이득에 치중하다 보면, 전략적으로 득이 될 게 없을 뿐 아니라, 개인적으로 손해되는 상황에서도 상대방을 이길 생각에 빠져 중요한 판단을 잘못 내릴 수 있다. 어떤 연구에서 실험자는 피험자들이 자신이 다른 이보다 적게 갖는 것을 원치 않기 때문에, 자신이 얻을 이득보다 상대방이 얻을 이득을 판단의 근거로 삼는 것을 발견했다. 미국 작가, 고어 비달Gore Vidal은 이기고자 하는 욕망의 본질을 "성공만으로는 충분하지 않다. 다른 사람이 실패하는 것이 중요하다."라고 말했다. 이기고자 하는 욕망의 본질을 이야기할 때, 이 말이 종종 인용된다.

어떤 대가를 치르더라도 이기고자 하는 행동에 치중하는 순위 중심 사고방식에는 또 다른 불행한 부작용이 있다. 사업에서든, 학교 시험에서든, (경기력 향상을 위해 약물을 복용하는 경우처럼) 스포츠 경기에서든, 목표 달성을 위해 윤리를 저버리도록 사람들을 부추긴다는 점이다.

당신은 몇 가지 조치를 취함으로써 경쟁의 희생양이 되는 것을 막을 수 있다. 우선 '경쟁'을 다른 사람에게 뭔가를 입증할 기회가 아니라, 지금보다 한 단계 나아질 기회로 바라보는 것이다. 탁월함을 향해 나아가는 길목에서는 노력 하나하나가 다 값질 수밖에 없다. 마찬가지로 당신이 지도하거나 통솔하거나 영향을 끼치는 사람들이 좋은 결과를 얻기 위해 항상 '최고'가 될 필요는 없다. 자신보다 더 나은 사람, 더 부유한 사람, 더 예쁜 사람, 더 잘생긴 사람, 더 스마트한 사람은 언제나 있기 마련이다. 이런 요소는 당신이 통제할 수 있는 게 아니다. 괜히 다른 사람과 자신을 계속 비교하면서 자신이 다른 사람보다 더 뛰어나야 한다고 생각하면 좌절감만 커지고 성과는 더욱 저하될 것이다. '다른 사람을 이기겠다'에서 그저 '최선을 다하겠다'로 사고방식을 바꾼다면, 부담 불안을 덜 느낄 수 있다.

둘째 긴장을 풀어주는 연습을 한다. 경쟁심이 강한 사람들은 덜 강한 사람들보다 자극에 민감하다. 잦은 자극은 상대방에 대한 적대감을 부추기기 때문에, 이기기 위해 무엇이든 하려는 경향이 있다. 이를테면 이기기 위해서라면 윤리도 저버린다. 긴장감을 많이 풀어주면, 경쟁에 따른 자극에 덜 민감하게 반응하게 된다. 또 심적으로 경직되고, 상대적 이득에 정신을 빼앗기는 등 자극에 수반되는 각종 위험요소에 덜 흔들리게 된다.

셋째 경쟁심이 머릿속에 프로그램되어 있다는 점을 꼭 기억하도록 한다. 이는 부정적으로 볼 일이 아니다. 사실 적절히 활용할 경우, 경쟁심이 의욕의 불을 지피는 '장작' 역할을 할 수 있다. 우리 자신뿐 아니라, 우리의 영향을 받는 다른 이들 모두가 불가능하게 생각했던 일을 성공적으로 이루어내는데 도움이 될 수 있다. 그렇지만 이 과정에서 우리는 또다시 자기 자신과 싸우게 될 것이다. 자신의 발전을 위해서, 다른 이의 발전을 위해서, 혹은 자사 상품 개선을 위해서 말이다.

워싱턴 대학교의 스포츠 심리학자들이 젊은 운동선수들의 성취 목표를 조사하고, 시즌 동안 코치들이 순위 중심 사고방식의 자아 지향(ego orientation: 자신이 타인보다 우수하다는 것을 입증할 때만 성취감을 느끼는 성향) 풍토 대신, 탁월함 중심 사고방식인 통달mastery을 우선시하는 풍토를 조성했을 때 성취 목표가 어떤 식으로 건전하게 바뀔 수 있는지 연구했다. 만약 당신이 부모라면 이 연구 결과에 주목할 필요가 있는데, 부모와 코치가 팀워크와 최선을 다하는 것의 중요성을 강조할 경우 아이가 도전적인 목표를 달성할 수 있다는 믿음을 갖게 된다. 자아 지향 풍토에서는 정반대 현상이 일어난다. 많은 프로 스포츠 코치들이 조성하고 있는 자아 지향 풍토의 경우 순위 중심 사고방식을 심어줌으로써 선수들이 어떤 대가를 치르더라도 승리를 거두고 다른 선수보다 두각을 드러내는 데 치중하게 된다.

마지막으로 다른 이들과 팀을 이룸으로써 경쟁에 대한 균형 감각을 잃지 않도록 한다. 심지어 개인 스포츠 종목에서도 균형 감각을 기른다. (현명한 육상 경기 코치들은 이 방법을 쓴다) 연구에 따르면, 많은 이들이 다른 이들과 협력할 때 그리고 우수한 팀의 일원으로 뛸 때 커다란 즐거움을 느낀다. 그들은 혼자서 모든 짐을 짊어져야 한다고 느끼지 않으므로, 그만큼 부담을 덜 느낀다. 다른 이들과 함께 하는 즐거움, 협력하는 즐거움을 더 많이 경험할수록, 경쟁심에 휩싸여 균형 감각을 잃을 가능성이 더 낮아진다.

● 함정을 피할 방법

제 발로 함정으로 걸어 들어가거나 다른 사람을 함정에 빠뜨리는 일이 없으려면, 우선 함정을 정확히 파악해야 한다. 임상 및 코칭 경험을 통해 그리고 연구 결과를 통해 알아낸 바에 따르면, 많은 책임자와 부모들이 이러한 함정에 대해 잘 모르고 있다. 또한 자신과 다른 이들이 더 나은 성과를 거두는 데 이 함정들이 어떤 식으로 장해물 역할을 하고 있는지 모르고 있다.

다른 이들을 함정에 빠뜨리지 않으려면, 각각의 함정을 극복할 해결책에 주의를 기울여야 한다. 응원 함정의 경우 아이들이나 팀원들이 가장 원하는 것을, 즉 인정받고자 하는 욕구, 버림받지 않으려는 욕구를 정확히 이해해야 한다. 이러한 욕구를 이해하면, 의사소통 방식, 응원 방식, 비판 방식을 달리할 수 있다. 그렇다고 명확하고 강력한 비판을 해서는 안 된다는 얘기가 아니라, 당신이 응원하고 비판하려는 사람에게 가장 중요한 것이 무엇인지 이해하고 있기 때문에 가장 좋은 방법으로 응원하고 비판할 길을 알 수 있다는 의미일 뿐이다.

만약 당신이 부모라면, 아이에게는 당신의 자랑거리가 될 책임이 없다는 점을 기억해야 한다. 단순히 이번 결과나 성과로 그들에 대한 당신의 생각이 달라지지는 않는다는 확신을 아이에게 심어주어야 한다.

인센티브의 경우 주안점으로 삼아야 하는 것은 인센티브 획득이 아니라, 성과의 '질적인' 측면이다. 그래야 사람들이 힘껏 노력하게 되고, 이로 인해 탁월함 중심 사고방식이 강화되어 종종 목표 달성이라는 결실을 맺게 된다. 팀원들의 마음을 움직이는 데 금전적인 인센티브를 제공하는 것보다 의미 있는 일을 할 기회를 제공하는 것이 더 효과적임을 보여주는 수많은 연구 결과를 감안하면, 이는 쉽게 이루어 낼 수 있는 사고의 전환이다.

부담감의 함정에 빠지는 것을 막으려면, 뒤로 한 걸음 물러나서 인센티브와 다른 이들의 응원과 경쟁이 성과에 부정적인 영향을 미칠 수 있는 이유를 살펴봐야 한다. 이를 위해서는 이러한 함정들이 복병처럼 일상생활 속 어딘가에 매복해 있다가 어느 순간 기습하는 일반적인 메커니즘을 알아야 한다. 이 함정은 선천적으로 상반되는 두 가지 성향을 활성화시키는 원초적 부담 경험을 자극한다. 왼편으로 치우치면 회피 성향이 강해지고 오른편으로 기울어지면 뭔가를 얻고자 하는 욕망이 강해진다고 해보자.

우리는 위험과 손실을 피할 뿐 아니라, '인센티브'를 추구하도록 프로그램되어 있다. 우리는 소멸, 버려짐 등의 상태를 회피하고 안전, 인정, 발전 등의 상태를 추구하도록 프로그램되어 있다. 위협을 피하는 것은 인간의 본성이다. 그래서 왼편을 경험하지 않도록 해야 한다는 부담을 느낀다. 마찬가지로 안전과 인정, 발전을 추구하는 것 역시 인간의 본성이기 때문에 오른편을 추구해야 한다는 부담을 느낀다. 오른편을 추구하고 왼편을 피하려 할수록, 부담과 관련된 원초적인 감정과 사고가 점점 더 수면 위로 떠오르게 되고 일상적으로 뭔가를 해야 한다는 갖가지 부담에 휘말리게 된다. 이 세 가지 상반되는 부담, 즉 피해야 한다는 부담, 추구해야 한다는 부담, 뭔가를 해야 한다는 부담이 사람들을 함정에 빠뜨리고, 사람들은 계속 부담 불안에 휩싸이게 된다.

어떤 측면이 부담감을 가장 많이 불러일으키는지 자문자답해봄으로써 당신은 자신이 함정에 어떻게 반응할지 일부 통찰력 있는 정보를 얻을 수 있다.

- 보상을 놓칠 수 있다는 두려움 vs 보상을 손에 넣으려는 욕구
- 다른 사람한테 거절당할 수 있다는 두려움 vs 다른 사람한테 인정받고자 하는 욕구
- 지고 싶지 않은 마음 vs 이겨야 한다는 마음

자신의 대답을 곰곰이 생각해보면 당신은 함정의 어느 측면이 자신을 가장 옥죄는지 슬기로운 통찰을 얻을 수 있고, 어느 측면을 가장 멀리할 필요가 있는지 알 수 있다. 당신은 왼편과 오른편 어느 쪽에도 기울지 않고 '한 가운데'에 서 있을 때도 부담을 느낀다. 하지만 당신의 삶에서, 혹은 특별히 부담되는 순간에 한 가운데에 서는 것이 바람직한 방법이다.

'한 가운데에 섬'으로써 부담을 줄인다는 것은 당신이 불안감이나 안도감을 느끼는 것이 자신이 손에 넣는 인센티브에 달려 있지 않다는 사실을, 얼마나 많은 사람들이 자신을 좋아하느냐 혹은 자신이 상대방을 몇 번 이기느냐에 달려 있지 않다는 사실을 깨닫고 받아들인다는 의미이다. (유감스럽게도 여러분과 우리 고객 가운데 상당수가 이 원리에 따라 수년을 살아왔고, 심지어 일정 정도의 성공을 거뒀음에도 불구하고, 아마도 더 많이 이뤄내

야 한다는 부담감을 느끼고 있을 것이다.)

그러고는 '자신만'의 가치와 관심, 그리고 목표를 주된 동기 유발 요인으로 삼음으로써 부담감의 함정에서 자유로워지는 것이 중요하다. 자신을 높이 평가하고, 통제할 수 없는 것보다 통제할 수 있는 일에 주목한다. 예를 들면 자신이 얼마나 노력할 것인가는 당신이 얼마든지 통제할 수 있는 일이다. 그러면 부담감에 수반되는 갖가지 감정들도 줄어들고, 부담 불안 증상도 완화될 것이다.

부담감의 함정에서 벗어나지 못하는 사람들은 추운 날씨에도 압력솥 안에 있는 것처럼 계속 뜨거움을 느낄 수밖에 없다는 점을 잊지 말기 바란다.

제 3의
변수

| 7장 |

2011년 조딘 위버Jordyn Wieber는 열여섯 살의 나이에 일본, 도쿄 세계 체조 선수권 대회에 출전했다. 세계 선수권 대회 첫 출전이었기에, 그녀는 커다란 부담을 느꼈다. 하지만 그녀는 부담감에도 흔들림 없는 실력을 발휘해 여자 개인 종합 금메달을 차지했고, 그녀는 세계 최고의 체조선수라는 명성을 얻었다. 2012년 런던 올림픽에 출전했을 때 그녀는 만반의 준비가 되어 있었다. 체조 선수에게 올림픽은 체조 인생의 정점이다. 모든 것이 그 순간을 위한 발판이다. 조딘이 미국 여자 체조팀의 다른 선수들과 함께 〈스포츠 일러스트레이티드〉의 표지를 장식했다. 표지 사진에서 조딘의 눈은 금메달을 향해 있었다. 당시 그녀는 현 세계 챔피언이었기 때문에 자신이 메리 루 레튼Mary

Lou Retton, 케리 스트럭Kerri Strug, 숀 존슨Shawn Johnson, 나스티아 리우킨Nastia Liukin, 섀넌 밀러Shannon Miller 같은 미국 체조계 위인들의 전당에 입성하는 데 필요한 것을 자신이 갖추고 있다는 확신을 했다. 참고로, 이들 모두 올림픽으로 유명해진 선수들이었다.

불행히도 일은 조딘의 계획대로 풀리지 않았다. 여자 개인 종합 예선전에서 제 기량을 발휘하지 못했고, 마루운동 중 마루경기장 밖을 딛는 실수를 저질렀다. 그녀는 결국 동료 선수인 앨리 레이즈먼Aly Raisman과 개비 더글라스Gabby Douglas에게 밀려 3위를 차지했다. 개인종합 경기의 경우 국가별로 2명만 결선에 출전할 자격을 얻기 때문에, 그녀는 결선에 출전할 수 없게 되었다. 그녀는 크게 낙담했다. 그녀의 코치는 그녀 때문에 망연자실했다. "그녀는 이 날을 위해 평생 훈련해온 선수입니다." 이를 지켜본 다른 이들뿐 아니라, 일부 인쇄 매체 및 텔레비전 매체들도 그녀가 초크에 빠졌다고 말했다. 현 세계 챔피언이 결선 진출 자격을 못 따다니, 초크 탓이 분명했다. 그렇지만 조딘이 정말 초크에 빠졌던 걸까? 그저 극심한 부담감에 제 기량을 발휘하지 못한 또 하나의 예였을까?

심리학자인 에이브러햄 매슬로Abraham Maslow는 이런 유명한 말을 했다. "당신이 가진 것이 망치뿐이면, 당신 눈에는 모든 문제가 못으로 보인다." 부담과 성과와 관련해서 우리는 기량을 충분히 발휘하지 못한 모든 경우를 모두 한 가지 방식으로, 즉 '초크'로 보려는 유혹에 빠지지 않도록 신중을 기해야 한다. 제 기량을 발휘하지 못하는 것이 항상 초크 때문인 것은 아니다. 부담되는 상황에서 사람들이 제 실력을 발휘하지 못하는 원인은 여러 가지다. 여러 차례 우리가 일반적으로 제시한 초크 발생의 원인은 모두 근접 설명proximate explanation이다. 근접 설명이란 현재 이용 가능한 상황 정보를 종합하여 결과를 설명하는 방법이다. 그렇지만 근접 설명 때문에 잘못된 길로 들어설 수 있다. '제3의 변수'가 끼어들 수 있기 때문이다.

심리학자가 실험 연구를 할 때, 보통 두 변수 간의 인과관계를 테스트하고자 한다. 예를 들면 한 연구자가 부담이 낮은 상황에서 높은 상황으로의 변화가 테스트 점수 같은 성과에 영향을 끼치는지 안 끼치는지 밝히고 싶을 수 있다. 이 이론을 입증하기 위해 연구자는 부담 증가가 성과 악화를 초래하는지 안 하는지 보여주는 데이터를 수집할 수 있다. 통계학적으로 중대한 의미가 있는 연구 결과를 얻었다면, 그러한 결과가 우연히 초래되었을 가능성이 거의 없으므로 연구자는 부담감의 강도 변화 때문에 성과가 악화되었다는 결론을 내린다. 하지만 정말 다른 이유가 없었을까? 다른 이유 때문에 성과가 악화되었을 수도 있지 않을까?

뛰어난 실험 연구자들은 제 3의 잠재적인 변수, 즉 연구 대상인 두 변수의 관계를 변화시키거나 그에 영향을 미칠 요인을 알아내는 것이 항상 중요하다는 점을 알고 있다. 또 '교란' 변수confounding variable를 제거하거나 통제하지 못하면, 실험이 무용지물이 될 수도 있다. 부담감과 성과 간의 관계를 이해하는 데 있어, 어떤 다른 요인이, 혹은 어떤 제 3의 변수가 있을 수 있을까? 그리고 그것을 어떻게 알 수 있을까?

2012년 올림픽에서 당시 조딘이 체조 선수들에게 흔히 발생하는 부상인 피로골절stress fracture과 싸우고 있었다는 사실을 아무도 알지 못했다. 피로골절은 몸의 무게를 지탱하는 뼈에 실금이 가는 부상으로 종종 진단하기 어렵다. 조딘의 부상은 경기 당일 그녀의 발목을 붙잡았을 뿐 아니라, 런던 올림픽 출전을 위한 사전 훈련에도 지장을 주었다. 뒤늦게야 이러한 사실이 드러났고, 사람들은 조딘의 올림픽 진출 실패 이유를 이해할 수 있었다. 골절 때문에 실력을 발휘할 수 없었을 게 뻔했기 때문이다. 그렇지만 경기 당시에는 많은 이들이 초크에 빠져서 실력을 발휘하지 못했다고 생각했다. 그녀의 부상은 사실은 제3의 변수 때문인데 초크 때문에 실력 발휘를 못했다고 생각하기가 얼마나 쉬운지 보여주는 단적인 사례이다. 겉으로 보이는 상황이 전부가 아닌 경우가 가끔 있다. 행동에 대한 근접 설명은 정확하거나 완벽하지 않을 수 있다. 저조한 성과를 올렸다는 것만으로, 그 사람이 초크에 빠졌다고 할 수는 없다.

성과 저하의 이유를 생각할 때 제 3의 변수를 간과하기 쉽다. 많은 연구들이 실험실에서 혹은 비디오 게임 같은 시뮬레이션 장치 속에서 이루어진다. 이중에는 골프 퍼팅 실험, 농구에서의 자유투 실험, 권총 사격 실험 등 인지적·심리적 작용이 신체 움직임에 얼마든지 영향을 끼칠 수 있는 실험들이 포함되어 있다. 실험실이나 시뮬레이션 장치는 일반적으로 부담감을 테스트하기에 적합한 환경이 아니다. 사격 선수, 자동차 경주 선수, 축구선수 같은 운동선수들이 경기장에서는 실험실에서와 매우 다르게 행동한다는 것을 알 수 있는 많은 증거들이 있다. 솔직히 이는 놀라운 일이 아니다. 농구 팬들은 아마도 앨런 아이버슨Allen Iverson이 연습 때 안일한 플레이를 보여준 자신을 비난한 언론에 (유투브를 통해) 이렇게 항변했던 것을 기억할 것이다. "연습이잖습니까! 연습! 그건 연습입니다. 시합이 아니라, 연습!" 한 마디로 그는 시합에서는 다르게, 즉 안일하지 않게 플레이한다는 얘기다. 대부분의 운동선수들이 그렇다. 마찬가지로 전문 토론자들 혹은 정치인들도 예행연습 때 논평을 하지만, 그렇다고 실제로 카메라에 잡혔을 때 연습 때 했던 말을 그대로 되풀이하지는 않는다.

경기장에서 제 3의 변수로 작용하는 여러 가지 경기 조건들, 이를테면 우연한 사건들, 골프채에 뜯긴 경기장의 잔디 조각, 날씨, 상대편 선수에 대한 개인적 감정 등이 실험실에는 존재하지 않는다. 꿈의 골프 코스라 불리는 페블 비치 골프장의 18번 홀에 서는 것과 대학교 실험실의 퍼팅 그린putting green 위에 서는 것은 크게 다를 수밖에 없다. 물론 이 때문에 실험 결과가 아예 무효화되지는 않겠지만, 일반화시키기에는 어려움이 따를 수밖에 없다. 실험실은 결코 골프 코스가될 수 없다는 점을 기억할 필요가 있다.

게다가 초크 현상에 대한 실험실 연구는 일반적으로 '특정 순간'에 국한된 것이다. 이를테면 골프에서 퍼팅하는 순간, 농구에서 자유투를 하는 순간처럼 말이다. 하지만 현실에서 퍼팅이나 슛 같은 동작은 다르게 전개된다. 단순히 퍼팅만 하면 되는 메이저 골프 경기도, 자유투만 던지는 되는 프로 농구 경기도 없기 때문이다. 골퍼들은 경기 중에 완벽하지 않은 샷을 수도 없이 많이 하지만, 그 샷이 나오는 이유는 주의가 흐트러지거나 초크를 유발하는 여타 요인이 있어서가 아니다. 가령 골프선수가 스윙을 잘못해서라기보다 골프채를 잘못 골라서 샷이 엉망이 될 수도 있는 것이다. 생각이 많아 초크에 빠져서라기보다 골프채를 잡는 방법이 잘못되어서 혹은 캐디의 부적절한 조언으로 퍼팅에 실패할 수도 있다.

2005년 경제 컨퍼런스에서 전前 하버드 대학교 총장인 래리 서머스Larry Summers는 과학계에서 높은 자리를 차지하고 있는 여성이 별로 없는 것이 여성이 선천적으로 남성보다 수학 능력이 떨어지기 때문이라는 취지의 발언으로 물의를 일으킨 바 있다. 그렇다고 어떤 여학생이 자신이 수학 시험을 못 보면, 자신이 바로 "여자는 수학을 못 한다"라는 고정관념의 또 하나의 증거가 될까 두려워서 시험을 보다가 초크에 빠졌다고 말할 수는 없을 것이다. 시험 보는 날 아침 그녀는 부모님이 이혼 이야기를 하는 것을 엿들었을 수도 있다. 그래서 그 생각을 하다가 시험을 망쳤을 수도 있다. 그녀는 '여자는 수학을 못한다'는 바보 같은 고정관념이 자신에게 적용될까 두려워 시험을 망친 것이 아닐 수도 있는 것이다.

● 잘못된 낙인의 문제점

제3의 변수를 놓침으로써 초래될 수 있는 안타까운 결과로, 어떤 이에게 '초크'에 빠졌다는 잘못된 낙인이 찍힐 수도 있다. 그것이 부적절한 처사임에도 불구하고 말이다. 또 그 낙인이 그 사람에게 장기적으로 심각한 영향을 끼칠 수 있다. 도니 무어Donnie Moore의 경우를 보자. 1986년 투수였던 그가 데이브 헨더슨에게 홈런을 내주며 아메리칸 리그 챔피언십 시리즈 5차전에서 승리 투수가 될 기회를 날렸고, 그가 속했던 캘리포니아 에인절스California Angels는 보스턴 레드삭스Boston Red Sox한테 우승을 빼앗겨야 했다. 불행히도 무어는 초크에 빠졌다는 낙인에서 헤어나지 못한 채 급기야 1989년 7월 20일 자살을 선택했다. 모어의 에이전트인 마이크 핀터Mike Pinter는 이렇게 말했다. "정신이상에 걸렸던 것 같습니다. 헨더슨에게 홈런을 맞은 뒤로 그는 자신을 부끄러워했습니다. 그는 계속 자신을 탓했습니다."

도니 무어가 척수 근처에 (가시처럼 뼈가 튀어나오는) 골극이 생겼는데, 1986년 시즌 내내 커다란 통증을 참아가며 공을 던졌다는 사실을 사람들은 알지 못했다. 사실 그는 불굴의 투혼을 발휘했던 것이다. 그는 일종의 국부 마취제인 신경차단제, 부종을 줄이는 코르티손, 그리고 통증을 다스리는 여타 약물들을 다써보았지만 모두 소용이 없었다. 그렇지만 메이저 리그 스포츠에는 경기력을 부상 탓으로 돌리지 않는 불문율이 있었다. 그래서 사람들은 도니 무어의 세 번째 변수에 대해 모르고 있었고, 그들이 그 사실을 알았을 때는 이미 늦었을 때였다.

조직에서 어떤 이가 부담감에 단 한 차례 중대한 실수를 범함으로써 초크에 빠졌다는 불명예스런 낙인이 찍히는 일이 종종 발생한다. 불행히도 다른 사람에게 그러한 낙인을 찍기 전, 초크에 빠졌다고 말할 수 있는 어떤 패턴이 있는지 없는지 시간을 두고 찬찬히 살펴보는 이는 거의 없다. 이런 오명이 전도유망한 직원에게 많은 중대한 영향을 미칠 수 있다. 이는 그 직원에게 불명예가 될 수 있다. 그 직원은 도전적인 보직을 맡지 못하거나 승진 대상에서 누락될 수도 있다. 이 때문에 그 직원은 일에 몰두하지 못하거나 재량껏 추가적인 노력을 기울이지 못할 수도 있다. 심지어 노력하는 것이 부질없게 느껴질 수도 있다.

책임자나 리더가 부담되는 상황에 효과적으로 대처하는 것이 중요한 이유 중 하나가 바로 이 때문이다. 그럼 그들은 직속부하의 행동을 근접 설명 차원에서만 이해하지 않고 그 이면까지 볼 수 있다. 그들은 부하직원의 행동에 제 3의 요소가 작용했을 가능성을 좀 더 정확히 간파할 수 있다. 어쩌면 팀원들 간의 '화학작용', 즉 부조화 때문에, 저조한 성과를 거뒀을 수도 있다. 아니면 회사 업무와 직접적인 관련은 없지만, 부하직원을 괴롭히는 집안일이 있었을 수도 있다. 책임자나 리더가 자신의 감정을 현명하게 다스릴 수 있을 때 부하직원들의 상황에 더 많은 관심을 기울이고, 보다 깊이 공감하며, 그들에게 무슨 일이 일어나고 있는지 명확히 파악할 수 있다. 이들은 저조한 성적만으로 부하직원들을 평가하는 수동적인 태도를 취하지 않을 것이다.

제 3의 변수를 놓치고, 누군가에게 부담감을 효과적으로 다스릴 수 없는 사람이라는 낙인을 찍었을 때의 또 다른 문제점은 잘못된 해결책을 들이밀 수 있다는 점이다. 대부분의 초크 연구에서는 결과를 설명할 때 현재 상황 정보에 기초한 근접 설명을 하기 때문에, 그리고 부담되는 상황을 목격한 대부분의 사람들도 근접 설명을 하기 때문에, 그 결과 전문가들이 궁극적 치료에 가장 가까운 치료법, 즉 근접 치료법을 택하게 된다. 그런데 이 치료법은 효과가 전혀 없을 수도 있다.

감기에 걸린 5학년 학생을 예로 들어보자. 아마도 그 학생은 급우로부터 감기가 옮았을 것이다. 이것이 바로 근접 설명이다. 감기가 교실에서 옮았다고 하는 이유는 현재 그 아이가 어떻게 생활하고 있는지 알고 있기 때문이다. 아이의 증상을 참작하여, 아이는 감기 치료제를 처방받는다. 그렇지만 그 아이가 일정 간격으로 계속 감기에 걸리고 있다면, 문제가 달라질 수 있다. 이런 일이 왜 계속 일어나는지 의문이 생길 수밖에 없다. 적절한 치료를 위해 의사는 근본 원인을 찾아내야 한다. 의사는 조사 끝에 아이에게 면역결핍 장애가 있다는 사실을 찾아낼 수도 있다. 이는 두 살 때부터 시작된 것인데, 그때까지 모르고 있었던 것이다. 원인이 다르면, 치료도 달라질 수밖에 없다. 더 많은 정보가 필요할 때, 현재 상황 정보에 기초한 근접 설명만 고수하는 것은 아이에게 위험할 수 있다.

2부에 제시되어 있는 스물두 가지 부담감 극복책은 궁극적인 해결책이라기보다는 근접 해결책이다. 그 방법들로 초크 증상을 치료할수는 있지만, 그 근본원인을 치료할 수는 없다. 감기약을 먹어 콧물이 흐르는 것을 멈출 수 있는 것처럼, 초크 증상을 치료할 수 있다는 점에서 그것은 매우 가치 있는 방법들이다. 그렇지만 축농증에 걸렸다면 항생제 처방을 받아야지 감기약으로는 제대로 된 치료가 이뤄지지 않을 것이다.

대부분의 사람은 초크 증상 치료만으로 충분하다. 이는 부담이 극심한 순간을 극복하는 데 도움이 된다. 예를 들면 투자 상담사가 고객에게 투자 설명을 할 때 이것이 도움이 될 수 있다. 또 변호사가 마지막 변론을 할 때나 학생이 시험을 치를 때도 도움이 될 수도 있고, 활강 선수가 올림픽 활강 경기 대표 선수로 선발되는 데도 도움이 될 수 있다. 혹은 부동산 중개인이 고객에게 집을 보여줄 때나 군 장교나 법무관이 업무를 수행하는 데도 도움이 될 수 있다. 대부분 사람들이 부담감을 다스린다는 것은 그저 자신의 실력을 십분 발휘할 수 있다는 의미이다. 가끔씩 그들은 실수를 저지를 것이다. 뛰어난 쿼터백이 상대팀에 공을 빼앗기는 실책을 범하고 프로 골프 선수가 채 1미터도 안 되는 거리의 퍼트를 놓치듯, 우리 모두 실수를 저지르고 때때로 좋은 기회를 날린다. 하지만 충분한 연습을 통해, 그리고 주의가 흐트러지는 것을 막고 근심걱정을 떨쳐내는 전략을 구사함으로써 자신의 실력을 100퍼센트에 가깝게 발휘할 가능성을 높일 수 있다. 많은 사람에게 부담감 극복책들은 완벽한 처방이다. 그렇지만 엘리트 운동선수와 중역들에게 컨설턴트로서, 코치로서, 그리고 심리학자로서 일하다 보면, 또 다른 부류의 사람들을 만나게 된다. 이들은 끊임없이 고통스런 싸움에 부딪힌다. 이런 사람들이 의외로 많다. 이들은 제대로 준비하고 철저히 연습하며 폭넓은 전문지식을 갖춰도, 넘을 수 없을 것 같은 장벽에 부딪힌다.

● 문제가 심각할 때

와이신저 박사의 환자, 세라Sarah는 서른한 살의 변호사로 10대 명문 법대를 졸업했다. 그녀는 이렇게 말한다. "저는 해야 할 일은 아주 잘 처리해요. 그런데 법대 2학년 때부터 다른 사람들 앞에서 말을 해야 할 때가 되면 식은땀을 흘리기 시작했어요. 당황해서 그런 것 같아요." 그녀 같은 경우가 더 심각한 문제를 갖고 있는 사례다. "설상가상으로 새 고객을 만나거나 상사에게 내 입장을 설명해야 할 때면 정말 안절부절못해요. 그것도 회의 30분 전부터가 아니라, 그 전날부터요. 다른 생각을 할 수가 없어요. 계속 그 생각이 떠올라요…… 항상 일을 잘해서 칭찬을 받으니 자신감에 차 있어야 하는데 그렇지 못해요. 처음으로 판사 앞에 섰던 날을 기억해요. 한 마디로 악몽이었어요. 판사가 친절한 사람이었고, 그 자리는 사실 및 법률관계를 확인하는 심리과정에 불과했어요. 그것은 재판도 아니었고, 배심원도 없었죠. 하지만 심장이 쿵쾅거렸어요. 결과가 걱정되어서 그런 게 아니었어요. 사실 결과를 생각하지도 못했어요. 그저 끔찍한 무슨 일이 일어나고 있는 것처럼 정말 마음이 편치 않았어요. 법정에서 뛰쳐나가고 싶었어요. 몇 가지 사실 확인을 요구받았을 때, 바로 앞에 적힌 내용조차 연습한 대로 전달할 수가 없었어요. 내가 적은 내용이 뻔히 보였는데도 말이죠. 내가 너무 급히 말해서 무슨 말인지 제대로 알아들을 수가 없었는지 판사가 좀 천천히 말하라고 하더군요. 나는 천천히 말하고 싶었지만 그럴 수가 없었어요. 그냥 뛰쳐나가고 싶었어요. 그로부터 몇 주 뒤 회사에서 행사가 열렸어요. 200명 정도가 모였죠. 어떤 이유에선지 가기 싫었어요. 가야한다는 생각만 해도 진땀이 났어요."

세라 같은 사람은 수없이 많다. 부담되는 상황에 부딪혀야 한다는 두려움 때문에 그들은 앞으로 나아갈 수 없다. 그들은 초크에 대한 두려움 때문에 시선이 집중되는 것을 꺼린다. 특성상, 이러한 사람들은 부담되는 순간 직전에 "제발 망치지 않았으면 좋겠어." 혹은 "이번엔 잘 견뎌내면 좋겠는데"라는 말을 종종 한다.

　초기 인류는 수렵 및 채집생활을 했다. 그들이 지속적으로 부딪힌 문제는 동물을 사냥하는 데 상당한 위험이 따른다는 것이었다. 그들이 사냥하려는 동물이 바로 그들을 잡아먹고 싶어 하는 험한 환경에서 살아남아야 했기 때문이다. 인류와 동물은 이런 도전적인 상황에 적응하기 위해 다양한 방식으로 진화했다. 일부 동물들의 경우 발톱, 면도칼처럼 날카로운 이빨, 칼 같이 뾰족한 부리 같은 방어수단이 발달했다. 인간은 다른 방식으로, 즉 '사회적 존재'로 진화했다. 인간은 무리 지어 사냥했을 뿐 아니라, 하나의 집단으로서 동물을 물리칠 수 있도록 훨씬 더 복잡한 의사소통 수단 및 도구들을 발전시켰다. 사회적 기술 및 뇌의 발달로 시간이 지남에 따라 인간은 지구를 장악하게 되었다. 인간은 동물한테 '사냥당하는' 처지에서 성공적으로 벗어날 수 있었다.

　인간은 불안감과 두려움 같은 감정 신호를 갖고 태어났는데, 이는 인간이 취약한 존재임을 말해준다. 불안감은 경계를 게을리 하지 말고, 위협이 다가올 수 있으니 환경에 각별한 주의를 기울이라고 사람들에게 경고했다. 초기 인간은 필히 포식동물, 가령 검치호랑이(saber-toothed tiger: 신생대 멸종 동물로 검 모양의 송곳니가 있는 호랑이)와 부딪혔고, 그 순간 불확실했던 위협이 구체적인 위험으로 바뀌었다.

　불안감은 '불확실함'에 의해 고조된다. 미해군 특수부대 및 해병대에서 흔히 하는 말처럼, 생사가 걸린 상황에서 불확실한 태도를 보였다가는 커다란 대가를 치를 수 있다. 조지 패튼 장군General George Patton은 군부대원들에게 이렇게 말했다. "적 앞에서 망설이면 죽는다." 초기 인류가 위험에 부딪혀 살아남으려면, 위협을 인식하자마자 발 빠르게 대응해야 했다. 그래야 공격을 당하기 전에 위험으로부터 몸을 피할 수 있었다. 다시 말해 살아남기 위해서는 '공황 반응panic response' 혹은 '투쟁 도피 반응flight-fight response'이 필요했던 것이다. 하버드 대학교 생리학과 학과장인 월터 캐논 교수는 1932년에 출간된 자신의 저서, 《육체의 지혜The Wisdom of the Body》에서 위협 인식에 따른 신속한 반응을 '공황 반응'이라 불렀다.

그러한 반응은 편도체를 시작으로 시상하부에서 신경 반응을 일으키고 그 다음 뇌하수체를 활성화시켜 부신 피질 자극 호르몬을 증가시킨다. 그와 거의 동시에 부신이 활성화되면서 신경전달물질인 에피네프린이 분비된다. 이런 화학 신호 전달 물질의 분비는 혈당과 혈압을 높이고 면역체계를 약화시키는 호르몬인 코르티솔의 생산을 촉진시킨다.

어떤 사람들은 선천적으로 다른 사람들보다 투쟁 도피 반응이 강하다. 그리고 수만 년 전에는 투쟁 도피 반응이 강한 사람이 유리했다. 재빨리 공황 반응을 일으키지 못한 선조들은 자신의 유전자를 후손에게 물려줄 가능성이 그만큼 낮았다. 바꿔 말하면 후손들에게 유전자를 물려준 선조들은 살아남을 수 있을 만큼 민첩하게 공황 반응을 일으킨 사람들이란 얘기다. 과도한 불안과 공황이, 즉 불안장애와 공황장애가 유전일 수 있는 것도 이 때문이다. 실제로 불안증이나 우울증 치료를 받으러 가면, 가족 중에 그런 사람이 있는지 묻는다.

위험을 인지하는 즉시 우리 몸은 공황 반응에 돌입한다. 즉각적인 고에너지 활동을 할 수 있도록 심장 박동이 빨라지고, 위험에 대한 경계 태세를 취하고 있다가 필요한 순간에 결정적인 행동을 취할 수 있도록 주의가 집중되는 한편, 소화 기능 같이 급하지 않은 신체 기능은 모두 일시 정지된다. 위험을 피하는 일에 우리 몸이 온전히 몰두할 수 있도록 말이다.

아카데미상을 수상한 리들리 스콧Ridley Scott의 영화, 〈에일리언 Alien〉에서 여자 승무원들 가운데 한 명이 에일리언과 정면으로 마주치는 장면이 있다. 다른 승무원이 그녀에게 도망치라고 소리 지르지만, 그녀는 도망치지 못한다. 공포에 질려 몸이 얼어버린 것이다. 현실에서도 이런 일은 일어난다. 미 해군 특수부대의 유명한 모토 중 하나가 바로 "움직여야 산다"라고 한다. 이는 공격을 당했을 때 얼어버리면 오히려 표적이 되어 더 위험이 된다는 사실을 일깨운다. 운동선수의 경우 공포에 휩싸이면 실력 발휘를 하지 못한다. 이는 시험 볼 생각에 공포감을 느끼는 학생도 마찬가지이다.

선조들의 경우에는 잘 발달된 공황 메커니즘이 진화에 유리하게 작용했다. 그들이 부딪히는 위험은 실질적인 것이었기에, 빠른 공황 반응으로 신속히 도망치는 것이 생존에 유리했기 때문이다. 그렇지만 오늘날에는 발표를 하든, 농구 시합을 하든, 아니면 수학 시험을 보든, 특정 상황에서 과도한 불안 반응은, 비록 치명적이지는 않더라도, 해로울 수 있다.

● 생물학적 특성에 따른 반응 강도 차이

미국 국립 정신건강 연구소에서 18세 이상 인구 중 18퍼센트가, 즉 4,000만 명 이상이 불안 장애 및 공황 장애를 겪고 있다고 보고했다. 부담되는 순간에 타고난 체질 때문에 다른 이보다 더 많은 불안과 두려움을 느끼는 사람이 많이 있다는 얘기다. 부담을 느낄 때 일으킬 수 있는 반응에는 일반적인 반응과 특수한 반응이 있다. 우리는 모두 부담되는 순간 그에 대해 일반적인 반응을 일으킨다. 그런데 이 사람들은 일반적인 반응 외에, 훨씬 더 민감하게 특수한 반응을 일으킴으로 부담되는 순간에 저조한 성적을 올릴 위험이 더 높을 수밖에 없다. 예를 들면 다음 같은 특수한 반응들을 과도하게 일으킬 수 있다.

왜곡된 위협 인식

: 불안 장애 및 공황 장애를 겪고 있는 이들은 사실은 위협 받고 있지 않은데 위협 받고 있다고 느낀다. 이를테면 공황 장애 진단을 받은 이들은 유명한 로르샤하 잉크 반점Rorschach inkblots 검사에서 그렇지 않은 사람들보다 그 반점들을 더 위협적으로, 더 적대적으로 해석한다. 이들은 세상을 좀 더 적대적이고 위협적으로 인식하는 경향이 있다.

과도한 각성 상태

: 위협이 눈앞에 닥치지 않았는데도, 심장 박동수와 호흡수가 증가하고 근육이 수축되는 등의 불안과 공황에 따른 생리적 반응이 일어난다. 예를 들면 많은 이들이 발표나 인터뷰 전에 진땀을 흘리고 심장의 쿵쾅거림을 느낀다. 불안과 공황과 초크는 강도가 서로 다른 위험 반응인 듯하다. 다시 말해 이 세 가지는 위험을 느끼는 강도는 다르지만, 그 뿌리는 같다는 얘기다. 부담되는 순간에 두려움을 느끼는 사람들은 잠재적으로 부담이 극심한 사건이 닥치기 며칠 전부터 때때로 이런 반응을 일으킨다.

회피 행동

: 불안 증상이 심한 사람들은 발표에 적극적으로 나서기보다 피하려 한다. 사교 활동을 두려워하는 사람들은 그렇지 않은 사람들보다 집에 머무는 시간이 더 많다. 사교 활동을 두려워하는 대학생들은 그렇지 않은 대학생들보다 다양한 대학생 활동에 덜 참여한다. 불안감에 그들은 어떻게 할지 몰라 한다. 따라서 그들은 '안전한 학교 기숙사'에서 대부분의 시간을 보낸다.

안전하지 못하다는 주관적인 생각

: 불안 장애 및 공황 장애가 있는 사람들은 자신의 삶을 통제할 힘이 자기 안에 있지 않고 바깥에 있다고 생각한다. 외적인 요소들이 자신의 행동을 좌우한다고, 혹은 그에 영향을 끼친다고 믿고 있는 셈이다. 또한 그들은 안전하지 못하다고 느낀다. 주변 환경을 위협적이고 적대적으로 생각하니, 안전하지 못하다고 느끼는 것은 당연한 일이다. 이러한 장애가 없는 사람들은 자신의 삶을 통제하는 힘이 흔히 자기 안에 있다고 생각한다. 이들은 자신의 삶을 자신의 책임이라고 느낀다. 그 결과 그들은 보다 쉽게 감정을 다스릴 수 있다.

요컨대 기질적으로 부담되는 순간에 공포에 휩싸이는 이들이 상당히 많이 있다. 이들은 상황을 위협으로 확대해석하는 생물학적 기질을 갖고 있으며, 이러한 기질들이 일정 정도 공포를 불러일으킨다. 이것이 대부분의 관찰자들의 눈에는 보이지 않는, 제 3의 변수가 된다. 갑자기 강한 두려움이 밀려들면서 이것이 논리적 사고를 점령한다. 두려움과 불안감의 거센 파도가 논리적 사고를 집어삼킨다. 이는 변호사 세라의 선조들이 포식동물과 정면으로 마주쳤을 때 느꼈던 원초적이지만 현실적인 공포를 불러일으킨다. 세라 같은 이들이 부담되는 순간에 훨씬 더 강한 불안과 두려움을 느끼는 이유가 바로 이런 생물학적 기질 때문이다.

　부담되는 순간에 이런 반응을 일으킨다면, 당신에게는 이 책에 제시되어 있는 일반적인 해결책보다 더 맞춤화된 치료가 필요할 수 있다. 세라 같은 이들은 부담감을 극복하기 위해 다양한 상담 치료 및 약물 치료를 모색한다. 당신도 그런 방법을 고려할 수 있다. 당신이 이런 상황에 처해 있다고 해도, 당황할 필요는 없다. 우리는 좀 더 적극적인 치료법의 혜택을 직접 목격했고, 이 방법이 한 개인의 삶을 어떤 식으로 변화시킬 수 있는지 이미 보았다. 세라의 경우 이 방법들로 불안감과 공포를 일단 다스린 다음, 이 책에 제시되어 있는 부담감 극복 비법을 동원하여 상당한 이익을 얻었다. 그녀는 2부에 제시되어 있는 단기적인 부담감 극복책을 이용해 여러 가지 도움을 얻었지만, 3부에 소개되어 있는 장기적인 해결책이 훨씬 더 유용하게 쓰일 수 있다는 사실을 발견했다. 그녀는 갑옷처럼 코트COTE로 무장함으로써, 그녀 자신과 많은 이들이 부딪히는 과도한 두려움과 불안감으로부터 자신을 보호할 수 있게 되었다. 정신 약리학자와 심리치료사의 도움과 더불어, 이는 부담감을 다스리는 그녀만의 '스마트한' 접근방식이다. 그녀는 이제 불안감을 유발하는 부담되는 상황 속에서 보다 편안한 마음으로 그 순간에 주의를 집중할 수 있고, 자신의 기량을 100퍼센트에 가깝게 발휘할 수 있다.

부담감 극복책

부담감이라는 강물의 흐름을 조절하고,
필요에 따라 그 흐름을 돌려놓기도 하고,
가둬 놓았다가 방류하기도 하는 방법

기장은 손상된 에어버스Airbus를 성공적으로 착륙시키고 수백 명 승객들의 목숨을 구한 뒤, 위기 상황에서 자신이 취했던 침착하고 차분한 조치에 대해 조사관에게 이렇게 말했다. "그때까지 부기장이 잡고 있던 조종대를 즉시 넘겨받은 뒤, 일련의 명령 조치를 취했습니다. 42년 동안 교육하고 훈련하며 '경험' 은행에 꾸준히 한 푼 두 푼을 저금했습니다. 그리고 1월 15일 나는 계좌에 충분한 돈(경험)이 들어 있으므로, 거액을 인출할 수 있다는 것을 알았습니다."

유니레버의 고객 개발부 부사장, 짐 브리치Jim Breach는 자신이 맡은 팀이 이미 한 차례 수정된 사업 계획조차 제대로 실행에 옮기지 못하는 부진한 한 해를 보냈다. 그 후 그는 자신이 단순히 '자리 보존'을 위해 일하고 있다는 사실을 깨달았다. "극심한 부담 속에서 갖가지 결정을 내릴 때, 나는 그저 직속상관의 비위를 맞출 생각만 했습니다. 그러나 마침내 뒤로 한 걸음 물러나서 보다 넓은 시각으로 당시 상황을 보게 되었고, 내가 의식할 사람은 단 세 사람, 즉 내 자신과 아내, 그리고 신뿐임을 깨달았습니다. 실패하더라도 끝까지 싸워보기로 결심했습니다. 내가 떠안고 있는 부담을 위협이 아니라, 도전의 기회로 받아들이기로 했습니다. 그러고 나니 모든 것이 달라졌습니다." 불안감은 여전했지만, 커다란 난관들을 피하기보다 한 걸음 한 걸음 앞으로 걸어 나갈 용기가 솟아나기 시작했다.

ESPN 뉴욕의 토크쇼 진행자, 마이클 케이Michael Kay가 두 차례 슈퍼볼 최우수선수 자리를 차지한 쿼터백 일라이 매닝Eli Manning에게 "부담감을 다스리는 능력을 타고난 것 같은데, 그렇지 않은가요?"라고 묻자, 그는 이렇게 대답했다. "그렇지 않습니다. 가능한 모든 시나리오를 생각해보고 각 상황에 맞춰 어떻게 플레이할지 수천 번씩 연습했기 때문입니다······ 부담되는 상황에서 나는 결코 실패에 대해 생각하지 않습니다. 과거에 성공했던 순간만 생각합니다."

우연인지 아닌지 모르겠지만 이들은 모두 부담감 극복책을 이용하고 있다. 이들은 부담되는 순간에 직면했을 때 자신의 잠재력을 충분히 발휘할 수 있도록 그 순간의 부담감을 조절하고, 부담감의 흐름의 방향을 돌려놓고, 때때로 가둬 두었던 부담감을 방류시킬 방법, 기술 혹은 전략을 구사하고 있다. 부담감 극복책이 다음과 같은 역할을 하기 때문에, 이를 통해 부담감에 저항할 강력한 힘을 기를 수 있다.

- 불안감, 두려움, 스트레스, 당혹감을 감소시킨다.
- 주의가 흐트러지는 것을 막는다.
- 각성 수위를 조절한다.
- 행동에 길잡이 역할을 한다.
- 긍정적인 측면에 주목하도록 돕는다.

앞으로 살펴볼 스물두 가지 부담감 극복비법 각각이 매우 효과적인 '개별' 전략이다. 그렇지만 여러 가지 전략을 함께 구사할 경우 더 큰 효과를 거둘 수 있다. 각각의 부담감 극복비법은 경제계, 교육계, 의료계에서 경험을 통해 얻은 수년간의 전문지식과 연구를 바탕으로 하고 있다. 또 미 해군 특수부대와 해군, 그리고 뛰어난 운동선수들과 힘을 합해 우리는 각각의 부담감 극복비법을 상황에 맞게 수정하여 응용할 가장 효과적인 방법들을 개발했다.

고객들이 다양한 부담 상황을 겪은 탓에 우리는 맨 '앞좌석'에 앉아 그 상황을 지켜볼 수 있는 특권을 누렸다. 우리는 그 경험을 토대로 어떤 부담감 극복비법이 특히 언제 유용하게 쓰일 수 있는지 설명할 것이다. 하지만 각각의 부담감 극복비법은 부담이 극심한 온갖 상황에 다양하게 활용될 수 있다. 어떤 극복책은 부담되는 순간에 들어서기 '전'에 사용될 수 있는 반면, 또 어떤 극복책은 중대한 발표 '중'에, 매우 부담스런 경기 중에, 혹은 인터뷰 중에 쓰일 수 있다. 어느 방법이 당신에게 가장 효과가 있는지 알 수 있도록 시험 삼아 여러 방법들을 써보도록 한다.

어떤 부담감 극복책은 부담되는 상황을 바라보는 시각을 바꿔 주고, 또 어떤 부담감 극복책은 특정한 상상으로 부담에 대항할 면역력을 길러주며, 또 어떤 극복책은 생리작용을 조절함으로써 부담감을 덜어줄 수 있다.

각각의 극복책이 간결하여 당신이 쉽게 이용할 수 있길 바란다. 가장 중요한 것은 이 극복비법들을 구사하는 데 특별한 수완이 필요치 않다는 점이다. 그저 사고, 각성, 감각, 목소리, 몸짓 같은 선천적인 도구들을 이용해 자신의 실력을 십분 발휘하기만 하면 된다. 대부분의 경우 이것만으로도 충분히 성공할 수 있다.

부담감 극복비법을 고를 때, 선별에 신중을 기할수록, 즉 상황에 맞는 적절한 전략을 구사할수록 더 나은 효과를 얻을 수 있다. 어떤 전략이 당신에게 가장 효과적인지 테스트해 보도록 한다. 사람마다 다르므로, 팀 동료나 직장 동료가 특정 상황에서 특정 전략을 사용하여 효과를 보았어도 당신에게도 그 방법이 효과가 없을 수도 있다.

부담감 극복비법을 이용하는 과정에서 사람들이 부딪히는 가장 큰 난관은 과거의 습관에서 벗어나지 못하는 것이다. 비효율적인 부담 반응이 몸에 배어 있으면, 부담되는 상황에 부딪히면 자신도 모르게 그러한 행동이 다시 수면 위로 떠오른다.

부담되는 상황에서 과거의 행동 습관에 발목 잡히지 않으려면, 보통 부담에 수반되는 감정들이 스멀스멀 올라오기 시작하는 때를 스물두 가지 부담감 극복비법 가운데 일부를 활용해야 하는 때로 해석하도록 한다.

● 부담감을 극복하는 22가지 방법을 사수하라

부담감 극복비법 1 부담되는 순간을 즐긴다

애리조나 로데오 클럽의 회장, 캐롤 앤 스콧Carroll Ann Scott은 로데오(rodeo: 미국 카우보이들이 길들이지 않은 말에 올라타서 누가 더 오래 버티는가를 겨루는 경기—옮긴이)를 한 마디로 이렇게 설명했다. "경기장에 나가서 말에 올라탄 다음, 그냥 버티기만 하면 됩니다. 어떻게 해도 부담이 됩니다. 엄청난 부담을 느낍니다. 경기는 대개 10초를 넘기지 못합니다. 따라서 그 10초에 모든 걸 걸어야 합니다." 그렇지만 로데오 세계 챔피언 저스틴 맥대니얼Justin McDaniel은 부담감을 거부하지 않는다. "나는 부담감을 즐깁니다. 그 경기가 재미있고 흥미로운 것은 바로 부담감 때문입니다. 그래서 나는 늘 부담을 즐긴다고 말합니다."

ESPN 스포츠 센터에서 농구 스타, 르브론 제임스(LeBron James, 당시 마이애미 히트 소속 선수)에게 쉽지 않은 상태인 인디애나 페이서스와의 결승전에 대한 부담감을 어떻게 극복할 것인지 물었다. 당시 마이애미 히트는 인디애나 페이서스가 2013년 NBA 플레이오프 6차전에서 승리하는 바람에, 7차전을 치르게 되었다. 그는 이렇게 대답했다. "부담감은 없습니다. 재미있을 겁니다. 멋진 경기가 될 것입니다. 도전의 그 날을 고대하고 있습니다." 결과적으로 그는 환상적인 경기를 펼쳤고, 마이애미 히트는 플레이오프에서 우승을 차지했다.

이 부담감 극복비법에는 르브론의 대답과 저스틴 맥대니얼의 태도가 깊이 뿌리내리고 있다.

부담되는 순간을 '도전'으로, '기회'로, 혹은 '재미'로 생각하라

당신은 부담되는 상황을 위협으로 보는가, 아니면 도전의 기회로 보는가? 당신은 그러한 순간을 두 팔 벌려 환영하는가, 아니면 몹시 두려워하는가? 두렵다는 인식이 바로 초크에 빠지는 근본원인이다. 이 부담 극복비법은 원초적 부담 반응으로부터 당신을 지킬 보험이다. 하지만 그러기 위해서는 부담되는 상황에 들어서기 전에, 자주 이 방법을 써보아야 한다.

연구 자료에 따르면 직장생활을 하고 있는 압도적 다수가 부담 상황을 '위협'으로, '사느냐 죽느냐'의 문제로 생각한다. 부담을 위협으로 생각하면, 자신감이 저하되고 실패에 대한 두려움이 일렁이며 단기적 기억력과 집중력과 판단력이 떨어진다. 또 충동적으로 행동하게 되고, 활력이 저하된다. 혈관에는 평활근smooth muscle이 분포하는데, 부담 상황을 '위협'으로 생각하면 몸에서 노르아드레날린이 분비되어 이 근육이 수축된다. 폐 역시 노르아드레날린에 의해 수축되어 산소 교환이 줄어든다. 그 결과 신선한 산소가 들어 있는 혈액을 필요로 하는 세포 조직에 그러한 혈액 공급이 줄어들어, 사람들은 훨씬 더 쉽게 피곤함을 느끼게 된다. 이 모든 결과가 가장 잘 해야 하는 순간에 성과를 저하시키는 역할을 한다.

반면 어떤 일이나 상황을 위협이 아니라, 도전이나 기회, 혹은 재미로 인식하는 사람들은 뛰어난 실력 발휘로 성공의 기회를 앞당길 수 있다. 도전 의식은 경기력을 향상시키는 '천연' 스테로이드라고 할 수 있다. 몸에서 노르아드레날린보다 아드레날린이 더 많이 분비되어 혈관 속 평활근이 이완되고 폐도 이완되어, 신선한 산소가 들어 있는 혈액이 필요한 세포 조직에 원활히 공급되기 때문이다. 그 결과 몸에서는 활력이 넘치고 뇌에서는 명료한 사고가 이루어진다. 부담되는 상황을 도전으로 인식할 때, 최선의 결과를 얻을 수 있도록 필요한 만큼의 관심과 에너지를 쏟고자 하는 의욕이 생긴다. 한 중학교 2학년 집단에게는 "이 문제를 풀 수 있는지 없는지 도전해 보라"고 말하며 과제를 내준 반면, 다른 중학교 2학년 집단에게는 동일한 과제를 주며 "내일 수업을 위한 과제"라고 말했다. 예상했겠지만 당시 상황을 도전의 기회로 생각한 집단이 더 많은 문제를 풀었고, 더 많은 정답을 맞혔다.

부담되는 순간을 하나의 재미로 인식할 때, 사람들은 자극을 불안하고 불편하게 생각하기보다 즐겁고 흥미롭게 여긴다. 긍정적인 자극은 열정으로 바뀐다. 두려움과 불안감을 극복할 수 있는 강렬한 감정인 열정으로 말이다. 당신이 처했던 부담감이 극심했던 상황, 그리고 당신이 훌륭한 성과를 거두었던 순간들에 대해 생각해 보라. 아마도 당신은 저스틴 맥대니얼과 르브론 제임스처럼 부담감에도 불구하고 그 순간을 즐겼을 것이다. 자발적으로 어려운 문제를 풀겠다며 교실 앞으로 나가는 학생, 부서를 살릴 욕심에 불가능해 보이는 일을 떠맡는 관리자, 타오르는 건물 속으로 달려 들어가는 소방관, 마지막 슛을 던지겠다며 동료 선수에게 공을 달라고 하는 농구선수는 모두 그 상황을 스스로를 테스트하고, 자신의 실력을 보여줄 기회나 도전으로 보는 사람들이다. 이런 태도 때문에 그들은 다른 이들이 힘들 때 찾는 사람들이 된다. 흔히 생각하는 것과 달리, 그들이 즐기는 것은 사실 부담이 아니다. 그들은 '도전'을 즐기는 것이다.

이 극복 전략을 구사하는 사람들은 자신이 얼마나 잘 할 수 있는지 보고 싶어 하는 경향이 있다. 마이애미 히트의 농구선수들은 2013년 결승전에서 이겨 2년 연속 챔피언 자리를 차지하기 전, 이런 경향을 보였다. 그들은 이렇게 말했다. "지난해만큼 우리 팀이 잘 할 수 있는지 없는지, 어느 부분을 보완해야 하는지 곧 알게 될 것이다."

세계적인 광고 회사의 한 크리에이티브 디렉터CD는 이렇게 설명했다. "부모님께서는 테스트를 자신을 시험할 기회 혹은 자신의 실력을 보여줄 기회라고 말씀하셨습니다. 배우나 선수 선발 테스트를 즐거움을 느낄 기회라고 하셨습니다. 광고주에게 광고 아이디어를 선보이는 피칭pitching 때 나는 동일한 마음가짐을 갖습니다. 피칭을 나의 창의력을 뽐낼 기회라 생각합니다. 피칭은 몹시 부담스러워하는 많은 내 동료들과 달리, 피칭은 내게 즐거움입니다."

부담되는 상황에 발을 들여놓기 전, 그것이 '도전' 혹은 '기회'라는 확신을 스스로에게 심어주도록 한다. 그런 긍정적인 사고방식이 우수한 성과를 거두는 데 도움이 된다. 부담을 도전으로 해석하는 사고방식을 기르기 위해, 이런 연습을 해본다. 자신이 맡은 일과 책임을 자신의 능력을 뽐낼 일상 속의 도전으로 생각한다. 만약 당신이 프로젝트 매니저라면, 팀원들에게 이렇게 말한다. "여러분에게 이것은 최고의 결실을 맺을 기회가 될 것입니다." 영업 책임자는 영업사원들에게 "여기 도전의 기회가 있습니다. 우리가 도전에 제대로 맞설 수 있을지 없을지 다 같이 지켜봅시다." 혹은 "여러분, 우리가 얼마나 일을 잘 하는지 보여줄 수 있는 이 같은 기회를 갖게 되어 정말 기쁩니다." 라고 말할 수도 있다.

삶의 즐거운 측면에 주목하도록 한다. 일의 긍정적인 측면에, 즐겁게 생각되는 측면에 갈채를 보내도록 한다. 다음에 할 일이 너무 많아 부담을 느낄 때, 이런 생각들을 꺼내보면 좋다.

요컨대 눈앞에 닥친 일을 긍정적으로 생각하는 것이 중요하다는 얘기다. 이 점을 잊지 말고, 부담감 극복비법 8, '긍정적인 본성을 십분 활용한다'를 병용하면 더 좋을 것이다.

부담감 극복비법 2 기회는 많이 있다

선사시대에 사냥꾼은 영양 무리를 보며 첫 번째 화살이 빗나가더라도 사냥에 성공할 다른 많은 기회가 있다는 것을 알고 있었다. 조만간 성공할 것이므로 서두를 필요가 없었다. 오늘날에도 이와 동일한 태도를 가져야 성공할 수 있다. 미국 프로미식축구리그NLF의 쿼터백들은 후반 경기보다 전반 경기에서 이기면 부담감을 덜 느낀다고 한다. 전반전에는 자신의 기량을 입증할 기회가 많이 있기 때문이다. 사람들이 부담을 느끼는 방식과 관련해 여기서 한 가지 중요한 시사점을 찾을 수 있다. 성공할 기회가 단 한 번이 아니라는 사실을 알면 부담을 훨씬 덜 느낄 수 있다는 점이다. 따라서 이 부담감 극복비법에서는 부담되는 상황에 부딪히기 전에 다음과 같은 확신을 마음속에 심어주길 권한다.

이는 수많은 기회 중 하나일 뿐이다

한 연구에서 자동차 정비공 집단에게 엔진 조립 능력을 입증할 단 한 번의 기회를 주겠다고 설명했다. 그들은 테스트 전에 2주 동안 엔진 조립 연습을 했다. 부담을 가중시키기 위해 연구원들은 정해진 시간 내에 엔진을 제대로 조립하면 모든 이들이 갈망하는 관리직에 오를 기회를 얻을 수 있다고 말했다. 두 번째 집단에게는 동일한 일을 맡기면서 동일한 승진 약속을 했다. 그렇지만 만약 실수를 하더라도 실력을 보여줄 추가 기회를 제공하겠다고 했다. 조립 기회가 단 한 번뿐인 집단이 더 많은 부담감을 느껴 더 많은 실수를 저질렀고, 엔진 조립에 더 많은 시간이 소요되었다.

사실 살면서 기회가 단 한 번뿐이라는 시각보다는 추가 기회들이 있다고 보는 시각이 더 현실적이다. 고등학교, 대학교 시절의 학교생활을 돌이켜 보자. 얼마나 많은 시험을 보았는가? 이번 주에 시험을 못 보았어도 그 다음 주에 준비를 얼마나 잘했는지 보여줄 기회가 얼마나 많이 있었는가? 여러 번의 성공 기회가 필요한 이들이 많이 있다. 예를 들면 오프라 윈프리Oprah Winfrey는 볼티모어에서 뉴스 앵커로 사회에 첫발을 내딛었는데 그곳에서 해고를 당한 바 있다. 스티븐 스필버그Steven Spielberg는 서던 캘리포니아 대학교 영화예술대학에 지원했다가 여러 번 고배를 마신 바 있다. 베스트셀러 〈해리포터〉의 작가, J.K. 롤링J.K. Rowling은 서른 곳의 출판사들한테서 출판을 거절당한 바 있다. 그들은 어린 마법사 이야기를 다룬 그녀의 책은 팔리기 어렵다고 했다. 오프라 윈프리는 해고를 당했을 때 '한 번의 기회를 날렸을 뿐'이라고 생각했다. 아마도 스티븐 스필버그와 J.K. 롤링도 오프라 윈프리와 같은 생각을 했을 것이다. 얼마나 많은 이들이 이혼하고 나서 재혼을 결심하는지 생각해 보라. 사실 살면서 우리는 다양한 기회를 몇 번이고 다시 얻고 있다. 이 점을 꼭 명심하라, 그러면 삶이 덜 부담스럽게 느껴질 것이다.

인터뷰나 발표, 혹은 세일즈 방문 전에, "또 다른 인터뷰 기회(발표 기회, 혹은 세일즈 방문 기회)가 있어."라는 말로 스스로를 다독임으로써 그 순간에 느낄 부담감을 완화시키도록 한다. 자녀가 학교 연극의 오디션에 참가한다면 "최선을 다해. 그러면 이번에 안 되더라도, 다음에 또 다른 기회를 얻을 수 있을 테니까."라고 응원함으로써 아이의 부담감을 덜어주도록 한다.

어떤 세미나에서 젊은 재무 상담사가 "좋아하는 여자를 처음 만나러 갈 때, 이 전략을 어떤 식으로 활용하면 좋을까요?"라는 재치 있는 물음을 했다. 그러자 그 사람보다 몇 살 더 많아 보이는 또 다른 참가자가 큰 소리로 이렇게 대답했다. "찾아와주길 기다리는 다른 많은 여자들이 있으니 걱정할 것 없다고 말하면 되겠죠." 세미나장이 웃음바다로 변했다. 하지만 이는 틀림없는 사실이었다.

부담감
극복비법 **3** **중요성을 축소시켜 생각한다**

다음 사람들 가운데 누가 부담감을 가장 적게 느낄 것 같은가?

- US 오픈 결승 라운드에서 1타 차이로 앞서고 있는 골프선수
- 관상동맥 우회 수술을 준비하고 있는 흉부외과 의사
- 가장 친한 친구에게 생일 케이크를 만들어 주려고 반죽을 시작한
  제빵사

대부분 사람들이 제방사가 부담을 가장 적게 느낀다고 대답할 것이다. 그렇지만 상기 사람들 가운데 다음의 부담감 극복비법을 누가 익혔느냐에 따라, 사실 이 대답은 달라질 수 있다.

부담되는 순간의 중요성을 축소시켜 생각하라

파이널 라운드를 단지 '또 하나의 라운드'라고 생각하는 골프선수와 자신의 수술을 단순히 관상동맥 수술로 인식하는 외과의사는 묵묵히 최선을 다하는 반면, 자신의 일을 '내 인생에서 가장 의미 있는 케이크'를 만드는 일이라고 생각하는 제빵사는 부담감에 그 상황에 어울리는 빵을 만들지 못할 수도 있다.

사건을 중요하게 평가할수록 심한 부담감을 느끼게 된다. 이것이 바로 부담감의 본질이다. 이를 뒷받침하는 증거는 수도 없이 많다. 부담감이 인식을 왜곡시키는 바람에, 사람들은 종종 부담되는 순간을

비이성적으로 해석할 수 있다. 그리고 이런 왜곡된 사고는 판단력과 의사결정력 같은 인지 도구의 기능을 떨어뜨리고, 충동적인 행동을 부추길 수 있다. 과도한 왜곡은 잠재의식 속에 깔려 있던 원초적 부담 감을 다시 깨울 수 있다. 영업 사원들에게 특정 발표가 매우 중요하다고 이야기하면, 그들은 '수다 떨 듯' 제품 설명을 하면 된다는 말을 들은 영업 사원들보다 더 많은 실수를 저지른다. 이번 달리기가 중요하며 개인 기록으로 남는다는 이야기를 들은 단거리 달리기 선수들은 기록으로 남지 않으며 연습 목적으로 이용된다는 이야기를 들은 선수들보다 스타트 실수를 더 많이 저지른다. 인터뷰 전에 만약 친구가 당신에게 "별 거 아니고 생각해."라고 말한다면, 이는 분명 훌륭한 조언이다.

익숙하지 않은 일이라 어색할 수는 있겠지만, 특정 순간의 중요성을 축소시켜 생각함으로써 당신은 얼마든지 부담감을 줄일 수 있다. 볼티모어 레이븐스Baltimore Ravens의 조 팰코Joe Falco는 미국 프로미식축구 챔피언 결정전인 슈퍼볼이 열리기 하루 전, 슈퍼볼에 대해 이렇게 말했다. "다른 경기랑 다르지 않다고 생각해요."

자녀들에게 인생에서 성적이 가장 중요한 것은 아님을 알려주도록 하라, 그러면 그들은 학교에서 부담을 덜 느끼고, 배움 그 자체를 즐기며, 부정행위를 덜 저지르게 될 것이다. 잠재 고객을 놓칠 수도 있는 위기에 몰려 있을 때도, 팀원들에게 "다른 프로젝트와 다를 게 없다고 생각하세요."라고 말하기 바란다. "이건 지금까지 맡았던 어떤 프로젝트보다 중요해요."라고 말하지 마라. 이런 식의 격려는 오히려 갈등을 조장하고, 창의력을 질식시킨다.

실력 발휘뿐 아니라, 듣는 이와의 호흡 역시 중요한 일을 할 때, 이를테면 고위 간부들을 대상으로 발표를 할 때, 오디션에 참여할 때, 박사학위 구술시험을 볼 때, 감독자가 당신을 지켜보고 있을 때 이 부담감 극복비법이 흔히 쓸 수 있는 효과적인 방법이다. 사회 심리 연구에 따르면, 사람들은 지켜보는 눈이 많을수록, 지켜보는 이의 지위가 높을수록 더 많은 부담을 느낀다. 듣는 이들이 풍부한 지식을 지닌 중대한 집단이라고 생각하면, 사람들은 신경이 곤두서서 자신의 뜻을 원하는 만큼 정확히 전달하지 못할 수 있다. 발표할 때 자신을 지켜보는 사람들의 지위가 낮다고 상상하면, 아마도 발표를 더 잘할 수 있을 것이다. 어떤 상상을 할지 그 구체적인 내용은 당신 마음대로 하라. 또 당신을 바라보고 있는 사람들을 한꺼번에 전부 쳐다볼 게 아니라, 한 번에 몇 사람씩 번갈아가며 보면서 이야기함으로써 그 순간의 부담을 줄일 수 있다. 청중 규모가 큰 데 따른 영향을 그만큼 덜 받을 수 있다.

많은 이들이 '중요하다고 알고 있는 일을 중요하지 않다고 스스로에게 최면을 거는 것은 비현실적인 일'이라면서 이 방법을 거부한다.

그런 이들에게는 확대해석 역시 비현실적이기는 마찬가지라는 말을 해주고 싶다. 시험을 보고 있든, 골프를 치고 있든, 실력을 제대로 발휘할 수 없을 정도로 그 순간의 중요성을 확대해석하기 쉽다. 게다가 확대해석이 원초적 부담 반응을 불러일으킴으로써 초크 및 공황 상태에 빠질 수도 있다.

원초적인 부담 사고에 맞설 뿐 아니라, 이를 미연에 방지하려면 부담되는 순간의 중요성을 축소시켜 생각하는 혹은 말하는 버릇을 길러야 한다. 이렇게 축소시켜 생각하다보면, 부담을 확대해석하는 것을 막고, 부담에 대한 보다 현실적인 시각을 다시 갖게 될 것이다. 대부분의 사람들이 중요성을 확대시켜 생각하는 버릇과 적당히 축소시켜 생각하려는 노력 사이에서 끝없는 전쟁을 벌이다가, 신경이 강철처럼 튼튼해지면 축소시켜 생각하려는 노력이 결국 승리를 거둔다.

삶에서 가장 중요한 것이 무엇인지 명심하라, 이는 효과가 뛰어난 해독제 역할을 할 것이다. 목록을 만드는 것도 도움이 될 수 있다. 부담되는 순간에 들어서기 전, 삶에서 무엇이 가장 중요한지 적혀 있는 목록을 떠올려 본다. 이는 부담되는 순간을 보다 균형 잡힌 시선으로 바라보는 데 도움이 될 수 있다.

물론 부담되는 순간이 보통 중요한 순간이라는 사실을 부인할 수는 없다. 하지만 그 순간의 중요성을 확대해석하지 않는 것 역시 중요한 일이다.

부담감 극복비법 4   임무에 집중한다

아마도 부담되는 순간에, 혹은 그 직전에 이보다 더 쉬운 일은 없을 것이다.

임무에 주의를 집중하라

이 극복비법은 자신이 무엇을 이루어내려 하는지, 즉 자신의 임무를 명확히 숙지하고 있어야 한다는 얘기다. (점수와 상관없이) 정정당당하게 골프를 치는 것, (다른 사람들이 어떻게 인터뷰에 응하든 상관없이) 인상적인 인터뷰를 하는 것, 혹은 그저 유능한 일꾼이 되는 것이 당신의 임무일 수 있다. 부담되는 순간 동안에 혹은 그 직전에, 자신의 임무가 무엇인지 확실히 인식하는 것이 그 상황에 대한 부담감을 보다 빨리 덜어낼 방법이다.

첫째, 이 비법은 자신을 바라보는 다른 이들의 시선 때문에, 혹은 시선을 사로잡는 외부 요인 때문에 주의가 흐트러지는 것을 막는다. 딴 생각을 하다가는 당신의 노력이 물거품이 될 수 있다.

둘째, 임무에 주의를 집중하면, 궤도를 이탈하지 않고 순조롭게 나아갈 수 있다. 원하는 성과를 거두기 위해 해야 하는 일들을 하나씩 하나씩 처리해 나가도록, 그것이 길잡이 역할을 하기 때문이다. 가령 훌륭한 논문을 쓰는 것이 임무라면, 이 임무에 몰두하다보면 당신은 조사가 필요하다는 것을 알게 될 것이다.

연구 제안서 작성, 장기 프로젝트 진행 같이 장시간 많은 부담이 되는 경우, 그 임무에 대해 말하고 또 말하는 것이 당신과 팀원들이 그것을 완수하는 데 도움이 될 수 있다.

한 가지 기억할 점은 임무에 초점을 맞추는 것과 결과에 초점을 맞추는 것은 다르다는 사실이다. 결과에 초점을 맞추다보면, 실패하여 그 부정적인 결과로 고통 받게 되지 않을까 걱정하게 된다. 그리고 실패를 걱정하다보면 주의가 흐트러져서 궤도를 이탈할 수 있다.

반대로 임무에 초점을 맞추다보면, 작은 일 하나하나에 최선을 다하는 것이 결국 임무를 완수하는 가장 좋은 방법임을 깨닫게 된다. 임무가 닻 역할을 하기 때문에, 출렁이는 파도 속에서도 당신은 떠내려가지 않고 임무 완수에 몰두할 것이다.

부담감 극복비법 5   예상하고, 예상하고 또 예상한다

부담되는 상황을 앞에 두고, '만약에what if' 게임을 해본 적이 있는가? 이는 교육적일 뿐 아니라, 어디서나 할 수 있는 게임이다. 또 다른 이와 함께 할 수도 있고, 아니면 혼자 할 수도 있는 게임이다. 아이들은 이 방법을 좋아한다. 우선 잃을 게 없고, 부담되는 상황에 들어서기 전에 게임을 통해 다음 방법을 몸에 익히면 되기 때문이다.

예상하고 또 예상함으로써 예상하기 어려운 일들을 예상하라

규칙은 간단하다. 곧 있을 부담되는 사건을 한 가지 고른다. 가령 중요한 발표가 있다고 해보자. 이제 '만약에'라는 질문을 해본다. 예를 들면 이렇게 스스로에게 물어본다. "만약 나쁜 일 혹은 예기치 못한 일이 일어난다면?" 고위 경영진 앞에서 발표를 하고 있는데 만약 파워포인트 슬라이드가 제대로 작동하지 않는다면? 만약 발표 시작 1분 전에 "발표 시간을 20분이 아니라, 5분만 드릴 수 있습니다."라는 이야기를 듣는다면? (사실 이는 우리 두 사람 모두 경험해본 일이다) 재미를 더하려면, '만약 발표 도중에 누군가 심장 발작을 일으킨다면?' 등의 더 충격적인 질문을 생각해볼 수도 있다(이는 J.P.가 겪은 일이다).

누구든 이 방법을 써먹을 수 있다. 당신이 등반가라면 '만약 일기 예보가 완전히 빗나간다면' 혹은 '만약 가이드가 다리를 다친다면?' 등의 의문을 가져볼 수 있다. 자동차 경주 선수라면 이렇게 자문할 수도 있다. '마지막 바퀴에서 시속 290km로 달리고 있는데 만약 차가 고장 난다면?' 혹은 학교에서 딸아이가 혹은 아들아이가 에세이 시험을 본다고 해보자. '에세이 시험인데 당혹스럽게도 선생님이 선다형 시험지를 나눠 주시면 어떻게 할래?'라고 아이에게 물어볼 수 있다.

부담감을 극복함에 있어 이것이 좋은 게임인 이유는 대개 예기치 못한 상황에 부딪히면, 갑작스런 흥분으로 사고력과 대처능력이 저하되기 때문이다. 경우에 따라서는 회복 불가능할 정도로 궤도를 벗어나기도 한다. 골프선수가 형편없는 샷의 충격에서 헤어나지 못할 때 스포츠 해설가는 "평정심을 잃었다"라는 표현을 쓰는데, 이것이 바로 그런 경우다.

이 부담감 극복비법에서 가장 중요한 개념은 예기치 못한 일을 예상하는 것이다. 이를 통해 부담감이 급증하는 것을 피할 수 있다. 어떤 예상치 못한 사건이 벌어질지 다양하게 예상하여 마음의 준비를 해놓으면, 예상치 못한 일이 일어났을 때 덜 당황하기 때문이다. 심장이 벌렁거려 충동적으로 행동하는 대신, 당신은 평정심을 유지하며 하던 일에 계속 최선을 다할 수 있다.

지난 100년 동안 세계 스포츠 사상 어떤 팀보다 뛰어난 승률을 자랑한 팀이 있었다. 그것은 뉴욕 양키스도, 맨체스터 유나이티드도, 뉴잉글랜드 패트리어츠도, 몬트리올 캐나디언스도 아니다. 그것은 바로 뉴질랜드 올블랙스the New Zealand All Blacks럭비 팀이다. 지난 한 세기 동안 그들은 가장 성공한 팀이자, 가장 두려움의 대상이 되었던 팀이다. 하지만 그들에게는 한 가지 문제가 있었다. 올블랙스는 첫 번째 럭비 월드컵RWC을 제외하고, 다른 모든 RWC에서 우승 후보로 참여하여 커다란 부담감을 이기지 못한 채 이해할 수 없는 패배를 거듭했던 것이다.

2011년 뉴질랜드에서 열린 RWC에 그들은 또 다시 강력한 우승 후보로 참여했다. 이번에는 경기 접근 방식을 달리했다. 그들의 새로운 모토는 "예기치 못한 일이 발생할 가능성을 예상한다."였다. 그들은 경기에 참여하며, 특히 이겨야 한다는 중압감에 시달릴 때 뜻밖의 일이 일어나리라 예상했다. 그리고 실제로 뜻밖의 일이 일어났다.

올블랙스 팀은 미식축구의 쿼터백에 해당하는 플라이 하프fly half 선수로, 세계 최고의 선수인 댄 카터Dan Carter를 잃었을 뿐 아니라, 두 번째 후보 선수, 세 번째 후보 선수도 기용할 수 없게 되었다. 그래서 네 번째 후보 선수인 스티븐 도널드Stephen Donald에게 결승전에 출전하도록 전화를 걸어야 했다. 코치 전화를 받을 당시 그는 뉴질랜드의 한 아름다운 강에서 뱀어 낚시를 하고 있었다. 이는 전혀 예상치 못한 일이었다.

그렇지만 올블랙스는 심리적으로 그에 대한 준비가 되어 있었다. 그들은 스타급 선수들의 부상이 경기에 영향을 미치지 않도록 굳게 마음을 먹고 있었다. 그 결과 부담감이 극심했던 프랑스와의 챔피언 결정전에서 네 번째 후보 선수 도널드가 3점짜리 킥에 성공하며, 올블랙스는 8대 7로 2011년 럭비 월드컵 챔피언 자리를 차지했다.

이렇게 뜻밖의 일이 발생할 가능성을 예상하면 미리 대응방식을 만들어 그것을 몸에 익히거나 마음으로 예행연습을 함으로써 자신감을 키울 수 있다. 또 이를 통해 부담되는 순간에 유연하게 대처하는 법을 배울 수 있다. 자신이 변화하는 환경에 적응할 수 있다는 사실을 알고 나면, 당신은 무슨 일이 일어나든 통제력을 그만큼 많이 발휘할 수 있다.

사냥 중에 닥칠 뜻밖의 문제를 예상했던 선사시대의 선조들은 그만큼 유리한 위치에 설 수 있었을 것이다. 포식동물이 갑자기 나타나도, 혹은 날씨가 나빠져도, 그들은 뒤통수 맞는 일이 없었을 것이다. 어떤 일을 예상하고 그에 어떻게 대처할지 연습해 놓으면 그만큼 공포도 줄어든다.

비디오 시뮬레이션을 통해 자동차 테스트를 볼 때 어떤 장애물이 나타날지, 이를테면 사방에서 자동차가 쌩쌩 달릴 것이다, 길을 건너는 보행자가 등장한다, 신호등이 갑자기 바뀔 것이다 등의 설명을 들은 운전교습생들은 어떤 상황이 벌어질지 사전 설명 없이 동일한 테스트를 받은 교습생들보다 부담감을 덜 느꼈다고 말했다. 게다가 실제로 운전할 때도 그것은 마찬가지였다. 실제로 운전할 때 교통 혼잡이 예상된다는 이야기를 미리 들은 운전교습생들이 그러한 경고를 듣지 못한 운전교습생들에 비해 운전할 때 부담을 덜 느꼈다고 말했고, 운전 교습 강사로부터 더 좋은 평가를 받았다. 이 실험에서 교통 혼잡이 예상된다는 경고를 일부 운전 교습생들에게만 했다는 사실을 강사들에게는 비밀로 했었다.

직원들과 '만약에' 게임을 해보라. 직원들에게 다가올 부담되는 순간들에 대해 적어보도록 지도하라. 그러고는 그들에게 '만약에'라는 질문을 해본다. 자녀들과도 이 게임을 해본다. 혼자서 그 게임을 할 수 있도록 아이들에게 가르쳐주면 더 좋을 것이다. 대부분의 게임에서처럼, 많이 해볼수록 더 잘 하게 된다. 우주비행사, NFL 쿼터백, 이스라엘 조종사를 훈련시키는 교관들이나 코치들도 항상 이 게임을 한다.

"기회는 준비된 자의 것이다."라는 격언이 있다. 굳이 영화광이 아니라 해도, 당신은 이 부담감 극복비책을 뒷받침하고 있는 이 격언의 참맛을 알 수 있다.

부담감 극복비법 6 자신이 가치 있는 존재임을 깨닫는다

자신이 기대만큼 잘 하지 못했던 부담되는 순간을 기억하는가? 그것은 과거 속의 당신이다. 오늘은 당신이 무엇을 할 수 있는지 보여줄 새로운 기회이다.

인터뷰를 하든, 발표를 하든, 세일즈 방문을 하든, 시험을 보든, 시합을 하든, 오디션을 보든, 혹은 첫 데이트를 하든, 다음과 같은 방법으로 마음의 부담을 덜어줌으로써 당신은 자신의 기량을 마음껏 발휘할 수 있다.

자신이 가치 있는 존재임을 확인할 기회를 가져라

당신이 어떤 경험과 기술, 그리고 여타 긍정적인 특성들을 갖고 있는지 확인할 시간을 갖는 것은 부담이 가져다줄 충격을 완화시킬 효과적인 방법이다.

이 부담감 극복비법은 다양한 연구를 바탕으로 하고 있다. 부담감을 극복하는 데 이 방법이 얼마나 효과적인지 보여준 가장 좋은 사례는 〈심리학Psychological Science〉저널에 실린 연구이다. 이 연구에서 피험자들은 자제심을 요하는 어려운 임무를 수행해야 했다. 그 일을 하기 전, 절반의 피험자들에게 자신의 가치를 확인할 기회를 제공했다. 피험자들이 그 임무를 수행하는 동안 연구원들은 그들의 뇌 활동을 추적했다. 그들은 특히 ERN(error related negativity: 오류 관련 부정)이라는 신경 신호에 초점을 맞췄다. 이는 실수를 저질렀을 때 뇌신경에서 울리는 비상경보다.

사전에 자신의 가치를 확인한 사람들은 그렇지 않은 사람들보다 임무 수행 시, 실수를 덜 저질렀다. 게다가 그들은 자신이 저지른 실수를 보다 쉽게 알아차렸다. 자신의 가치를 확인했기 때문에 순순히 자신의 잘못을 인정하고 바로잡을 수 있었던 게 아닌가 한다.

임상 심리학자들은 자신의 가치를 확인하는 것이 자아력ego strength을 강화시키는 중요한 도구라고 말한다. 자아력이 강화되면 당신은 그만큼 위협 앞에 주눅이 덜 들게 되고, 부담스럽고 불안하며 스트레스가 심한 상황 속에서 자신을 보다 능숙히 다스릴 수 있게 된다. 또 자아력 강화를 통해 인지적 회복능력, 즉 실패를 딛고 일어서는 능력도 향상시킬 수 있다. 부담되는 상황에 맞서기 전, 자신의 가치를 확인하는 데 다음 몇 가지 제안이 도움이 될 수 있다. 이는 이미 실효성이 입증된 방법이다. 부담되는 상황 때문에 궤도를 이탈한 이후에도 마찬가지로 유용하게 쓰일 수 있다.

1. 당신이 어떤 가치를 갖고 있는지, 그리고 그것이 당신에게 얼마나 중요한지 적어본다. 이를 통해 자신의 정체성이 눈앞의 일로 결정되지 않는다는 사실을 깨달을 수 있다.
2. 당신이 지닌 긍정적인 특성들을 적어본다. 1분 정도 시간을 내어서 혹은 이틀에 한 번 정도 시간을 내어 그러한 특성들의 가치를 확인해 본다.

계속 하다보면 이러한 활동이 몸에 배어 자동으로 이 부담감 극복책을 쓰게 된다. 그 결과 부담 상황이 덜 위협적으로 느껴진다. 당신은 보다 편안한 마음으로 기량을 십분 발휘할 수 있게 된다.

유능한 이들과 함께 일하는 것을 당신이 얼마나 자랑스럽게 생각하고 있는지 말해줌으로써 부하직원들의 부담감을 덜어줄 수 있다. 피아노 발표회 전에, 딸아이에게 그녀가 얼마나 멋진 사람인지, 당신이 그녀를 얼마나 사랑하는지 가능한 구체적으로 말해주도록 한다.

가족들과 친구들이 분명 당신을 가치 있는 사람이라 생각하고 있을 것이다. 그렇지만 부담감이 심할 때는 스스로 그런 믿음을 갖고 있는 것이 매우 중요하다는 점을 부디 기억하길 바란다.

켄터키 주, 루이빌에서 열린 2010년 전국 실내양궁 챔피언십에서 우승을 거두는 과정에서 브리저 디턴Bridger Deaton은 효과적인 부담감 극복비법을 터득했다. 지금도 그는 종종 그 방법을 쓰고 있다. 그는 이렇게 회상했다. "(챔피언십을 치르며) 나는 그 어느 때보다 많은 부담감을 느꼈습니다. 그 경기에서 우승하고 나서, 내가 중요한 순간에 활을 잘 쏠 수 있다는 사실을 알게 되었습니다. 그 일로 자신감이 크게 향상되었습니다. 활을 쏘기 전, 항상 그 일을 떠올립니다." 부담되는 순간에, 혹은 그 이전에 이 부담감 극복비법을 이용함으로써 승리할 가능성을 높일 수 있다.

과거의 성공을 떠올려라

많은 이들이 부담되는 상황에서 자신감이 부족해지는데, 이는 분명 쓸모 있는 방법이다. 기본적으로 이 방법은 비슷한 상황에서 과거에 성공했던 경험을 떠올림으로써 기존에 도움이 되었던 반응들을 다시 불러일으키고자 한다. 부담되는 순간은 불확실함으로 가득 차 있다. 당신이 제 역할을 해낼 수 있을지 불확실하다. 과거에 성공했던 기억은 자신감에 불을 붙일 수 있다. '예전에 성공한 일이니, 또 할 수 있어.'라는 식의 자신감이 생긴다. 자신감이 커지면 불확실함(불안감)과 부담감이 줄어들어 가벼운 마음으로 일에 최선을 다할 수 있다. '초조함'이 마음을 어지럽히는 근심걱정이 아니라, 일에 쏟아 부을 긍정적

인 '열정'으로 바뀐다. "예전에 했으니 또 다시 할 수 있어."가 이 부담
감 극복비법의 주문이다.

연구에 따르면, 과거의 경험과 관련된 생각과 행동은 머릿속에 각
인되어 있다고 한다. 이러한 경험을 자주 떠올릴수록 더 선명히 머릿
속에 각인되기 때문에, 현재 어떤 일을 하면서 그것을 좀 더 쉽게 떠올
리게 된다. 반면 부담되는 순간의 불안감을 종종 떠올리는 사람은 불
안감을 되풀이할 가능성이 보다 높다.

마찬가지로 '근육 기억'이 지워지지 않도록 성공했던 과거의 행
동을 계속 떠올리는 운동선수는 차후 경기에서 동일한 행동을 되풀이
할 가능성이 그만큼 더 높다. 두 차례 NBA 최우수선수 자리를 차지
했던 스티브 내시Steve Nash는 〈배스킷볼 다이제스트Basketball Digest〉
와의 인터뷰에서 이렇게 말했다. "자유투를 던지기 전, 그동안 성공했
던 수천 번의 자유투를 떠올리며 그 행동을 그대로 따라합니다."

직장에서 몇 달짜리 프로젝트를 감독하는 일처럼 장기간 뛰어난
실력을 보여주어야 하는 부담되는 상황에서도 과거의 성공을 떠올리
는 것이 도움이 될 수 있다. 이 비법을 이용해 부담감을 극복한 사례
로, 에베레스트 산 등반에 성공한 사람이 있다. 그 사람은 이렇게 말했
다. "정상에 오를 수 있다는 자신감과 긍정적인 시각을 잃지 않을 가
장 좋은 방법은 과거의 등반 기억을 떠올리는 것이다. 혹은 이번 등반
을 시작할 당시를 떠올리는 것도 좋은 방법이다. 그런 기억은 내게 큰
힘이 되었다. 힘들 때 그런 생각들을 하면 힘이 솟구쳤다. 그런 생각들
덕에, 고된 시간을 훨씬 쉽게 견뎌낼 수 있었다."

다음은 이 부담감 극복비법을 완전히 익히는 데 도움이 되는 방법이다.

1. 부담되는 상황에서 성공했던 순간, 최선을 다했던 순간을 목록으로 작성한다.
2. 안락한 의자에 앉아 편히 숨 쉴 수 있을 때까지 호흡을 가다듬는다.
3. 부담되는 상황에서 성공했던 순간을 떠올린다. 특히 각 상황에서 당신이 똑바로 해낸 일 하나하나에 초점을 맞춘다. 여기서 관건은 청각, 시각, 후각 등 모든 감각을 총동원하여 이러한 경험을 온전히 되살리는 것이다.
4. "전에 성공했던 일이야."라는 말로 각각의 장면을 마무리 짓는다.
5. 부담되는 순간에 과거의 성공을 순식간에 떠올릴 수 있을 때까지 이 과정을 끝없이 반복한다.

중요한 시험이 있기 전날 밤, 아들아이에게 그가 과거에 시험을 얼마나 잘 봤는지 이야기해주도록 한다. 부하직원들에게 어떤 이야기를 해주면 좋을지 미리 준비해두는 것이 그들의 부담을 덜어주고 진행 중인 프로젝트에 대한 자신감을 키워주는 방편이 될 수 있다.

만약 인터뷰나 발표가 곧 있을 예정이라면, 또는 마감시간에 대한 부담을 안고 글을 쓰고 있다면, 과거의 성공을 떠올림으로써 당신은 그것이 자신이 이미 성공한 적 있는 일임을 상기할 수 있고, 따라서 또 다시 성공할 수 있다는 자신감을 얻을 수 있다.

"수많은 임무를 맡지만, 복귀를 걱정한 적은 없습니다. 우리는 항상 성공하리라 믿습니다. 그것은 훈련 덕이기도 하지만, 본래 긍정적인 사람인 덕도 있습니다. 어떤 행동을 개시할 때 우리는 결코 겁먹지 않습니다."

2차 세계 대전 당시 전투기 조종사였던 마빈 태너Marvin Tanner 중위는 현재 여든여덟 살로, 캘리포니아 주, 산타 모니카에 살고 있다. 그는 다음과 같은 말을 했는데, 이는 이 부담감 극복비법의 완벽한 처방이라 할 수 있다.

부담되는 상황에서 긍정적인 시각을 잃지 말라

태어날 때부터 우리 몸속에는 긍정적인 시각을 불어넣는 시스템이 깔려 있다. 긍정적인 시각을 갖고 있으면, 성공할 수 있다는 믿음 아래 좀 더 자신감 있게 필요한 일들을 해나갈 수 있다.

선사시대에, 긍정적인 태도를 지녔던 선조들이 진화적 측면에서 우위를 점했다. 긍정적인 태도를 갖고 있으면, 성과를 저하시키는 요소인 두려움과 불안을 최소한으로 느끼며 자신의 일을 충실히 수행할 수 있었기 때문이다. 긍정적인 사람들이 성공하고, 자연 선택 과정에서 도태되지 않고 선택되어 그들의 유전자를 후손에게 물려줄 가능성이 더 높았기 때문에, 성공에 보탬이 되는 긍정적 사고가 인간의 본성 가운데 하나로 자리 잡게 되었다.

하지만 생활환경과 비효과적인 반응 패턴이 많은 이들에게 부정적으로 사고하는 경향을 심어주었다. 이들은 부담되는 순간에 불리할 수밖에 없다. 부담감이 실패에 대한 불안감과 두려움을 증폭시킴으로써 이들의 긍정적인 사고 시스템에 합선을 일으키기 때문이다. 이로 인해 이들은 주의가 산만해지고 정상 궤도를 이탈하게 된다.

이 부담감 극복비법은 타고난 긍정적 사고 성향을 북돋움으로써 부담 상황에서 부담감을 완화시키는 역할을 할 수 있다.

성공하리라 믿으면, 작업 기억의 저장 공간을 잡아먹고 주의를 흐트러뜨리는 근심걱정으로부터 벗어날 수 있다. 부담 상황에서 불안감과 두려움이라는 변수가 사라지면, 그만큼 자신 있게 행동할 수 있게 된다.

약간의 노력으로도 부담 상황에서 이 부담감 극복비법을 써먹을 수 있다.

- 긍정적인 상상으로 긍정적으로 사고하는 경향을 북돋울 수 있다. 에베레스트 산에 올랐던 한 등반가는 이렇게 말했다. "매일 연습하면서 산 정상에 오른 내 모습을 상상했다. 주위환경을 하나하나 마음속으로 그려보고, 로키 산맥 같은 곳에서 덩실덩실 춤추는 나의 모습을 상상했다. 그런 상상은 훈련에 활력을 불어넣었을 뿐 아니라, 실제로 등반할 때 정상을 향해 나아가도록 동기를 부여하는 역할을 했다.
- 긍정적인 결과를 얻으리라 믿는다. 테너 중위는 자신에게, 그리고

부하들에게 '만약 살아 돌아온다면' 같은 가정법 표현 대신 '살아 돌아와서' 같이 긍정적인 결과가 기정사실인 것처럼 말했다. 고객과의 중대한 회의가 있기 전날, 관리자가 부하직원들에게 부담감과 불안감을 불러일으키는 '만약 고객 유치에 성공한다면'이라는 표현 대신 '고객을 유치해서' 혹은 '고객으로부터 예스라는 대답을 듣고 나서' 같은 표현을 쓰곤 했다. 성공하리라 믿으면, 당신과 부하직원들은 어떤 식으로 성공할 것인지 그 구체적인 측면에 초점을 맞출 수 있다.

- '나는 훌륭한 사람이 될 거야.' 혹은 '나는 성공할 거야.' 같이 의욕을 북돋우고 자신감을 불어넣는 다양한 표현을 쓴다. 그런 표현을 목록으로 만들어 놓는다. 부담 상황에 부딪힐 때를 대비해, 잘 보이는 곳에, 쉽게 이용할 수 있는 곳에 보관하도록 한다.

부담되는 순간이 다가오고 있는 상황에서 준비가 부족하다고 느낀다면, 혹은 준비할 시간이 없다면, 마치 긍정적인 생각을 가진 것처럼 행동하라. 연구에 따르면, 어떻게 행동하느냐에 따라 사람들이 느끼는 감정 및 기분도 달라진다고 한다. 우울한 사람처럼 행동하면 사람들은 우울함을 느낀다. 행복한 것처럼 행동하면 행복한 기분을 느끼게 된다. 해병대의 훈련 담당 하사관들이 신입 병사들에게 똑바로 서도록 명령하는 것도 그 때문이다. 그들은 훈련을 통해 해병대원으로 태어나고자 한다. 그런데 똑바로 서봄으로써 그들은 자신이 마치 이미 진짜 해병대원이 된 것 같은 자신감을 느낄 수 있다.

부담감 극복비법 9 지금, 이 순간에 충실하도록 한다

　　심리학자인 프리츠 펄스Fritz Perls는 1952년 뉴욕에 게슈탈트 연구소the Gestalt Institute를 설립함으로써 전 세계에 게슈탈트 치료를 소개했다. 부담감을 극복할 때 흔히 쓰이는 모토 중 하나가 "지금 이 순간에 충실토록 하라"이다. 당시 그는 자신이 이 개념을 소개하고 있다는 것을 몰랐을 것이다.

　　게슈탈트 치료는 일어난 일, 일어날지 모르는 일, 일어날 수 있었던 일, 혹은 일어났어야 하는데 일어나지 않은 일보다 '현재 일어나고 있는 일'에 초점을 맞춘다. 그러기 위해서는 과거에 일어났던 일에 연연하지 말고 미래에 일어날 일에 신경 쓰지 말아야 한다. 그렇게 하지 않으면, 현재 일어나고 있는 일에 어떻게 대처하면 좋을지 주의를 집중할 수 없다. 게슈탈트 치료사들의 목표는 환자들이 '지금 이 자리에' 있도록 하는 것이다. 혹은 수천 명의 운동선수들과 코치들의 말처럼, 환자들이 '지금 이 순간에 충실하도록' 도와주는 것이다.

　　불행히도 운동선수들을 포함해 대부분의 사람들이 어떻게 하면 지금 이 순간에 충실할 수 있는지 그 방법을 배우지 않으면 이 조언을 실행에 옮기지 못한다. 그러므로 펄스는 이 부담감 극복비법의 원동력이라 할 수 있는 다음 방법을 환자들에게 가르쳤다.

오감에 주파수를 맞춰라

　　펄스 박사는 환자들이 자신도 모르게 과거 속으로 빠져들거나 미

래에 일어날 일에 신경을 곤두세우는 모습을 볼 때마다, 청각, 시각, 촉각 등 그들의 감각을 일깨움으로써 그들을 현재로 데려 온다. 이를 테면 그는 환자들에게 "당신의 숨결에서 무엇을 느낄 수 있습니까?" 혹은 "지금 무엇이 보입니까? 무슨 소리가 들립니까?"라고 물어본다. 이는 펄스 박스가 자신의 환자들이 다른 시간 및 공간 속으로 떠내려가지 않고, 지금 이 자리에 머물도록 일종의 '닻' 역할을 하는 질문이다.

이와 같은 질문들은 부담되는 상황에서 부담감을 덜어내는 데 도움이 될 수 있다. 미래의 결과를 걱정하는 마음, 과거의 잘못을 되풀이할까 두려워하는 마음, 혹은 단순히 갈피를 잡지 못하고 우왕좌왕하는 마음 때문에 부담감이 증폭될 수 있다. 부주의한 실수를 저지를 수도 있고, 조화를 이루던 능력들이 삐걱댈 수도 있다. 그 순간 우수한 성과를 올릴 기회는 날아가 버린다.

비현실적인 마감일자 때문에 부담감을 느끼고 있든, 아니면 철저한 조사 아래 임무를 수행하느라 부담을 느끼든, 지금 이 자리에 주의를 집중할 때 최선을 다할 가능성도 높아진다. 한 연구에서 에어포스 조종사들에게 30분 간 특정 임무를 반복 수행하게 했다. 그리고 그들 중 일부에게는 5분마다 "주목하세요."라고 말했고 일부에게는 아무 말도 하지 않았다. 그 결과 5분마다 주목하라는 요구를 받은 이들이 그렇지 않은 이들보다 더 빨리 임무를 수행했고, 보다 적은 실수를 저질렀다. 교사들이 학생들에게 "주목!"이라고 말하는 것은 지금 이 자리에 있는 문제를 해결하는 데 주의를 집중시키기 위함이다(화를 내며 말하거나 어떤 감정을 실어 말하면 지시의 효과가 그만큼 줄어든다).

오감에 주파수를 맞추는 습관을 기르려면 매일 몇 분씩 다음과 같은 훈련을 하도록 한다. 여기서 목표는 당신이 직원들에게 말하고 있든, 자녀의 말을 듣고 있든, 오감에 보다 자주 주의를 기울임으로써 지금 이 순간에 주의를 집중하는 것이다.

1. 호흡에 주의를 기울인다. 호흡이 느린가, 빠른가, 편안한가? 호흡을 조절하여 편히 숨 쉴 수 있을 때까지 호흡에 주목한다.
2. 무엇이 보이는가? 어디에 초점이 맞춰져 있는가? 방을 한 번 쓱 둘러본다.
3. 무엇이 들리는가? 눈을 감고, 들리는 모든 소리를 말로 설명해본다. 마음속에서 들리는 소리도 이에 포함시키도록 한다.
4. 하루에 몇 분씩 몇 차례, 상기 질문들을 스스로에게 해본다. 특히 부담되는 상황에서는 이런 식으로 감각을 일깨움으로써 지금 이 순간에 계속 집중할 수 있게 한다.

고객이나 친구와 차를 마시기 전에 초조함을 느낀다면, 중요한 정보를 듣고 있는데 집중이 되지 않는다면, 날씨가 좋지 않은 날에 운전대를 잡아야 한다면, 지금 이 순간에 몰두하고 최선을 다할 수 있도록 오감에 주파수를 맞춰보도록 한다.

부담감 극복비법 10 　통제력 '괴짜'가 되도록 한다

　　운동선수와 일반 근로자를 포함해, 많은 이들이 자신이 통제할 수 없는 요소들에 초점을 맞추기 때문에 부담 상황에서 성과가 저하될 수 있다. '통제 불가능한' 것들에 주의를 집중할 때 부담감이 증폭된다. 그러면 비정상적인 생리학적 반응이 일어날 정도로 불안감이 커지고 자신감을 훼손시키는 어지러운 생각들이 고개를 쳐들 수 있다. 가장 중요할 때 성공적인 슛을 하고 싶다면 부담되는 순간에, 혹은 그 이전에 다음 부담감 극복비법을 써보도록 한다.

당신이 통제할 수 있는 일에 초점을 맞춰라

　　야구 투수, 그렉 매덕스Greg Maddux는 고등학교를 졸업할 때까지 성공 잠재력을 지닌 투수로 평가받지 못했다. 그는 대학교에서 장학금 제의도 받지 못했다. 그는 신장이 182cm밖에 되지 않았고 구속도 시속 145km정도였으며 많은 유망한 투수들처럼 여타 훌륭한 재능을 갖고 있지도 않았다. 하지만 부담되는 경기를 할 때 가장 중요한 능력인 뛰어난 집중력을 갖고 있었다.

　　어느 날 경기가 끝나고 경기를 평가하는 자리에 불려나갔을 때 그의 평가 태도는 놀라움을 자아냈다. 그는 경기에서 이겼는지 졌는지, 상대팀이 자신의 공을 몇 개나 쳤는지, 심지어 몇 점을 올렸는지에 대해 이야기하지 않았다. 대신 그는 "일흔여덟 개 중 일흔세 개를 제대로 던졌다"고 말했다. 기자들과 팀 동료들은 그 말의 의미를 이해하지 못했다. 그의 평가는 간단했다. 그가 총 일흔여덟 개의 공을 던졌는데 그중 일흔 세 개를 바른 자세로 던졌다는 것이다. 개인적으로 그 정도면 훌륭한 경기였던 셈이다. 그는 자신이 공을 던지고 나서 공에 일어나는 일들은 자신이 통제할 수 없는 일이자, 자신과 상관없는 일이라 여겼다. 자신이 통제할 수 있는 부분에만 집중하는 이런 사고방식이 그에게는 매우 효과가 있었다. 그가 사이영상the Cy Young Award을 4회 연속 수상한 것만 봐도 알 수 있다.

이 부담감 극복비법을 효과적으로 써먹으려면, 자신이 통제할 수 있는 것이 무엇이고 통제 할 수 없는 것이 무엇인지, (통제 가능한 대상으로 주의를 되돌려 놓을 수 있도록) 통제할 수 없는 대상으로 관심이 이동하는 시점이 언제인지 알아야 한다. 부담되는 순간에 집중할 수 있도록 다음 절차를 연습하도록 한다.

- 2주 동안 하루에 한 번씩 편안한 의자에 앉아 이 3분짜리 훈련을 계속한다.
- 향후 있을 부담되는 사건이나 빈번히 부딪히는 부담 상황을 찾아낸다.
- 당신이 통제할 수 없는 관련 요소를 목록으로 만든다.
- 당신이 통제할 수 있는 관련 요소를 목록으로 만든다.
- 부담되는 순간을 마음속으로 그려본다. 통제할 수 있는 일을 생각해보고, 그 일들이 현재 잘 진행되고 있다고 상상한다.
- 이제 통제할 수 없는 일을 생각해 본다. 삐걱거리는 자신의 모습을

상상한다.

- 시선을 돌려 당신이 통제할 수 있는 일에 다시 초점을 맞춘다. 다시 정상 궤도에 오른 자신의 모습을 그려본다.

불확실한 것이 아니라, 확실한 것에 주파수를 맞추도록 한다. 통제할 수 있는 일에 당신이 어떻게 반응하는지, 즉 어떻게 생각하고 어떤 신체 반응을 일으키고 어떻게 행동하는지 주의를 기울이라는 얘기다. 이러한 요소들이 바로 어떤 성과를 거둘지 결정짓는 요소들이기 때문이다.

인터뷰하기 몇 분 전, 마음을 한곳으로 모은다. 다른 지원자들이 어떤 식으로 인터뷰에 응하는지 생각하지 말라. 혹은 면접관이 당신의 태도를 마음에 들어 하는지 아닌지, 면접관이 당신의 억양, 피부색, 졸업 학교 등에 편견을 갖고 있는지 아닌지 신경 쓰지 말라. 취업 결정이 즉시 이루어지는지 아닌지, 오후에 비가 내릴지 안 내릴지 마음 쓰지 말라.

다른 지원자들이 인터뷰 때 무슨 말을 할지 신경 쓰는 대신, 그 회사가 어떤 회사인지 부지런히 정보를 모으고, 그 회사에 어떤 기여하고 싶은지를 어떻게 전달할지 연습하도록 한다. 이것이 바로 당신이 통제할 수 있는 부분들이다.

이 부담감 극복비책을 꾸준히 이용하다 보면, 자신의 반응과 행동을 어떤 식으로 다스려야 부담 상황에서 당신에게 영향을 끼칠 수 있는 요소를 효과적으로 이용할 수 있을지 주목하게 된다. 그럼 부담 속에서도 당신은 품위를 잃지 않게 될 것이다. 만약 부담 속에서 기품 있게 실력을 발휘한다면, 비록 명예의 전당에 입성하지는 못해도, 볼 보다 더 많은 스트라이크를 쉽게 던지게 될 것이다.

부담감 극복비법 11 · 음악으로 부담감을 달랜다

아이오와 주의 얼티밋 프리스비(Ultimate Frisbee: 플라스틱 원반을 주고 받으며 펼치는 신종 스포츠) 팀은 몇 차례 전국 경기에 참가했다. 그렇지만 부담감 때문에 그들은 계속 좋지 못한 성적을 거두었다. 중요한 경기 에서, 특히 경기 후반부에 공격수가 스마트한 판단을 내리고, 원반을 정확히 던지며, 원반을 잡는 등의 기본적인 역할을 제대로 해내지 못 했다.

그들이 활발한 경기를 펼치지 못한 것은 신체적 기술이 부족했 기 때문이 아니다. 그 팀의 성적이 부진한 것은 부담감 때문이다. 부담 감 속에서 선수는 시야가 좁아지고 자꾸 자신에게 신경 쓰게 됨으로 써 중요한 신호를 놓치고 근육 활동이 비효율성을 띠게 되며 타이밍 을 제대로 맞추지 못하는 경향이 짙어진다. 자꾸 자신에게 신경 쓰다 보면, 운동선수들은 던지기와 잡기 같이 연습을 통해 충분히 익힌 동 작을 할 때, 자동으로 하지 않고 움직임 하나하나를 과도하게 분석하 게 된다. 비효율적인 근육 활동은 피로를 가중시키고, 집중력과 판단 력을 저하시킨다. 타이밍을 제때 맞추지 못하면 너무 늦은 혹은 이른 패스로 선수들이 원반을 놓치게 되고 공격권을 상대팀에 빼앗기게 된

다. 매년 팀에 기대가 높아짐에 따라, 아이오와 얼티밋 프리스비 팀은
도움이 필요하게 되었다.

다양한 연구를 바탕으로 그 팀에게 한 가지 부담감 극복책이 제
시되었다. 이는 철저한 연습으로 몸에 밴 행동이나 임무를 행해야 할
때 특히 효과적인 비법이다.

좋아하는 노래를 듣거나 불러라

몇몇 연구에서 연구원들은 자유투, 볼링, 사격 등 다양한 스포츠
활동을 하고 있는 선수들에게 일부러 부담감을 유발했다. 시합 전에
혹은 시합 동안 헤드폰을 이용해 자신이 좋아하는 노래를 들은 선수
들이 더 좋은 성적을 거두었다. 한 걸음 더 나아가, 노래 가사에 집중
하도록 지도받은 선수들이 가장 좋은 성적을 거두었을 뿐 아니라, 자
신의 실력을 100퍼센트에 가깝게 발휘했다. 육상선수, 스케이트 선
수, 수영 선수, 스키 선수들이 시합 전에 스마트폰이나 아이팟을 통해
음악을 듣는 데는 다 이유가 있는 것이다.

이 부담감 극복비법이 매우 효과적인 이유는 초크를 일으키는 원
인인 불안감을 줄여주기 때문이다. 불안감이 커지면, 어떤 경기를 펼칠
지 걱정하게 된다. 음악을 듣고 있으면 그런 걱정에서 벗어날 수 있다.

음악을 듣는 것이 우수한 성과를 거둘 수 있을 만큼 머리를 식혀
주는 효과가 있는 것 같다. 인터뷰 때 선수들은 음악을 듣고 있으면
어떤 식으로 골을 넣을지 같은 세세한 기술적 측면들에 신경을 덜 쓰
게 되고(선수들이 자신을 덜 의식하게 된다) 관중들로 인해 정신이 산만해지

는 것을 막음으로써 슛을 넣는데 보다 쉽게 집중할 수 있다고 했다. 음악을 듣는 선수들은 걱정을 덜고, 신체적 자극 정도를 적절히 조절할 수 있다.

이 부담감 극복비법은 쉽게 실행에 옮길 수 있다. 당면 과제에 쏠려 있는 관심을 딴 데로 돌릴 수 있는, 당신이 좋아하는 노래 한두 곡을 고른다. 중요한 것은 주의를 붙잡아두는 것이다. 인터뷰나 발표, 혹은 세일즈 방문 순간까지 당신이 고른 음악을 듣도록 한다. 그럼 불안감이 줄어들어, 자신 있게 올바른 첫걸음을 내디딜 수 있다. 물론 모든 상황에서 이렇게 할 수는 없다. 만약 교실에서 음악을 들을 수 없는 상황이라면, 아들아이에게 '머릿속에서' 그 노래를 틀도록 가르친다. 상관이 갑자기 부서의 실적을 설명하라며 당신을 부른다면 어떻게 할 것인가? 그의 사무실까지 걸어가면서 당신이 좋아하는 노래를 마음속으로 부를 수도 있고, 입으로 흥얼거릴 수도 있다.

한 가지 조심할 점은 새로운 업무를 배울 때는 음악이 집중력을, 학습능력을 떨어뜨릴 수 있다는 것이다. 듣고 있는 음악 때문에 주의가 산만해진다면, 수학 문제를 풀거나 새로운 업무 처리 절차를 익히기가 어려울 수밖에 없다.

그렇지만 통설과 달리, 부담 상황에서는 침묵 속에 잠겨 있는 것보다 음악을 듣는 것이 종종 더 효과적이다.

최근에 겪은 부담 상황을 떠올려 본다. 그러고는 그때 맡았던 일을 마음속으로 그려본다. 만약 그것이 세일즈 방문이었다면, 자사 상품을 소개하며 고객과 어떤 이야기를 나누었는지 생각해본다. 어디에 어떻게 앉아 있었는지, 그 장면을 완성하는 데 필요한 다른 세부적인 사항들을 그려본다. 이제 자신의 역할을 수행하는 가장 좋은 방법을 한 단어로 혹은 한 가지 이미지로 표현해 보자. 이것이 바로 이 부담감 극복비법의 핵심이다.

포괄적인 단어나 이미지를 역할 수행의 '지침'으로 이용하라

부담될 때 많은 이들이 우수한 성과를 거두지 못하는 이유 중 하나는 자신이 어떻게 하고 있는지 지나치게 신경 쓰기 때문이다. 이런 자의식 때문에 주의가 흐트러져 좋은 성과를 거두지 못한다. 야구선수가 부자연스럽게 야구방망이를 휘두른다면, 축구선수가 매끄럽지 못하게 공을 패스한다면, 자신이 어떻게 경기하고 있는지 지나치게 의식하고 있다고 말할 수 있다. 이는 발표를 하거나 세일즈 방문을 할 때도 마찬가지이다. 자신이 어떻게 하고 있는지 자꾸 의식하다보면, 경로를 이탈하고 박자를 놓치게 된다.

2008년 퀸즐랜드대학교the University of Queensland에서 이루어지고 〈스포츠 및 운동 심리학Psychology of Sport and Exercise〉저널에 발표된 대니얼 구치아디Daniel Gucciardi와 제임스 디목James Dimmock

의 연구에서, 노련한 골프선수들이 서로 다른 세 가지 조건 아래서 경기를 했다. 이들의 핸디캡(handicap: 실력이 서로 다른 선수들이 공정한 입장에서 경기를 치를 수 있도록 실력 수준을 수치로서 표시한 것으로, 한 코스에서 기준타수보다 많이 치는 타수를 의미한다)은 0에서 12였다. 첫 번째 경우에는 연구원들이 그들에게 스윙할 때의 단계별 동작, 이를테면 곧게 손목 펴기, 골반 돌리기 등에 주목할 것을 요구했다. 두 번째 경우에는 골프 선수들에게 '흰색' 혹은 '파란색' 같이 아무 상관없는 단어에 주목할 것을 요구했다. 세 번째 경우에는 심리학자들이 흔히 '지침 역할을 하는 포괄적 단어holistic cue word'라고 부르는 특정 단어를 이용해 골프 선수들이 자신이 취해야 하는 동작의 전반적인 특성에 주목하도록 했다. 예를 들면 골프 선수들이 자세나 손목 동작 하나하나에 집중하는 대신, '부드럽게' 혹은 '균형 있게'처럼 가장 좋은 스트로크 방법을 단적으로 말해주는 표현에 주목토록 했다. 골프 선수들이 더 많은 부담을 느끼도록, 연구원들은 승자에게 상금을 제공한다고 했다.

결과는 어떻게 되었을까? 첫 번째 집단과 두 번째 집단은 부담감으로 저조한 성적을 올린 반면 지침 역할을 하는 포괄적 단어에 주의를 집중했던 노련한 골프 선수들은 별다른 영향을 받지 않았다.

사람들이 특정한 일을 어떤 식으로 배우느냐에 따라, 부담되는 순간에 그 일을 처리하는 방식이 달라진다. 선수에게 어떤 기술을 가르친다고 했을 때, 선수는 보통 명확한 지시나 훈련을 통해 그 기술을 배운다. 선수를 그 기술을 연마하는 데 필요한 일련의 동작들을 순서대로 하나씩 엄격히 배워나간다. 아니면 그 기술을 연마하는 방법을 유추할 수 있는 이미지나 비유적으로 설명하는 이미지를 통해 그 기술을 배울 수도 있다. 부담되는 순간에 혹은 그 이전에 그러한 이미지를 '닻'으로 이용함으로써 파도에 떠내려가지 않고 주의를 집중하는 방법을 배운 사람들이 부담감을 떨쳐내고 기량을 마음껏 발휘할 가능성이 더 높다.

홍콩 대학에서 심리학자, 윙 카이 람Wing Kai Lam은 농구 경험이 없는 여성들을 뽑아 농구하는 방법을 가르쳤다. 그들은 슛을 배울 때도 슛 테스트를 받을 때도 부담감을 느꼈다. 일부 피험자들은 명확한 지시를 통해 농구를 배웠다. 그들은 자세, 손목 동작, 그리고 마무리 동작에 대한 상세한 설명을 포함해 여덟 가지 단계를 밟아야 했다. 반면 일부 피험자들은 유추적 사고를 통해 농구를 배웠다. 이를테면 "높은 선반 위에 있는 쿠키 통에 쿠키를 넣듯 슛을 던지세요."라는 설명을 들었다. 각 집단은 이틀 간 슛 연습을 했다. 테스트 당일, 피험자들은 자신들의 실력을 평가하는 전문가 앞에서 슛을 해야 했다. 그들이 슛을 하는 모습이 비디오카메라에 담겼고, 득점판에 점수가 기록되었다. 득점을 많이 한 여성들은 상금을 받았고, 점수가 낮은 여성들은 벌금을 내야 했다. 실험 결과에 따르면 두 집단 모두 똑같이 슛을 잘하는 방법을 배웠지만 부담감이 늘자 명확한 지시를 통해 슛을 배운 사람들이 유추적 사고를 통해 배운 사람들보다 좋지 못한 성적을 거두었다. 후자 집단은 연습 때만큼 우수한 실력을 보여주었다. 그들은 명확한 설명을 통해 농구를 배운 사람들보다 인지적 불안도 적게 드러냈다.

이 같은 연구들을 통해 '닻'의 효과를 알 수 있다. 지침 역할을 하는 '포괄적 단어'나 '비유적 이미지'가 어떤 효과가 있는지 느낄 수 있다. 닻을 이용하는 데 많은 노력이나 관심이 필요하지는 않다. 선수들이 부담감을 느끼고 집중력이 흐트러지는 것은 마찬가지이지만, 경기를 펼칠 때 동작 하나하나를 생각할 필요는 없게 된다. 동작을 단적으로 설명하는 짧은 표현이나 특정 단어, 혹은 비유적 이미지에 초점을 맞출 경우, 이는 취해야 하는 동작을 제대로 취하도록 자극제 역할을 할 뿐 아니라, 너무 많은 생각에 빠지지 않도록 지혜롭게 주의를 환기시키는 역할도 한다.

다음에 세일즈 방문이나, 오디션, 협상, 발표, 시험, 혹은 골프 시합 전에, 비유적 이미지나 지침 역할을 할 포괄적 단어를 미리 준비해두었다가 써먹어 보도록 하라. 자녀와 부하직원에게도 이 방법을 한 번 써보라.

부담감 극복비법 13 익숙해질 때까지 계속 부담감을 느껴본다

정예 특수작전부대의 가장 유능한 폭발물 탐지견은 액스Ax라고 불렸다. 액스는 매우 뛰어난 엘리트 특수작전부대의 리더였다. 그는 〈허트 록커the Hurt Locker〉의 폭발물 처리병처럼 폭발물을 막아내는 특수복도 입지 않은 채 아프가니스탄에서 일했다. 그의 임무는 부대원들이 '생지옥', 수백 개의 대인지뢰에 감춰져 있는 지뢰밭을 빠져나갈 수 있도록 인도하는 것이었다. 그는 부대원들이 전진해도 괜찮은

지 판단할 중책을 짊어지고 있었다. 한 걸음만 잘못 내디뎌도 목숨을 잃을 수 있었다. 그를 훈련시켰던 특전 부대 교관, 크리스 코빈은 액스에 대해 이렇게 말했다. "그는 부담감을 개의치 않는다. 그는 천하무적 같다. 그는 실패란 걸 몰랐다."

그는 부담감을 이겨낼 수 있도록 다음과 같은 훈련을 받았다. 이것이 이 부담감 극복비법의 주안점이다.

부담감에 익숙해질 때까지 계속 부담감을 느껴라

액스는 혹독한 훈련을 받았는데, 그 속에서 그는 끊임없이 부담감과 스트레스에 노출되었다. '포상'에 도달하려 애쓰는 과정에서 그는 떠밀리고 던져지고 차단당했다. 그는 폭발물이 터지는 굉음에 시달렸고, 비좁은 장애물 속으로 비집고 들어가야 했으며, 어두컴컴한 곳에서 활동했고, 전시 중 발생할 일들에 대비해 다양한 훈련을 받았다. 훈련의 목표는 부담감에 익숙해져서 아무리 스트레스가 심해도 그 무게를 무시한 채, 맡은 임무를 수행하는 법을 액스에게 가르치는 것이었다.

대부분의 사람은 부담감을 불편해한다. 부담되는 순간에는 스트레스와 불안감, 그리고 여타 고통스런 감정들이 넘쳐난다. 사람들은 선천적으로 고통을 피하려는 경향이 있다. 부담 상황을 회피하려 하는 것도 이 때문이다.

이 부담감 극복비법은 이와 정반대되는 논리를 바탕으로 하고 있다. 부담되는 상황이 피할 수 없는 상황이므로, 차라리 부담감에 익숙해짐으로써 부담감 속에서도 우수한 성과를 거둘 수 있게 하는 것이 낮다는 논리이다. 심리학적 용어로, 이 극복비법의 목표는 부담감의 영향을 받지 않도록, 부담감의 불편함에 '무뎌지는' 것이다. 그러기 위해서는 당신도 액스처럼 스스로를 훈련시켜야 한다. 끝없이 부담감을 경험해야 한다.

피아니스트 버나드 게이브리얼Bernard Gabriel이 연주자들이 무대 공포증을 극복할 수 있도록 도와주는 소심한 영혼들의 사회Society of Timid Souls라는 모임을 시작했을 때, 이것이 바로 그의 목표였다. 그중에 플로러 캔트웰Flora Cantwell이라는 연주자가 있었다.

그녀는 이례적인 접근방식으로 부담감 속에 연주하는 법을 배우고자 게이브리얼의 맨해튼 아파트를 찾았다. 캔트웰이 연주 준비를 하는 동안에는 방에 있는 모든 이들이 조용하고 정중하며 평범한 사람들처럼 보였다. 그런데 그녀가 연습곡을 연주하기 시작하자, 대소동이 벌어졌다. "그 방에 있던 연주자들 가운데 시미언Simeon은 야유를 퍼부었고, 카Carr는 야경꾼의 딱따기를 쳐댔으며, 코헨Cohen은 노래를 불렀고, 호킨스Hokins는 문을 쾅하고 닫았다. 캔트웰이 연주하고 있는 가운데 게이브리얼은 안 쓰는 피아노 건반을 쾅쾅 누르며 '당신은 지금 형편없이 연주하고 있어요. 멈추지 말고 연주를 계속하세요.'라고 외쳤다. 그녀는 연주를 멈추지 않았다. 그 후 그녀는 보일러 공장에서도 연주할 수 있을 것 같다고 말했다."

부담되고 산만한 환경에서 연습하는 이런 시련을 통해 플로러 캔트웰 같은 음악가들은 자신 안에 잠자고 있는 투지를 발견할 수 있다. 이는 무대 위에 올라 수백 명의 관객 앞에서 연주하려면 꼭 필요한 것이다. 게이브리얼의 방법이 커다란 인기를 끌면서, 그의 아파트는 음악가에서부터 브로드웨이의 배우에 이르는 수많은 공연 예술가들로 북적이게 되었다.

관건은 실제로 연주하면서 부딪히게 될 상황과 동일한 상황을 혹은 그보다 심각한 상황을 경험해보는 것이다. 현실에서의 부담감과 스트레스를 연습실에 그대로 옮겨놓을 수는 없겠지만, 부담되는 환경에서 연습해봄으로써 실제 부담 상황에서 자신의 실력을 십분 발휘할 가능성을 높일 수 있다.

2007년 로저 라이드Roger Reid가 미국 남유타 대학교Southern Utah University의 농구팀 코치로 부임하기 전, 그 팀의 자유투 성공률 순위는 217위였다. 라이드는 그 팀을 맡자마자, 연습 때도 선수들이 부담감을 느끼지 않을 수 없는 환경을 조성했다. 예를 들면 무작위로 선수들을 멈춰 세우고 자유투를 던지게 해서 성공하면 상으로 쉴 수 있게 해주고, 실패하면 벌로 경기장을 힘껏 달리게 했다. 그런 방법은 효과가 있었다. 2009년, 그 팀이 자유투 성공률 1위를 차지했던 것이다.

아들아이가 시험 준비를 할 때, 아이가 실제 시험과 동일한 시간 내에 혹은 더 짧은 시간 내에 각종 학습지원기구의 힘을 빌리지 않고 연습 시험을 보게 함으로써 테스트 당일 부담감을 덜 느끼도록 도와줄 수 있다. 가능하다면 아이가 실제 시험 장소와 같은 장소에서, 가급적 같은 종류의 시험지로 연습 시험도 보게 한다.

만약 발표 준비를 하고 있다면, 예상보다 더 짧은 시간 내에 논리 정연하게 요지를 전달하는 연습을 한다. 발표할 때 참고하려고 적어둔 메모를 없앤다든지 텔레비전을 크게 틀어놓는다든지 등의 갖가지 불리한 환경을 조성함으로써 심한 부담 속에 발표하는 연습을 해본다. 심리적인 측면이 성과에 중대한 영향을 끼칠 수 있는 일을 해야 한다면, 필 미켈슨Phil Mickelson처럼 해보라. 그는 하루 연습을 마치기 전, 1미터 퍼트를 잇달아 백 번씩 연습한다.

한 책임자는 시험 부담을 너무 준다며 불평하는 딸아이에게 이렇게 말했다고 한다. "지금 내가 너를 도와주고 있는 거야. 시험 볼 때 네가 실제로 느낄 부담에 비하면, 이건 아주 약과란다. 그러니 이 정도 부담에는 익숙해지는 게 좋아."

부담감 극복비법 14 부담감에 짓눌릴 때 주먹을 움켜쥔다

콘코디아 대학교 경영대학원Concordia University MBA 학생들을 대상으로 열린 '부담감과 면접'이라는 제목의 워크숍에서, 한 구직생이 자신의 어려움을 자발적으로 발표했다. "몇 차례 면접을 봤고 그때마다 저는 철저한 준비를 했습니다. 어떤 이야기를 하고 싶은지, 그것을 어떤 식으로 전달할지 고민했습니다. 그런데 막상 면접 때가 되면, 엉망이 되고 맙니다. 원하는 대로 되지가 않습니다. 나는 항상 커다란 부담감을 느낍니다. 어떻게 하면 좋을까요? 왜 이런 일이 일어나는 걸까요?"

한 학생이 이렇게 조언했다. "아이폰 속의 행복한 사진을 보세요."

또 어떤 학생은 이렇게 말했다. "당신이 하려는 말에 집중해 보세요." 그렇지만 이 부담감 극복비법을 써보라고 한 사람은 없었다.

공을 꽉 움켜쥐어라

당신이 학생이라면 다음 시나리오가 낯설지 않을 것이다. 종종 치열한 경쟁이 벌어지는, 부담되는 상황을 맞아, 당신은 성공하고자 하는 불타는 의욕 속에 철저한 준비를 한다. 그런데 막상 당일이 되면 당신은 대활약을 펼치는 게 아니라 어이 없이 무너지는 모습을 보인다. 앞서가다 어처구니없이 선두를 내주는 골프 선수나 원고에 적혀 있는데도 주장을 제대로 펼치지 못하는 토론자처럼 말이다. 면접 때 상기 학생이 초크에 빠지는 이유를 설명하면 이렇다.

새로운 기술을 배우고 익힐 때 우리는 뇌의 좌측 전두엽에 의존한다. 그 기술을 갈고 닦아 자동으로 행할 수 있는 경지에 이르게 되면, 그 기술 및 그와 관련된 행동을 관장하는 곳이 대뇌 우반구로 바뀌게 된다. 여기서는 자동으로 그리고 무의식적으로 그 일을 하게 된다. 다시 말해 당신이 연습을 통해 마스터한 기술만 뇌의 우반구로 옮겨지는 것이 아니라, 그 기술과 관련된 어조, 버릇, 말투, 몸짓까지 같이 옮겨지는 것이다. 성과에 영향을 미치는 모든 요소가 옮겨진다는 얘기다.

인터뷰나 오디션처럼 치열한 경쟁이 벌어지는 순간, 잘하고 싶은 욕심이 불안감을 불러일으킨다. 그리고 이에 실패에 대한 두려움이 곁들여진다. 이러한 감정들이 대뇌 좌반구의 언어영역의 활동을 활성화시킨다. 이로 인해 자의식이 강해지며 '내가 어떻게 하고 있는지' 의식하게 된다. 새로운 기술을 배우고 익힐 때는 이런 의식적인 노력이 도움이 될 수 있다. 그렇지만 그 기술을 이미 완전히 익혔고, 부담되는 상황에서 우수한 성과를 거두어야 할 때는 그런 생각이 장해물이 될 수 있다.

초크에 빠지면 철저한 연습에도 불구하고 저조한 성과를 거둔다. 이는 실력을 보여줘야 하는 중요한 순간에 '내가 어떻게 하고 있지?'라는 생각을 하기 때문이다. 이런 자의식이 그 사람의 행동을 가로막는다. 따라서 보통 때 대수롭지 않게 했던 일을 제대로 하지 못하게 된다. 좌뇌에서의 자의식 활동이 우뇌에서의 무의적 활동을 방해하기 때문이다.

한 가지 놀라운 사실은 왼손으로 공을 꽉 움켜쥐는 행동 같이 머리를 쓸 필요가 없는 활동으로 성과를 향상시킬 수 있다는 것이다. 뮌헨 공과 대학교the Technical University 스포츠 심리학 학과장인 유르겐 베크만Juergen Beckmann 박사는 운동선수들이 시합 전에 공을 움켜쥐거나 왼손 주먹을 쥠으로써 뇌의 주요 부위를 활성화시키면, 초크에 빠질 가능성을 줄일 수 있다는 사실을 발견했다.

어떤 연구에서 풍부한 경험을 지닌 배드민턴 선수, 유도 선수, 축구 선수들을 대상으로 연습 기간 동안 기량을 테스트하고, 많은 관중들과 카메라 앞이라 심한 부담을 느낄 수밖에 없는 시합 중에 또 다시 그들의 기량을 테스트했다. 그 결과 시합 전에 왼손으로 공을 움켜쥐고 있었던 오른손잡이 선수들이 오른 손으로 공을 움켜쥐고 있었던 오른손잡이 선수들보다 초크에 덜 빠졌다.

이 실험 결과는 소프트볼을 왼손으로 움켜쥔 것이 우뇌를 활성화시켰기 때문으로 설명할 수 있다. 능수능란하게, 자동으로, 그리고 대개 무의식적으로 경기능력을 통제하는 신경 연결 통로와 관련된 뇌 부위인 우뇌를 말이다. 그와 같이 우뇌가 활성화되면, 좌뇌의 활동이 억제되어 성공과 실패에 대한 근심걱정 같은 잡다한 생각이 줄어든다.

다음에 면접시험을 보러 갈 때는 미리 왼손 주먹을 쥐고 있거나 작은 소프트볼을 구해 왼손에 움켜쥐고 있도록 한다.

이는 곧 수술을 해야 하는 외과의사, 위험한 기구를 사용할 예정인 기계 기술자, 퍼트하기 직전의 골프 선수에게도 해당되는 이야기이다.

부담감 극복비법 15 부담감을 글로 표현한다

- 얼마 뒤에 있을 *SAT*를 걱정하는 학생
- 최후 변론을 앞두고 염려하는 변호사
- 다음 날 감독관 앞에서 잘 할 수 있을지 불안해하는 엔지니어

이러한 사람들은 좋지 못한 성과를 거둘 가능성이 높다. 어떤 일을 하든 잘하지 못할 것을 걱정하면, 그것이 실력 발휘를 가로막아 최선의 성과를 얻을 수 없게 된다. 그렇지만 전날 밤에 혹은 몇 시간 전에 이 부담감 극복비법을 활용하여 성공 가능성을 높일 수 있다.

무슨 일이 생길지 걱정하면, 보통 작업 기억능력으로 알려져 있는, 뇌의 작업 처리 능력이 저하된다. 작업 기억능력은 전전두 피질에 위치해 있는데, 당신이 해야 하는 작업에 꼭 필요한 정보를 기억할 수 있는 것도 이 능력 덕이다. 다른 일을 염려하거나 생각할 때 당신은 작업 기억능력을 혹사시키게 된다. 책임자나 변호사가 자기주장을 펴기 위해 주요 사실을 기억해야 하는 것처럼, SAT를 치르는 학생은 수학 계산에 자신의 작업 기억능력을 총동원해야 한다. 요컨대 부담감이 불러일으키는 걱정거리들은 우수한 성과를 거두는 데 걸림돌이 된다.

폭넓은 연구를 통해 밝혀진 바에 따르면, 몇 주에 걸쳐서 정신적인 충격을 받은 경험이나 특정 감정에 휩싸였던 경험을 적어보는 것이 우울증에 걸린 사람들에게 걱정을 덜어주는 효과가 있다. 심리학자인 사이언 베일락Sian Beilock은 걱정거리를 적어보는 것이 초크에 빠지는 것을 막고 우수한 성과를 거두는 데 도움이 된다는 사실을 알아냈다.

대학생들에게 두 가지 수학 시험을 치르게 했다. 첫 번째 시험에서는 학생들에게 최선을 다하길 요구했다. 두 번째 시험에서는 시험 직전에 금전적 보상, 사회적 평가, 또래 집단의 압력을 이용해 학생들에게 시험에 대한 부담을 가중시켰다. 즉 시험을 잘 본 학생은 금전적 보상을 받을 뿐 아니라 다른 학생들에게 보상을 제공할지 말지 결정할 권리도 갖게 된다고 말했던 것이다.

학생들 가운데 절반은 통제집단으로, 10분 동안 조용히 앉아 있게 했다. 나머지 절반에게는 10분의 시간을 주며 다가오는 시험과 관련해 어떤 생각과 감정이 드는지 적게 했다. 그 결과 통제집단은 부담감 때문에 초크에 빠졌다(그들은 첫 번째 시험보다 두 번째 시험에서 계산의 정확도가 12퍼센트 떨어졌다). 자신의 걱정거리를 미리 적어본 집단에는 그런 일이 일어나지 않았다.

교실에서 실행된 연구에서도 비슷한 결과가 나왔다. 고등학교에 입학하여 처음 치르는 기말고사가 시작되기 6주 전, 고등학교 1학년 학생들을 대상으로 시험 불안(test anxiety: 시험 상황에서 피험자가 느끼는 불안의 정도)을 측정했다. 시험 당일 연구원들은 학생들에게 시험에 대해 자신이 느끼는 감정과 생각을 적거나 시험에 나오지 않을 주제에 대해 생각해 보라고 했다.

그 결과 자신의 생각과 감정을 종이에 적어보지 않은 집단의 학생들은 시험 불안과 성적 사이에 밀접한 상관관계가 있다는 것을 보여주었다. 불안감을 느꼈던 학생일수록 좋지 못한 성적을 거두었던 것이다. 반면 시험에 대한 자신의 생각과 감정을 적었던 집단의 학생들은 시험 불안과 성적 간에 상관관계가 드러나지 않았다. 사실 많이 불안해했던 학생들이 덜 불안해했던 학생들만큼 좋은 성적을 거두었다. 요컨대 통제집단은 기말고사에서 평균 B-의 성적을 거둔 반면, 자신의 생각과 감정을 적어보았던 학생들은 평균 B+의 성적을 거두었다.

부담되는 상황에 들어서기 전에, 걱정거리들을 구체적으로 적어보는 것이 작업 기억능력을 잡아먹는 쓸데없는 생각들을 최소화하는 데 도움이 된다. 걱정거리를 글로 표현해봄으로써 당신은 부담감의 원천이 무엇인지 간파할 수 있다. 그리고 우수한 성과가 필요할 때 이러한 통찰을 바탕으로 당신은 상황을 재검토하고 재평가함으로써 걱정하는 마음을 줄일 수 있다.

다가오는 시험 때문에 딸아이가 힘들어 하고 있다면, 아이에게 시험에 대해 어떤 생각과 감정을 갖고 있는지 적어보라고 조언하라. 이는 발표를 하루 앞두고 불안에 떨고 있는 직장동료나, 혹은 면접이나 세일즈 방문을 앞둔 친구에게도 해당되는 이야기이다.

전통적인 방식의 구식 메모장을 구입하여 잠시 짬을 내어 곧 있을 부담되는 사건에 대한 당신의 감정을 적어보도록 한다. 이 잠깐의 투자로 당신은 커다란 이익을 얻을 수 있다.

부담감 극복비법 16 자의식을 극복한다

비디오카메라나 스마트폰이 있다면(요즘 이런 기기 하나쯤 갖고 있지 않은 사람은 없을 것이다) 이를 이용해 부담 상황에서 우수한 성과를 거둘 능력을 향상시킬 수 있다. 사이언 베일락의 지도 아래, 미시건 주의 연구원들은 철저한 연습을 통해 특정 기술을 연마한 뒤 그 기술에 대한 '(피험자들이 자아를 의식하게 만드는) 명백한 모니터링'이 초크에 빠지는 원인이 될 수도 있지만, 새로운 기술을 익힐 때는 이것이 요긴하게 쓰일 수 있다는 사실을 증명하고자 했다.

54명의 초보 골프 연습생들을 세 집단으로 나누고, 그들 모두에게 퍼팅 기술을 최고 수준까지 가르쳤다. 연습생들은 서로 다른 환경에서 교육을 받았다. 첫 번째 집단은 정상적인 환경에서 퍼팅 연습을 했다. 두 번째 집단은 퍼팅 연습을 하면서 그와 동시에 부차적인 일을 하도록, 즉 녹음테이프에서 들리는 단어들 가운데 목표 단어가 들릴 때마다 그것을 따라하도록 했다. 세 번째 집단은 자신이 어떻게 하고 있는지 점점 더 신경을 쓸 수밖에 없는 환경에서 퍼팅을 연습했다. 다시 말해 그들은 비디오카메라 앞에서 퍼팅을 했고, 나중에 프로 골퍼들이 그들의 퍼팅을 평가할 것이므로 자신이 어떻게 퍼팅을 하는지 주의 깊게 살필 것을 요구했던 것이다.

연습이 끝나자 세 집단 모두 부담감이 적은 테스트와 부담감이 많은 테스트를 받았다. 부담감이 적은 테스트는 산만한 환경에서 골퍼들에게 연속으로 퍼트를 하게 함으로써 약간의 부담감을 조성했다. 부담감이 많은 테스트는 퍼트를 하기 전에 골퍼들에게 우수한 성과를 거두면 자신뿐 아니라 파트너까지도 금전적 보상을 얻을 수 있다는 이야기를 들려줌으로써 커다란 부담감을 심어주었다.

실험 결과에 따르면, 부담감이 적은 테스트에서는 모든 집단이 똑같이 우수한 성과를 거두었다. 그렇지만 부담감이 심한 테스트에서는 한 가지 일에만 몰두한 집단과 다른 일을 하며 퍼트를 했던 집단은 부담으로 성적이 상당히 떨어진 반면, 자신이 어떻게 하는지 크게 의식했던 집단은 사실상 성적이 향상되었다. 새로운 기술을 익히는 동안 자의식을 높이는 것이 학습과정에 도움이 될 뿐 아니라, 실제로 경기할 때 자아를 의식함으로써 경기를 망치는 일이 없도록 자의식에 대한 면역력도 길러주는 것이 분명하다.

　다른 사람들 앞에서 연습할 수 있는 여건이 안 된다면, 자신의 모습을 비디오 촬영하는 것도 좋은 방법이 될 수 있다. 이는 처음에는 자아를 의식하는 경향을 강화시키지만, 시간이 지남에 따라 카메라가 혹은 누군가가 자신을 지켜보는 것에 점점 무감각해지면서 자아를 의식하는 경향이 줄어들게 된다. 비디오카메라 앞에서 발표 연습을 한다. 그러면 실제로 발표할 때 당신은 다른 사람들이 자신을 지켜보고 있다는 사실에 커다란 영향을 받지 않게 될 것이다. 집중을 방해하는 잡다한 생각을 하지 않는다면, 당신은 그저 발표에만 주목할 수 있다. 수석 조종사들이 지켜보는 가운데 시뮬레이션으로 착륙 연습을 하는 항공기 조종사들이 시뮬레이션으로 혼자 연습을 하고 나서 실제 평가 때는 교관이 지켜보는 가운데 항공기를 조종해야 하는 조종사들보다 실제 착륙 테스트 때 절차상의 오류를 적게 범한다. 세일즈 교육 담당자가 교육생들을 가르칠 때 비디오 촬영을 한다면, 전문지식을 증대시켜줄 뿐 아니라, 상품을 홍보할 때 과도하게 자신을 의식하는 경향도 줄여줄 수 있다.

　이미 완벽히 익힌 기술의 경우에도 실력을 발휘하는 모습을 비디오 촬영하는 것이 도움이 될 수 있다는 점을 잊지 말기 바란다. 배심원 앞에서 최후 변론을 하는 변호사는 부담감에 자신이 무엇을 하고 있는지 지나치게 의식하기 시작함으로써 말을 더듬을 수도 있고 순간적으로 생각의 흐름을 놓칠 수도 있다. 만약 몇 차례 최후 변론을 연습하며 그 모습을 비디오로 촬영한다면, 법정에서 실제로 최후 변론을 할 때 변호사는 자신을 크게 의식하지 않을 정도까지 자신감을 키울 수 있다.

딸아이가 음악 발표회를 해야 한다면, 아이에게 당신이 지켜보는 가운데 거실에서 연주를 해보게 한다. 이러한 연습을 통해 아이는 사람들로 붐비는 강당에서 연주할 때 느낄 부담감에 점점 무뎌질 수 있다.

경영진 앞에서 즉각 발표할 준비를 하라고 한다면, 동료 대신 당장 세일즈 방문을 나가라고 한다면 당신은 어떻게 할 것인가? 즉시 화장실로 달려가서 거울 앞에 서서 2분 동안 어떻게 말할지 연습하라. 당신은 자신을 의식하는 경향이 점점 줄어드는 것을, 심지어 사라지는 것을 느끼게 될 것이다.

부담감 극복비법 17 명상을 한다

명상을 해본 적이 있는가? 다음에 부담되는 상황에 들어서기 전에, 이 부담감 극복비책을 써볼 수 있다.

명상을 하라

명상이 부담감을 완화하는 데 어떤 도움이 될 수 있을까? 이는 적절한 질문이다.

부담되는 순간에 당신은 자신의 생각과 감정 그리고 행동을 조절할 수 있어야 한다. 이 세 가지를 보다 효과적으로 조절할수록, 부담감의 부작용을 좀 더 효과적으로 최소화할 수 있다.

오레곤 대학교에서 실시한 연구에서는 MRI(magnetic resonance imaging: 자기공명영상법)를 이용해 학생들이 쉬고 있는 동안 그들의 뇌를 스캔했다. 그리고는 무작위로 학생들을 선발하여 심신통합명상훈련integrative mind-body training, IBMT이나 휴식 프로그램에 참여시켰다. 이 명상 프로그램에서는 '편안함 속에 깨어 있는 상태'를 강조했다. 이는 심신이 온전히 깨어 있어서, 달갑지 않은 생각에 주의를 빼앗기거나 정신이 산만해지지 않는 상태를 의미했다. 훈련 시간은 총 11시간으로, 한 번에 30분씩 한 달 동안 진행되었다. 훈련이 끝난 뒤, 학생들의 뇌를 또 다시 MRI로 스캔했다.

연구원들은 명상 훈련이 전방대상피질anterior cingulate cortex, ACC과 뇌의 다른 부분을 연결하는 뇌 백질the white matter의 상태를 호전시킨다는 사실을 찾아냈다. 다시 말해 명상 훈련 후, 전방대상피질이 생각과 행동, 감정을 보다 효과적으로 조절할 수 있게 되어, 부담되는 순간에 더 효과적으로 대처할 수 있게 된다는 얘기다.

명상의 종류가 워낙 많지만, 이 연구에서는 이완 훈련, 심상mental imagery 훈련, 마음챙김 훈련을 포함하고 있는 명상법을 이용하길 권한다. 단순히 이완 훈련에만 참여한 집단은 세 가지 훈련에 모두 참여한 집단과 같은 효과를 거두지 못했다. 여러 가지 요소들의 복합 작용으로 뇌에서의 부담감이 줄어들었던 것이다. 앞으로 한 달 동안 매일 30분씩 명상 연습을 하길 바란다. 물론 명상을 즐긴다면, 더 많이 하길 바란다.

올림픽 배구 동메달리스트인 마크 히스Mark Heese는 올림픽에서 세 차례 J.P.의 도움을 받은 바 있다. 그는 성실히 이 명상 훈련을 활용한 선수 중 한 명이었다. 마크는 훈련 때뿐 아니라, 시합 때도 현재에 충실하고 평정심을 잃지 않으며 지속적으로 깨어 있기 위해 아침마다 명상을 했다.

사실 뇌가 바뀌지는 않는다고 해도, 이완 기술, 심상 기술, 마음챙김 기술은 부담감을 완화시키는 데 도움이 될 수 있는 도구들이다. 의욕을 고취시킬 더 많은 사례가 필요한가? 미국 프로농구 명예의 전당을 차지하고 있는 코치, 필 잭슨의 사례는 어떤가? 그는 명상 훈련 덕에 열한 차례 NBA 챔피언십에서 최우수 선수들을 이끌 수 있었고, 우승까지 할 수 있었다고 말했다.

부담감 극복비법 18 '프리 루틴'을 빼먹지 않는다

한 광고담당 부사장은 이렇게 말했다. "광고주에게 피칭하기 10분 전에, 나는 사무실에 들어가서 문을 닫고 창문의 가리개를 내린 뒤, 갑자기 돌변하여 몇 분 동안 무하마드 알리의 현란한 복싱 스텝을 따라한다. 가볍게 뛰며 몸을 흔들다가 몇 차례 날카로운 잽을 날린다. 마치 상대방이 허점을 보이는 순간, 예리하게 내 주장을 펼치듯 말이다. 나비처럼 가볍게 날아올라 벌처럼 날카롭게 침을 쏠 수 있을 때, 나는 비로소 광고주를 만날 준비가 된다. 그러고는 내 자신에게 '준비됐어.'라고 말한다."

이 간부가 쓰는 방법은 부담감 속에서 최고의 실력을 보여주어야 하는 거의 모든 선수, 배우, 외과의사, 음악가 그리고 여타 전문가들이 이용하는 부담감 극복책이다.

자신만의 프리 루틴 (pre-routine: 샷을 하기 전에 취하는 일련의 준비동작)을 만들어 연습하라

말 그대로 이 부담감 극복비법은 시합하기 전에, 발표하기 전에, 어떤 일을 수행하기 전에 지속적으로 취할 동작들을 만들고 그것을 몸에 익히는 과정을 포함한다. 예를 들어 두 차례 NBA 최우수선수로 뽑힌 스티브 내시Steve Nash는 항상 자유투를 하기 전에 볼을 두 번 튀긴 다음 무릎을 구부린다. 골프 경기를 보면 모든 골프 선수가 샷을 하기 전에 특정 동작을 취한다.

프리 루틴을 취할 때, 부담감 완화에 도움이 되는 몇 가지 현상이 일어난다. 첫째 향후 있을 시합 걱정이든 마지막 실패에 대한 회상이든, 프리 루틴을 취함으로써 주의가 흐트러지는 것을 막을 수 있다. 둘째 프리 루틴을 통해 주의가 흐트러지는 것을 막음으로써, 세일즈 정보이든 부드러운 골프 스윙이든, 우수한 성과를 올리는 데 필요한 관련 정보 및 행동에 초점을 맞출 수 있다. 가장 중요한 것은 프리 루틴이라는 것이 뭔가를 행하기 전에 항상 취하는 동작이므로, 이것이 어떤 일에 착수한다는 신호를 우리 몸에 보내어 행동 준비 완료 상태에 들어서도록 도와준다. 연구를 통해 입증된 바에 따르면, 프리 루틴을 취하는 사람들이 부담감의 영향을 덜 받는다고 한다.

효과적인 프리 루틴은 보통 사고 활동과 시각화, 긴장 풀어주기,

자신과의 긍정적인 대화, 그리고 마지막으로 각성 혹은 활성화 과정으로 이루어져 있다. 이러한 활동들을 취합하여, 편안함을 느낄 수 있는 하나의 안정된 패턴으로 만들어야 한다. 무슨 일을 하든 일관된 접근방식을 취한다면, 중요한 순간에 조금이나마 부담감을 덜 느낄 수 있다.

습관화된 일련의 준비 동작을 뜻하는 '루틴'과 행운을 가져다줄 의식儀式을 의미하는 '리추얼ritual'을 혼동하지 않도록 주의한다. 루틴은 경기 당일 심리적으로 그리고 생리적으로 최선을 다할 수 있는, 이상적인 상태에 이르도록 마음을 다잡는 방법이다. 반면 리추얼은 행운을 비는 뜻에서 무의식적으로 되풀이하는 행동이다. 마음을 다잡는 역할을 해야 할 준비동작이 무의식적인 의식儀式으로 변질된다면, 새로운 '루틴'을 개발한다. 마음을 챙기는 효과적인 프리 루틴을 개발하는 데, 다음 가이드라인이 도움이 될 수 있다.

- 루틴은 상대적으로 짧아야 한다 (3분에서 5분 정도).
- 부담되는 상황 직전에 루틴이 이루어져야 한다.
- 루틴은 정신적 요소들을 포함해야 한다. 이를테면 주장의 요점 재검토하기, 어떤 골프채를 쓰면 좋을지 분석하기, 각각의 수학문제에 어떤 식으로 접근할지 고민하기, 자신에게 가장 중요한 것이 무엇인지 목록으로 만들어 활용하기 같은 요소들 말이다.
- 루틴은 신체적 요소도 포함해야 한다. 예를 들면 의식적으로 심호흡하기, 스트레칭하기, 자신감 넘치는 강렬한 포즈 취하기, 자신이

통제력을 갖고 있다는 것을 확인하는 방편으로 발가락 꼼지락거려 보기 등이 있다.

- 동작을 마음속으로 그려보는 과정을 루틴에 포함시킨다. 예를 들면 자신이 최고의 기량을 펼치는 모습을 눈으로 그려본다.
- 마지막으로 준비가 끝났다는 신호로 자신만의 주문을 외우거나 '닻' 역할을 할 표현을 떠올린다.

앞에서 언급한 바 있는 광고담당 부사장은 광고주 유치에 항상 성공하는 것은 아니지만, 적어도 "초크에 빠지지는 않는다."고 말했다.

부담감 극복비법 19 속도를 늦춘다

부담되는 상황에 처해 있을 때 우리는 보통 성급한 생각으로 잘못된 결론에 이르고, 관련 정보를 놓치거나 대안을 생각하지 못하며, 민첩하게 대처하지도 못한다. 실제로 성급한 대응 때문에 우리는 종종 성공 기회를 놓친다. 연구 결과에 따르면, 작업 기억을 요하는 일을 할 때 다음 부담감 극복책을 몸에 익혀 놓으면 당신은 더 좋은 성과를 얻을 수 있다.

반응 속도를 늦춰라

스트레스와 걱정은 일반적으로 이해력과 판단력, 그리고 결단력을 저하시킴으로써 종종 처참한 결과를 초래하는 비효과적인 반응을 일으키는데, 반응 속도를 늦춤으로써 스트레스와 걱정 때문에 작업 기억이 혹사당하는 것을 막을 수 있다.

1980년대에, 심리학자인 미키 치Micki Chi는 부담감이 심한 상황에서 어떤 사람들은 어려운 문제를 해결하고 어떤 이들은 그러지 못하는 이유가 무엇인지 조사했다. 그녀는 물리학 교수들과 물리학 박사과정 대학원생, 그리고 대학생들로 구성된 집단에게 기본적인 물리 문제를 제시했다. 대학생들은 물리 수업을 한 학기만 이수한 학생들이었다.

예상대로 교수들과 박사과정 대학원생들이 대학생들보다 더 우수한 성적을 거두었다. 다만 한 가지 놀라웠던 점은 교수들과 박사과정 대학원생들이 대학생들보다 문제 풀이를 시작하는 데 더 오랜 시간이 걸렸다는 것이다.

종이에 답을 적기 시작하기 전, 그들은 잠시 가만히 앉아 있었다. 아마도 문제에 대해, 그리고 그 밑바탕에 깔려 있는 원리들에 대해 곰곰이 생각하는 듯했다. 일단 문제를 파악하고 나니, 그들은 빠르고 정확하게 문제를 풀 수 있었다.

반면 대학생들은 생각하는 시간 없이 바로 문제를 풀기 시작했다. 이 때문에 그들은 문제와 관련 없는 사소한 부문에서 고민하며 골치 아파했다. 그들이 답을 틀리는 직접적인 원인이 종종 여기에 있었다. 그들의 작업 기억이 과도한 부담을 떠안음으로써 오답을 도출하게 되는 것이다.

인지 작용이 제대로 이루어질 수 있도록 일 분이든 하루든 자신에게 시간적 여유를 제공할 방법을, 다시 말해 '속도를 늦출' 방안을 마련하라. 만약 중요한 시험을 본다면, 정신없이 문제를 풀거나 에세이를 작성하지 말고 우선 마음을 가다듬기 바란다. 2분 정도 생각할 시간을 갖고, 어떤 식으로 문제를 풀 것인지 혹은 에세이를 작성할 것인지 윤곽을 잡도록 한다.

만약 여행 계약을 취소하지 못하게 여행사 직원이 계약금을 요구한다면, "하룻밤 자면서 생각해 보겠다"고 대답하라.

고객이 뭔가가 '당장' 필요하다고 말한다면, 성급히 일정을 맞추려 하지 말고 마음을 가다듬고 고객에게 그것을 '최우선'으로 삼겠다고 말하라. 직장에서 예상치 못한 일에 부딪히면, 덜 부담스런 상황에서 생각할 수 있도록 5분 정도 산책하며 마음을 가라앉히도록 하라. 직장에서 중대한 결정을 내릴 때는 일의 우선순위를 따져보아야 하므로, 그것이 당장 내려야 하는 결정인지 아닌지 곰곰이 생각해 보도록 한다. 일반적으로 당장 중대한 결정을 내려야 하는 경우는 그리 많지 않다. 그런데도 우리는 마치 그런 것처럼 행동한다. 벨Bell의 상무이사, 헤더 툴크Heather Tulk는 승진 과정에서 중요한 교훈을 배웠다고 말한다. 바로 '모든 일이 시급하지는 않다'라는 교훈이었다. 심적 부담이 큰 회의에서 만약 당신이 중대한 결정의 한 가운데에 서 있다면 당장 결정을 내려야 한다는 중압감에 시달릴 수 있다. 즉각적인 결정을 요하는 경우도 가끔 있지만, 사실은 그렇지 않은 경우가 대부분이다. 부담감 때문에 잘못된 생각을 하고, 문제를 실제보다 더 시급하게 평가할 수 있다. 이런 경우 '24시간 유보 규칙'이 효과가 있을 수 있다.

즉 24시간 동안은 아무 결정도 내리지 않고 있다가 그 다음날 다시 생각할 기회를 갖는 것이다. 다시 생각하면 문제가 새롭게 보일 수 있기 때문이다.

작업 기억에 부담이 되는 순간에 반응의 속도를 늦춘다면, 당신은 그만큼 육체적으로 덜 흥분하게 되고 그 결과 부담감을 극복하는 데 도움이 될 모든 요소들을 좀 더 유연하게, 보다 창의적으로, 그리고 더 신중히 고려할 수 있게 된다. 부담되는 순간에 반응의 속도를 늦춤으로써, 좀 더 스마트한 결과를 얻을 수 있다.

부담감 극복비법 20 자연스런 호흡을 한다

부담되는 상황에서 당신이 벼랑 끝에 서 있다면, 감정이 고조되고 아드레날린 분비가 왕성해지면서 숨이 점점 가빠져 자연스런 호흡이 힘들어질 수 있다. 이는 당신이 평정심을 잃었고, 더 이상 결과를 통제할 수 없다는 신호이다. 공황 상태에 빠지기 전에, 다음 방법을 쓴다.

호흡을 조절하라

평정심을 잃는 것은 스포츠에서 흔히 일어나는 일이다. 앞서 나가던 골프선수가 갑자기 형편없는 샷을 치면 다음 차례가 되었을 때 평정심을 잃고 또 다시 형편없는 샷을 친다. 발표자가 어려운 질문을 받았을 때, 혹은 대학교 졸업생이 면접관으로부터 예기치 못한 질문을 받았을 때도 이런 일이 일어난다.

부담감을 완화시킬 수 있으려면 통제력을 회복할 수 있는 능력이 중요하다. 그래야 불안감을 줄이고 기회가 사라져가고 있다는 초조함도 극복할 수 있다. 통제력도 되찾고, 자신감도 회복할 가장 쉽고 빠르고 간편한 방법은 숨쉬기를 통해 신체의 흥분 정도를 조절하는 것이다.

심장 박동수, 체온, 호흡, 눈 깜빡임, 소화 같은 신체 기능은 자율신경계autonomic nervous system, ANS에 의해 조절된다. 자율신경계는 의지와 상관없이 자율적으로 그리고 반사적으로 움직이기 때문에, 당신은 그 움직임을 인지할 수 없다. 그렇지만 통제 가능한 움직임이 있다. 그것은 바로 호흡이다. 여기서의 전략은 자연스런 호흡을 '다리' 삼아, 제대로 사고할 수 없는 공황 상태에서 역할을 훌륭히 수행할 수 있는 상태로 넘어가려는 것이다.

불안하면 호흡이 짧아지면서 가슴 상단을 이용한 얕은 흉식 호흡을 하게 된다. 의식적으로 숨을 천천히 쉬면서 횡경막을 이용한 복식호흡을 함으로써, 당신은 재빨리 마음을 진정시킬 수 있다.

데이브 그로스먼Dave Grossman 중령에 의해 고안된 이 전략은 총격전 같이 부담감이 극심한 상황에서 빨리 마음을 가라앉히고 주의를 집중할 수 있도록 군인들과 경찰들이 배우는 전략이다. 일주일 동안 밤마다 2분씩 다음 과정을 연습한다.

- *하나, 둘, 셋, 넷을 세는 동안 배를 내밀며 코로 깊이 숨을 들이마신다.*
- *하나, 둘, 셋, 넷을 세는 동안 잠시 숨을 참는다.*

- 하나, 둘, 셋, 넷을 세는 동안 입으로 천천히 숨을 내뱉으며 완전히 배를 집어넣는다.
- 하나, 둘, 셋, 넷을 세는 동안 그 상태로 잠시 숨을 참는다.

다음에 불안감이 스멀스멀 올라오거나 부담감이 점점 커지는 것이 느껴지거든, 호흡 조절을 통해 침착하게 마음을 가라앉히도록 한다.

부담감 극복비법 21 먼저 하는 유리함을 누린다

이 부담감 극복비법을 써먹으려면 우선 당신이 언제 하고 싶은지, 즉 첫 번째하고 싶은 두 번째 하고 싶은 선택할 수 있는 상황에 있어야 한다. 상관과 함께 직원회의를 할 때 상관이 "여러분 모두의 의견을 듣고 싶습니다."라고 말할 수 있다. 잠재 고객이 당신과 경쟁자들에게 "여러분 모두에게 아이디어를 설명할 시간을 2분씩 드리겠습니다."라고 말할 수도 있다. 혹은 오디션에서 참가자들에게 누가 먼저 할 것인지 선택권이 주어질 수도 있다.

당신은 편히 앉아서 다른 이들이 하는 것을 보며 분위기 파악을 할 수도 있다. 부담감을 즐길 생각이라면 이것이 좋은 전략이 될 수 있지만, 부담감 때문에 기량을 마음껏 발휘하지 못할 가능성이 높다. 부담감을 피하고 싶다면, 그때는 이렇게 한다.

먼저 하라

월드컵 축구 및 전국하키리그를 연구한 결과에 따르면, 축구의 승부차기나 하키의 슛아웃shoot-out으로 승자를 결정할 때 통계학적으로 먼저 하는 팀이 훨씬 유리하다. 경기 후 선수들과 인터뷰한 자료를 살펴보면 먼저 하는 팀이 나중에 하는 팀보다 부담을 훨씬 덜 느끼는 것을 알 수 있다.

다른 많은 경쟁 상황에서도 먼저 하는 것이 유리하다는 것을 확인할 수 있다. 한 연구에서 연구원들이 부담감이 극심한 대회에서 인지력을 요하는 과제를 수행할 때 한 참가자의 성과가 다른 참가자들의 성과에 어떤 영향을 미치는지 조사했다. 전미 철자 맞추기 대회 자료를 통해 확인한 바에 따르면, 바로 직전 참가자가 철자를 틀릴 때보다 맞출 때 그 다음 참가자가 실수를 저지를 가능성이 훨씬 더 높다.

먼저 하는 것이 유리한 이유는 무엇일까? 아이들과 자유투를 10개 던져서 가장 많이 넣는 사람이 이기는 시합을 한다고 해보자. 만약 당신이 먼저 던져서 성공한다면 아들아이는 동점을 만들려면 반드시 넣어야 한다. 만약 당신이 첫 번째 자유투를 넣지 못한다면, 아이는 '이기려면 이번에 꼭 넣어야 해'라고 생각할 것이다. 먼저 하지 않고 나중에 하면 이러한 여건들이 부담감을 가중시킨다.

먼저 하면 당신 앞에 했던 사람들의 성과 때문에 주의가 흐트러질 염려가 없다. 당신의 작업 기억이 철자를 맞추는 일이든 아니면 판단이나 결정을 내려야 하는 일이든, 당면 과제에 온전히 주의를 집중할 수 있다.

먼저 하면 자신과 다른 사람을 비교하지 않아도 되므로, 경쟁심도 낮아진다. 대신 다른 사람을 이기려 애쓰기보다 최선을 다하는 데 주의를 집중할 수 있다. 다른 사람을 이기려다가 오히려 자신의 성적이 악화되는 경우가 종종 있다.

먼저 함으로써 누릴 수 있는 이 두 가지 이점 덕에 보다 긍정적인 자세로 열정적으로 과제에 임함으로써 최선을 다할 수 있다.

부담감 완화 외에, 먼저 함으로써 얻을 수 있는 또 다른 이점이 있다. 바로 경쟁 우위를 점할 수 있다는 것이다. 당신이 먼저 함으로써 뒷사람에게 큰 부담감을 안겨줄 수 있기 때문이다.

한 가지 주의할 점은 이 전략은 익숙한 과제를 수행할 때만 통한다는 것이다. 새로운 일의 경우에는 나중에 하는 것이 종종 더 나을 수 있다. 다른 사람이 어떻게 하는지 보면서 그 일을 하는 방법을 터득할 있기 때문이다. 그런 환경에서는 먼저 하는 경쟁자가 어떻게 하는지 지켜봄으로써 불안감을 누그러뜨리고 자신감을 강화시킬 수 있다.

부담감 극복비법 22 다른 이들과 부담감을 나눈다

다가오는 행사 때문에 당신이 느꼈던 부담감을 다른 누군가에게 털어놓고 나서 마음이 어땠었는지 생각해 보라. 우리의 코칭 경험 그리고 사회 심리학자들과 진화 심리학자들의 연구를 고려했을 때, 아마도 안도감이 들었거나 부담감이 줄어든 것을 느꼈을 것이다. 그것이 부담감 극복비법을 써먹을 이유이다.

부담감을 다른 이들과 나눠라

연구를 통해 고통스런 감정을 나누는 행동이 불안감과 스트레스를 줄여주는 효과가 있는 것으로 드러났다. 또한 자신의 감정을 다른 이들과 나누는 과정에서 자신의 감정을 꼼꼼히 살펴보고, 그것이 현실적인 감정인지 따져보며, 보다 현실적인 시각에서 부담 상황을 평가할 기회를 가질 수 있다. 다른 사람들이 종종 유용한 제안과 시야를 넓혀줄 전략을 알려줄 수도 있다.

향후 다가오는 발표나 마감시간, 혹은 고객과의 중요한 회의 때문에 부담감을 느끼게 된다면, 당신의 감정을 친구나 동료, 또래, 상관, 혹은 고객과 나누어보도록 하라.

모든 이가 부담감을 느끼고 있는 것이 분명할 때 팀 회의에서, 그 문제를 팀 전체에 제기해보자. 그리고 그 문제에 대해 이야기 나눠보자. 아마도 공론화를 통해 '나만 그런 것이 아니구나.'라는 깨달음을 얻고 팀원들 모두가 안도감을 느끼는 현장을 목격하게 될 것이다.

이는 데이브 비알리스Dave Bialis가 직장생활 가운데 부담감이 가장 심했던 사건들 가운데 하나에 부딪혔을 때 취했던 방법이다. 비알리스는 콕스 커뮤니케이션스Cox Communications의 국장이자, 수석 부사장으로 활동하고 있다. 당시 그는 콜센터에서 일하는 직원 700명을 해고할 수밖에 없는 상황이었다. 데이브와 간부들 모두가 당시의 치열한 경쟁 환경을 감안했을 때 그런 조치를 취할 수밖에 없는 회사의 사정을 이해했다. 하지만 그렇다고 데이브가 짊어져야 할 짐의 무게가 가벼워지지는 않았다. 우선 그는 간부들에게 구조조정 소식뿐 아니라, 자신이 느끼는 참담한 심정도 함께 전하기로 결심했다. 이는 데이브를 중심으로 힘을 하나로 모으도록 사람들의 마음을 움직이는 효과를 발휘했다. 해고를 당해야 하는 700명의 직원들에게 그 소식을 전해야 하는 날, 그는 대부분의 회사들이 변호사를 통해 작성하는 회사의 입장을 대변하는 일반적인 원고를 읽는 대신 진심으로 자신의 마음이 전하기로 했다. 그는 그 상황이 얼마나 마음 아픈지, 이 조치가 그 자리에 있는 모든 이에게 어떤 영향을 미칠지 자신이 얼마나 잘 알고 있는지 이야기했다. 회사 측에서는 해고 조치에 따른 보상을 제공했고 원하면 다른 부서로 옮길 기회까지 제공했다. 그렇지만 그와 다른 이들이 부담감을 효과적으로 극복하는 데 가장 큰 힘이 되어준 것은 데이브의 현명한 대처방식이었다. 만약 당신이 다른 사람과 함께 일하고 있고 마감시간 때문에 부담감을 느끼기 시작한다면, 당신의 감정을 그 사람에게 이야기하라. 그러면 상황에 효과적으로 대처하기가 한결 수월해질 것이다. 그리고 모든 책임을 혼자 짊어질 필요가 없다는 사실을 깨닫게 될 것이다.

다음에 딸아이가 중요한 시험을 앞두고 있다면 대화를 통해 아이의 부담을 나눠 가질 기회를 가져보도록 한다.

일기장에든, 비디오 녹화장치에든, 혹은 빈 방에서든, 자신의 감정을 밖으로 드러내는 것이 불안감과 스트레스, 부담감을 줄여주는 효과가 있다는 사실이 다양한 연구들을 통해 밝혀졌다. 부담감을 느끼는 것 자체는 창피해할 일이 아니다. 하지만 자신의 감정을 다른 사람들과 공유하지 않고 혼자 감당하려 한다면, 부담감 때문에 창피를 당할 가능성이 그만큼 커진다.

　스물두 가지의 부담감 극복비법은 단기적인 전략임을 잊지 말기 바란다. 이 방법들은 현재 이용 가능한 정보들을 총동원하여 만든 근접 해결책이다. 부담감에 따른 불안증상을 극복하는 데 이 방법들이 도움이 될 것이다. 그렇지만 보다 장기적인 해결책을 원하는 사람이라면, 갑옷처럼 입고 다닐 '코트COTE'를 제작할 필요가 있다.

갑옷처럼 입고 다닐 '코트COTE'를 제작하라

1924년 10월 18일, 그랜트랜드 라이스Grantland Rice는 스포츠 저널리즘 역사상 가장 기억에 남을 만한 문구를 〈뉴욕 헤럴드 트리뷴 the New York Herald Tribune〉에 실었다.

10월 어느 날 청회색 빛 하늘을 배경으로 네 명의 기사가 다시 모습을 드러냈다. 드라마틱한 전설에서는 이들을 각각 기근, 전염병, 파괴, 그리고 죽음이라 불린다. 하지만 이는 가명일 뿐, 진짜 이름은 스툴드레허Stuhldreher, 밀러Miller, 크로울리Crowley, 레이든Layden이다. 사우스 벤드South Bend에서 시작된 돌풍이 절정을 향해 치닫고 있다. 이 돌풍은 오늘 오후 폴로 그라운즈Polo Grounds 경기장을 휩쓸고 지나갔다. 5만 5,000명의 관중이 저 아래 푸른 잔디 위에서 펼쳐진 당혹스런 파노라마를 숨죽이며 지켜보는 가운데, 이 돌풍은 또 다른 팀을 절벽에서 떨어뜨렸다.

1925년 미식축구대회 챔피언 결정전인 로즈볼Rose Bowl에서 노트르담 미식축구 팀이 스탠퍼드 팀을 누르고 10대 0이라는 완벽한 점수로 챔피언 자리에 올랐고, 미식축구 역사에서 가장 전설적인 네 명의 기사 중 어느 누구도 신장 183cm에, 체중 73kg을 넘지 않았다는 사실로 미루어보아, 그들이 성공 신화를 쓸 수 있었던 것은 자신감Confidence, 낙관Optimism, 끈기Tenacity, 열정Enthusiasm 때문이라는 라이스의 말이 틀렸다고 할 수 없을 것 같다.

"가장 성공한 사람들, 다시 말해 심신이 누구보다 건강하고, 서로에게 보탬이 되는 긍정적인 인간관계를 형성하며, 삶에서 가장 많은 즐거움을 느끼는 사람들의 성격상 특징은 무엇인가?" 혹은 "부담 속에서도 최선을 다할 수 있는 사람들은 어떤 특성을 갖고 있는가?"라고 묻는다면, 앞에서 말한 자신감, 낙관, 끈기, 열정, 이 네 가지 특성을 꼽을 수 있다. 네 명의 기사는 모두 미식축구 명예의 전당에 이름을 올렸고, 은퇴 후 코치로 이름을 날렸으며, 그 후 비즈니스계와 법조계에서도 성공을 거두었다. 그들이 지닌 특성이 바로 '성공 DNA'의 구성요소들이라 생각한다. 부담되는 상황에서 최선을 노력을 기울이는 데 이러한 특성들이 도움이 되리라 믿는다.

세상을 파멸로 이끌 구약성서 속의 네 명의 기사 이야기와 달리, 스포츠 신화 및 성공 신화 속에서 이 네 명의 기사는 항상 자신감, 낙관, 끈기 그리고 열정을 대변한다.

3부에서는 갑옷처럼 입고 다닐 '코트' 제작 매뉴얼을 제시하고자 한다. 이에는 당신 안에 잠자고 있는 선천적인 부담감 극복 도구들을 개발하고 강화시키는 데 필요한 각종 지침과 절차, 기술, 훈련방법이 담겨 있다. 우리는 모두 부담감을 극복하는 데 도움이 될 도구를 갖고 태어났다. 다만 한 가지 잊지말아야할 점은 진심으로 원하는 결과를 얻고 싶다면, 이러한 도구를 갈고 닦는 일을 게을리 해서는 안 된다는 것이다. 우리는 단계별 전략, 그리고 유익한 본보기와 다채로운 실례를 통해 관련 정보를 제공하고, 이 도구들을 가급적 쉽게 이용할 수 있도록 최선을 다할 예정이다. 그렇지만 이 도구들을 제대로 연마하여 당신의 삶에 꼭 맞게 짜 넣는 것은 당신의 몫이다.

● 부담감을 극복하는 장기적인 전략 '코트 제작'

우리의 청사진 혹은 '제작 계획'은 다양한 출처를 바탕으로 하고 있다. 우선 발달·사회·인지·긍정·스포츠 심리학, 신경과학, 조직 행동론, 경제 등 각종 분야의 학술지와 연구 결과로부터 다양한 자료를 조달했다. 이 모두가 '코트'와 부담감 관리가 밀접하게 관련이 있음을 말해주는 실증적 자료와 이론적 틀을 제공하고 있다. 둘째, 우리는 임상 경험 및 컨설팅과 코칭 경험을 통해 다양한 정보를 수집했다. 셋째, 우리는 전 세계 1만 2,000명의 참여자들 대상으로 지금도 실시하고 있는 연구뿐 아니라, 온라인 설문조사를 통해 풍부한 자료를 입수했다. 이러한 자료를 바탕으로 우리의 조언을 실행에 옮길 효과적인 전략들을 개발했다.

사람들은 대부분 '실천'하는 가운데 가장 좋은 방법을 터득하게 된다. 갑옷처럼 입고 다닐 자신만의 '코트'를 제작하는 데 가장 성공하는 사람은 우리가 제시한 활동을 온전히 실행에 옮기는 사람이다. 이는 체중 감량 및 운동에 가장 성공하는 사람이 식이요법을 잘 지키며 열심히 운동하는 사람인 것과 같다. 당신 안에서 자고 있는 선천적인 부담감 관리 능력을 키우고 싶다면, 자신감과 낙관, 끈기 그리고 열정과 같은 특성들을 몸소 체험해야 한다. 여기 제시되어 있는 활동들이 서로서로 연결되어 있음을 종종 발견하게 될 것이다. 이를테면 낙관, 끈기, 혹은 열정을 북돋우는 활동이 자신감을 길러주는 활동을 강화시킬 뿐 아니라, 보다 효율적인 활동이 이루어지게 할 수 있다. 이는 반대의 경우도 마찬가지이다.

　물론 새로운 기술을 익히는 데는 어느 정도 시간이 걸린다. 실질적인 효과를 거둘 수 있으려면, 이러한 활동을 연습하고 또 연습해야 한다. 배운 것을 머릿속에 제대로 집어넣으려면, 습득한 정보를 완전히 소화시킬 시간이 어느 정도 필요하다. 이 책에서 논의하고 탐구할 특성들에 대해 일주일에 몇 분씩 생각할 시간을 갖길 바란다. 여기 제시되어 있는 활동들을 성급히 실행에 옮기지도 말고 무턱대고 따라하지도 마라. 그렇게 해서는 원하는 결과를 얻을 수 없다.

　중요한 것은 여기에 제시되어 있는 활동을 실행에 많이 옮길수록, 그리고 이러한 특성을 당신의 삶과 행동에 접목시키는 데 필요한 지원도구를 많이 확보할수록, 부담되는 상황에 저항하는 선천적인 저항능력을 보다 쉽게 키워나갈 수 있다는 사실이다.

'코트'의 기원

'코트'의 이면에 자리하고 있는 특성들이 본래 발달한 것은 선사시대의 초기 인류가 살아남으려면 막대한 부담감을 극복해야 했기 때문이다. 초기 인류는 생사를 가르는 매우 부담되는 상황 속에서 성공적인 결과를 얻어내기 위해서 이러한 특성들로 중무장하지 않을 수 없었다.

사냥을 예로 들어보자. 말 그대로 사냥은 사느냐 죽느냐가 갈리는 몹시 부담되는 상황이었다. 창으로 동물을 계속 맞히지 못하는 젊은 사냥꾼들은 무력감과 무능함에 사로잡혔다. 그들은 굶어 죽든지 아니면 먹을 것을 구할 수 있는 다른 일을 찾아야 했다. 우연이든 실력이든 목표물을 맞힌 사냥꾼들은 성공으로 자신감이 생겨났다. 그들은 사냥감이 갑자기 나타나도 자신이 창으로 정확히 맞힐 수 있다고 상상하기 시작했다.

이런 자신만만한 상상은 사냥꾼들에게 목표를 달성할 수 있다는 생각을 심어주었고, 이러한 생각에 힘입어 그들은 사냥을 즐길 수 있을 정도로 용감해졌고 두려움도 떨쳐낼 수 있었다. 초기 사냥꾼들은 흔히 맨손으로 사냥을 했기 때문에 며칠씩 아무것도 잡지 못할 때도 있었다. 하지만 이내 무리 중 누군가가 사냥에 성공했고, 다른 이들에게 그들도 향후 비슷한 상황 속에서 곧 사냥에 성공하리라는 기대를 심어주었다. 그들은 현실적인 낙관주의자가 되었고, 따라서 고통스런 감정에 좌절하는 일이 없었다. 사냥 기술을 연마하려면 강인한 힘과 굳은 의지가 필요했고, 성공이 그저 시간문제라는 사실을 알았기 때문에 그들은 끈기를 갖게 되었다. 그들은 좌절 앞에서도 목표를 향해 계속 나아가는 정신적 강인함을 갖추게 되었고, 그로 인해 실패를 해도 그 실패를 딛고 일어나 성공의 열매를 맺을 수 있었다. 또 이러한 과정에서 그들은 열정을 느꼈다. 열정은 그들에게 긍정적인 감정을 불어넣었고 그 덕에 그들은 한층 자신감 있고 낙관적인 사람으로 발전했을 뿐 아니라, 주변 사람들에게까지 자신감과 낙관적인 태도를 전염시켰다.

진화 차원에서 이러한 특성이 환경에 성공적으로 적응하는 데 꼭 필요한 심리학 요소가 되었다. 즉 이러한 특성들이 개개인이 번영하는 삶을 누릴 수 있도록 도와주는 반응 패턴이 된 것이다. 자연선택 과정을 통해 이러한 특성들이 우리의 뇌에 프로그램되었다. 역사적으로 가장 자신감 있고 낙관적이며 끈기 있고 열정적인 사람이 살아남아 자식들을 낳고, 그들에게 그러한 유전자를 물려줄 가능성이 높았다. 이러한 특성들은 우리 인류가 선조들로부터 물려받은 유산 중 하나인 셈이다. 그리고 우리는 그러한 특성들을 강화, 발전시킴으로써 오늘날 부딪히는 다양한 부담 상황에 더욱 효과적으로 대처할 수 있다.

이러한 특성들은 '열린 체계open system'로, 다시 말해 역동적이며 언제든 발달 가능하도록 우리 안에 프로그램되어 있다. 인간이 지닌 모든 특성이 발달 가능한 것은 아니다. 그렇지만 이런 특성들은 얼마든지 발달 가능하며, 이러한 사실은 진화론적으로 중요한 의미를 갖는다. 즉 이러한 특성들을 발달시킴으로써 삶에서 계속 우위를 지켜나갈 수 있다는 얘기다. 이러한 특성들을 지속적으로 강화시켜 나가는 사람들은 삶을 보다 효과적으로 이끌어나갈 수 있다. 직장에서든 가정에서든, 어떤 부담되는 상황에 부딪혀도, 자신감과 낙관과 끈기와 열정으로 부담감의 파괴적인 효과로부터 자신을 보호할 수 있다. 일을 처음 시작하는 경우든, 프로젝트를 진행하던 중이든, 세일즈 발표를 하든, 이 특성들 덕에 부담감에 짓눌리지 않고 마음껏 최선을 다할 수 있다.

그렇지만 앞으로 설명할 '코트'가 별안간 완성되지는 않을 것이다. '코트'를 완성하려면, 우선 그 핵심 특성인 자신감에서부터 한 단계 한 단계 밟아나가야 한다.

자신감

사이먼 테데시Simon Tedeschi가 멜버른의 어두운 해머 홀Hamer Hall 무대 위로 걸어 올라갈 때, 눈에 보이는 것이라고는 쭉 늘어선 빈 좌석 사이로 보이는 어슴푸레한 세 개의 형체뿐이다. 그들은 임시 책상 위로 몸을 수그리고 있다. 그가 피아노를 향해 걸어가는 동안, 심사위원들은 아무 말 없이 앉아 있고 그들 앞에는 노트 한 권이 놓여 있다. 그의 마음속에는 흥분과 동시에 두려움이 밀려든다. 무대 위를 걸어가는 동안 피가 잘 돌 수 있도록 팔을 쭉쭉 뻗으며 복싱 연습 동작을 취한다.

그는 이 순간에 대한 두려움 못지않게, 자신에 대한 두려움을 갖고 있다. 이 연주로 인해 그는 성공의 길로 접어들 수도 있고, 실패의

나락으로 떨어질 수도 있다. 그는 연습하고 또 연습하며 실력을 갈고 닦았고 이 대회를 준비하는 데 수없이 많은 시간을 투자했다. 사실 그의 삶 대부분을 이 순간을 위해 투자했다. 그리고 지금 바로 그 자리에 서 있다. 그는 의자에 앉으며, 이 연주에 모든 것을 쏟아부어야 한다는 것을 느낀다. 가능한 흠잡을 데 없는 연주를 해야 한다.

지금은 국제 피아노 대회인 ABC 젊은 연주자 경연 대회the ABC Young Performers Competition의 초기 라운드이다. 실제로 그는 지난 14년 동안 이 순간을 준비했다. 10년 동안 그는 런던에서는 노레타 콘치Noretta Conci 밑에서, 보스턴에서는 피터 서킨Peter Serkin 밑에서, 그리고 호주에서 네타 모건Neta Maughan 밑에서 피아노를 공부했다. 향후 몇 분 동안 그는 역사적으로 가장 뛰어난 음악가들에 견줄만한 예술적인 솜씨로 수천 개의 음을 빠른 속도로 연주할 것이다. 그는 그 대회에 참가한 다른 피아니스트를 이기기 위해 최선을 다할 것이다.

부담감 속에 실력을 발휘한다고 하면, 사람들은 보통 프로 운동선수들을 먼저 떠올린다. 우리가 스포츠 문화에 푹 젖어 있기 때문이다. 그렇지만 단순히 자신의 실력을 보여줄 '기회'만 놓고 보면, 사이먼 테데시 같은 젊은 클래식 음악가들이 성과에 대한 부담을 말해줄 더 좋은 사례일 수 있다. 대회 참가자들 가운데 음악가로서 성공하는 이는 단 몇 명뿐인 것이 음악계의 냉정한 현실이기 때문이다. 일 년 내에 이름을 날릴 수 있는 사람은 거의 없다. 사실 전혀 없는 경우가 허다하다. 음악가로서의 삶은 최우수 프로선수들의 생활만큼 치열하고 살벌하며 불안정하다. 줄리아드음대 같은 명문 음악학교에 입학하려면 치열한 경쟁을 벌여야 한다. 그렇지만 그곳에 입학하는 것도 그저 프로 음악계에 입문할 수 있는 부담감 가득한 길로 접어드는 첫걸음에 지나지 않는다. 음대에서 훌륭한 성적을 거둔다고 해도, 프로 음악계에 자동으로 입문할 수 있는 것은 아니다. 미국에서만도 8,000여 명의 피아니스트들이 매년 음악대학의 피아노과를 졸업하고 있다. 게다가 수천 명의 피아니스트들이 중국과 환태평양 지역으로부터 건너오고 있다. 그들이 전공을 살릴 수 있는 일자리는 거의 없다. 그들의 유일한 희망은 이런 중요한 피아노 대회에 참가하여 주목을 받는 것이다.

그러므로 이러한 대회가 프로 음악가로 데뷔할 기회도 얻고 명성도 쌓을 수 있는 중대한 관문이다. 그렇지만 그 관문을 통과한다고 해도, 성공이 보장되지 않는 것은 마찬가지다. 이런 환경에서는 심사위원들 앞에서 연주할 때 '세 번 스트라이크를 당하면 아웃이 된다'는 식의 태도가 아니라, 단 한 번의 실수로도 음악가로서의 인생이 끝장날 수 있다는 태도를 갖게 된다. 단 한 번만 실수해도, 단 한 음만 틀려도 말이다.

사이먼이 극심한 부담감을 느낄 수밖에 없는 이런 위험천만한 연주자 생활에서 성공하려면, 다른 경쟁자들과 마찬가지로 피아노 연습을 할 때 매우 한정된 곡만 연습할 수밖에 없다. 많은 연주자가 미국의 유명한 음대를 졸업할 때 손가락이 부러질 정도로 쳐야 하는 소나타 몇 곡과 화려한 협주곡 한 곡 정도만 수준급으로 연주할 수 있는 실력, 즉 발표회나 경연대회에 한 차례 나가기에 딱 맞는 실력을 갖추고 있다. 실수해서는 안 된다는 부담감이 매우 심해서 대부분의 피아니스트들이 단 몇 곡만 연습하기 때문에, 아이러니하게도 그들은 레퍼토리가 풍부해지기보다 빈약해질 수밖에 없다.

사이먼은 매우 어린 나이에 뜻밖의 계기로 피아노를 치게 되었다. "1학년 때 나는 학교 친구가 피아노를 정신없이 치는 소리를 들었다. 나는 그 악기의 힘과 풍부한 선율에 정신이 아득해졌다. 그 소년은 사실 뇌성마비 장애인이었고, 신체 치료 과정의 일부로 피아노를 치고 있었다." 아홉 살의 어린 나이에 사이먼은 시드니 오페라 하우스에서 모차르트 피아노 협주곡을 연주했고, 1998년 ABC 젊은 연주자 경연 대회에 참가했다.

사이먼은 그 엄청난 부담감에 흔들렸을까?

사실 사이먼은 경쟁자들을 모두 물리치고 ABC 젊은 연주자 상을 받았다. 그 덕에 그는 피아니스트로서의 길을 다질 수 있었고, 매니저도 생기고 프로 계약도 체결했다.

그 후 사이먼은 호주 교향곡 부문 '올해의 젊은 연주자'로도 뽑혔고, 퀸스 트러스트Queen's Trust로부터 해외 유학 지원금으로 1만 달러도 받았다. 그는 여타 대회를 통해 화려한 경력을 쌓았다. 나이 구분 없이 참가하는 각종 협주곡 경연 대회에서 우승하고 2002년 런던에서 열린 로열 해외 부문 음악 경연 대회the Royal Overseas League Music Competition의 키보드 부문에서 최우수상을 받은 것을 포함해, 다양한 상과 장학금을 받았다. 그는 이제 비평가와 동료 음악가들로부터 세계 최고의 예술가로 평가받고 있다. 그렇지만 그것은 쉽지 않은 길이었다. 사이먼은 연주할 때 느꼈던 부담감을 이렇게 설명했다.

'엘리트' 음악가로서 나는 다른 운동선수들처럼 혹은 일정 정도 위험이 따르는 직업에 종사하는 사람들처럼 연주 직전에 불안감에 시달렸다. 대부분의 음악가들처럼 심장 박동이 빨라지고 때때로 무대 위에 오르기 직전에 손에서 진땀이 났다. 경쟁자는 수없이 많지만 자리는 몇 개 없는 업계에서 엄청난 부담을 안고 계속 고난도 연주를 해야 할 경우, 중압감에 짓눌릴 수 있다.

모든 사람이 이런 엄청난 부담감에 효과적으로 대처할 수 있는 것은 아니다. 20세기에 가장 호평받던 음악가들 가운데 일부는 무대 공포증과 연주에 대한 지속적인 부담감 때문에 음악가로서의 삶을 중단했다. 피아니스트 블라디미르 호로비츠Vladimir Horowitz와 글렌 굴드Glenn Gould는 불안감의 무게를 이기지 못하고 음악가로서의 삶을 접기도 했다. 첼리스트 파블로 카잘스Pablo Casals는 호흡이 가빠지고 심장이 뛰고 온몸이 떨리는 것을 견뎌내야 했다. 심지어 90대에 연주할 때도 그러했다. 역사적으로 연주가들은 휴대용 술병에 스카치를 담아갖고 다니다가 무대에 오르기 직전 한 모금씩 마셨다. 신경안정제인 바륨Valium 그리고 그와 비슷한 여타 안정제에 의존한 음악들도 많았다. 오늘날 많은 연주자가 새로운 화학물질, 즉 베타 차단제beta-blocker로 알려진 약품들로 부담감을 다스리고 있다.

1987년으로 거슬러 올라가면 그때는 이 새로운 약을 복용하는 것이 클래식 음악계에 유행처럼 퍼져 있었다. 국제 교향악단 음악가 회의(the International Conference of Symphony Orchestra Musicians, 미국

51개 대규모 관현악단을 대표하는 기관)에서 실시한 1987년 설문조사에 따르면, 회원들 가운데 27퍼센트가 불안감을 완화시키기 위해 베타 차단제를 복용했다. 음악가들이 암암리에 쓰고 있는 약으로 유명한 이러한 약들은 불규칙한 심장 박동, 혈압 상승, 가슴 통증, 그리고 떨림 현상을 완화시키는 효과가 있었다. 베타 차단제는 에피네프린의 효과를 약화시키는 작용을 한다. 에피네프린은 몸에서 분비되는 호르몬 가운데 하나로 부담을 느낄 때 각종 신체 반응을 일으킨다. 우리는 2014년 뉴욕에서 저명한 음악가 집단을 대상으로 베타 차단제 복용에 관한 설문조사를 실시한 바 있다. 놀랍게도 "베타 차단제가 얼마나 널리 쓰고 있는지와 관련해 당신이 어떤 주장을 펴더라도, 아마도 현실을 다 반영하지는 못할 것이다."라는 이야기를 들었다.

2013년 1월, 사이먼은 연주 실력 향상을 위해 베타 차단제를 복용하고 있다고 고백했다. "나는 거짓말을 하며 살아왔다." 그의 고백은 전 세계로 퍼졌다. 한 때 업계의 비밀이었던 베타 차단제의 존재가 세상에 공개되었다. 프로 오보에 연주자이자《정글 속의 모차르트Mozart in the Jungle》저자인 블레어 틴달Blair Tindall은 이렇게 말했다. "약물이 없는 곳이 거의 없다는 것은 클래식 음악계의 작은 비밀이다."

사이먼은 우리에게 이렇게 말했다. "압도당할 만큼 커다란 부담감을 느꼈다. 나는 더 이상 견딜 수가 없었다. 손이 떨리고 가슴이 쿵쾅거리고 실수할까 두려웠다." 그는 지난 10년 동안 베타 차단제를 복용했다고 말했다. 피아노 연주계에 보낸 공개서한에서 사이먼은 이러한 사실을 고백하며, 약 복용 사실을 감춘 것이 자신에게 미친 영향을 이렇게 설명했다.

> 시드니 오페라 하우스에서부터 캠프시 RSL에 이르기까지 나의 연주
> 인생은 거짓의 연속이었다…… 느린 템포로 유명한 내 음반의 해설
> 에, 또 하나의 이름이 추가되어야 옳다. 바로 메토프롤롤Metoprolol
> 이다. 그렇지만 이 약은 의학계의 공식 명칭인 이 이름보다, 이 약의
> 복제약인 베타 차단제라는 이름으로 더 유명하다.

사이먼과 동료 음악가들(그리고 스테로이드를 이용하는 또래 운동가들)은
연주 혹은 경기하는 방법을 알고 있다. 실제로 그들은 타고난 연습 벌
레들이었다. 그렇지만 부담되는 상황에서 그들은 보통 사람과 마찬가
지로 부담 때문에 심리적으로 육체적으로 각종 증상들이 나타난다.
그들은 부담감에 압도당할 수 있다. 이러한 엘리트 연주자들이 원하
는 것은 부담감을 더욱 효과적으로 다스릴 방법이다. 그들은 부담감
이 가져다줄 보편적이고 부정적이며 광범위한 효과를 극복할 방법을
원한다. 대부분의 사람이 부담되는 상황에 직면했을 때 베타 차단제
를 복용할 수는 없다. 하지만 부담감에 맞설 면역력을 길러줄 특성, 부
담감의 파괴적인 효과에 해독제처럼 작용할 특성을 기를 수는 있다.
그 신비의 묘약은 바로 자신감이다.

● 자신감의 본질
자신감은 사실 삶의 모든 측면에 영향을 미친다. 어떤 직원이 바

짝 긴장하여 더듬거리며 프로젝트를 설명할 때 그것을 지지할 간부나 책임자는 없을 것이다. 수많은 연구에 따르면, 자신감 있는 사람이 그렇지 않은 사람보다 더 매력적이고 인기가 많다. 자신감 있는 사람은 다른 이에게 신뢰감을 준다. 다른 사람으로부터 신뢰를 얻는 것은 흔히 성공적인 사회생활의 열쇠이다.

행동과 몸짓, 말하는 방식, 그리고 말하는 내용을 통해 당신이 어느 정도 자신감을 갖고 있는지 알 수 있다. 자신감을 갖고 있으면 눈에 띄기 때문에, 대체로 감지할 수 있다. 당신은 얼마나 자신감 있는 사람인가? 다음 평가를 통해 알아보도록 하자.

- 다른 사람이 동의하지 않으리라는 것을 알면서도, 자기주장을 내세우는 편인가?
- 자신의 잘못을 쉽게 인정하는 편인가?
- 성공하기 위해 혹은 상황을 호전시키기 위해, 위험을 감수하는 편인가?

당신은 자신이 특정 결과에 어느 정도 영향을 미칠 수 있다고 생각하는가? 그 믿음의 정도가 종종 자신감으로 정의된다. 하지만 대부분의 사람은 수중에 있는 일을 완벽히 소화할 수 있다고 확신한다면, 그것을 자신감이라고 생각한다. 이는 할 수 있다는 믿음, 즉 자신의 능력에 대한 믿음에 뿌리를 두고 있다. 심리학 문헌을 보면, 자신감을 자기 효능감self-efficacy으로 이해한 경우를 종종 찾을 수 있다. 자기효

능감은 스탠포드 대학교의 사회인지 심리학자인 앨버트 밴두러Albert Bandura가 처음 소개한 용어로, 주변 상황에 영향력을 행사할 수 있다는, 특정 과제를 수행하고 자신의 목표를 달성할 수 있다는 자신의 능력에 대한 확신을 가리킨다. 딸아이가 자신이 수학시험을 잘 보리라 자신할 수도 있다. 그렇지만 아이의 자신감이 절정에 달할 때는 바로 또래들 앞에서 체육 시간에 체조를 할 때일 수 있다. 마찬가지로 영업을 할 때는 당신이 매우 자신감 있게 행동할 수도 있지만, 프로 테니스 선수처럼 서브를 받아넘겨야 한다면 혹은 747기의 조종석에 앉아 있어야 한다면 '멘붕'에 빠질 수도 있다(반면 프로 테니스 선수들과 조종사들은 많은 다른 영역에서는 자신감이 부족하겠지만, 이 상황에서는 자신감이 넘칠 것이다). 경험해보지 못한 상황 혹은 연습치 못한 상황에서도 자신감을 잃지 않는 사람은 없다. 그렇지만 사람들이 우리에게 뛰어난 모습을 기대하는 영역에서 우리는 자신감을 느끼고 싶어 한다.

자신이 어떤 일을 할 수 있다고 '생각'하는 것과 '확신'하는 것은 크게 다르다. 때때로 당신은 속으로는 자신감이 없으면서 마치 자신감 있는 사람처럼 다른 사람들의 눈을 속일 수 있다.

자신감(확신)이 커지면 불안감이 줄어들기 때문에, 부담되는 상황에서 자신의 기량을 100퍼센트에 가깝게 발휘할 가능성이 높아진다. 자신감 있는 사람은 부담되는 순간에 겁에 질려 허둥거리는 일이 거의 없다. 그리고 쉽게 공포감을 느끼는 사람은 보통 자신감이 부족하다.

본 장의 목표는 당신이 자신감을 느낄 수 있도록 도와주는 것이다. 자신감을 갖게 되면 직원이 책임자에게 피드백을 제공할 수 있게 되고, 부끄러움을 많이 타는 사람이 파티에서 모르는 사람에게 말을 걸 수 있게 된다. 또 부담되는 상황에 보다 효과적으로 대처할 수 있게 된다. 우선 자신감과 관련해 몇 가지 주목할 점이 있다.

자신감의 정도는 시간 흐름에 따라 변할 수 있다는 점이다. 고등학교 때 자신감이 부족했던 사람이 지금은 자신감이 넘칠 수도 있다. 본래 자신감 있었던 사람이 이런 저런 이유로 자신감을 잃을 수도 있다. 아마도 도전적이지 않은 일에 오랫동안 종사했기 때문일 수도 있고, 자신감을 좀먹는 인간관계에 발목 잡혀 있었기 때문일 수도 있다.

자신감은 늘었다 줄었다 할 수 있다. 어떤 사건 때문에 혹은 성과 때문에 우리는 자신감이 증가할 수도 있고 줄어들 수도 있다. 예를 들면 한 해 동안 영업 실적이 나빴기 때문에, 발표를 망쳤기 때문에, 운이 나빴기 때문에 당신은 자신감을 잃을 수도 있다. NFL 역사상 가장 정확한 필드골field goal 키커kicker인 마이크 밴더젯Mike Vanderjagt의 경우 2006년 NFL 플레이오프 동안 그러한 순간에 직면했다. 경기 종료 18초를 남기고 인디애나폴리스 콜츠의 필드골 키커인 그는 자신에게는 일상적인 일이라 할 수 있는 46야드 필드골을 위해 필드에 나섰다. 필드골에 성공하면 스틸러스Steelers와 동점이 되어 연장전으로 갈 수 있었다. 그렇지만 밴더젯은 필드골을 성공시키지 못했고, 그 결과 콜츠는 그 경기에서 졌고 슈퍼볼에 진출할 기회도 놓쳤다. 이 실패로 그는 미식 프로축구리그를 떠날 정도로 자신감을 잃었다. 그는 "나는 자신감을 잃었다."라고 인정했다. 마찬가지로 단 한 가지 사건 때문에, 이를테면 홈런을 쳐서, 철자 시험에서 만점을 받아서, 홀딱 반한 이성과 데이트를 해서, 혹은 중대한 계약을 성사시켜서 자신감이 크게 향상될 수도 있다. 그런 경험은 어떤 새로운 일을 시작할 때 그 일을 할 수 있다고 믿음을 불어넣는 역할을 한다.

　마지막으로 자신감과 자부심을 혼동해서는 안 된다는 점이다. 일찍이 1970년대에 자신에 대한 긍정적인 감정, 즉 자부심이 성공에 영향을 미친다는 주장이 제기되었다. 이는 어린이들과 어른들이 자신의 잠재력을 깨닫도록 도와줄 새로운 접근방식으로 각광 받았고, 사람들은 그것을 혁신적인 방식으로 평가했다. 당시 누가 감히 이 논리에, 즉 자부심을 느낄수록 우수한 성과를 거둘 수 있다는 주장에 이의를 제기할 수 있었겠는가? 그렇지만 자부심을 연구한 결과, 자부심을 키워 성공 가능성을 높여주겠다던 초기의 약속이 지켜질 수 없는 약속임이 드러났다.

　플로리다 주립 대학교의 교수이자 세계적으로 높이 평가받는 심리학자인 로이 바우마이스터Roy Baumeister 논문의 새로운 해석에 따르면, 많은 이들이 자부심이 마법과 같은 힘을 갖고 있다고 믿고 있지만, 실제로는 그렇지 않다. 어린 학생들의 경우 시험을 보거나 더 나은 점수를 받아야 하는 그런 부담되는 상황에서 더 우수한 성과를 거두는 데 자부심은 도움이 되지 않는다. 보통 정도의 학점을 받고 있는 대학생들 가운데 교수로부터 자부심을 북돋우는 말을 정기적으로 들은 학생들이 더 학업에 정진하고 더 열심히 노력하도록 지도받은 학생들보다 최종적으로 더 나쁜 성적을 거뒀다. 이는 직장생활을 하고 있는 성인들의 경우에도 마찬가지다.

얼마나 많은 자부심을 느끼느냐에 따라 달라질 수 있는 것은 성과에 대한 자신의 인식뿐이다. 다시 말해 강한 자부심을 가진 사람들은 자신의 성과를 더 높이 평가한다. 자신이 또래보다 더 스마트하고, 더 매력적이라고 생각한다. 그렇지만 어떤 객관적인 테스트도 어떤 공정한 평가자도, 성과에 어떤 질적 차이도 찾아낼 수 없다.

심리학자와 교육자, 그리고 부모들은 부담 속에서 좀 더 우수한 성과를 거둘 수 있는 자녀와 학생을 길러내는 데 자부심이 매우 중요하다고 주장하지만, 원인과 결과가 바뀌었음을 보여주는 여러 증거들이 있다. 자부심이라는 것은 성공 '전'이 아니라, 성공 '후'에 느끼는 감정이다. 자부심은 성공의 '결과'이지, 성공의 '원인'이 아니다. 연구 결과들을 살펴보면, 강한 자부심이 있는 아이들이 정말로 성적이 약간 더 우수하다. 그렇지만 그것은 자부심이 강해서 우수한 성적을 거둔 것이 아니라, 우수한 성적을 거둬서 자부심이 강해진 것이다.

기업과 다른 여러 조직에서도 업무 만족도 문제를 둘러싸고, 이와 같은 혼선을 빚고 있다. 오랫동안 기업들은 업무 만족도가 높아지면 생산성이 향상되리라는 생각에서 기업의 성과 관리 체계를 조직화했다. 직장에서 근로자들이 더욱 만족감을 느낄 수 있는 환경을 조성한다면, 더 높은 성과를 거두리라는 것은 당연한 이야기처럼 보인다. 하지만 불행히도 그것은 사실이 아닌 것으로 드러났다. 근로자들이 만족을 느끼기 때문에 생산성이 향상되는 것이 아니라, 생산성이 높기 때문에 만족감을 느끼는 것이다. 높은 만족감은 높은 성과가 초래한 '결과'이지, 그 원인이 아니란 얘기다.

그러므로 부모로서 혹은 책임자로서 당신이 키워주고자 하는 것이 무엇인지 명확히 하라. 자녀나 직원이 칭찬받을 자격이 있든 없든, 그저 자신을 자랑스럽게 여기도록 칭찬하는 것은 그들의 성과 향상에 전혀 도움이 되지 않는다. 모두에게 트로피를 주는 방식은 공식적으로 그 실효성을 잃은 지 오래다. 자녀들과 직원들이 뭔가를 행함으로써 혹은 목표한 바를 이뤄냄으로써 자신감을 쌓을 수 있도록 도와주는 것이 부담 속에서도 더 나은 성과를 거둘 길이다. 그저 달콤한 말로 자신을 더 자랑스럽게 여기도록 부추겨서는 안 된다. 그들에게 도전적인 환경을 만들어주는 것을 목표로 삼아야 하는 것도 이 때문이다. 이것이 힘들 때 커다란 힘이 되어줄 자신감을 쌓을 길이다.

● 자신감은 대형 화재도 잠재운다
해독제 역할을 하는 자신감

자신감은 의구심, 왜곡된 시각, 생리적 과다흥분(혹은 과다자극)을 초래할 수 있는 부담감의 유해한 '독성'을 없애는 해독제 역할을 한다. 자신감을 갖고 있다고 의구심을 품지 않는 것은 아니다. 사실 우리가 코칭 및 컨설팅 서비스를 제공하거나 연구했던 모든 엘리트 운동선수와 올림픽 혹은 NBA 코치, 관리자, 그리고 책임자들이 의구심을 품었다. 두 차례 금메달을 딴 하키 선수, 시드니 크로스비Sidney Crosby는 이렇게 말했다. "의심이 들었던 적이 없다고 말하는 운동선수가 있다면, 그 사람은 거짓말을 하고 있는 것이다."

30년간의 연구를 통해 찾아낸 한결 같은 사실은 강한 자신감을 가진 사람은 테스트를 받을 때처럼 부담되는 상황을 눈앞에 닥친 위기가 아니라, 이겨낼 수 있는 '도전'으로 본다는 점이다. 그 결과 그들은 부담의 유해한 효과에 맞설 수 있는 면역력을 갖게 되고, 부담이 극대화될 때조차 높은 성과를 거둘 가능성이 높다.

강한 자신감을 갖고 있는 사람이 자신감이 부족한 사람보다 더 열심히 노력하고, 끈기 있으며, 낙관적이고 열정적이다. 또 더 용감하고 더 의지가 굳으며, 한층 높고 어려운 목표를 추구한다. 학교에서 학력이 하나씩 쌓일 때마다 그에 맞춰 학생들의 자신감을 키워줄 수 있다면 더할 나위 없이 좋을 것이다. 그리고 실제로 학생들이 대학에 진학할 때 즈음이면, 다른 어떤 잣대보다 성적이 자신감과 밀접한 관련성을 보인다.

학생이든, 근로자든, 운동선수든, 부담감에 따른 부정적인 신체 증상들이 하나둘씩 모습을 드러낼 때, 자신감이 몸과 마음을 강화시키는 역할을 한다. 마음 속 깊은 곳으로부터 그들은 자신이 할 수 있다는 것을 알고 있기 때문이다. 불안감과 자기불신self-doubt의 증가처럼 부담감의 부정적인 효과를 느낄 때, 그들은 그에 굴복할 필요가 없다는 것을 알고 있다. 자신이 할 수 있다는 것을 알고 있기 때문에, 부담감에 수반되는 갖가지 증상들이 이제 실력을 발휘해야 할 때라는 초기 신호로 들린다. 자신이 해결할 수 있다고 생각하면 그만큼 통제력이 증가한다. 그리고 누구든 자신이 많은 통제력을 갖고 있다고 느끼면, 심적으로 더 단단해지고, 중심을 잘 잡아 덜 흔들리게 되며, 부담되는 순간에 다가서는 것을 덜 두려워하게 된다. 그들은 부담되는 순간을 피하려 하지 않는다.

대학살의 생존자이자 노벨상 수상자인 엘리 비젤Elie Wiesel은 이렇게 말했다. "우선 위험 없는 삶이란 없다는 것을 이해해야 합니다. 중심이 튼튼하면, 다른 모든 것은, 심지어 위험조차도, 부차적인 문제가 됩니다."

자신감이 중요한 역할을 한 사례

1988년 1월 4일 아침, 켄터키 주 메이즈빌Maysville, 카길Cargill의 비료 저장시설에서 화재가 발생했다. 그 소식이 CNN을 통해 보도되고 있었을 때, 그 시설의 중간급 책임자인 짐 프로코팬코Jim Prokopanko는 카길의 최고경영자로부터 전화를 받았다. "화재 소식 알고 있습니까?" 짐은 텔레비전 화면을 통해 화재 첫 장면을 보고 있었다. 그의 상관은 휴가 중이었다. 카길의 최고경영자는 짐에게 이렇게 말했다. "당신이 켄터키에 가봐야겠습니다. 그곳 사람들을 보살펴주고, 회사의 명예에 금이 가는 일이 없도록 필요한 조치를 취해 주세요."

짐은 즉시 자신이 그 지역에서 대비시킨 2400명의 거주민들과 카길의 명예를 책임지게 되었다는 것을 알았다. 카길은 미국의 다국적 기업으로 1865년에 미니애폴리스에 설립되었고, 세계에서 가장 큰 비상장기업 중 한 곳이었다.

짐은 일순간 공포를 느꼈다. 저장시설의 화학물질 중에 불이 붙으면 폭발 위험이 있는 질산암모늄이 포함되어 있을지도 몰랐다. 때때로 그 저장시설에는 다른 화학물질들 사이에 질산암모늄이 400톤 이상 보관되어 있었다. 하지만 그는 현재 그곳에 무엇이 있는지 확실히 알지 못했다.

"어떻게 해야 할지 몰랐습니다. 모르는 것도 너무 많았고, 불확실한 것도 너무 많았습니다. 나는 이런 경험이 없었습니다. 나는 당시 무엇이 저장되어 있는지 몰랐습니다……만약 질산암모늄이 저장되어 있고 그것이 폭발한다면 건강에 어떤 위협이 될지 알 수 없었습니다."

그는 이런 생각이 들지 않을 수 없었음을 인정했다. "잘못하면 경력이 끝장날 수도 있었습니다. 무엇보다 당혹스러웠던 일은 그 사건이 CNN을 통해 보도되고 있다는 것이었습니다. 최악의 상황이었습니다. 이는 지역사회에, 주민들에게, 그리고 회사에 해를 입힐 수 있었습니다. 머릿속이 팽글팽글 돌지 않을 수 없었습니다. 이처럼 청천벽력 같은 일이 일어나면 정신이 아득해지고 통제력을 상실하게 됩니다…… 단 한 가지도 제대로 생각할 수가 없었습니다……나는 점점 공황 상태에 빠져들고 있었습니다. 내가 이 상황을 수습해야 한다는 것을 알고 있었습니다."

짐은 갖가지 의심이 들었지만, 자신의 능력에 대한 믿음 역시 갖고 있었다. "모든 것이 통제할 수 없을 정도로 어지러운 상황이라는 것을 느낄 수 있었지만, 내 마음 깊은 곳에서는 상황을 진정시킨다면, 믿을 수 있는 자문단을 꾸린다면, 이 상황을 수습할 수 있다는 것도 알고 있었습니다."

여기서 자신감이 매우 중요한 역할을 했다. 짐은 불안감을 느꼈

고, 왜곡된 생각도 들었으며("경력이 끝장 날 수도 있다"), 아드레날린 분비
가 증가하며 부담감에 따른 갖가지 신체 반응들도 나타났다. 그렇지
만 그와 동시에 그는 자신이 이 상황을 수습할 수 있다는 것을 알고
있었다. 그리고 이러한 확신이 점점 커져가던 의심에 그리고 여기저
기 나타나고 있는 육체적 부담 반응에 '브레이크'를 걸었고, 불안감을
줄여주었다.

사고 소식을 듣고, 선경지명 있게도 짐의 머릿속에 제일 먼저 떠
오른 생각은 "CNN이나 여타 언론을 통해 들은 첫 소식들이 잘못된
소식이면 좋겠네."라는 것이었다. 그리고 정말 그러했다.

그는 이 상황을 훌륭히 헤쳐 나가려면, 우선 자신부터 다스려야
한다고 느꼈다. "사소한 일들을 걱정할 시간이 없었습니다. '코끼리'
부터, 즉 큰 문제들부터 해결해야 했습니다." 그는 카길의 최고경영자
가 자신에게 했던 이야기, 다시 말해 그 지역 거주민들을 보살펴주고
회사의 명예에 금이 가지 않게 해달라는 부탁을 잊지 않고 있었다. 그
것이 바로 코끼리들이었다.

그 다음, 그는 믿을 수 있는 자문단을 꾸렸고, 상황을 바로 잡을 대
응책을 하나씩 하나씩 마련해 나갔다. "우리는 상황 진단에 나섰고 가
능한 논리적으로 평가하려 노력했습니다. 자문단에는 의료진, 화재 전
문가, 금융 전문가, 보험회사의 손해사정인 등 각 분야의 노련한 이들
이 포함되었습니다. 우리는 매우 긴밀히 협조했습니다. 이들의 의견을
하나로 모음으로써 나는 훨씬 지혜로운 판단을 내릴 수 있었습니다."

"부담감을 유발하는 것은 사건이라기보다 나 자신이었음을 깨달

았습니다. 어떤 상황에 부딪혔을 때 그에 대한 당신의 정신적, 육체적 반응이 부담감의 근본원인입니다. 따라서 당신은 자신의 능력을 믿어야 합니다. 그 사건이 당신 때문에 일어난 것은 아니지만, 그 사건에 대해 당신이 특정 반응을 보이는 것은 자신의 입장을 고려하기 때문입니다. 나는 그 상황에서 내 입장을 고려하지 않기로 했습니다. 이 사건이 내게 미칠 개인적 영향을 생각하기보다 주요 현안 파악에 총력을 기울였습니다. 자신의 입장을 생각할수록, 부담감이 커져 성과가 악화됩니다. 팀의 힘을 하나로 모으려면, 내가 마음을 열고 솔직해져야 한다는 것을 깨달았습니다. 실수를 저질렀을 때 나는 그것을 솔직히 인정하고 넘어가야 했습니다. 실제로는 잘 모르면서 아는 척 해서는 안 되었습니다. 중요한 것은 우리 팀이 현명한 판단을 내릴 수 있는 환경을 조성하는 것이었습니다. 그러기 위해서는 나부터 솔선해야 했습니다."

그러한 마음가짐으로 짐과 자문단은 상황에 성공적으로 대처해 나갔다. 그들은 화재를 전적으로 책임졌고, 화재로 생활에 지장을 초래한 사람들을 지원했다. 그들은 부담감 속에 불완전한 결정을 내렸던 문제들의 경우 보완조치를 취해나갔다. 지역사회와 언론, 그리고 회사 등 모두의 의견을 종합컨대, 그들의 대처는 성공적이었다.

그로부터 몇 달 뒤 모든 일이 정리되고 나서, 카길은 자사의 운영 상황을 조사한 끝에 저장 사업이, 특히 질산암모늄 같은 강한 화학물질 저장사업이 너무 위험하다는 결론을 내렸고, 그 사업부를 매각하기로 결정했다.

그렇지만 짐은 그 후 직장생활 가운데 도전에 부딪힐 때마다 그 경험이 큰 힘이 되어주었다. 나중에 그는 세계적인 농축 인산염 및 칼륨 비료 생산 기업이자 상장기업인 모자익Mosaic의 최고경영자가 되었다.

짐은 요즘에도 켄터키 화재 때의 경험을 일에 이용하고 있다. 최고경영자로서 그는 부담되는 상황에 수없이 부딪히고 있다. 연간 목표도 달성해야 하고, 변화도 이루어내야 하며, 신규 시장에 진출도 해야 하고, 팀원들에게 피드백도 제공해야 한다. 어떤 일이 닥치든 극복할 수 있다는 자신감을 그에게 불어넣어 준 것은 바로 카길에서의 경험이었다. 그것은 또한 다른 이들의 눈에 그가 리더로서 두각을 나타낸 사건이기도 했다. 그 경험을 통해 그는 부담 상황에서 믿고 따를 수 있는 리더로서의 명성을 쌓았다.

● 자신감 기르기

자신감이 아무 노력 없이 갑자기 생기지는 않는다. 자신감을 기르려면, 지속적인 노력과 체계적인 접근방식과 꾸준한 실천이 필요하다. 우선 이렇게 해보자.

1. 자신이 현재 어느 정도 자신감을 갖고 있는지 평가한다.
2. 최근의 신경과학 연구결과를 바탕으로, 뇌를 이용해 자신감을 기른다.
3. 자신감 북돋우는 생활습관을 기른다.

시작 단계: 현재 자신이 어느 정도 자신감을 갖고 있는지 파악한다.

자만심을 갖고 있거나 불필요한 열등감에 사로잡혀 있으면, 자신감을 기르는 것도, 주어진 일에 최선을 다하는 것도 어려울 수 있다. 자신을 정확히 평가하는 능력을 기름으로써 두 가지 모두 해결할 수 있다. 정확한 자기 평가를 통해, 자신이 현재 어디에 서 있는지 알 수 있다. 이 정보를 이용해 당신은 어떤 식으로 자신감을 기를 것인지 계획을 세울 수 있다. 또 자신이 어느 정도 나아지고 있는지 측정할 때 이 정보를 기준점으로 삼을 수 있다. 자신이 나아지고 있는 것을 알면, 그것이 자신감을 강화시키면서 불안감을 줄여주는 선순환을 일으킬 수 있다. 하지만 자신이 어느 정도 자신감을 갖고 있는지 정확히 평가하는 것이 생각만큼 쉽지 않을 수도 있다.

우리는 때때로 자만심의 희생양이 된다. 자만심을 갖고 있을 때 우리는 자신의 능력을 실제보다 과대평가하게 된다. 예를 들면 대부분의 사람이 자신이 평균보다 운전을 잘한다고 생각한다. 그렇지만 말 그대로, 모든 이가 평균 이상의 운전 실력을 갖고 있을 수는 없다. 노벨상을 수상한 경제학자, 대니얼 카너먼Daniel Kahneman은 수년간의 연구를 통해 마음에 들지 않을 경우 자신에 대한 스스로의 평가를 묵살하는 인지적 편견cognitive bias을 모든 이가 갖고 있다는 사실을 찾아냈다. 이는 실패는 잊어버리고 성공만 기억하며, 자신의 능력과 기억을 과대평가하는 경향이 있다는 얘기다.

카너먼과 다른 연구원들의 연구 결과를 정리하면 이렇다.

- 교수들 가운데 95퍼센트가 자신이 평균 이상의 실력을 갖고 있다고 말한다.
- 각각의 간부에게 자신이 몸담고 있는 업계에 관한 질문을 하며, 자신의 답변이 얼마나 옳다고 생각하는지 물었다. 광고계에 종사하는 사람은 자신의 답변 중 90퍼센트가 정답이라 말했지만 사실은 60퍼센트가 틀린 대답이었다. 컴퓨터업계에 종사하는 사람은 자신의 답변 중 95퍼센트 옳다고 말했지만 80퍼센트가 틀린 답이었다. 그런데 이러한 자만심은 성별과도 관련이 있었다. 예를 들어 남자가 여자보다 물에 빠져 죽는 경우가 두 배 더 많다. 그 이유는 호수를 헤엄쳐 건널 수 없음에도 할 수 있다고 잘못 생각하는 남자들이 많기 때문이다.

종종 오만으로 간주되는, 과신 편향overconfidence bias은 객관적인 자기 평가를 어렵게 만든다. 이를테면 주택을 매도하려는 사람 대부분이 자신의 집의 가치를 과대평가한다. 은행은 그것을 알고 어느 쪽에도 고용되어 있지 않아서 객관적일 수 있는 부동산 감정사에게 주택 감정을 맡긴다. 객관적인 평가는 은행이 주택 매입자에게 과도한 주택담보대출로 손실을 입을 위험을 줄여준다.

과신 편향은 뭔가를 배우는 데도 방해가 될 수 있다. 과도한 자신감이 지닌 중대한 문제점 가운데 하나가 누군가가 듣고 싶지 않은 이야기를 하면 즉시 그 말을 묵살함으로써 중요한 정보나 피드백을 얻을 기회를 놓친다는 점이다. NFL 휴스턴 텍슨스Houston Texans의 단장으로, J.P.와 함께 일한 적이 있는 제이미 루니Jamie Rooney는 이렇게 말한다. "피드백을 통해 매일 조금씩 나아지는 것이 체면을 지키는 것보다 훨씬 더 중요하다." 제이미는 NFL에서 과도한 자신감은 선수, 코치, 그리고 리더들이 필요한 것을 습득하고 조직의 목표를 이뤄나가는 능력을 저해한다고 말한다. "텍슨스인들에게는 우승하기, 기억할만한 경험 만들기, 지역사회에 기여하기 이렇게 세 가지 의무가 있다. 아직 갈 길이 먼데, 자신이 모든 것을 알고 있다고 생각하여 배우는 것을 게을리 한다면, 영원히 이 의무를 다하지 못할 것이다."

자신감 부족은 과도한 자신감만큼 해로울 수 있다. 과도하게 자신감이 부족할 경우, 넘쳐 나는 걱정들로 소중한 작업 기억을 다써버릴 수 있다. 그 결과 논리적으로 사고하지 못할 수도 있고, 부담 상황에서 중요한 정보를 잊어버릴 수도 있으며, 최선의 성과를 거두지 못할 수도 있다. 또 부담되는 상황을 피하려 할 수도 있다.

숏을 성공시킬 수 있다는 자신감이 부족한 농구 선수는 숏을 피할 수 있다. 수학을 못한다고 생각하는 학생은 그러한 생각이 올바른 평가든 아니든, 시험 보는 동안 최선을 다하지 못한다. 자신감이 부족한 사람은 불안감을 유발하는 부담되는 상황을 단순히 떠올리는 것만으로도 잘못될 수 있는 온갖 일들을 실제보다 확대해석하고, 필요 이상으로 상황을 부담스럽게 받아들이는 함정에 빠질 수 있다. 그 결과 상황에 접근하는 것 자체가 어려워질 수 있다. 자신이 그 동안 어떤 부담되는 일을 피해왔는지 알고 있는 상황에서 또 다시 그것을 피하는 자신을 발견할 때, 자책하게 되고 이러한 자책이 죄책감과 후회뿐 아니라, 자기혐오와 수치심까지 유발하며, 이 모든 감정이 자신감을 한층 떨어뜨리는 악순환을 경험할 수 있다.

자신에 대한 평가가 전적으로 주관적이라는 사실을 인정하는 것이 바로 정확한 자기 평가의 출발점이다. 많은 연구를 통해 알 수 있는 것처럼, 주관적인 평가는 자기기만으로 가득 차 있다. 따라서 주관적인 평가를 자신을 평가하는 유일한 잣대로 삼는 것은 비합리적인 일이다. 다른 사람의 통찰을 이용하는 전략과 기준을 이용하는 전략, 이 두 가지 주요 전략으로 당신은 자신이 어느 정도 자신감을 갖고 있는지 정확히 평가할 수 있다.

다른 사람들의 통찰을 이용하는 전략

자기 평가를 할 때 다른 사람들의 인식을 이용함으로써 자신의 인지적 편견 및 선천적인 주관적 평가 성향에 정면으로 맞설 수 있다. 비즈니스 세계에는 사장이나 최고경영자에게 균형 잡힌 시각을 제공하는 이사회가 존재한다. 이는 사업과 관련된 결정을 내리고 계획을 수립할 때 매우 중요한 역할을 한다. 이는 개인의 경우도 마찬가지이다. 당신의 강점이나 결정에 대해 누군가 균형 잡힌 시각을 말해준다면, 매우 유용하게 쓰일 수 있다. 유감스럽게도 다른 사람으로부터 적극적으로 피드백을 구할 수 있는 이들이 거의 없다. 따라서 피드백을 구할 수 있는 매우 효과적인 방법으로 자신만의 '이사회'를 구성하는 것이다.

지난 10년 동안 J.P.는 두 달에 한 번씩 모이는 소집단 행사에 참여했다. 이 집단의 구성원들은 서로에게 '개인 이사회' 역할을 해주었다. 저녁 시간 동안 구성원들은 자신이 특정 상황에 어떤 식으로 효과적으로 대처하고 있는지 설명하고, 다른 이들은 그 방식을 어떻게 생각하는지 피드백을 구할 기회를 갖는다. 그들은 다른 이들의 생각을 들음으로써 상황을 좀 더 명확히 바라볼 수 있고, 자기만 특정 도전에 직면해 있는 것이 아님을 깨달을 수 있다. 또 이를 통해 자신의 가정이 과연 옳은 가정인지 따져볼 수 있고, 어떻게 하면 자신을 발전시킬 수 있을지 피드백을 얻을 수도 있다. 그리하여 자기계발 계획을 세울 수 있을 뿐 아니라, 자신의 능력을 보는 현실적인 시각도 얻을 수 있다. 이 집단의 구성원들은 만난 횟수가 한 번 두 번 늘어감에 따라 자신감이 점점 향상되는 것을 발견하게 된다. 그리고 자신감이 증가하니 필요한 일들을 실행에 옮길 가능성이 높아지고, 이 책의 목표처럼, 부담감을 더욱 효과적으로 다스릴 수 있게 된다.

사람들을 모아 이사회를 시작한다. 누구를 이사회 구성원으로 뽑을지는 당신에게 달려 있다. 그렇지만 필요할 때 언제든 만날 수 있는 사람이어야 하고, 사생활 문제, 직장 문제 등 다양한 문제를 편히 논의할 수 있는 사람이어야 한다. 중요한 것은 삶의 어떤 측면에서 응원이나 조언이 필요할 때 도움을 청할 수 있는 사람을 모으는 것이다. 하지만 개인 이사회 같은 집단을 조직하는 것이 어려운 일이라 생각된다면, 다른 사람들을 이용해 자신감을 기를 또 다른 방법이 있다.

다른 사람의 통찰을 이용할 또 다른 전략은 부담을 느끼는 과제로 역할극을 해보는 것이다. 예를 들면 워튼Wharton에서 열렸던 간부

교육 강좌에 참여했던 한 참가자의 경우 자신의 면접 실력이 뛰어나다는 생각을 갖고 있었다. 그런데 이상하게도 그녀는 중역 자리에 오르는 데 번번히 실패했다. 그녀는 다른 간부들 앞에서, 그리고 비디오카메라 앞에서 역할극을 했다. 이를 통해 그녀는 자신이 중역 자리에 오르지 못한 이유를 금세 알 수 있었다. 그녀는 면접 실력이 형편없었던 것이다. 이러한 깨달음은 놀랄 정도로 긍정적인 효과를 발휘했다. 역할극을 통해 그녀는 자신이 어떤 식으로 면접을 받는지 간파했고 어떻게 하면 면접 기술을 크게 향상시킬 수 있는지 통찰력을 얻었다. 그녀는 면접관이 이야기하고 있을 때 자꾸 끼어드는 버릇이 있고, 면접관과 눈을 제대로 맞추지 못하며, 애매한 표현으로 대답을 얼버무리는 경향이 있었던 것이다. 이러한 정보를 이용해 그녀는 자신의 문제점을 고쳐나갈 수 있었고, 면접 실력이 향상될 수 있었다.

자녀들이 대학교 입학 면접이나 학급에서의 발표처럼 부담되는 상황에 직면해 있을 때 부모들은 역할극을 이용해 그들이 좀 더 우수한 성과를 거둘 수 있도록 도와줄 수 있다. 비디오 촬영은 자기 평가에 도움이 되는, 실시간 피드백을 제공할 수 있는 효과적인 도구다. 게다가 비디오카메라 앞에 서는 것이 익숙해지면, 향후 면접에서 자신이 어떻게 하고 있는지 신경을 덜 쓰게 될 것이다.

기준을 이용하는 전략

딸아이가 SAT를 준비하고 있다면, 연습 시험을 봄으로써 자녀는 자신의 실력이 어느 정도인지, 어디서 얼마나 실력을 키워야 하는지 알 수 있다. 이는 계약 체결률을 끌어올려야 하는 영업 사원의 경우에도 마찬가지이다. 자신의 계약 체결률이 기준과 비교했을 때 어느 수준인지 명확히 파악함으로써 그는 할당량을 충족시키기 위해 가장 시급히 개선해야 할 사항에 주의를 집중할 수 있다. 이러한 정보가 있으면 자신의 성과를 좀 더 정확히 평가할 수 있다. 이는 성과가 어느 정도 향상되었는지 평가할 때 기준 역할도 하기 때문에, 성과가 나아지는 것을 눈으로 확인할 수 있다. 성과가 개선되고 있음을 알게 되면 자신감도 그만큼 향상된다.

부담 상황에서 자신이 어떻게 행동하는지 알기 위해 기준을 이용하는 또 다른 방법은 '360도 평가'도구를 활용하는 것이다. 이 도구는 부담감을 어떤 식으로 다스리고 있는지 평가한다. 이 도구에는 12만 여명이 평가대상자(평가를 받는 사람)로 혹은 평가자(평가하는 사람)로 참여했는데, 사람들은 이 도구를 통해 부하직원, 책임자, 동료, 주요 고객 같이 함께 일하는 사람들로부터 그리고 가족과 친구들로부터 피드백을 얻는다. 각각 익명으로 피드백을 제공한다. 평가를 받는 사람의 입장에서 이것이 일견 무서울 수도 있지만, 잘만 되면 책임자와 근로자들은 값진 정보를 얻을 수 있다. 자신의 성과를 더 정확히 평가하는 데 도움이 될 뿐 아니라, 훗날 성과가 얼마나 향상되었는지 측정할 때 기준 역할도 할 값진 정보를 말이다. 다시 말하지만 성과가 향상된 것을 눈으로 확인하게 되면, 그만큼 자신감이 커진다.

자신감 있는 사람에 대한 실증적 연구 결과에 따르면, 그들은 겸손한 태도를 갖고 있기 때문에 자신을 면밀히 들여다보고 이를 통해 깨달음을 얻고 한 단계 발전할 수 있다. 물론 이는 모순처럼 보일 수 있다. 좀 더 폭넓은 시각에서 봤을 때 정확한 평가에 대한 피험자들의 반응은 이 연구 결과와 일맥상통한다. 사실 연구에서는 자신감 있는 사람은 보통 사람보다 동일한 배움의 기회로부터 세 배에서 다섯 배 많은 정보를 얻어낸다고 주장한다. 따라서 그들이 더욱 현실적인 시각을 갖게 될 수밖에 없다. 한 마디로 그들은 상황을 '있는 그대로' 본다고 할 수 있다. 그들은 실패를 확대해석하여 심하게 자책하거나, 부담되는 순간에 좋은 성과를 거두지 못하는 사람을 괴롭히지 않는다. 그들은 성공했을 때도 그것을 확대해석하여 자만에 빠지거나 오만하게 구는 법이 없다. 그들은 자신감 부족으로 부담되는 상황을 피하려 드는 일도 없다. 자신과 다른 사람의 실력 및 재주를 비교하여 자신의 위치를 정확히 파악함으로써 균형 잡힌 시각으로 자신을 바라본다. 따라서 그들은 불필요한 부담감을 줄일 수 있다. 매일 매일의 이런 현실적인 평가 덕에 그들은 부담되는 상황에 대비할 수 있을 뿐 아니라, 자신이 어떤 사람이고, 어떻게 생활하고 있는지, 앞으로 나아가기 위해 무엇을 해야 하는지 이해하고 그에 걸맞은 노력을 기울일 수 있다.

자신감을 기르는 두 번째 단계는 흥미로운 신경학적 발전을 자신감 개발 전략에 적극 활용하는 것이다.

뇌를 이용해 자신감 기르기

스포츠와 리더십, 그리고 신경과학에서는 부담감 속에서 탁월한 리더십을 발휘하며 우수한 성과를 거두는 것과 특정 신경화학을 결부시키는 경향이 나타났다. 예를 들면 부담되는 상황에서 자신의 실력을 100퍼센트에 가깝게 발휘하는 리더들은 테스토스테론의 수치가 더 높고 코르티솔의 수치가 더 낮다고 한다.

테스토스테론은 그동안 사람들로부터 공격성을, 심지어는 폭력성을 유발하는 호르몬이라는 부당한 평가를 받았다. 테스토스테론의 역할은 그렇게 단순하지 않다. 테스토스테론은 뇌와 몸에 다방면으로 강력한 영향을 끼친다. 테스토스테론은 특히 부담 속에서 우수한 성과를 거두는 데 매우 중요한 역할을 한다. 테스토스테론으로 인해 사람들은 더 자신감을 느낄 수 있고, 자발적으로 그리고 의욕적으로 위험을 감수할 수 있다. 이는 단순히 테스토스테론과 밀접한 관련이 있는 일반적인 육체 활동을 더 잘 할 수 있게 된다는 얘기가 아니다. 연구에서 찾아낸 바에 따르면, 일반적으로 두려움 때문에 감수하지 못했던 위험을 감수할 수 있도록 테스토스테론이 결정적인 도움을 제공한다. 테스토스테론이 두려움 등의 감정을 조절하는 뇌 기관인 편도체를 자극하여 두려움을 줄여주고, 인지 기능을 향상시켜 보다 명료히 생각할 수 있도록 도와주기 때문이다. 우리는 불확실한 것에 대해 경계심을 갖는데, 테스토스테론은 그러한 경계심을 없애주고, 감정적인 방식이 아니라, 인지적인 방식으로 우수한 성과를 거둘 수 있도록 도와준다.

어떤 영역에서 부담감 속에 우수한 성과를 거두려면 육체적으로 느끼는 감정에도 불구하고, 두려운 상황 속으로 당당히 걸어 들어가서 필요한 조치를 취해야 한다. 뛰어난 외과의사가 어떤 성과를 거둘지 뿐 아니라, 어떤 체스 선수가 부담 속에서 더 우수한 성과를 거둘지 테스토스테론을 통해 예측할 수 있다. 이는 이들 모두가 두려움을 느낄 때도 우수한 성과를 거두기 위해 필요한 위험을 감수할 수 있어야 하기 때문이다. 연구에서는 테스토스테론이 어리석은 위험을 감수하게 하지는 않는다고 지적한다. 오히려 테스토스테론은 감정이 인지 작용을 방해하지 못하게 함으로써 비이성적이 아니라, 좀 더 이성적으로 생각할 수 있게 돕는다.

그와 동시에 부담감 속에 우수한 성과를 거두는 사람은 코르티솔의 수치도 낮다. 이는 부담감을 다스리는 문제와 관련해, 그들이 그만큼 걱정을 적게 한다는 것을 의미한다. 일이 순조롭게 풀리지 않을 때도 그들은 하던 일을 끝까지 밀고 나가며, 다른 이들의 피드백에 덜 방어적인 자세를 취한다. 사실 테스토스테론은 많이, 코르티솔은 적게 분비되기 때문에, 그들은 '흔들리는 배 속에서 침착함을 잃지 않는 사람'이 될 수 있다.

뇌 속에서는 신경화학물질의 수치가 계속 높아졌다 낮아졌다 변화를 거듭한다. 그리고 이러한 호르몬이 자신감의 정도에, 부담 상황에서 그들이 어떤 행동을 취할지에 영향을 끼친다. 대부분의 사람들이 놓치고 있는 한 가지 중요한 사실은 신경화학물질의 수치를 그들이 '선택'할 수 있다는 점이다. 그것이 운에 맡겨야 하는 문제가 아닌 것이다. 부담 상황에 들어서기 전, 테스토스테론의 분비를 증가시키고 코르티솔의 분비를 감소시키기 위해 당신이 할 수 있는 많은 사소한 일들이 있다. 여기서는 세 가지 방법으로, '자세'를 통해, 그 다음에는 '분할 시각화(split visualization, 이는 뒤에서 자세히 설명하도록 하겠다)'를 통해, 마지막으로 '소소한 성공'(micro-success: 소소한 성공은 심리학자들이 '승자효과'라고 부르는 효과에 편승할 방법이다)'에 주목함으로써 뇌에 영향을 끼쳐 호르몬 분비를 조절할 방법을 살펴볼 것이다.

● 자세와 뇌

에이미 커디Amy Cuddy는 펜실베이니아의 작은 시골 마을에서 자랐다. 그녀는 콜로라도 대학교the University of Colorado 볼더 캠퍼스에서 학사학위를 받으려 공부하고 있었다. 하지만 2학년 때 심각한 교통사고로 심한 뇌 손상을 입었다. 그녀는 예전 수준으로 인지능력을 회복할 수 없으며, 학사학위를 받기도 어려울 수 있다는 이야기를 들었다. 그녀는 지능지수IQ가 30이나 떨어졌다. 이러한 진단 결과는 에이미에게도, 가족에게도 큰 충격이었다.

그녀는 고위 과정으로 올라갈수록 자신이 어울리지 않는 자리에 앉아 있으며, 자신이 마치 사기꾼 같은 생각이 들었다. 그녀는 자신이 분에 넘치는 성공을 거두고 있다고 느꼈다. 그녀는 자신감이 부족했다. 물론 뇌를 다치는 바람에 이러한 의심은 한층 짙어졌다. 그녀는 몇 차례 중도 포기를 생각했다.

그러던 어느 날, 그녀는 자신의 조언자인 프린스턴 대학교의 수잔 피스키Susan Fiske를 찾아갔다. 에이미는 수잔에게 그녀의 프로그램에 더 이상 참여할 수 없으며, 박사과정을 그만두겠다고 말했다. 수잔은 가장 뛰어난 심리학 연구원 중 한 명이었고, 과학계에 진출해 있는 여성들의 든든한 후원자였다. 수잔은 그만두려는 에이미의 뜻을 받아주지 않았다. 대신 에이미에게 '해낼 때까지 해낼 수 있는 척하라'고 조언했다.

에이미는 그녀의 조언대로 이 전략을 구사했고, 흥미로운 일이 일어났다. 해낼 수 있는 척하는 과정에서 행동 방식의 작은 변화가 뇌에 커다란 변화를 불러일으킬 수 있다는 것을 알아낸 것이다. 이는 오늘날 사회 심리학 및 뇌 과학 연구 결과들 가운데 가장 중요한 연구 결과 중 하나다.

에이미는 자세가 신경화학에 중대한 영향을 미친다는 것을 찾아냈다. 비언어적인 의사소통이 사람들이 상대방을 인식하는 방식에 중대한 영향을 끼친다는 것은 이미 수년전부터 알고 있던 사실이다. 에이미는 연구를 통해 비언어적 의사소통, 특히 '자세'가 자신에게 그리고 뇌의 화학작용에 커다란 영향을 미친다는 것을 알아냈다.

그녀의 표현처럼 '힘 있는 자세high-power pose'를 취할 때 뇌와 몸에서 테스토스테론 분비가 증가하고 코르티솔 분비가 줄어든다. 힘 있는 자세란 가슴 앞으로 팔짱을 낀 자세가 아니라 두 팔을 활짝 편 자세, 어깨를 앞으로 구부정하게 구부린 자세가 아니라 가슴을 앞으로 내밀고 어깨를 뒤로 쭉 펴고 똑바로 선 자세, 자리를 조금만 차지하는 불편한 자세가 아니라 자리를 조금 더 많이 차지하는 편안한 자세 같이 몸을 웅크리지 않고 활짝 편, 열린 자세이다. 이 경우 테스토스테론 수치는 20퍼센트에서 25퍼센트 상승했고, 코르티솔 수치는 20퍼센트에서 25퍼센트 하락했다.

한 연구에서 에이미는 몇 달러가 오가는 도박을 포함해, 단순한 위험 감수 행위를 하기에 앞서, 두 피험자 집단에게 힘 있는 자세와 힘없는 자세를 가르쳤다. 그녀는 테스토스테론과 코르티솔 수치를 측정하기 위해 피험자들에게 실험 전에 한 번, 실험 후에 한 번 타액 검사를 실시했다. 한 집단은 1분 동안 힘 있는 자세를 취한 반면, 다른 집단은 1분 동안 힘없는 자세를 취했다. 그러고는 도박 테스트를 실시하기 전, 그들에게 설문지를 작성하게 했다. 그들이 어느 정도 힘을 갖고 있는지, 위험 감수 성향이 어느 정도인지 알아보는 설문지였다.

힘 있는 자세를 취한 피험자의 테스토스테론 수치는 크게 증가했고, 코르티솔 수치는 크게 감소했다. 또 힘 있는 자세를 취한 피험자들 가운데 80퍼센트에서 90퍼센트가 힘없는 자세를 취했던 피험자들보다 더 많은 위험을 감수했고 먼저 다가가는 적극적인 행동을 보다 많이 보였다. 힘없는 자세를 취했던 피험자들은 그 당시 50퍼센트만이 위험을 감수했다. 후속 연구에서도 결과는 마찬가지였다. 남성과 여성에게서 발견된 결과 역시 동일했다.

또 다른 연구에서는 에이미와 동료들의 지시에 따라, 실험자는 피험자들에게 자신이 옆방에 갖다오는 동안 기다리고 있으라고 말했다. 실험자는 방을 나서기 전, 각각의 피험자에게 기다리는 동안 아이폰iPhone, 아이패드iPad, 혹은 아이맥iMac을 사용하도록 주었다. 연구 계획에 따라, 실험자는 방을 나간 뒤 돌아가지 않았다. 에이미와 동료들은 각각의 피험자가 얼마나 오래 기다렸다가 실험자를 찾으러 갈지, 그 결과가 피험자가 기다리는 동안 사용한 스크린의 크기에 따라 달라질 수 있을지 궁금했다.

스크린의 크기가 더 큰 아이맥을 이용한 피험자들은 다리를 쭉 펴고 좀 더 편한 자세로 앉아 있었고, 실험자가 나간 뒤 거의 바로 그 사람을 찾으러 옆방으로 왔으며, 무엇 때문에 그렇게 시간이 걸렸는지 궁금해 했다. 스크린의 크기가 작은 아이패드를 사용한 피험자들은 훨씬 더 오래 있다가 실험자가 무엇 때문에 오지 않는지 알아보려 했다. 그리고 아이폰을 쓴 피험자들은 아이폰의 작은 스크린 위로 몸을 구부린 채 폐쇄적인 자세로 앉아 있었고, 실험자를 찾으러 방밖으로 나오지도 않았다. 사실 이 실험을 했던 연구원들은 일명 바닥효과(floor effect: 실험에서 바닥이 높게 책정되어 있어서 아무리 기다려도 그에 이르지 못해 실험 측정을 할 수 없는 현상—옮긴이)가 나타났다고 생각하여 실험을 중단해야 했다. 보다 힘없는 자세를 취했던 피험자들이 한참을 기다려도 실험자를 찾으러 방밖으로 나오지 않았기 때문이다.

요컨대 스크린이 작을수록, 힘없는 자세를 취할 가능성이 높았다. 그리고 피험자가 실험자를 찾으러 나오지 않을 정도로, 이것이 피험자의 뇌의 화학작용 및 자신감에 영향을 미쳤다. 사소한 변화가 커다란 변화를 초래한 것이다.

그렇지만 사소한 일에서만 이런 신경화학적 변화가 사람들에게 영향을 끼치는 것은 아니다. 면접이나 발표회 같이 부담되는 상황에서도 이는 마찬가지이다.

에이미 커디와 하버드경영대학원 동료들은 또 다른 연구를 실시했다. 이 연구에서는 면접에 따른 부담감을 이용했다.

독립적인 평가자들이 연구의 실효성을 높이기 위해 다양한 잣대로 피험자들을 평가했는데, 흥미롭게도 힘 있는 자세를 취했던 피험자들이 더 높은 점수를 받았다. 그들이 평가자들에게 더 스마트하다는 인상을 심어주지는 못했지만 그들이 느끼는 자신감의 정도와 자세는 확실히 달라졌다. 단 2분 간 힘 있는 자세를 취한 것이 그 모든 차이를 만들어낸 것이다. 이것은 부담 상황에서 성과를 향상시키기 위해 모든 이가 할 수 있는 일이다. 이 자신감 있는 자세를 이용해 부담 상황에서 훌륭한 공연을 해낸 대표적인 인물로 슬램 시인(slam poet: 자작시에 리듬과 동작을 가미해 입체적으로 낭독하는 일종의 '낭독 공연'을 슬램 포에트리 slam poetry라고 하며, 이러한 낭독 공연을 하는 시인들을 슬램 시인이라고 한다.—옮긴이), 이안 프렌치Ian French를 꼽을 수 있다.

1980년대 새로운 부류의 공연 예술로 '슬램 포에트리'가 등장했다. 이는 시인들이 자작시를 청중들에게 읽어주는 혹은 낭독하는 경연대회이다. 시인들은 서로 다른 억양과 리듬을 써서 자작시를 낭독하는데, 때때로 '랩rap' 형식을 띠기도 한다. 시 낭독회 주최 측에서는 청중들 중에서 심사위원을 뽑는다. 각 시인이 시를 낭독하고 나면, 심사위원들이 각 시인에게 일반적으로 0점에서 10점 사이의 점수를 매긴다. 2014년 대회 때, 이안 프렌치는 인터뷰에서 이렇게 말했다. "점수가 핵심이 아니라, 시 낭독이 핵심이다." 의상도, 소품도, 악기도, (다른 사람의 시를 이용하는) 일종의 리메이크도 없다. 시인이 청중의 시선을 끄는 순간, 경쟁은 시작된다.

백여 명이 객석에 다닥다닥 붙어 앉아 있는 모습을 상상해 보라.

시인 각각이 무대에 서서 자작시를 낭독하고 나면, 심사위원들이 시의 내용과 낭독 태도, 그리고 청중들의 마음을 움직이는 호소력을 평가한다. 이는 부담감을 극대화시키는 전형적인 상황이다.

영화 제작자이자 음악가이자 아이아빠인 이안 프렌치는 늦은 나이에 슬램 포에트리에 참가했다. 대부분의 슬램 시인들은 이십대에 낭독 공연에 참여한다. 이안은 마흔다섯 살부터 낭독 공연을 시작했다. 이 대회에서 그는 항상 '노인'에 속했다.

2013년 버팔로 인터내셔널 슬램the 2013 Buffalo International Slam에서 우승한 이안은 권위 있는 워드온더스트리스Word on the Street와 워즈 얼라우드Words Aloud 대회를 포함해 다양한 축제에서 시 낭독 공연을 했다. 그의 시는 '영혼의 지혜, 상처 입은 자의 분노, 모든 사람의 마음 속에 자리하고 있는 열망'을 전한다. 그는 이렇게 말한다. "내가 지은 모든 시는 인생의 신성함에 건네는 인사이고, 기본 3화음으로 전하는 즐거움이며, 두려움을 극복한 사랑에 바치는 찬사이다."

이안이 전국 포에트리 슬램 대회를 준비할 때 우리는 그에게 코칭 서비스를 제공했다. 그 대회에서 그는 경연장에서 3일에 걸쳐 천여 명의 관객들 앞에서 시 낭송을 할 예정이었다. 각 라운드의 승자들은 그 다음 날 열리는 다음 라운드에 진출했고, 최후의 승자는 파리에서 열리는 월드챔피언십에 진출할 수 있었다. 우리는 이안에게 '힘 있는 자세'를 취한 다음, 그 상태에서 최선을 다하는 자신의 모습을 상상하며 마음속으로 낭독 연습을 하도록 지도했다. 그는 시를 낭독하기 15분에서 20분 전에, 90초 동안 이 자세를 취하기로 했다.

중요한 것은 강인함과 자신감을 느낄 수 있는, 탁 트인 열린 자세를 취하는 것이다. 이안은 팔을 위로 쭉 뻗은 다음 하늘을 향해 손가락을 활짝 편 다음, 고개를 약간 위로 쳐든 채 눈을 감고 다리를 편하게 벌린 자세를 취하기로 했다. 마음을 가다듬기 위해 몇 차례 심호흡을 한 뒤, 그는 가장 우수한 성과를 거두었고 자신의 힘과 영향력을 느꼈던 과거 대회에서 자신이 청중들과 공감대를 형성하며 정상에 올랐던 모습을 머릿속으로 그려보기로 했다. 그는 탁 트인 열린 자세로 서서, 자신이 청중에게 강한 호소력을 발휘하는 모습, 진정으로 그들의 마음을 울렸던 모습을 떠올릴 것이다. 최고의 성과를 거두었을 당시 자신이 무엇을 보고 무엇을 느끼고 무엇을 듣고 무엇을 감지하고 무엇을 생각했는지 마음으로 그려 볼 것이다. 그는 자신이 얼마나 열정과 전율을 느꼈는지, 자신이 얼마나 침착하고 결단력 있게 행동했는지 알게 될 것이다.

이안은 이렇게 말했다. "이 색다른 준비 전략을 쓰기 전까지는, 무대에 오르기 전에 부담감에 심신이 크게 흔들렸었습니다. 불안에 떨며 종종 최악의 시나리오를 생각했습니다. 어떤 잠재적 문제가 있는지, 내 말이 다른 이의 기분을 어떤 식으로 상하게 할 수 있을지, 혹은 다른 이들이 내 말을 어떤 식으로 오해할 수 있을지 고민했습니다. 슬램 포에트리는 색다른 종류의 예술입니다. 어떤 이들은 이것을 기이하게 생각할 수도 있습니다. 특히 이 공연을 보러온 사람 중 융통성이 없는 우리 교회 사람들, 혹은 회사 사람들이 그럴 수 있습니다." (이안은 소비자의 직접적인 반응을 이용해 텔레비전 광고를 제작하는 선도적인 업체이자, 시카고와 토론토를 주요무대로 활동하고 있는 노던 라이츠 다이렉트Northern Lights Direct를 설립한 매우 성공한 사업가이다.)

"이 전략 덕에 나는 두려움을 실력으로 바꿀 수 있습니다. 지난 경연에서 우승했던 내 모습을 떠올리면, 지난번에 잘 했으니 이번에도 잘할 수 있다는 생각이 듭니다. 경연 때문에 공황 상태에 빠질 필요가 없다는 것을 이제 압니다…… 90초 정도 지나면, 자신감이 솟아나면서 나는 무대에 설 준비가 됩니다."

하버드 대학교에서 커디의 연구를 통해 찾아낸 것처럼, 본질적으로 이안의 뇌와 몸에서는 화학물질들이 넘쳐나면서 테스토스테론 분비가 증가하고, 코르티솔 분비가 줄어들게 된다. 편도체에서의 두려움 반응이 줄어들며, 그는 부담감을 다스리고 최고의 성과를 거두는 데 필요한 위험을 감수할 수 있는 최상의 위치에 서게 된다. 상을 받은 킴 살타스키Kim Saltarski의 다큐멘터리, 〈시인 이안 프렌치IF: The Poet〉에 기록되어 있는 것처럼, 이안은 이 준비 전략으로 전국 챔피언십에서 0.3점 차이로 우승을 차지했다. 이는 경연 대회 역사상 가장 근소한 점수 차이이다. 이제 그는 월드 챔피언십에 출전하기 위해 파리로 갈 것이다. 다시 말하지만, 아주 작은 변화가 커다란 차이를 만들 수 있다.

● 시각화를 통해 뇌의 전원을 켠다

자신감 있는 사람들은 자신의 긍정적인 모습을 종종 마음의 눈으로 그려본다. 그들은 다양한 활동 속에서 성공한 자신의 모습을 그려

보는 경향이 있다. 사실 이는 이안이 했던 일이기도 하다. 그는 힘 있는 자세를 취한 상태에서 어떻게 시 낭송을 할 것인지 시각화하기도 하고 머릿속으로 연습하기도 한다. 운동선수, 임상의와 개업의, 영업 사원, 우주비행사, 학생, 그리고 기업가 모두가 시각화를 통해 특정한 일을 준비하는 경우가 많다. 그것이 필드골을 차는 일이든, 응급 상황에 대처하는 일이든, 상관없다. 시각화와 이미지화가 성과를 향상시키는 이유가 무엇인지 다양한 설명이 제시되고 있다. 어떤 이는 시각화와 이미지화를 통해 완벽한 성과를 이루어내는 이상적인 실행 과정을 보여주는 '심적 모형'을 만들 수 있기 때문이라고 주장한다. 이러한 모형을 만들어 놓으면, 사람들이 실제로 성과를 이루어내는 과정에서 이 모형을 길잡이로 이용할 수 있다. 또 다른 이는 시각화가 성과에 대한 부담감을 줄여주어, 사람들이 예상치 못한 상황 혹은 곤란한 상황에 성공적으로 대처할 수 있기 때문이라고 말한다.

새로운 신경학적 연구 결과를 바탕으로 한 설명이 아마도 이를 가장 효과적으로 설명할 방법이 아닐까 한다. 그에 따르면, 사람들이 특정한 신체 동작을 마음으로만 연습해도 뇌에서는 실제로 그 동작을 할 때와 같은 신경 효과가 발생한다고 한다. 다시 말해 어떤 활동을 눈으로 그려보는 순간, 실제 활동을 할 때처럼 신경 회로의 움직임이 활발해지고, 동일한 신경물질이 분비된다는 얘기다. 한 흥미로운 연구에서 두 집단에게 한 달 동안 손가락 근육 운동을 시켰다. 한 집단에게는 실제로 손가락 강화 훈련을 하도록 했고, 다른 한 집단에게는 머릿속으로 동일한 훈련을 그려보게 했다. 연구가 끝났을 때, 실제로 손가락 운동을 했던 집단은 근력이 30퍼센트 향상되었고, 눈으로만 훈련을 했던 집단은 22퍼센트 근력이 강화되었다. 이 연구를 통해 알 수 있는 가장 중요한 사실은 경기장에 들어서지 않고도, 혹은 회의실에 들어가지 않고도 소위 '승자 효과'에 편승할 방법이 있다는 것이다.

● 승자 효과

연구에 따르면, 아무리 사소한 승리라도 해도, 혹은 성공한 모습을 머릿속으로 그려보는 경우처럼 '가상'의 승리라 해도, 승리했다고 '인식'하거나 실질적으로 승리를 경험하는 것이 다음 시합에서 승리할 가능성을 크게 향상시킬 수 있다고 한다.

어떤 경쟁에서든 승리하거나 승리했다고 인식할 때 동물도, 사람도 테스토스테론 분비가 증가한다. 다시 말하지만, 테스토스테론의 증가가 적극적으로 위험을 감수하도록 의욕을 고취시키기 때문에, 부담 상황에서 커다란 도움이 될 수밖에 없다. 적극적으로 위험을 감수하다 보면 자신감이 향상되고, 자신감이 커지면 다음 시합이나 싸움, 혹은 경쟁에서 승리할 가능성도 그만큼 높아진다. 연구원들은 동물 실험에서 처음 이 현상을 발견했다.

한 연구에서 연구원들이 두 마리의 쥐끼리 싸움을 붙였다. 그중 한 마리한테 약물을 주사하여 공격성을 약화시켰다. 당연히 약물을 주사하지 않은 쥐가 싸움에서 이겼다. 그리고는 연구원들은 승리한 쥐를 몸집이 비슷한 또 다른 쥐와 또 다시 싸움을 붙였다. 그러자 동일한 쥐가 또 다시 승리하는 경우가 더 많았다. 승리한 쥐와 몸집이 더 크고 더 공격적인 쥐와 싸움을 붙였을 때도, 첫 번째 쥐가 승리하는 경우가 훨씬 많았다. 인간을 포함해 다른 종에서도 연구원들은 이러한 승리 효과를 찾아냈다.

존 코츠John Coates와 그의 동료 라이오넬 페이지Lionel Page는 프로 테니스 선수들의 우승 결과를 이용해 비슷한 효과를 찾아냈다. 62만 3,000건의 프로 테니스 시합 자료를 이용해, 연구원들은 ATP(세계 남자 프로테니스 협회) 순위가 매우 비슷한 두 선수, 다시 말해 시합 당시 배정받은 시드seed 번호가 하나 정도 차이가 나는 두 선수가 맞붙은 시합을 찾아냈다. 그러고는 그중 첫 번째 세트에서 동점으로 타이브레이크tie-break 연장전을 치렀던 시합들을 걸러냈다. 한 마디로 APT 순위를 기준으로 했을 때 두 선수는 그 한 해 동안 막상막하의 실력을 보였다고 할 수 있었고, 첫 번째 세트에서 타이브레이크 연장전을 치른 것으로 보아 경기 당시에도 대등한 실력을 보여주었다고 할 수 있었다. 방대한 자료들 가운데 이러한 시합들에만 초점을 맞춤으로써 연구원들은 첫 번째 세트에서 타이브레이크 연장전을 치러 이긴 선수가 그 시합에서 승리할 가능성이 훨씬 높다는 사실을 알아냈다. 첫 번째 세트를 따내어 테스토스테론 분비가 증가한 선수가 시합에서 승리할 확률이 60퍼센트였던 것이다.

테스토스테론이 지닌 또 다른 중대한 효과는 도파민 분비를 촉진시키는 것이다. 도파민은 행복감을 느끼게 하는 신경전달물질로, 뇌의 보상체계를 조절하는 역할을 한다. 급료 인상, 찬사, 섹스, 성공한 경험 이 모두가 뇌 속에서 도파민 분비를 증가시킨다.

그렇지만 도파민 분비에 가장 큰 영향을 미치는 것은 성공했다는 '인식'이다. 도파민 수치가 증가하면 우리 몸에서 '중역 기능'을 수행하는 전두 피질frontal cortex에서의 움직임이 활발해진다. 전두 피질은 문제 해결, 계획 수립, 융통성 발휘, 작업 기억을 포함해 가장 중요한 인지 과정이 이루어지는 곳이다. 작업 기억은 독자적으로 사고하고, 당면한 문제를 융통성 있게 해결하는 데 필요한 정보를 저장하고 있는 곳이다. 도파민이 증가하면, 기억할 수 있는 정보량이 보통 5청크(작업 기억에서는 정보를 '하나의 의미 단위'인 '청크chunk'로 묶어 기억한다—옮긴이)에서 6청크까지 증가한다. 그러면 사람들은 더 많은 선택지를 찾을 수 있고, 부담 상황에서 좀 더 빠르고 결단력 있게 생각할 수 있다. 승리를 경험할 때마다 뇌에서 도파민이 흘러넘쳐, 사고하고 대처하는 속도로 빨라진다는 얘기다.

● 승자 효과가 뇌에 미치는 장기적 영향

또 승자 효과는 뇌에 장기적인 효과도 미친다. 이는 뇌가 지닌 신경 가소성(neuroplasticity: 가소성이란 플라스틱처럼 힘이나 열을 받았으면 쉽게 그 모양이 바뀌며, 그 힘이나 열이 사라진 뒤에도 바뀐 모양이 그대로 유지되는 성질을 의미하는데, 뇌세포가 지닌 이러한 플라스틱 성질을 '뇌의 신경 가소성'이라고 말한다) 때문이다. '뇌의 신경 가소성'이란 뇌가 새로운 경험을 바탕으로, 스스로를 새롭게 프로그래밍 하는 과정이다. 연구에 따르면, 뇌는 스스로를 재설계하고 새로운 신경 패턴을 만들어낼 능력을 갖고 있다. 신경 세포들이 서로 신호를 주고받는 중에 이러한 변화의 핵심 과정이 발생하는데, 반복적인 새로운 경험으로 뇌의 움직임이 새롭게 프로그램화되고, 그에 따른 반응으로 뇌 속의 수용세포들의 수가 증가하기도 하고 감소하기도 한다.

새로운 연구 결과들을 보면, 뇌에 커다란 변화가 어린 시절과 사춘기에만 일어나는 게 아니다. 세계적인 신경심리학 전문가이자 인지신경학자인 이언 로벗슨Ian Robertson은 승리를 거두는 순간을, 뇌 형성에 가장 강력한 영향을 끼치는 순간 중 하나로 꼽았다.

그는 일련의 연구를 통해서 승리가 단기적으로 뇌의 테스토스테론 및 도파민 수치를 높일 뿐 아니라, 장기적으로 뇌의 테스토스테론을 받아들이는 수용체의 수도 증가시킨다는 사실을 발견했다. 테스토스테론을 받아들이는 이런 수용 기관의 수가 증가한다는 것은, 가령 당신이 나중에 테니스 경기를 할 때 뇌 속에 존재하는 테스토스테론을 좀 더 효과적으로 이용할 수 있고, 그로 인해 더욱 많은 테스토스토론 효과를 경험할 수 있음을 의미한다. 이 모든 것이 결국 선순환을 일으키며, 승자 효과를 강화시킬 수 있다. 처음 경기에서 이긴 쥐와 테니스 선수가 후속 경기에서도 계속 이기는 것도 부분적으로 이 때문이다.

한 가지 명심할 점은 뭔가에서 승리하여 승자 효과를 누릴 기회가 생길 때까지 막연히 기다리고 있을 필요가 없다는 것이다. 머릿속으로 연습하는 능력 혹은 시각화하는 능력을 갈고 닦음으로써 언제든 승리를 경험할 수 있기 때문이다.

특정 업무에서 좀 더 우수한 성과를 거둘 수 있도록 '시각화'를,

실력을 향상시키는 도구로 이용하도록 한다. 시인, 이안 프렌치가 했던 것처럼, 힘 있는 자세를 취한 상태에서, 최고의 성과를 거두고 있는 자신의 모습을 눈으로 그려볼 수 있다. 또 우리가 고안한 '분할 시각화split visualization'라 불리는, 효과적인 다음 방법을 써볼 수도 있다.

1. 양 다리를 어깨 넓이만큼 벌리고 편안한 자세로 선다. 몸을 쭉 펴고 탁 트인 자세를 취한다. 예를 들면 마치 스포츠 경기에서 승리하거나 어떤 시합에서 우승한 것처럼 양팔을 들어 올린 다음 두 팔을 활짝 벌린다. 강인함과 자신감을 느낄 수 있는 당신만의 자세를 찾아낸다. 만약 이런 자신감 있어 보이는 자세를 취하고 싶지 않다면, 안락한 의자에 편히 앉는 방법도 괜찮다.

2. 심호흡을 하며 몸의 긴장을 풀어준다(계속 하다보면 움직이면서도 이 동작을 할 수 있다).

3. 부담되는 순간을 시각화한다. 이 때 중요한 것은 색채, 소리, 위치 등을 매우 자세히 그려보는 것이다. 영화감독이 영화를 찍을 때 하나하나 신경 쓰듯이 말이다.

4. 실력을 마음껏 뽐내는 자신의 모습을 그려본다. '물 만난 고기' 같은 자신의 모습을 상상한다. 할 일을 훌륭히 수행하고 발 빠르게 움직이며 무엇이 필요한지 예상하고 그에 걸맞은 조치를 취해 나간다. 모든 일이 순조롭게 진행된다.

5. 이번에는 성공적인 모습 대신 부정적인 모습을 그려본다. 통제력을 잃고, 다른 사람들 앞에서 허둥대는 자신의 모습을 그려본다. 몸

이 어떤 반응을 일으킬지 생각해 보자. 당신이 느낄 두려움과 불안감을 상상해보자. 당신이 공을 놓치는 순간, 관중들의 얼굴에 실망하는 낯빛이 역력하다.

6. 모든 것이 물거품이 되려는 찰나에, 극적으로 기사회생하며 평정을 되찾는 자신의 모습을 그려본다. 주도권을 되찾으며, 성공적으로 끝을 맺는다. 박수갈채 소리가 들린다. 미소 짓는 관중들의 모습이 보인다. 그것이 과연 어떤 기분일지 상상해 본다.

시각적으로, 그리고 청각적으로 자세히 그려볼수록, 더 효과적이다. 처음에는 이 시각화 훈련에 상당한 시간이 걸릴 수 있다. 그렇지만 계속 하다보면 결국에는 1, 2분이면 할 수 있게 될 것이다.

당신은 아마도 맞닥뜨릴 수밖에 없는 문제들과 현안들이 있을 것이고, 그에 대한 두려움을 갖고 있을 것이다. 이 같은 분할 시각화를 통해 그러한 두려움을 극복하는 훈련을 할 수 있다. 자신감 있는 사람들은 문제를 해결하기 위해 일부러 부정적인 가정들을 해본다. 운동선수들을 훈련시킬 때 우리는 그 과정을 '리포커스 플랜refocus plan'이라고 부른다. 그들은 마음으로 문제를 해결하는 훈련을 되풀이한다. 그 결과 걱정거리가 줄어들거나 사라지고, 자신감이 증가한다. 이 과정에 분할 시각화가 도움이 될 수 있다. 분할 시각화를 통해 부정적인 측면을 극복할 방법을 찾을 수 있을 뿐 아니라, 그에 시간을 허비하는 것을 막을 수 있기 때문이다. 또 이안이 슬램 포에트리 대회에서 했던 것처럼, 가장 성공했던 순간을 그려볼 수도 있다. 과거로 돌아가서 당신이 부담감 속에서 성공적인 성과를 거두었던 순간을 마음으로 그려본다. 다시 말하지만 마음속의 그림을 가능한 다채롭게 채색하도록 한다. 당신이 성공한 모습을 그려보고, 그 순간 어떤 감정을 느끼고, 어떤 향기를 느끼고, 무엇을 보고, 무엇을 듣고, 무엇을 생각하는지 당신의 모든 감각에 주파수를 맞추도록 한다.

자세를 바꾸고 시각화 전략을 이용하는 것 외에, 뇌를 끌어들여 테스토스테론 분비를 촉진시키고 코르티솔 분비를 저하시킬 마지막 방법으로 소소한 성공을 이용하는 방법이 있다.

● 소소한 성공을 만들어나간다

대부분의 사람이 성공이라고 하면 거창한 일에서의 성공을 생각한다. 이를테면 승진을 한다든지, 주요 경기에서 우승을 한다든지, 중간고사나 기말고사에서 1등을 한다든지, 아니면 켄터키 주 메이즈빌에서처럼 화재를 진화하는 등의 거창한 일을 떠올린다. 물론 이런 커다란 성과나 승리는 향후 우수한 성과를 거두는 데 큰 힘이 될 것이다. 그렇지만 직속상관과 생산적인 대화를 나눈다든지, 전화로 고객과 유익한 대화를 나눈다든지, 동료나 친구로부터 칭찬을 듣는다든지 하는 사소한 승리들, 혹은 소소한 성공으로 동일한 효과를 거둘 수 있다. 소소한 성공도 승자 효과를 불러일으켜, 테스토스테론과 도파민 분비를 촉진시키고 그 결과 자신감을 향상시킨다. 그리고 거창한 성공을 거둘 기회는 적은 반면 삶에서 소소한 성공을 거둘 기회는 매우 많기 때문에, 이런 소소한 성공이 훨씬 더 중요할 수 있다. 당신이 거둔 소소한 성공들을 찾아내라. 그리고 그것을 기쁜 마음으로 축하하라. 그러면 자신감을 북돋우는, 긍정적인 감정들이 샘솟기 시작할 것이다.

소소한 성공을 만들어나가려면 우선 목표를 수립해야 한다. 예를 들면 14kg정도 체중을 줄이겠다는 막연한 생각을 하는 대신, 다음 한 달 동안 가령 2kg만 줄이겠다고 결심한다. 그리고는 책상 위에 매일 몸에 좋은 간식을 갖다놓겠다 혹은 하루에 5분씩 산책을 하다겠다 등의 구체적인 목표를 세운다. 만약 직업을 바꿀 생각이라면, 우선 해당 분야에서 현재 일하고 있는 사람을 만나 이야기를 나눠 보겠다는 목표를 수립한다. 이러한 사소한 목표를 달성하는 것이 향후 승자 효과를 이용해 원대한 목표를 이루어내는 데 견인차 역할을 할 수 있다. 그리고 당신은 자신감이 하루하루 향상되는 것을 느낄 수 있다

그렇지만 목표 수립을 통해서만 소소한 성공을 이뤄낼 수 있는 것은 아니다. 사실 우리는 매일 같이 갖가지 사소한 승리를 거두며 살아가고 있다. 다만 알아채지 못할 뿐이다. 당신이 맡고 있는 대규모 프로젝트에서, 비록 조금이라도, 약간의 진전이 있었다면 그 역시 하나의 작은 승리일 수 있다. 파트너나 친구로부터 칭찬을 받는 일과 마찬가지로, 직속상관과 잠시 생산적인 대화를 나누는 것도, 고객과 전화로 유익한 대화를 나누는 것도 중요한 의미를 가질 수 있다. 이러한 성공의 순간들에 주파수를 맞추는 것이 마음속에 긍정적인 감정을 북돋우는 첫걸음이 될 수 있다. 단순히 특정한 결과를 얻어냈느냐 아니냐보다, 비록 원하는 결과를 얻어내지는 못했지만 그 과정에서 어떤 모습을 보여주었느냐를 기준으로 성공을 '재정의'한다면 여기서도 소

소한 성공을 찾을 수 있다. 훌륭히 면접시험을 치렀다면, 혹은 멋지게 발표를 했다면 그것이 성공이다. 설령 취직에 성공하지 못해도, 훌륭히 면접시험을 치른 성과까지 부정할 수는 없다. 하버드경영대학원의 터리사 애머빌Teresa Amabile는 이런 소소한 성공 혹은 사소한 승리가 사람들이 생각하는 것보다 훨씬 중요한 역할을 한다고 주장한다. 터리사는 한 연구에서 창의력을 훼손시키는 가장 결정적인 요인이 부담감임을 발견했다. 또 그 연구에서 그녀는 직장에서 근로자들의 감정, 인식, 동기에 가장 중대한 영향을 미칠 방법을 찾기 위해 일반적으로 사무직 지식 근로자들이 작성한 1만 2,000여 개의 일지(그중 15퍼센트는 육체노동자들이 작성한 것이다)를 분석했다. 그 결과 놀랍게도 가장 중요한 것은 인정, 인센티브, 혹은 서로 간의 응원이 아니라, '사소한 승리'였다. 아주 사소해 보이는 한 걸음이라도, 그저 한 걸음씩 한 걸음씩 나아가는 것이 직원들의 감정, 인식, 동기에 가장 긍정적인 영향을 미쳤던 것이다. 애머빌 교수는 이렇게 말했다. "겉보기에는 사람들이 이루어낸 작은 성공이 사소해 보이고, 정말 더뎌 보이며, 심지어 별 거 아닌 것처럼 보였지만, 결국에는 자부심, 자신감, 감정, 내적 동기에 중대한 영향을 끼쳤다."

에머빌 교수는 이렇게 말했다. "세계적으로 중요한 돌파구를 마련하는 일 같은 사건에 비해, 이런 사소한 승리를 거두는 일이 훨씬 더 자주 일어날 수 있기 때문에, 이런 일들이 더 중요하다. 만약 커다란 승리를 거둘 기회만 기다린다면, 오래 오래 기다려야 할 것이다. 어쩌면 눈에 보이는 어떤 성과를 거두기도 전에 지쳐 나가떨어질 수도 있다. 당신에게 필요한 것은 커다란 승리가 아니라, 그저 '앞으로 나아 갈 힘'이다. 그리고 이는 소소한 승리들을 통해 얻을 수 있는 것이다."

코미디언 제리 사인필드Jerry Seinfeld는 진정 이런 삶을 살고 있 다. 1월이면 아파트 벽의 잘 보이는 곳에 종이 한 장에 365일이 모두 표시되어 있는 달력을 붙인다. 그가 새로운 글을 쓰는 날마다, 아무리 보잘 것 없는 내용이라도, 그 날 위에 커다랗게 'X'자 표시를 한다. 시 간이 지남에 따라 X자 표시가 되어 있는 하루하루가 모여 하나의 긴 사슬이 만들어진다. 그의 목표는 훌륭한 코미디 작품을 쓰는 것이 아 니라, 그저 사슬이 끊어지지 않도록 하는 것이다. 그는 이렇게 말한다. "끈기 있게 버티다보면, 사슬이 하루하루 길어질 것입니다. 그 사슬을 보면 마음이 흐뭇할 겁니다. 특히 X자 표시를 하기 시작한 지 몇 주 정도 지난 뒤에 보면, 그럴 겁니다. 다음에 당신이 할 일은 그저 그 사 슬이 끊어지지 않도록 하는 겁니다."

이것이 바로 소소한 성공 뒤에 자리하고 있는 생각이다. 아무리 사소해 보여도, 그것을 표시해야 한다. 신약 테스트에서 전문적인 측 면을 담당하고 있는 팀은 한 주의 마지막에 빙 둘러 앉아서 신약 출시 라는 큰 목표를 달성하기 위해 팀원들이 한 주 동안 이뤄낸 작고 사소 한 진전에 대해 이야기 나누는 것이 하나의 '작은 승리'일 수 있다. 고 객 서비스 팀은 커다란 문제없이 한 주를 무사히 보낸 것이 작은 승리 일 수 있다. 인사팀의 경우, 새로운 교육 계획에 몇 명의 주요 책임자 들을 참여시킨 것이 작은 승리일 수 있다. 이러한 소소한 성공이 자신 감을 기르는 데 가장 중요하다. 애머밀은 이렇게 말했다. "자신이 한 걸음씩 나아가고 있다는 것을 자주 느낄수록, 결국에는 창의적인 결실을 거둘 가능성이 높아진다. 중요한 과학적 미스터리를 풀든, 아니면 단순히 우수한 제품이나 서비스를 제공하든, 비록 작은 승리라고 해도 하루하루 발전하는 것이 사람들의 감정과 성과에 가장 중요할 수 있다."

당신이 책임자든, 부모든, 배우자든, 친구든, 소소한 성공과 작은 승리를 이용하는 것은 상대방에게 자신감을 길러주는 매우 효과적인 방법이다. 소소한 성공을 거두도록 독려하고, 성공했을 때 아무리 작은 성공이라도 칭찬함으로써, 당신은 그 사람의 실력을 향상시키고 의욕을 북돋우며 자신감을 향상시키고 더 많은 성공을 이뤄낼 가능성을 증가시킬 수 있다. 자녀를 도와주고 싶다면, 자녀가 사소한 성공을 거뒀을 때 그것을 진심으로 축하해 주는 것이 매우 중요하다. 오늘날의 급변하는 세계 속에서 때때로 아이가 거둔 작은 승리를 알아채지 못하고 그냥 넘어갈 위험이 크기 때문에, 이는 더욱 중요할 수밖에 없다.

아이의 참된 승리를 칭찬하든, 아니면 아이가 거둔 사소한 성공을 축하하든, 당신은 승자 효과를 지렛대로 이용해 아이의 신경화학작용을 변화시킬 수 있다.

자신감을 불어넣는 마지막 단계는 자신감을 북돋우는 생활습관을 기르는 것이다.

● 자신감을 북돋우는 생활습관을 기른다

당신이 이용할 수 있는, 그 효과가 입증된, 많은 간단한 전략들이 있다. 우수한 성과를 거두는 이들은 이러한 전략이 습관처럼 몸에 배어 있다. 주도적인 위치에서 자신감 있게 생활하기 위해, 이러한 전략을 생활화하고 있다.

매력적인 외모를 가꾼다

실버백 고릴라silverback gorilla는 털에 윤기가 나도록 몇 시간씩 닦는다. 그들은 털이 좋아보일수록 다른 고릴라들 눈에 자신이 더 매력적으로 보인다는 것을 알고 있다. 수십 년 동안 고릴라를 연구한 동물학자, 다이앤 포시Dian Fossey는 털에 윤기가 날때 고릴라가 더 자신감을 느끼는 듯하다고 주장했다. 포시는 이렇게 말했다. "자신감 있는 고릴라들은 자유롭게 돌아다니며, 고개를 약간 쳐들고 있고, 다른 고릴라들보다 더 당당해 보인다. 그들의 털이 가장 반짝반짝 윤이 난다. 그들은 자부심을 보인다."

매력적인 외모를 가꾸는 것은 자신감을 향상시킬 길이다. 수많은 의류상들과 헤어디자이너들, 피부관리사들, 심리학자들은 고객들이 자신의 외모가 마음에 들 때 더 자신감을 느낀다고 말한다.

자신의 행동에 책임을 진다

긍정심리학의 개척자인 마틴 셀리그먼Martin Seligman과 C.R. 스나이더C.R. Snyder는 자신의 행동에 책임을 질 때, 자기 행동에 영향력을 행사할 수 있고 행동 변화를 통해 한 걸음 발전할 수 있으며 더 자신감 있는 사람이 될 수 있다는 사실을 입증하는 데 연구 인생의 대부분을 보냈다.

자신의 행동에 책임을 지지 않는 사람은 자기 무덤을 파는 사람들이다. 자신이 어떤 행동을 고착화시키고 있는지 영영 깨닫지 못할 것이기 때문이다.

자신의 행복과 경제적 안정, 안전, 육체적 건강 이 모든 것이 자기 책임이라고 마음먹는다고 무엇이 달라질까? 이런 것들을 책임지지 않을 경우 당신은 어떤 이득을 얻을 수 있을까? 사람들은 자신이 특정 영역에서 주도적인 역할을 할 때, 자신을 더 자랑스럽게 생각하는 경향이 있다. 선생님의 불공정한 평가 때문에 혹은 특정 수업을 듣지 못해서 좋지 못한 성적을 받았다고 주장하는 학생은 자신이 시험 준비를 제대로 하지 않은 사실을 인정하지 않을 것이다. 반면 시험 성적과 시험 준비 간의 상관관계를 인정하는 학생은 향후 더 우수한 성적을 거두게 될 것이다.

성공한 운동선수들은 실망스런 경기를 펼친 뒤, 혹은 팀이 슬럼프에 빠졌을 때, 그 해결책을 찾기 위해 자신의 행동을 되돌아본다. 뉴욕 닉스the New York Knicks가 연패 행진 속에 혹평에 시달리고 있었을 때, 그 팀의 스타급 선수인 카멜로 앤서니Carmelo Anthony는 경기 후 MSGMadison Square Garden와의 인터뷰에서 패배의 책임을 자신이 짊어졌다. "우리 팀의 경기 운영 방식에 문제가 있다는 것을 알고 있습니다. 우리 팀이 이기려면 경기를 더 잘 해야 합니다. 우리 팀이 진 것은 다른 누구 탓도 아닙니다. 바로 우리 탓입니다. 패스도 좋지 않았고, 세컨드 샷 기회도 제대로 얻어내지 못했으며, 리바운드도 부족했습니다. 모두 우리의 잘못입니다. 이기려면 이제부터 더 훌륭한 경기를 펼쳐야 합니다. 그 외에는 말할 것이 없습니다. 패배는 우리 책임입니다. 하지만 우리는 그것을 기쁜 마음으로 짊어질 것입니다."

새로운 연습방법을 찾아낸다

영어 철자 경연대회 우승자가 자신이 경기 준비를 어떻게 했는지 설명했다.

철자 경연대회에서 처음 상을 받은 것은 여덟 살 때였다. 학교 철자 경연대회에서 나는 3등을 했다. 나보다 나이 많은 아이들을 거의 모두 이겼다. 나는 방사능 처리를 하다irradiate라는 단어를 맞히지 못했다. 집에 가서 단어 공부를 하기로 마음먹었다. 나는 1등을 원했다. 6학년 때 주에서 주최하는 철자 경연대회에 나가서 9등을 했다. 200여 명의 아이들을 눌렀지만, 자상한avuncular이라는 단어를 틀려 9등에 머물고 말았다. 이때부터 진짜 연습이 시작되었다. 나는 본격적인 연습에 돌입했다. 스크립스Scripps에서 매년 발행하는 책에 실린 단어만으로는 충분하지 않았다. 어머니가 코치 역할을 해주셨다. 학교 선생님인 어머니는 단어를 외울 수 있도록 나를 도와줄 방법을 알고 있었다. 어머니는 예전에 출제되었던 단어들에 관한 자료를 수집하고, 잘 쓰이지 않는 특이한 단어들이 실려 있는 사전을 구입하셨다. 우리는 깨어 있는 시간 내내 연습을 했다. 내가 욕조에 들어앉아 있으면, 어머니는 복도에 서서 내게 단어를 물어보셨다. 상점에 가면 어머니는 통로를 왔다 갔다 하며, 내게 문제를 내셨다. 해변에 가서 파도 타기를 하면서도 나는 단어 외우기를 했다. 우리는 낱말카드를 몇 상자씩 갖고 다녔고, 집 구석구석에 낱말카드를 붙여 놓았다. 등굣길에 차 안에서 단어 공부를 했고, 하굣길에도 마찬가지였다. 내 친구들은 같이 낱말카드를 만들어주었고 나를 당혹스럽게 할 생소한 단어를 찾는 것을 즐겼다. 저녁식사 전에도, 저녁식사 중에도, 그리고 저녁식사 후에도 단어 외우기가 끝없이 이어졌다. 잠자리에 들기 전에도 연습했고, 아침에 나를 깨우는 소리도 "~의 철자가 뭐니?"였다. 어디를 가든, 시간이 몇 시든, 우리는 연습하고 또 연습했다. 이러한 노력이 결실을 맺었다. 내가 알래스카 주 철자 경연대회에서 중학교 1학년 신분으로 우승을 거뒀다. '파괴될 수 없는infrangible'이라는 단어를 맞히며 우승의 영광을 안았다.

여기서 중요한 것은 이 학생이 우승한 것이 아니다. 사실 그는 다음 대회에서는 우승하지 못했다. 그가 견뎌낸 특별한 준비 과정이 더 중요하다. 그는 매일 매일 곳곳에서 철자를 외웠다. 방이나 도서관에 앉아 하루에 몇 시간씩 준비하는 학생들과는 완전히 대조적이다. 사실 이 학생은 심리학자들이 소위 말하는 '유동 지능fluid intelligence', 즉 자신이 갖고 있는 지식이나 경험과 상관없이 새로운 문제를 해결하는 능력을 발달시켰던 것이다. 예상치 못한 문제를 해결하는 것은 신속한 추론 능력이다. 자신감 있는 사람들은 유동 지능이 높은 경향이 있다. 그들은 책임감이 강하기 때문에, 해내야 하는 일이 있다면 많은 시간을 들여 연습에 연습을 거듭한다. 그들은 영화관에 들어가기 위해 줄을 서 있는 동안에도, 혹은 음식을 만드는 동안에도 마음속으로 발표 연습을 한다. 혼잡한 지하철에서 부끄럼 없이 바이올린 연주를 할 수 있는 아이가 있다면, 그 아이는 오디션 무대에서도 기량을 마음껏 발휘할 음악가로 성장할 것이다.

피드백을 구한다

프리랜서 작가인 멜Mel은 이렇게 말했다. "장시간을 들여 작품을 써서 마침내 편집자에게 보내 놓고 나서, 나는 연락이 올 때까지 몹시 초조함을 느낀다. 향후 몇 달의 시간을 어떻게 보낼지가 편집자의 피드백에 의해 결정된다. 내가 그녀의 피드백에 동의하지 않아도, 결과는 달라지지 않는다. 평가가 정말 나쁘면 그 프로젝트는 취소될 수도 있다. 그럼 나는 뭘 할 수 있을까? 작품을 팔기가 어려워질 것이다. 그 과정은 내게 신경이 곤두서는 일이 아닐 수 없다. 피드백을 듣기 몇 분 전이 되면, 나는 몹시 긴장하여 진땀을 흘린다. 그리고 그녀가 입을 여는 순간, 나는 바로 방어적인 자세를 취한다."

자신감을 기르는 과정에서 비판을 받아들이는 능력이 매우 중요하다. 그 이유는 뭘까? 비판을 통해 향후 한 걸음 발전하는 데 도움이 될, 유익한 정보를 얻을 수 있기 때문이다. 자신감 있는 사람들은 비판에 생산적으로 대응하는 경향이 있다.

많은 이들이 비판에 방어적인 태도를 취하는 이유가 무엇일까? 대부분의 경우 마음속으로 비판을 확대해석하며, '엉망이야. 난 곤경에 빠졌어. 내 경력은 이제 끝이야. 그들은 날 싫어해.'라고 생각하기 때문이다. 이러한 확대해석이 방어적인 태도를 유발한다. 이는 1장에서 소개한 러브랩을 찾는 부부들이 상대방의 비판에 대처하는 일반적인 방식이기도 하다. 한 마디로 그들은 상대방의 비판을 부정적으로 확대해석하여 방어적인 태도를 취한다.

비판을 발전을 위한 진심어린 평가로 생각한다면, 좀 더 쉽게 비판을 받아들일 수 있다. 이는 본래 아리스토텔레스가 비판을 이해했던 방식이다. 이런 마음가짐을 갖고 있으면, 다른 사람의 피드백을 쉽게 받아들일 수 있고, 그로부터 더 큰 이익을 챙길 수 있다. 피드백을 통해 자신에 대한 정확한 평가를 내릴 수 있고, 성장의 발판을 마련할 수 있다.

물론 이런 시각을 갖기가 쉬운 일은 아니다. 우리는 대개 수년간 비판 앞에 방어적인 태도를 취했고, 그에 이미 익숙해져 있는 사람들이다. 게다가 사람들이 비판을 표현하는 방식이 서툴기 때문에, 더욱 어려울 수밖에 없다. 우선 잠시 짬을 내어 '비판은 나를 한 뼘 성장시킬 정보다'라는 주문을 외워보자.

다른 이들에게 적극적으로 비판을 구해 보자. 당신이 무엇을 잘못하고 있는지 물어볼 것이 아니라, 어떻게 하면 당신이 더 잘할 수 있을지, 혹은 더 우수한 성과를 거둘 수 있을지 물어봄으로써 비판을 즐거이 받아들이는 연습을 하자. 그럼 비평을 귀담아듣는 일에 점점 익숙해질 수 있다.

정확한 자기평가가 이루어지고 있는지 점검한다

한 걸음 성장할 수 있게 다른 이들의 비판을 받아들이는 한편, 마음 속 비평가의 목소리에도 귀를 기울여야 한다. 자부심이 부족하고 자신감이 없는 사람들(그리고 우울증 치료 경험이 있는 사람들)은 자책하는 표현을 자주 쓴다. 그들은 자신의 단점을 확대해석하고, 자신을 못 미더워하는 말을 많이 한다. 적당한 자부심을 지닌 사람들은 스스로를 적절히 칭찬하고, 현실적인 기대를 갖고 있으며, 자신의 능력을 정확히 평가한다.

당신이 자신에게 어떤 말을 하는지 생각해 보라. 힘이 되어주는 말인가, 아니면 기운을 쏙 빼놓는 말인가? 환자들에게 "내게 약이 되는 생각인가, 아니면 독이 되는 생각인가"라고 자문하는 습관을 길러주기 위해 인지 치료사들이 쓰는, 실증적인 간단한 방법이 있다.

1. 하루에 몇 분씩 마음의 목소리에 귀를 기울인다. 자신을 응원하고 있는가 아니면 비판하고 있는가, 현실적인 평가인가 아니면 확대해석인가? 힘이 되는 말인가, 아니면 상처 주는 말인가?
2. "내게 약이 되는 생각인지, 아니면 독이 되는 생각인지" 자문한다. 이를 통해 자신에게 해가 되는 생각들을 걸러낼 수 있다.
3. 괴로운 감정들을 일종의 단서로 활용한다. 자책하고 있는 자신을 발견하는 순간, "그만!"이라고 외치며, 자신에게 힘이 되는 말을 한다. 어려울 때 당신에게 힘이 되어줄 일반적인 말들을 색인 카드에 적어, 책상 위나 침실 탁자 위처럼 항상 당신 가까이에 두도록 한다.

● 총정리

오랫동안 우리는 미 해군 특수부대 요원들과 올림픽 대표 선수들, 프로 선수들, 연예인들, 성공한 간부들 등 많은 실력자들과 함께 일했다. 그들은 모두 자신감 넘치는 모습을 보여주었다. 우리는 그들에게 좌절 앞에서 자신감을 잃지 않는 방법에 대해 물어보았고, 한 가지 비밀을 찾아냈다. 그들은 어떤 일을 하더라도 체계적으로 준비한다는 것이다. 예를 들면 발표를 해야 할 때, 그들은 이렇게 준비한다.

1. 기본을 연습한다. 어떻게 발표할지 연습하고 또 연습한다. 마치 기계처럼 자동으로 발표할 수 있을 때까지 완벽히 익힌다. 그러면 자신이 하는 말 하나하나를 생각하는 대신, 회의실의 분위기도 파악할 수 있는 여유가 생긴다.

   그 다음에는 어떤 질문을 받게 될지, 발표를 가로막는 어떤 일이 일어날 수 있을지 생각해보고, 그에 어떻게 대답하고 어떻게 대처할지 연습한다. 그러고는 어떤 추가 질문이나 방해가 있을 수 있을지 생각하고, 그에 어떻게 대처할지 고민한다.

2. 기본을 여러 가지 형태로 변형시켜 다시 연습한다. 기본 발표 내용을 여러 개로 쪼개어 순서를 매기거나 단계를 정해 놓는다. 발표할 내용을 속속들이 알려면, 발표 내용의 순서를 바꿔볼 필요가 있다. 이를테면 5단계부터 시작하여 4단계, 3단계, 이렇게 거꾸로 발표해 본다. 그러고는 두 단계씩 건너뛰며 발표하는 연습도 해본다.

   발표 내용의 순서를 바꿔서 발표하는 연습을 함으로써 발표 내용

전체를 온전히 파악할 수 있다. 고객이 "지금까지 좋은 의견 잘 들었습니다……그런데 내가 정말 알고 싶은 것은 이 부분입니다."라고 말하며, 당신이 발표하는 중간에 끼어들 수도 있다. 순서를 바꿔 가며 발표 연습을 함으로써 당신은 그런 불가피한 순간에도 대비할 수 있다. 그럼 당신은 "그 부분은 나중에 설명 드리도록 하겠습니다."라는 말로 고객을 실망시킬 필요가 없다. 당신은 당장 설명할 준비가 되어 있을 테니 말이다.

3. 부담감 극복비법 5, '예측하고, 예측하고 또 예측한다'를 연습한다. 어느 정도 발표 준비가 끝나면, 이제 초크에 빠질 수도 있는 상황에 대비한다. 소프트웨어가 갑자기 작동을 멈춘다면? 고객이 늦게 오는 바람에, 당신이 발표할 수 있는 시간이 30분에서 단 10분으로 줄어든다면? 여전히 핵심 내용을 모두 담고 있도록 발표 내용을 줄일 방법을 미리 생각해 놓는다. 대답할 수 없는 질문을 받는다면 어떻게 할 것인가? 뜻밖의 경우들을 생각해 보고, 그에 어떤 식으로 대처할지 고민해 본다.

뇌를 이용할 수 있도록 힘 있는 자세, 즉 탁 트이고 열린 자세를 취한 상태에서 이러한 연습을 하도록 한다. 사업운영에서부터 직장생활과 개인생활에 이르는 거의 모든 상황에 이 접근방식을 적용할 수 있다. 근로자들을 평가할 때, 투자자들에게 투자 설명을 할 때, 갈등을 해소시킬 때, 잠재 고객을 유치할 때, 스포츠 경기를 할 때, 데이트를 할 때도 이 방법을 활용할 수 있다.

음악가인 사이먼 테데시가 전 세계를 돌며 무대 위에 오를 때, 짐 프로코팬코가 켄터키 주 비료공장에서의 화재와 같은 상황에 맞닥뜨릴 때, 그들은 주어진 일을 하려 할 때 밀려드는 극심한 부담감을 다스릴 방법을 모색하게 된다. 그들뿐 아니라, 모든 이가 부담감 때문에 심신에 갖가지 증상이 나타나더라도 앞으로 나아갈 수 있도록, 베타차단제처럼 자신감이 신경화학적 해독제 역할을 한다. 성공하기 위해서는 감수해야 하는 위험들이 있고, 그러한 위험들을 감수하기 위해서는 반드시 해야 하는 일들이 있다. 자신감이란 그런 일들을 자신이 진정 할 수 있다고 느끼고 생각하는 것이다. 자신이 어디에 서 있는지 알 때, 즉 정확한 자기 평가가 이루어질 때, 그리고 힘 있는 자세나 시각화, 혹은 소소한 성공을 통해 자신의 신경화학 작용을 조절할 수 있을 때, 자신감을 북돋우는 습관을 생활화할 때, 당신은 바르게 생각하고 효율적으로 행동하며 가장 우수한 성과를 거둘 수 있는 최상의 위치에 서게 될 것이다.

사람들은 여전히 부담감을 느끼고 그에 수반되는 불안감과 의심에 흔들릴 때도 있겠지만, 자신감이 부담감의 유해한 효과를 해독시키는 해독제 역할을 하여, 우수한 성과를 거둘 많은 기회를 누리게 될 것이다. 자신감 있는 사람들이 낙관적이기도 한 것은 놀라운 일이 아니다. 갑옷처럼 입고 다닐 당신만의 '코트'를 제작하는 데 필요한 다음 재료인 '낙관'을 살펴보기로 하자.

낙관

나이가 들면 어떻게 되리라 생각하는지 비관주의자들에게 물어보면, 그들의 답변 중에 빙그레 미소 짓게 하는 대답은 없다. 그들은 보통 인간이라면 겪을 수밖에 없는 세 가지 요소, 즉 질병, 노화, 죽음에 대해 말할 것이다. 이 점을 감안하면, 매우 많은 비관주의자들이 개인생활 및 직장생활에서 '해봤자 무슨 소용이냐?'라는 식의 태도를 갖고 있는 것은 놀라운 일이 아니다.

엘리 메치니코프Elie Mechnikov는 질병, 노화, 죽음, 이 세 가지 '악'을 인정했지만, 매우 다른 렌즈로 바라보았다. 그는 일리야 메치니코프Ilya Mechnikov와 에밀리아 메치니코프Emilia Mechnikov의 막내아들로 우크라이나 근처 이바놉카 마을에서 태어났다. 그의 아버지는 위병 장교였고, 외할아버지인 레프 네바호비스크Lev Nevakhovick 는 최초의 유대계 러시아 작가로, 러시아에서 하스칼라 운동(Haskala movement: 유대인 계몽운동)을 일으켰다. 그의 부모님은 서로를 아꼈고 따뜻한 가정을 꾸렸다. 가족이 함께 하는 식사가 일상생활이었고, 친구들이 종종 집에 찾아왔다.

엘리는 젊었을 적에 숲에서 많은 시간을 보냈고, 자연의 경이로움에 매료되었다. 그는 나무껍질을 조사하는 것을 즐겼다.

그의 형, 레프는 저명한 지리학자이자 사회학자가 되었고, 당연히 자연사에 대한 엘리의 열정에 중대한 영향을 끼쳤다. 찰스 다윈의《종의 기원》이 1859년에 출간되었을 때, 엘리는 그 바탕에 깔린 원칙들을 부지런히 조사해보고 이를 전파시키는 데 몰두했다.

어머니는 우수한 학생이었던 그에게 세상에 마음껏 이름을 떨치라고 말씀하셨다. 그는 이 두 가지 모두를 실행에 옮겼다. 그는 하르키프 대학교Kharkiv University에 입학하여 자연과학을 공부했고 4년 과정 학위를 2년 만에 땄다. 졸업 후 그는 북해에 있는 독일령의 작은 섬, 헬골란트Helgoland에서 해양 동물을 연구했다. 그러고는 기센 대학the University of Giessen과 괴팅겐 대학the University of Göttingen을 거쳐 뮌헨 아카데미에서 연구를 이어갔다. 1867년 그는 러시아로 돌아와 새로 설립된 임페리알 노보로시야 대학(Imperial Novorossiya University, 지금은 메치니코프의 이름을 본 따 오데사 메치니코프 국립대학Odessa I.I. Mechnikov National University으로 이름을 바꿔었다)에서 강사로 학생들을 가르치기 시작하여, 종국에는 동물학 및 비교해부학 교수 자리에 올랐다.

메치니코프는 질병, 노화, 죽음 이 세 가지 피할 수 없는 악이 사람들을 괴롭힌다는 비관주의자들의 생각에 동의했다. 하지만 그는 이 피할 수 없는 악을 손 놓고 기다리기보다, 이를 물리칠 방법을 고민했다.

그는 '노인학'이라는 새로운 과학 분야를 확립할 것을 제안했다. 사람들이 정상적인 삶을 영위하는 것을 가로막는 질병 및 습관을 퇴치하는 노인학의 과업을 달성할 수 있도록, 가능한 모든 방법으로 노인학을 장려하고 지원할 것을 요구했다. 그의 유명한 논문, 〈생명의 연장: 낙관주의적 연구Prolongation of Life: Optimistic Studies〉에서 그는 자신이 낙관주의자임을 보여주었고, 생물학에서 그 목표를 달성할 수 있다는 희망을 찾았다. 그는 그 희망을 지향점 삼아 열심히 연구에 매진했다. 1908년 엘리 메치니코프는 그러한 노력 덕에 노벨상을 수상했다.

"낙관주의자가 되라, 그러면 노벨상을 타게 될 것이다"라는 식의 비약적인 결론을 내릴 생각은 없다. 하지만 낙관적인 사고방식을 갖고 있으면 노벨상을 좀 더 쉽게 탈 수 있다고는 말할 수는 있다. '낙관'이 갑옷처럼 입고 다닐 천연 '코트'의 주재료 중 하나인 이유는 쉽게 알 수 있다.

낙관주의는 대중문화에서 남용되고 있을 뿐 아니라, 잘못 이해되고 있는 단어다. 사람들은 낙관주의와 비관주의를 마치 겨울 스웨터처럼 순식간에 입었다 벗었다 할 수 있는 특성처럼 말한다. 뭔가를 긍정적으로 해석하고자 할 때 사람들은 "내가 바로 영원한 낙관주의자야."라고 말한다. 혹은 미래에 어떤 일이 잘 풀리지 않으리라 생각할 때 사람들은 "그 일이 잘 되리라 생각할 만큼, 내가 낙관적이지는 않아."라고 말한다. 이러한 말들이 낙관주의의 개념을 단순화시키고 있다. 하지만 사실 낙관적인 사고방식은 '꾸준히' 발전시켜 나가야 하는 특성으로, 우수한 성과를 거두고 싶다면 당신은 낙관적인 사고방식을 길러야 한다.

● 낙관주의자가 누릴 수 있는 혜택

2014년 스탠퍼드 졸업 축사에서 빌 게이츠와 멜린다 게이츠는 자신들을 앞으로 나아가게 하는 가장 중요한 힘이 낙관주의라고 못 박았다. 빌은 이렇게 말했다. "여기 이 캠퍼스에서는 많은 놀라운 일들이 일어납니다. 하지만 멜린다와 내가 가장 사랑하는 스탠퍼드의 면모를 단 한 가지만 꼽으라면 그것은 바로 낙관주의입니다." 그들은 중요한 재단 업무를 처리함에 있어 낙관적인 태도가 어떤 역할을 했으며, 향후 졸업생들의 성공에 어떤 역할을 할지 설명했다. "우리 재단이 어떤 심각한 상황에 빠져도, 낙관적인 태도가 혁신을 부채질하여, 고통을 줄여줄 새로운 도구를 탄생시킬 수 있습니다." 마이크로소프트 같은 우량 기업이나 그들의 재단을 설립하는 데, 혹은 성공적인 삶을 구축하는 데 게이츠 부부가 필요하다고 여기는 것과 50년간의 철저한 연구를 통해 찾아낸 결론이 다르지 않다. 모두가 인생에서의 성공에 낙관주의가 중요한 역할을 한다고 보는 것이다. 건강한 몸과 마음, 원만한 결혼생활, 우수한 고등학교, 대학교, 대학원 성적, 뛰어난 회복능력 등은 낙관적인 사람들이 누릴 수 있는 혜택의 일부이다.

이는 일에서도 마찬가지이다. 특히 부담되는 일은 더욱 그러하다. 건강 및 인간 잠재력 연구소the Institute of Health and Human Potential의 연구에 따르면, 상위 10퍼센트에 속하는 사람들이 다면 평가(multi-rater assessment: 이 연구에서 피험자의 상관 그리고 일곱 명에서 열다섯 명의 동료들이 피험자를 평가했다) 낙관주의 항목에서 더 높은 점수를 받았다. 여기서 상위 10퍼센트에 속하는 사람들이란 지난 10년 간 우리가 조사한 1만 2,000명의 근로자들 가운데 부담 상황에서도 우수한 성과를 거둔 1200명의 근로자를 뜻한다. 그들은 나머지 90퍼센트보다 미래를 더 긍정적으로 생각했고, 좌절에 효과적으로 대처할 수 있었다. 평가자들은 상위 10퍼센트에 속하는 일부 근로자에 대해 이렇게 말했다.

웨슬리는 항상 잘될 거라고 생각한다. 우리는 10년 간 한 팀에서 일했다. 그는 아무리 심한 좌절에도 개의치 않는 놀라운 모습을 보여주었다. 그는 마치 좌절을 겪지 않은 사람처럼, 묵묵히 앞으로 나아간다. 그는 성공할 때까지 열심히 노력하고 또 노력한다. 그는 대단한 사람이다. 그 사람 곁에 있으면, 나 역시 좌절에 개의치 않고, 그와 함께 노력하게 된다.

브리짓은 이 놀라운 힘을 갖고 있다. 조용하고 겸손한 평소 모습으로 봐서는 그녀가 그런 힘을 갖고 있으리라 상상할 수 없다. 우리는 매우 까다로운 고객의 프로젝트를 담당하고 있었다. 예상보다 일이 늦어져서 두어 가지 주요 일정표를 만들 수 없을 것 같았다. 하지만 그녀는 포기하지 않고 잘 되리라 믿으며, 끝까지 그 일에 매달렸고 결국 해냈

다. 그녀는 누구보다 많은 일을 해내고 있다.

마찬가지로 듀크 대학교의 경제학자인 맨주 퓨리Manju Puri와 데이비드 로빈슨David Robinson은 낙관주의자들이 비관주의자들보다 더 많은 보수를 받고, 더 열심히 그리고 더 오래 일한다는 사실을 수차례 발견했다. 미래에 대해 긍정적인 기대를 갖고 있는 낙관주의자들이 일에 더욱 매진하고, 성공을 이루어내기 위해 더 열심히 일하는 것은 당연한 이야기다.

직장 밖의 부담되는 상황에서도 낙관주의자가 됨으로써 갖가지 혜택을 누릴 수 있다. 낙관적인 아이들은 동일 집단 내의 비관적인 아이들보다 학교에서 우수한 성적을 거두고, 사교 활동 및 팀 스포츠에 더 적극적으로 참여한다. 낙관적인 수영선수들이 비관적인 선수들보다 실패를 딛고 빨리 일어나며, 낙관적인 투수들과 타자들이 종종 초크에 빠지는 비관적인 선수들보다 부담되는 순간에 더 우수한 성적을 올린다. 라스베이거스의 마권업자들은 낙관적인 NBA 팀이 비관적인 팀보다 점수 차가 벌어졌을 때 만회할 가능성이 더 높다는 것을 알고 있다.

흥미롭게도 낙관적인 사고방식이 성과 전반에 그다지 긍정적인 영향을 미치지 못하는 직종이 한 가지 있다. 바로 법 집행 및 연구와 관련된 직종이다. 평균적으로 비관적인 법대생들이 긍정적인 법대생들보다 더 우수하다. 그들은 평균 평점과 논문 성과 같은 전통적인 평가 잣대에서 낙관적인 학생들보다 우수한 성적을 거둔다. 이는 법률에서는 낙관적인 시각보다 비관적인 시각이 바람직하기 때문이다. 대부분의 사람이 주목하지 않는 잠재적 문제 및 복잡한 사정까지 파헤치고 조사하는 능력이 변호사에게는 매우 중요하다. 법률에서는 그것을 신중함이라고 부른다. 비관적인 사람들이 선천적으로 법조계에 끌리는 것이든, 아니면 연습을 통해 비관적인 시각을 기른 것이든, 그들은 직장생활에서뿐 아니라 개인생활에서도 상황이 어떤 식으로 부정적으로 바뀔 수 있는지에 더 주목하는 경향이 있다. 예를 들면 변호사들은 누군가와 동업을 할 수 있으리라 믿지 않는 경향이 다른 이들보다 강하며, 심지어 자신의 직업이 합법적이라고 생각하지 않는 경향도 더 강하다. 또 자신의 배우자가 불성실하다고 의심하고, 경제가 악화되리라 생각하는 경향이 더 강하다.

● 낙관주의의 본질

낙관주의와 시간의 관계는 역동적이고 끊임없이 변한다. 자신감은 지금 이 순간에 드러나는 것으로, 자신이 해야 하는 일(혹은 행동)을 성공적으로 수행할 수 있다는 믿음이나 생각의 토대를 제공한다. 반면 낙관주의는 '미래'에 일어날 일 혹은 '과거'에 일어난 일에 대한 것이다. 낙관주의는 예상과 해석, 이렇게 두 부분으로 구성되어 있다고 할 수 있다. 예상이란 미래가 어떻게 되리라 생각하느냐는 문제이다. 해석이란 과거 사건을 어떻게 생각하고, 어떤 방식으로 설명할 것이냐는 문제이다.

미래에 좋은 일이 일어나리라 예상한다면, 낙관주의자라고 할 수 있다. (반면 나쁜 일이 일어나리라 생각한다면 비관주의자라고 할 수 있다) 이러한 예상 태도상의 차이가 현재 직면해 있는 부담되는 상황을 타개해 나가는 방식에 중대한 영향을 끼친다. 낙관적인 사람들은 덜 불안해하고 덜 두려워하는 반면 좀 더 활기가 넘친다. 그들은 기꺼이 위험을 감수하며, 더 열심히 노력한다. 그 덕에 그들은 부담 속에서도 자신의 기량을 100퍼센트에 가깝게 발휘할 수 있다.

낙관주의의 또 다른 측면은 '사후'의 문제라 할 수 있다. 자신이 겪은 실패와 성공을 이해하기 위해, 사람들은 그 사건을 어떤 식으로 해석할지 고민한다. 성공이나 실패를 낙관적으로 해석하는 사람들은 향후 부담스런 상황에 맞닥뜨렸을 때 포기하지 않고 자신의 뜻을 굽히려 하지 한다. 따라서 그들은 그만큼 성공 가능성이 높다. 비관적으로 해석하는 사람들은 더 많이 좌절하고, 훨씬 더 빨리 포기하는 경향이 강하다.

예상

미래에 대한 긍정적인 예측이나 예상은 도움이 된다. 직장에서 커다란 변화의 바람이 불고 있든, 아니면 가정에서 도전적인 상황에 맞닥뜨렸을 때든 상관없이, 그러한 시각은 불확실한 미래를 향해, 불편한 상황을 향해, 부담되는 상황을 향해 용감히 나아가도록 부추기기 때문이다.

위험을 감수하고 열심히 일할 수 있도록 인류는 전두엽을, 특히 이마 뒤쪽이자 눈 위쪽에 자리하고 있는 전전두 피질prefrontal cortex,

PFC을 발전시켰다. 미래를 예상하여 장래 계획을 세울 수 있는 것은 전전두 피질 덕이다.

사실 전전두 피질은 예측이 이루어지는 곳으로, 예상할 때나 계획을 수립할 때 구심점 역할을 한다. 전전두 피질의 역할 덕에, 눈앞의 장해물, 난관, 어려움 그 너머를 내다볼 수 있고, 성공에 한 걸음 다가가기 위해 위험을 감수해야 할지 말지 예측할 수 있다.

긍정적인 예상이 사람들에게 어떤 식으로 도움이 될까

미래에 대한 예상은 두 가지 측면에서 사람들에게 영향을 끼친다. 우선 미래를 어떻게 예상하느냐에 따라, 현재 상황을 받아들이는 감정(주관적인 감정)이 달라질 수 있다. 또한 현재 상황에 대처하는 방식도 달라질 수 있다. 부담 속에서 우수한 성과를 올리려면 이 두 가지 측면 모두가 매우 중요하다.

부담되는 상황에 맞닥뜨리면, 사람들은 흥분, 열망, 불안감, 그리고 두려움을 복합적으로 느낀다. 사람들이 얼마나 낙관적인지, 혹은 비관적인지가 그런 순간에 느끼는 감정에 직접적인 영향을 끼친다. 미래를 긍정적으로 예상하는, 낙관적인 사람은 흥분과 열정을 더 많이 느끼는 반면, 비관적인 사람은 똑같이 도전적인 상황에 맞닥뜨려도 두려움과 불안감을 더 많이 느낀다.

낙관주의는 이런 두려움과 불안감을 다스리는 데 도움이 되기 때문에, 낙관적인 사람들은 부담 상황에서도 자신의 기량을 100퍼센트에 가깝게 발휘할 수 있다. 낙관적인 시각처럼, 육체적·정신적 차원에서의 이런 비관적인 반응을 줄여줄 수 있는 것이라면 무엇이든 성과 향상에 도움이 될 수 있다.

옻나무에 심한 알레르기가 있는 사람들을 대상으로 흥미로운 연구가 이루어졌는데, 그로부터 한 가지 중요한 통찰을 얻을 수 있다. 이 연구에서는 열세 명에게 무해한 나뭇잎을 팔에 문지르며 그것을 옻나무 잎이라고 말했고, 그와 동시에 다른 쪽 팔에는 진짜 옻나무 잎으로 문지르면서 무해한 나뭇잎이라고 이야기했다. 열세 명 모두 (옻나무 잎이라고 설명했지만) 사실은 무해한 잎으로 문지른 팔에 발진이 일어났다. 반면 (무해한 잎이라고 이야기했지만) 진짜 옻나무 잎으로 문지른 팔에는 단두 명만이 발진이 일어났다. 어떻게 이런 일이 일어날 수 있을까?

뉴욕의 신사회연구소the New School for Social Research의 신경학자인 마셀 킨즈본Marcel Kinsbourne에 따르면, 그 이유는 어떤 사건이 일어날 때 뇌에서 두 가지 종류의 패턴이 활성화되기 때문이다. 첫 번째는 외부의 요소가 내부에 영향을 미치는 아웃사이드인outside-in 패턴이다. 이는 냄새, 맛, 시각적 이미지, 소리 등의 정보가 외부 세계로부터 뇌 속으로 흘러들어감으로써 뇌가 활성화되는 패턴이다. 두 번째는 내적 요소가 외부에 영향을 미치는 인사이드아웃inside-out 패턴이다. 이는 전두엽의 예측 중추에서 시작되는 패턴으로, 어떤 일이 일어날 것 같다는 느낌과 기억이 외부에 영향을 끼치는 것이다.

이 두 가지 패턴이 교차되며, 사람들에게 주변에서 무슨 일이 일어나고 있는지 알려준다. MRI 같은 신경 촬영 연구를 통해 새롭게 발견된 한 가지 흥미로운 사실은 사람들이 어떤 상황이 일어나리라 기대할 경우 뇌 세포가 활성화되는 데, 대부분의 상황에서 이런 인사이드아웃 방식의 활성화가 외부 데이터를 받아들이기도 전에 일어난다는 점이다.

어떤 일이 일어나리라는 기대 같은 내적 요인으로 뇌의 상태가 갑자기 바뀔 경우, 이런 변화된 뇌의 상태가 외부 세계에서 흘러들어온 소리, 맛 같은 정보 못지않게, 신경학적으로 그리고 신경화학적으로 '실질적'인 영향력을 발휘한다. 이런 변화된 뇌 상태가 몸과 마음이 외부 사건에 특정 방식으로 반응하도록 부추길 수 있다. 또 이것이 뇌와 몸속의 화학작용을 실제로 변화시킬 수 있다. 새로운 수십 개의 연구에서, 기대가 몸속의 화학작용에 이런 식으로 영향을 미치기 때문에 플라시보 효과(placebo effect: 환자가 가짜 약을 진짜 약인 줄 알고 먹은 뒤 병세가 호전되는 현상, 일명 위약 효과)가 일어난다는 사실을 알아냈다. 진짜 옻나무로 문질렀음에도, 심지어 옻나무에 심한 알레르기가 있는 사람들조차 팔에 발진이 일어나지 않은 것도 이 때문이다.

프랜시스 브레넌Francis Brennan과 칼 차르네츠키Carl Charnetski는 면역 글로불린Aimmunoglobulin A와 감기 연구에서 비슷한 현상을 찾아냈다. 면역 글로불린 A는 몸에서 가장 강한 항체 중 하나이다. 감기가 잘 걸리는 계절에 체내에 면역 글로불린이 많을수록, 감기에 적게 걸린다. 노스이스턴 펜실베이니아 대학교의 학생 112명으로부터 면역 글로불린 측정에 필요한 표본을 채취했다. 또 그들이 얼마나 낙관적인지도 측정했다. 연구 결과에 따르면, 비관적인 사고는 면역 체계의 기능을 손상시켰다. 옻나무 연구에서처럼, 그 연구에서는 마음속에서 벌어지는 일이, 이 경우에는 비관적인 사고가 체내의 화학작용에 직접적인 영향을 미친다는 사실을 발견했다.

중요한 것은 낙관적 사고가 몸의 화학작용을 능가한다는 점이다. 낙관적 사고는 긍정적인 기대를 실현시키는 데 도움이 되는 행동을 부추기는 역할을 한다. 미래에 대해 긍정적인 시각을 갖고 있는 사람들은 부담 상황에 맞닥뜨렸을 때 좀 더 지속적인 노력을 기울인다. 반면 미래에 대해 부정적인 생각을 갖고 있는 사람들은 그와 반대로 집중을 하지 못하거나 현실을 회피하거나 헛된 꿈을 꾼다. 프로 작가인 글렌 넬슨Glen Nelson은 낙관적인 태도가 생각에만 영향을 끼치는 게 아니라, 특정 행동을 이끄는 중요한 견인차 역할도 한다는 사실을 일깨워준 자신의 경험담을 들려주었다. 그의 딸, 케이트는 네 살이라는 어린 나이에 뇌에서 커다란 종양이 자라고 있었다. 이는 부모라면 가장 두려워하는 병일 것이다.

한 동안 케이트는 걱정스런 증상들을 보였다. 그녀는 종종 균형을 잃었고, 이따금씩 가만히 있다가도 쓰러졌다. 머리도 아팠다. 그런 경우 토하고 나면 괜찮아졌다. 여러 번 소아과에 갔지만, 소아과의사는 그 증상들을 무시했고 별일 아닌 일에 부모들이 유난을 떤다는 식으로 말했다. 그렇지만 증상이 심해지고 빈도도 잦아지자, 넬슨 부부는 신경과에 가보게 의뢰서를 써달라고 했다.

글렌은 이렇게 말했다. "몇 분 만에 신경과의사는 커다란 종양이 있다고 진단했고, MRI를 찍고 몇 시간 뒤 장시간의 응급 수술을 진행했습니다. 내 인생에서 가장 무서운 날이었습니다." 나중에 외과 의사들은 공포에 휩싸여 있는 넬슨 부부에게 수술을 하지 않았으면 딸아이가 하루, 이틀 밖에 살지 못했을 거라고 말했다.

글렌은 그 시련과 관련해, 낙관적인 사고방식과 그것이 지닌 힘에 대해 이야기했다. 그는 이렇게 설명했다. "무력감을 느꼈지만, 그 가운데서도 낙관적인 시각을 잃지 않았습니다. 극심한 부담감에 시달렸습니다. 정말 사느냐 죽느냐의 순간이었습니다. 그렇지만 비극 앞에 서면 실은 그런 극도의 부담감도 계속 되지 않는다는 것을, 결국 지나간다는 것을 깨닫게 됩니다. 어떻게든 곧 해결되리라는 것을 알게 됩니다. 앞으로 무슨 일이 일어나든, 우리는 가족이 하나로 뭉쳐, 그에 맞서 싸울 수 있다는 자신감이 생겼습니다. 그런 한 줄기 희망이 무거운 부담감을 덜어주었습니다."

그들의 딸아이는 매우 빠른 속도로 회복되었다. 그로부터 며칠 뒤 그녀는 퇴원했다. 3년 뒤 그녀는 또 한 번의 종양 제거 수술을 받았고, 이제 완치되어 10년 간 정상적인 생활을 해오고 있다. 글렌과 그의 아내는 긍정적인 시각을 잃지 않고 살아가고 있다. 글렌은 이렇게 말했다. "그것이 우리 가족에게는 중요한 순간이었습니다. 그 일은 우리 가족 모두에게 온갖 방식으로 상처를 남겼습니다. 비극 앞에 우리가 얼마나 취약한 존재인지 깨달았다는 점에서는 그 사건 때문에 보다 나약한 존재가 되었다고 말할 수도 있습니다. 그러나 이제 다른 사람의 필요를 보다 귀담아듣게 되었다는 점에서는 그 사건 덕에 한층 성숙해졌다고 할 수 있습니다. 공감하는 능력이라는 커다란 힘을 선물 받은 것 같습니다. 우리에게 있어, 긍정적인 시각을 잃지 않은 것은 자율적인 결정이었습니다. 하지만 긍정적인 시각에 결코 안주하지 않았습니다. 긍정적인 생각만 하며 가만히 앉아 있지 않았습니다. 아이의 질병과 관련해 가능한 모든 것을 알기 위해 열심히 노력했고, 도움이 되기 위해 할 수 있는 모든 일을 했습니다. 중요한 신경과 진료의 뢰서를 받아낼 수 있었던 것도 그런 노력 덕입니다. 우리는 미래는 알수 없다는 것을 인정했고, 미래를 만들어나갈 책임, 그리고 어떤 일이 닥치든 그것을 헤쳐 나갈 책임을 짊어졌습니다. 입방정 떠는 얘기일수 있지만, 그 후 우리는 정말 축복받은 삶을 살고 있습니다."

글렌과 그의 가족의 이야기는 낙관주의가 지나치게 낙천적인 태도와는 다르다는 것을 보여준다. 지나치게 낙천적인 태도란 '긍정적인 태도를 가져라, 그러면 모든 게 다 잘 될 것이다'라는 식의 사고방식이다. 낙관주의가 사람들에게 도움이 될 수 있는 이유는 행동에 나서도록 그들을 채찍질하기 때문이다. 그들은 헛된 꿈을 구지 않는다. 상황을 해결할 방법을 찾아내기 위해 열심히 노력한다. 하루 동안 혹은 일주일 동안 생활하는 가운데 맞닥뜨리는 수많은 좌절들을 생각해 보면, 긍정적인 태도를 잃지 않고 앞으로 나아가는 능력이 얼마나 중요한지 쉽게 알 수 있다.

기대와 타인들

기대는 어디서 비롯되는 걸까? 사람들은 특정 기대를 갖고 있고, 그러한 기대를 바탕으로 어떤 행동을 한다. 그러한 기대와 행동의 원천 중 하나가 바로 타인이 그들에게 갖고 있는 기대이다. 직장, 회의

실, 진료실, 군부대, 가정, 라커룸, 심리상담소 등 서로 다른 여러 환경에서 타인이 당신에게 갖고 있는 기대가 당신 자신의 기대와 행동에 가장 중요한 영향을 끼치는 요소 중 하나라는 것을 말해주는 연구 결과들이 점점 증가하고 있다.

타인의 기대가 개인의 태도와 행동에 미치는 역할을 처음으로 조사하여 체계화한 연구에서 연구원들은 교사와 학생의 성취도 간의 관계를 조사했다. 이 연구를 주도한 이는 하버드 대학교의 로버트 로젠탈Robert Rosenthal과 샌프란시스코 남부 통합학군United School District의 초등학교 교장인 레노어 제이콥슨Lenore Jacobson이었다. 로젠탈과 제이콥슨은 오크 초등학교Oak School에서 이 연구를 실시했다. 캘리포니아 주, 사우전드 오크스Thousand Oaks에 위치한 오크 초등학교는 당시 활기를 잃어가던 학교였다. 우선 그들은 새 학년 초에 학생들에게 IQ 테스트를 실시했다. 선생님들에게 그 시험을 IQ 테스트라고 하지 않고, 일종의 하버드 입학 테스트의 변형판이라고 말했다. 물론 그것은 거짓말이었다. 선생님들은 이 테스트가 학생들의 잠재적인 학습 능력을 측정한다는 연구원들의 설명을 믿었다. 하지만 실제로는 잠재적인 학습 능력을 테스트하는 평가가 아니었고, 그 테스트로는 어떤 예측도 할 수 없었다. 그 IQ 테스트는 한 해 동안 학생들의 발전 정도를 측정하는 기준으로 이용되었다.

로젠탈과 제이콥슨은 그 학교에서 근무하는 열여덟 명의 교사들에게 일부 학생들이 이 잠재력 테스트에서 상위 20퍼센트의 성적을 거뒀다고 이야기했다. 이 테스트를 통해 높은 잠재력을 보여준 학생들은 한 해 동안 우수한 성과를 거두며 잠재력을 꽃피울 것이라고 교사들에게 설명했다. 이 모든 것이 실험을 위한 설정이라는 사실을 교사들에게 말하지 않았다. 상위 20퍼센트 목록에 적혀 있는 학생들은 잠재력을 꽃피울지 아닐지 예측하는 어떤 특성들을 바탕으로 선발된 것이 아니라, 사실은 무작위로 선발된 것이었다. 목록에 적혀 있는 학생들과 적혀 있지 않은 학생들 간에 실은 아무런 차이도 없었다. 새로운 학년이 끝날 무렵, 모든 학생들에게 다시 IQ 테스트를 실시했다. 연구원들은 어떤 사실을 발견했을까?

다시 치른 IQ 테스트 결과에 중대한 차이가 발생했다. 목록상에 잠재력을 꽃 피울 준비가 된 학생 목록에 있었던 이들이 그렇지 않은 이들보다 테스트 결과가 향상되었다. 로젠탈과 제이콥슨의 연구는 기대와 자기암시가 커다란 힘을 갖고 있다는 것을 보여주었다. 교사들은 그 학생들을 다르게 대했고, 학생들은 그에 맞춰 다르게 행동했다. 그들은 교사들이 자신들에게 갖고 있는 기대에 부응하려 노력했다. 그들은 무작위 선발에 의해 목록에 오르지 못한 학생들보다 더 열심히 노력했고, 더 우수한 성과를 거두었다.

한 가지 기억할 점은 학생들은 어떤 목록이 존재하는지, 혹은 자신이 어느 쪽 목록에 속해 있는지 몰랐다는 것이다. 로젠탈은 후속 연구를 통해 교사들이나 책임자들이 학생이나 부하직원에게 높은 기대를 갖고 있을 때, 그들에게 비판적인 피드백을 제공하고 어려운 과제를 제시한다는 사실을 알아냈다. 이는 그들이 그 학생이나 부하직원이 그러한 과제를 완수할 수 있다는 믿음을 갖고 있기 때문이다. 그들은 또한 그 학생이나 부하직원에게 자신의 능력을 뽐낼 기회를 더 많이 제공했다. 예를 들면 교사가 어떤 학생에게 높은 기대를 갖고 있으면, 다음 학생으로 넘어가기 전에 그 학생이 대답할 수 있도록 더 오랫동안 기다려주었다. 교사들은 다른 목록에 있는 학생들보다 특별한 학생들에게 마음과 마음을 나눌 수 있는 더 따뜻하고 더 고무적인 환경을 만들어준다.

중요한 것은 학생이(혹은 누구든) 갖고 있는 기대가, 그리고 그 사람이 하는 행동이 그 사람에 의해서만 만들어진 게 아니라는 사실이다. 다시 말해 주변 사람들의 기대가, 그 사람이 속해 있는 사회적 환경이 그 사람의 기대와 행동에 영향을 끼친다는 얘기다.

당신의 경우는 어떤지 생각해 보라. 현실적인 눈으로 주변을 둘러보길, 특히 직속상관과의 관계를 냉철히 살펴보길 바란다(직속상관 같은 위치에 있는 이들은 당신에게 커대한 영향을 미칠 수밖에 없는 사람들이기 때문이다). 그러고는 이러한 환경이 당신의 성공에 발판이 되어줄 수 있을지 자문해 보라. 책임자(혹은 배우자나 파트너)가 당신에게 우수한 성과를 거두리라는 긍정적인 기대를 갖고 있는가? 이는 당신의 성공에 보탬이 되는 환경인가?

만약 당신이 다른 사람들에게 영향력을 행사할 수 있는 위치에 있는 사람이라면, 당신은 자신이 주변 사람들에게 어떤 기대를 갖고 있는지 알고 있는가? "내가 자녀나 부하직원에게 갖고 있는 기대가 그들의 성공에, 그들이 낙관적인 사람으로 성장하는 데 보탬이 되고 있는가, 아니면 장해물이 되고 있는가?"라고 스스로에게 물어보길 바란다.

여기서 당신이 바람직한 수준의 높은 기대를 하는 것과 비현실적인 기대를 갖는 것 간의 차이를 알고 있는지 확실히 짚고 넘어갈 필요가 있다. 서로 다른 장점을 지닌 여러 명의 자녀가 있는 데, 그들 모두에게 동일한 기대를 품을 때, 때때로 바람직한 기대를 넘어 비현실적인 기대를 갖는 일이 벌어진다. 심지어 그들은 당신의 기대 가운데 어느 하나도 충족시키지 못할 수도 있다. 이는 바람직한 기대가 아니며, 어린 자녀들에게 도움이 되지 못한다. J.P.가 세 차례의 올림픽에서 함께 일했던 코치, 허넌 휴매너Hernan Humana는 도를 넘지 않는 선에서 기대를 효과적으로 전달하는 놀라운 능력을 갖고 있었다. 그와 이야기를 나누다보면, 운동선수들은 자신이 마치 세상에서 가장 중요한 사람인 것처럼 느꼈다. 선수들이 자신에게 갖고 있는 기대보다 더 높은 기대를 그는 그들에게 갖고 있었고, 이는 그들에게 커다란 영향을 끼쳤다. 허넌은 그들에게 많은 것을 요구하면서도, 세심히 배려하는 능력을 지녔다. (그는 변명을 못 견뎌 했다.) 그와 함께 시간을 보내고 나면, 할 수 있다고 굳게 믿는 그의 낙관적인 시각에 감염되지 않을 수 없었다. 하지만 그는 비현실적인 기대로 부담감만 증가시켜 성과를 떨어뜨리는 어리석음을 범하지는 않았다.

낙관주의의 두 번째 측면은 보통 부담되는 순간이 끝난 뒤, 즉 '사후'에 나타나는 현상이다. 이는 좋은 일이든 나쁜 일이든 당신에게 일어난 사건을 어떻게 해석할 것인지 해석과 관련된 문제이다.

해석 양식

스물일곱 살의 데브라는 가장 기억에 남는 워크숍 참석자들 가운데 한 명이다. 그녀는 이렇게 말했다. "그곳이 첫 직장이었습니다. 당시 나는 응급의학과 석사과정을 막 마친 상태였습니다. 커다란 부담속에 매초 중대한 결정을 내려야 하는 치열한 사건들이 이어졌고, 나는 그 모든 일에 훌륭히 대처하고 있었습니다. 사실 그것은 가슴 벅차는 경험이었고, 나는 희열을 느꼈습니다. 나는 몹시 흥분해 있었습니다. 열심히 노력한 덕에, 남자 친구가 레지던트로 일하고 있는 대형 병원 응급실에 자리를 옮길 수 있었습니다. 노력이 결실을 맺고 있었습니다. 거기에 부모님이 병원에서 20분 거리로 이사하시는 행운까지 찾아왔습니다. 기적이 일어난 것 같았습니다. 내가 꿈꿨던 행복한 미래가 펼쳐졌습니다. 내가 꿈을 현실로 만들어낸 것입니다. 뭐랄까, 그것은 마치 완벽한 계획 같았습니다. 그런데 눈 깜빡할 사이에 삶이 송두리째 변했습니다.

"(사고를 당한 뒤) 눈을 떴을 때 부모님이 내 곁에 계셨습니다. 몽롱한 상태였지만 부모님 얼굴에 드리워진 비통함을 느낄 수 있었습니다. 빨갛게 충혈된 눈으로 어머니는 병실이 시끄러울 정도로 흐느껴 울고 계셨습니다. 아버지는 어머니를 부축하고 있던 손을 잠시 고쳐 잡을 때를 빼고는, 겉보기에는 침착해 보이셨습니다. 나는 잠시 잠들었던 것 같은데, 실제로는 여섯 시간을 내리 잤습니다. 정신이 또렷해졌을 때, 가족들이 내 곁을 묵묵히 지키고 있는 모습이 보였습니다. 나는 아프다기보다 쓰라렸습니다. 침대 곁에 꽃이 놓여 있었습니다. 남자친구, 테드가 보낸 꽃이었습니다. 어머니는 카드를 읽어주려 하셨지만 나는 듣고 싶지 않았습니다. 나는 그의 스케줄을 꿰고 있었고, 그가 진료 중이라는 것을 곧 알 수 있었습니다."

"점점 기억이 살아나기 시작했습니다. 작은 스포츠카가 보였고, 마치 지진이 내 차를 덮친 듯한 느낌이 들었던 것이 떠올랐습니다. 뒤늦게 의사가 찾아와 나의 새로운 현실을 알려주었습니다. 골절이 심하지만 신경 손상은 없다고 했습니다. 다행이었습니다. 비로소 나는 안도감을 느낄 수 있었습니다. 재활 치료를 받아야 한다는 생각이 머리를 스치고 지나갔습니다. 힘들 게 분명했습니다. 하지만 나는 누구보다 열심히 노력하는 사람이었기에 그건 문제될 게 없었습니다."

"그로부터 약 한 달 뒤, 나는 퇴원을 했고 집으로 돌아왔습니다. 통증도 없었고, 힘을 되찾아 다시 걷는 것은 시간문제일 뿐이라 믿었습니다. 부모님은 커다란 힘이 되어주셨고, 테드는 매일 같이 찾아와 희망적인 생각을 내게 심어주었습니다. 솔직히 나는 잘 지내고 있었습니다. 집에 돌아온 지 2주 정도 지났을 때 보험사 직원이 찾아왔습니다. 그는 매우 친절했습니다. 내가 이미 추측하고 있었던 것처럼 그는 사고가 나의 잘못이 아니라고 말했습니다…… 상대방 운전자가 취해 있었다고 했습니다. 그저 내가 좋지 않은 시간에 좋지 않은 곳에 있었던 것뿐이었습니다. 다른 수백 만 명의 피해자들처럼 나는 음주 운전의 피해자였던 것입니다. 운전자는 스무 살밖에 되지 않았다고 했습니다. 대학교 2학년 학생으로 휴가 차 집에 내려와 있었는데, 파티에서 술을 마시고 나와서 운전대를 잡았다가 사고를 낸 것이었습니다. 보험사 직원은 내 차가 완전히 망가졌다고 했습니다. 나는 크게 개의치 않았습니다. 그러고는 매우 비극적인 소식을 들었습니다. 그 젊은 운전자가 즉사하다시피 했다는 소식이었습니다. 그 소리에 나도 모르게 눈물을 흘렸습니다. 그는 그 동네의 어느 가정의 막내아들이었습니다. 경찰의 설명에 따르면, 그는 안전벨트를 매지 않고 있었습니다. 가족들과 선생님들이 안전에 조심하라고 신신당부하셨던 순간들이 떠올랐습니다. 아버지도 안전운전을 하라고 내게 누차 말씀하셨습니다. 그 덕에 나는 살 수 있었습니다. 보험사 직원이 마지막으로 내게 했던 말을 나는 영원히 잊지 못할 것입니다. '솔직히, 데브라, 당신이 살아있다는 게 믿겨지지 않습니다.'"

"그 후 몇 달 동안, 그리고 지금까지도 나는 그가 했던 말을 종종 떠올립니다. 나는 운이 좋아서 살아남은 것입니다! 초기에 병문안을 왔던 사람들은 내가 운이 나빠서 그런 사고를 당했다고 했습니다. 그런데 그건 사실이 아닙니다. 나는 운이 나빴던 게 아니라, 매우 좋았던 것입니다. 그렇지 않았더라면 나는 죽었을 것이고, 부모님은 슬픔 속에 여생을 보내셨을 것입니다. 내가 무고한 피해자였던 것은 사실이지만, 훨씬 더 큰 고통을 겪는 무고한 피해자들이 수없이 많다는 것을 나는 알고 있었습니다. 나는 분명 운이 좋았습니다……나는 계속 의사로서의 꿈을 이뤄나갈 것이고 풍요로운 삶을 영위하리라 다짐했습니다. 그는 나를 사랑한다고 말했지만 그가 내게 의무감을 느끼길 원치 않았습니다. 잠시 혼자 지내볼 필요가 있다고 말했습니다. 그러면서 앞으로 어떻게 될지 천천히 지켜보자고 했습니다. 그것은 감정적으로 한 말이었지만 필요한 일이었고, 나는 그가 잘 지내리라는 것을 알고 있었습니다."

"나의 세계는 점점 빛을 되찾았습니다. 비록 응급실에서 일할 수는 없었지만, 병원에서 내게 다른 자리를 마련해 주어 행정서비스 및 외래환자 서비스를 담당하게 되었습니다. 여전히 응급실로 돌아가고 싶고, 언젠가 돌아갈 것입니다. 사고는 2년 전 일로, 이제 놀랄 정도로 하체에 힘이 회복되었습니다. 요즘은 하루에 몇 시간씩 목발을 짚고 걸을 수 있습니다…… 내가 누리고 있는 모든 것에 감사하고 있습니다."

이것은 단순히 감동적인 흐뭇한 이야기를 넘어, '낙관적인 해석 양식'을 지닌 젊은 여성의 이야기다.

삶을 해석하는 양식

해석 양식은 사회 심리학의 '귀인attribution, 즉 원인의 귀착' 이론에 뿌리를 두고 있다. 귀인이란 사건 및 행동의 원인을 밝히는 과정이다. 우리는 매일 주변사람들의 행동과 편견뿐 아니라, 자신의 행동과 편견을 놓고도 이러한 과정을 되풀이하고 있다. 보통 사람들은 자신이 이런 과정을 밟고 있는지 의식하지 못한다. 일례로 특정 사건이 일어난 이유를 사람과 사람 사이의 관계에서 찾는 '대인관계 귀인interpersonal attribution'을 꼽을 수 있다. 친구나 동료에게 이야기를 할 때, 가급적 자신에게 유리하게 이야기하는 것도 이 때문이다.

일의 원인을 밝힐 때, 사람들은 과거에 일어난 일을 바탕으로 미래에 일어날 일을 예측하는 경향이 있다. 만약 특정 장소에서 강도를 당했다면, 위험을 피하기 위해 향후 그 장소를 기피할 가능성이 높다. 마찬가지로 특정 세일즈 방문에서 저조한 실적을 올린다면, 더 이상 곤혹스러움을 겪지 않도록 향후 비슷한 세일즈 방문을 삼갈 것이다. 요컨대 과거의 성공이나 실패의 원인이 되었던 요소가 사람들의 감정과 생각에, 그리고 향후 행동 방식에 영향을 미치게 된다는 얘기다.

사람마다 사건의 원인을 특정 방식으로 추론하려는 경향을 갖고 있다. 우리는 이것을 '해석 양식explanatory style'이라고 부른다. 이것이 사람들이 좌절 및 성공을 해석하는 스타일이다. 사람들이 과거의 경험을 어떻게 인식하고, 그 중요성을 어떻게 판단하고, 그것을 어떻게 설명하느냐에 따라 그 사람이 갖고 있는 '해석 양식'이 달라진다. 데브라가 자신의 좌절을 이해하고 받아들이는 데 이런 '해석 양식'은 커다란 힘이 되었다.

결혼생활의 파탄이든, 대학 입시에서의 실패든, 면접에서의 불합격이든 매일 그러한 사건들을 스스로에게 설명하는 과정을 통해 사람들은 삶을 이해하게 된다. 영업직은 조직에서 누구보다 심한 부담을 느낄 수밖에 없는 자리 중 하나이다. 이는 해석 양식이 어떤 영향을 미치는지 살펴볼 수 있는 좋은 사례이다.

영업사원들은 계획을 세우고 목표를 맞춰야 한다. 그렇게 하지 못하면 보수가 깎인다. 그것은 부담일 수밖에 없다. 거절당하고 또 거절당하는 것 역시 힘든 일이다. 성공보다 실패를 훨씬 더 많이 하리라는 것을 알면서 월요일 아침에 눈을 뜨는 일이 몹시 버거울 수 있다(이는 다른 요일 아침에도 마찬가지이다).

메트로폴리탄 라이프Metropolitan Life, 이하 메트라이프MetLife에서 낙관주의와 부담감 속에서 우수한 성과를 거두는 일 사이의 상관관계를 조사했고 주목할 만한 결과를 얻었다. 미국에 본사를 두고 있는 메트라이프는 보험 및 여타 금융 서비스를 제공하는 회사이다. 전성기 때 메트라이프는 일 년에 5,000명씩 영업사원들을 고용했고, 2년 동안 한 명 당 3만 달러 이상의 비용을 들여 교육시켰다. 그들 가운데 절반이 첫해에 사표를 냈고, 80퍼센트가 4년 내에 회사를 관뒀다. 높은 이직률과 값비싼 교육비용 때문에 메트라이프는 영업사원들을 선발하고 교육시킬 좀 더 나은 방법을 찾길 원했다.

그들은 좌절에 효과적으로 대처하고, 실패를 빨리 딛고 일어나며, 해결책을 찾아내고, 끝까지 책임을 완수하는 사람이 영업사원으로 성공한다는 사실을 깨달았다. 일이 아무리 힘들어도 끝까지 포기하지 않는 우수한 영업사원을 찾아내는 일이 매우 중요하다고 판단하여, 메트라이프의 최고경영자가 직접 그 일에 나섰다. 그는 심리학자인 마틴 셀리그먼Martin Seligman을 만나서, 낙관적인 태도에 근거한 혁신적인 접근방식으로 메트라이프의 영업사원들을 선발하고 교육할 수 있도록 그에게 도움을 청했다.

우선 셀리그먼은 그에 필요한 조사 계획을 세웠다. 메트라이프 영업사원에 지원한 모든 이들에게 두 가지 테스트를 실시하기로 했다. 하나는 메트라이프의 일반적인 영업사원 선발 시험이었고, 다른 하나는 셀리그먼의 '귀인 방식에 관한 질문지attribution style questionnaire,

이하 ASQ'였다. ASQ는 특정 사건이 일어났을 때 그것을 해석하는 스타일을 측정하기 위해 고안된 질문지였다. 셀리그먼은 이 두 가지 테스트를 통해 각 집단을 추적 관찰하며, 어느 테스트가 성공을 예측하는 잣대로 더 유용하게 쓰일 수 있는지 알아보고자 했다.

처음에는 전통적인 선발 기준을 바탕으로 영업사원들을 선발했다. 셀리그먼의 ASQ의 결과는 철저히 조사목적으로만 이용했다. 그렇지만 메트라이프는 그 해에 영업사원이 부족하여 추가로 129명을 더 뽑아야 했다. 불행히도 메트라이프 선발 시험을 치른 지원자들 중 통과한 이가 더 이상 없었다. 그래서 셀리그먼의 설득에 힘입어 메트라이프는 그가 고안한 ASQ, 즉 얼마나 낙관적인지 알아보는 테스트에서 상위 50퍼센트의 성적을 거두었지만 메트라이프 선발 시험에서는 떨어진 지원자들을 고용했다.

2년에 걸쳐 셀리그먼과 연구원들은 1만 5,000여명의 메트라이프 신입 영업사원들의 성과를 추적 관찰했다. 얼마나 낙관적인지 알아보는 ASQ의 점수와 실질적인 영업 실적을 비교했을 때, 상위 50퍼센트의 성적을 거둔 낙관적인 영업사원들이 하위 50퍼센트의 성적을 거둔 비관적인 영업사원들보다 2년에 걸쳐 37퍼센트 더 우수한 보험 판매 실적을 올렸다. 훨씬 더 흥미로운 점은 ASQ에서 상위 10퍼센트에 속했던 매우 낙관적인 영업사원들이 하위 10퍼센트에 속했던 매우 비관적인 영업사원들보다 88퍼센트 우수한 판매 실적을 올렸다는 것이다. 한 마디로 낙관적이냐 아니냐가 메트라이프의 영업사원 선발 시험보다 영업사원의 성공 여부를 예측할 수 있는 더 훌륭한 잣대라는 얘기다.

셀리그먼이 부담감 속에서 이러한 우수한 성과를 일궈내는 데 매우 중요한 '비법 소스'를 찾아낸 것이다. 이 비법 소스는 '영구성'과 '파급성'이라는 두 가지 재료로 만들어졌는데, 이 두 가지 재료는 해석 양식을 구성하는 요소들이다. 그렇다면 영구성과 파급성이 무엇을 의미하는지 알아보기 위해 데보라의 이야기로 되돌아가 보자. 버거운 좌절을 이겨내는 데 그녀의 해석 양식이 어떤 힘이 되었는지 살펴보자. (본래 연구에서는 해석 양식의 특성으로 영구성, 파급성, 개인화 이렇게 세 가지를 꼽았다. 세 번째 요소인 개인화란 무슨 일이 일어났을 때 자기 자신을 탓하는 경향을 의미한다. 하지만 연구를 진행함에 따라 이 세 번째 요소는 성공을 예측하는 데 영구성과 파급성에 비해 중요하지 않은 것으로 드러났다. 따라서 이제 연구원들은 세 번째 요소인 개인화가 성공 예측에 중요한 역할을 할 수 있는지 반신반의하고 있다.)

영구성permanence

대부분의 의사들과 치료사들, 코치들은 데브라처럼 삶을 송두리째 바꿔 놓는 불행한 일을 겪은 이들을 많이 보았고, 그들 중 상당수가 우울증, 분노, 비통함을 드러낸다고 말한다. 그들은 자신을 희생자라고 느낀다. 자신의 불행한 상태가 영원히 계속되리라는 생각, 상황이 바뀌지 않으리라는 생각이 그러한 감정을 부채질한다. 그들은 이런 상태가 계속 이어지리라 여긴다. 당신도 보았다시피 데브라의 경우에는 자신의 상태가 '일시적'이라고 생각했고, 열심히 노력하면 풍요로운 삶을 되찾을 수 있다고 믿었다.

여기서 '영구성'이란 어떤 사건이나 상태가 얼마나 안정화되어 있다고 느끼느냐를 뜻한다. 얼마나 오래 계속될지, 얼마나 자주 일어날지, 영구적인지 아니면 일시적인지를 의미한다. 어떤 상태가 영원히 계속되리라 생각하는 것이 가장 이익이 될 때는 언제일까? 어떤 상태가 일시적이라 생각하는 것이 가장 유익할 때는 언제일까?

낙관주의자들은 좋은 상황은 계속되고 나쁜 상황은 그저 일시적이라 믿는다. 이러한 믿음 때문에 낙관주의자들은 어려운 때일수록 더 열심히 노력할 가능성이 높다. 그들은 과거에 성공했기 때문에 또다시 성공하리라 예상한다. 그들은 나쁜 상황이 일시적이라 믿기 때문에 좀 더 쉽게 좌절을 딛고 일어나 어려움을 뚫고 나아간다. 그들은 긴 터널을 지나면 밝은 빛이 자신을 기다리고 있다고 믿는다. 한 마디로 그들은 뛰어난 회복력을 갖고 있다.

비관적인 해석 양식을 갖고 있는 사람들은 나쁜 상황이 오랫동안 혹은 영원히 계속되리라 생각한다. 그 결과 그들은 쉽게 포기하고 종종 무력감에 빠져든다. 심한 경우 우울증에 걸리기도 한다.

파급성Pervasiveness

여기서 파급성이란 사람들이 부상, 사랑하는 사람과의 이별, 저조한 판매 실적 등 좌절에 맞닥뜨렸을 때 그것이 삶의 다른 부분에 어느 정도 영향을 끼치도록 허용하는가를 가리킨다. 비관적인 해석 양식을 지닌 사람들은 그 좌절이 삶의 모든 측면에 영향을 끼치리라 여긴다.

예를 들면 비관적인 해석 양식을 지닌 부모는 딸아이의 불행을

'나 같이 가난한 부모를 만나서'라고 생각할 수 있다. 실패했을 때 그것을 삶의 모든 측면으로 확대해석하는 사람들은 쉽게 좌절하고, 실패에 부딪히면 금방 손을 드는 경향이 있다. 반면 어떤 일이 일어났을 때 그것을 특정 영역에 국한시켜 해석하는 경향이 있는 사람들은 특정 영역에서는 무능함을 느끼겠지만 그것을 삶의 다른 측면에까지 일반화시키지 않는다. 따라서 특정 영역에서 무능함을 느끼더라도, 다른 측면에서는 여전히 낙관적인 시각을 유지한다.

반면 비관주의자들은 성공을 거두면 그것을 특정 이유 때문이라고 생각하는 경향이 있다. 이를테면 '나는 컴퓨터 실력이 있어.'라고 생각한다. 혹은 자신의 성공을 운이 좋았기 때문이라고 생각하여 그것을 잠깐 있는 일, 일시적인 일로 치부한다. 낙관적인 해석 양식을 지닌 사람들은 '나는 스마트해, 정말 열심히 일해.'처럼 자신의 전반적인 성향 덕에 성공했다고 믿는다. 그리고 이러한 특성이 삶의 모든 측면에 영향을 미친다고 생각한다. 이처럼 성공의 이유를 전반적인 성향 덕으로 생각하면, 자부심이 커지고 낙관적으로 해석하는 경향이 더욱 강해진다.

어떤 사람들은 음주운전의 피해자가 되어 다리를 쓰지 못하게 되면, 자신이 운이 나빴다고 생각할 뿐 아니라, 그것이 삶 전체에 파급효과를 미칠 수 있다. 하지만 데브라는 그렇지 않았다. 그녀의 이야기를 다시 살펴보면, 그녀는 특정 사건을 삶의 모든 측면에 일반화시켜 생각하지 않고 그 영역에 국한시켜 해석했다는 것을 알 수 있다. 그녀는 자신의 사고를 특정 원인에 귀속시켜 생각했고, 그것이 그녀의 삶의 일부에 영향을 끼치기는 했지만 그 때문에 가족 및 친구들과 행복한 삶을 영위할 기회, 전문가로서의 꿈을 추구할 기회까지 놓치지는 않았다.

균형 잡힌 낙관주의

미래에 대한 긍정적인 기대, 그리고 과거에 대한 긍정적인 해석은 분명 장점이다. 그렇지만 지나친 자신감처럼 과도한 낙관은 주로 과도하게 위험을 감수함으로써 그리고 중요한 정보를 놓침으로써 부담되는 순간에 실력을 십분 발휘하는 데 장해물이 될 수도 있다. 삶에서 긍정적인 사건이 일어날 가능성을 과대평가할 수도 있고, 부정적인 사건이 일어날 가능성을 과소평가할 수도 있다. 예를 들면 암 진단을 받거나 교통사고를 당할 가능성을 과소평가할 수도 있고, 장수할 가능성 혹은 출세할 가능성을 과대평가할 수도 있다.

요컨대 우리는 상황을 실제보다 더 낙관적으로 평가할 수 있다. 그 좋은 사례로 결혼을 꼽을 수 있다. 실제로는 40퍼센트가 이혼을 하고 있지만, 결혼할 당시 사람들은 대부분 자신은 이혼할 가능성이 없다고 믿는다.

과도한 낙관 역시 확증 편향 같은 다른 인지 편향처럼 작용할 수 있다. 확증 편향을 갖고 있으면 사람들은 자신의 믿음을 뒷받침하는 정보는 받아들이고, 그것을 반박하는 정보는 무시함으로써 판단력과 사고력이 저하된다. 하지만 살면서 경험하는 모든 편견과 허상에 의한 왜곡 가운데 낙관주의는 그 집단의 '아웃라이어'라고 할 수 있다. 인지 편향 현상을 폭넓게 분석한 라이언 맥케이Ryan McKay와 대니얼 데닛Daniel Dennett이 낙관주의는, 편향된 시각임에도 불구하고, 사실상 유익하다는 사실을 찾아냈다. 연구원인 도미닉 존슨Dominic Johnson과 제임스 파울러James Fowler는 한 걸음 더 나가서 계산 모형computational model을 구축했다. 그들은 이 모형을 통해 불확실하고 경쟁이 심하며 부담감이 심한 세계에서는 성공의 가능성을 과대평가하는 것이 '유익하다'는 사실을 찾아냈다. 예를 들면 성공 가능성을 과소평가했던 사람들은 실제로는 자신이 이겨낼 수도 있었을 많은 난관들조차 시도해 보지도 않고 포기했다.

그렇다면 오늘날 필요한 것은 건전한 현실주의와 낙관주의의 결합이다. 소위 '현실적 낙관주의'가 필요하다. 어니스트 티Honest Tea 같은 신생기업들은 낙관주의와 현실주의 간의 균형이 필요하다.

많은 기업가들처럼, 어니스트 티의 공동창립자인 세스 골드먼Seth Goldman과 배리 네일버프Barry Nalebuff는 자신들의 아이디어가 시장에서 성공하길 바랐다. 하지만 그들의 논픽션 만화, 〈어니스트 티의 기적Mission in a Bottle〉에서 언급한 것처럼, 그들도 성공 가능성이 높지 않다는 것을 알고 있었다. 신생기업들 대다수가 결국에는 문을 닫았기 때문이다.

세스는 예일 대학교 경영대학원 졸업생이었고, 배리는 그의 지도교수였다. 당시 달리기를 즐겼던 세스는 달리기나 운동을 하고 나면 갈증을 풀어줄 음료가 항상 필요했다. 그는 자신을 만족시켜주는 음료를 찾을 수 없었다. 마셔본 대부분의 음료가 너무 달았다. 배리는 예일 대학교에서 기업학을 가르쳤고, 수업 시간에 유명한 코카콜라 대 펩시 사례 연구에 관한 토론을 하던 가운데, 세스가 자신과 마찬가지로 '맛있는 저당 음료'의 필요성을 느끼고 있음을 발견했다. 두 사람은 코카콜라와 펩시 그리고 여타 청량음료 제조업체들이 만들어 파는 상품으로는 충족시킬 수 없는 범주가 있다고 느꼈다.

세스는 1994년 예일 대학교 경영대학원을 졸업했고, 당시 많은 명문 경영대학원 졸업생들처럼 금융회사에 입사했다. 그로부터 몇 년 뒤, 그는 뉴욕에서 대학교 친구와 함께 달리기를 하게 되었다. 대학교 시절, 그 친구는 수업 후 그와 함께 코코넛 주스를 마시곤 했다. 대학교 때처럼 그들은 맛있으면서도 당도가 낮은 음료를 마시기 위해 음료를 섞어 마셨다. 세스는 달지 않은 대체 음료를 원하는 사람이 자신만이 아니라는 생각이 들었다. 그 순간 그 자리에서 자신이 그런 음료를 만들겠다고 결심했다. 그는 배리에게 이메일을 통해 그 구상에 관심이 있는지 물었다.

배리는 인도 여행에서 막 돌아온 상태였다. 그는 인도에서 지내며 상당한 시간을 들여 차 산업tea industry을 연구했다. 인도의 차와 미국의 차를 비교하면서 발견한 한 가지 놀라운 사실은 미국의 차 제조업체들은 대개 차를 우리는 과정에 차 잎을 통째로 사용하지 않는다는 것이었다. 배리는 비용이 조금 더 많이 들겠지만, 보다 우수한 품질의 차를 공급할 더 좋은 방법들이 있다는 생각이 들었다. 그는 진짜 찻잎으로 만든 차라는 뜻에서 브랜드명을 '어니스트 티Honest Tea'라고 지었다. 세스는 그 이름을 듣고 뭔가 굉장한 것을 찾았다는 것을 느낄 수 있었다. 성공하려면, 유명 브랜드 상품 뿐 아니라, 시중에 나와 있는 다른 상품들과 확연히 다른 획기적인 상품이 필요하다는 것을 알고 있었다. 어니스트 티가 바로 그런 상품이었다.

어니스트 티의 향후 가능성에 크게 고무 받은 세스는 생각할 수 없을 일을 저질렀다. 자신의 집 부엌에서 차를 만들겠다며, 거액의 연봉을 주고 있는 캘버트 투자사Calvert Investment를 박차고 나왔던 것이다. 사업가의 길에 뛰어든 지 단 5주 만에 그는 보온병 다섯 병 분량의 차를 만들었다. 그는 그 차를 스내플 재활용 병에 담아 어니스트 티라는 상표명을 붙인 뒤 유기농 제품 전문 판매업체인 홀푸드마켓 Whole Foods Markets에 선보였다. 그 차를 먹어본 다음 홀푸드마켓의 구매담당자는 이렇게 말했다. "나쁘지 않네요. 1만 5,000병을 주문하지요."

세스는 날아갈 듯했다. "마음에 들어 했어. 정말 좋아했어!" 이는 세스의 첫 매출이었다. 저당 음료를 선호하는 이들이 분명 있었던 것이다. 구매담당자는 한 가지 구매조건을 말했다. 영업을 처음 해보는 것이라 세스가 놓치고 있었던 사실이었다. "이번 주문은 돈을 받지 않았으면 합니다. 상품이 팔리면, 다음 주문부터 대금을 결제하겠습니다." 이 말을 듣고 나니 들떴던 마음이 다소 가라앉았다. 그와 배리는 1만 5,000병을 공급할 여력이 없었다. 구매담당자의 책상 위에 놓인 보온병 다섯 병 분량의 재고가 그들이 가진 전부였다.

세스는 잠시 망설이다가 침을 한 번 삼키고는 상황을 솔직히 털어놓았다. "기쁜 소식입니다. 함께 일할 수 있게 되어 정말 기쁩니다.

홀륭한 파트너가 되리라 생각합니다. 하지만 우리에게는 무료로 물건을 공급할 여력이 없습니다." 구매담당자는 한 동안 세스를 바라보더니, 고맙게도 결제를 후불이 아니라 선불로 하는데 동의했다. 세스와 배리는 드디어 사업에 첫발을 내디뎠다.

기본적으로 어니스트 티가 탄생한 것은 음료에 대한 낙관적인 시각 때문이다. 무엇인가를 시작하려면 긍정적인 기대가 있어야 한다. 세스와 배리가 사업이 성공하리라 믿을 만큼 낙관적인 시각을 갖고 있지 않았다면 어니스트 티는 탄생하지 못했을 것이다. 그는 용감히 회사에 사표를 던지고 자기 집 부엌에서 차를 만드는 위험을 감수할 정도로 그 사업 아이디어를, 자신을, 그리고 미래를 믿었다. 하지만 이것이 이 이야기의 끝이 아니다. 어니스트 티에서 차 제조에 문제가 발생했다.

2001년까지 3년 간 어니스트 티는 빠르게 성장했다. 세스와 배리는 사업 규모를 키우려면 외부 투자자를 끌어들일 수밖에 없다고 생각했다. 제조 규모 혹은 유통망을 확대시키는 데 필요한 자금이 부족했다.

그들이 접촉한 투자자들 가운데 한 곳에서 그 회사의 가치가 다소 높게 평가되었다고 생각했다. 세스와 배리가 제시한 평가액이 회사 규모와 매출액에 기초한 평가액보다 더 높았던 것이다. 세스는 그 해의 매출 목표만 달성하면 그것이 결코 고평가가 아니라고 대답했다. 투자자는 이렇게 말했다. "알겠습니다. 일리 있는 이야기입니다. 그럼 목표 이행을 보증하실 수 있습니까?"

세스는 그 상황을 이렇게 회상했다. "우리에겐 긴장되는 순간이었다. 투자 유치를 해야 했고 그 매출 목표를 달성할 수 있으리라 굳게 믿었다. 변호사에게 자문을 구하자, 우리가 너무 낙관적으로 생각하고 있으며 보증서까지 쓰는 위험을 감수할 필요는 없다고 했다. 우리는 그의 조언을 듣지 않았다. 따라서 우리는 투자를 유치했고 보증서를 썼다. 결론부터 말하면 우리는 그 해 매출 목표를 달성하지 못했다. 그로부터 몇 달 뒤 9·11 테러가 발생하는 바람에 미국 경제도, 우리 회사도 큰 타격을 입었기 때문이다."

세스와 배리가 계산 시 놓쳤던 것은 굳이 9·11 사건이 아니다. 그들은 신생 기업에게는 예상치 못한 시련이 얼마든지 닥칠 수 있다는 사실을 몰랐던 것이다. "당신은 사업 계획 때 모든 것을 계산에 넣었다고 생각하지만 사실은 그러지 못한다. 아니 그럴 수도 없다. 우리는 당장 투자자금을 조달해야 했다. 그렇지만 2001년은 자금을 조달하기에 적합한 시기가 아니었다. 우리는 운이 나빴다. 하지만 그것은 다른 이들도 마찬가지다."

이 사건은 세스와 배리가 과도하게 낙관적인 시각을 갖고 있었음을 보여주었다. 그들은 지나치게 낙관적인 사람들이 내릴만한 결정을 내렸던 것이다. 낙관 스펙트럼optimism range을 놓고 보았을 때, 그들이 어디에 위치해 있는지 알지 못했다. 때문에 그들은 위험에 빠졌다.

● **낙관 스펙트럼**

낙관 스펙트럼optimism range이란 얼마나 낙관적인지, 혹은 비관적인 측정할 때 사람들이 보여줄 수 있는 낙관 혹은 비관의 전체 범위를 말한다. 이 스펙트럼의 한쪽 끝에는 극도의 낙관주의자가 서 있고, 다른 쪽 끝에는 극도의 비관주의자가 서 있다. 사람들은 보통 이 스펙트럼 중 어딘가에 위치해 있다. 배리는 이 부담되는 사건을 통해 팀의 일원으로서 세스가 어느 정도 낙관적인 사람인지 알 수 있었다고 말했다. 그들 두 사람 모두 매우 낙관적인 사람들이었다. 창업의 위험을 무릅쓴 결정에서는 낙관이 그들에게 '득'이 되었지만, 사업 확장에 필요한 투자 자금을 유치하기 위해 보증의 위험까지 무릅쓴 다른 결정에서는 '독'이 되었다. 이 이야기를 통해 모두가 넘어야 할 산이 하나 있다는 것을 알 수 있다. 바로 균형 잡힌 시각을 갖추는 것이다. 부담 상황 속에서 두려움과 불안감이 느껴져도 위험을 감수하며 앞으로 나아가되, 무리수를 두지 않고 터무니없는 위험을 감수하지는 않는 균형 잡힌 시각 말이다.

이러한 낙관 스펙트럼 가운데 자신이 어디에 서 있는지 평가할 수 있도록, 우리는 평가 도구, 프레셔북닷컴 PressureBook.com을 개발했다.

이 평가에서 낙관주의자 범주에 속하는 점수를 받는다면, 당신은 상황을 낙관적으로 볼 가능성이 높다. 이러한 시각 덕에 당신은 계획을 실행에 옮길 가능성이 높고, 자신의 결정이 비록 위험한 것이라 해도 성공할 수 있다는 강한 자신감을 보여줄 것이다.

이 평가에서 비관주의자 범주에 속하는 점수를 받는다면, 당신은 상황을 비관적으로 볼 가능성이 높다. 따라서 부담 상황에 직면했을 때 회피하려 들 것이고 따라서 그만큼 성공하기 어려울 것이다. 최근에 부담되는 순간에 맞닥뜨렸을 때를 생각해 보라. 당신은 어떻게 했는가? 피했는가? 처음부터 위험을 감수하지 않았는가? 일찍 포기했는가? 꺼내기 힘든 말을 해야 하는 부담 상황이었다면 자기주장을 폈는가? 하고 싶은 말을 다하지 못할 것 같아서 아예 대화를 피했는가? 이는 미래를 비관적으로 보는 사람들의 특성이다.

낙관주의는 긍정적인 감정과, 비관주의는 괴로운 감정과 관련이 있기 때문에, 당신이 어느 정도 낙관적인지 지속적인 관심을 기울임으로써 한 가지 중요한 통찰을 얻을 수 있다. 부담감과 불안감에 수반되는 신체 반응들이 몸에 하나둘 나타날 때마다 그것은 당신이 비관적으로 생각하고 있다는 신호이므로, 부담감 극복비법을 이용해 불안감과 고통을 줄일 필요가 있다는 것이다. 다시 말해 부담되는 순간 직전에 자신의 감정을 이용해 자신이 낙관적으로 생각하고 있는지 비관적으로 생각하고 있는지 측정한 다음, 부담감 극복비법을 이용해 낙관의 정도를 적절히 조절하라는 얘기다.

당신의 낙관이 현실적인 것인지 아닌지 평가하는 유용한 방법은 또 하나의 개인 이사회를 구성하는 것이다. 개인 이사회가 자신감을 기르는 데 도움이 될 수 있는 것처럼, 미래를 효과적으로 헤쳐 나갈 수 있도록 현실적인 낙관주의자로 성장하는 데도 도움이 될 수 있다.

또 하나의 개인 이사회
낙관주의의 특성들 가운데 신기하면서도 널리 알려져 있는 않은 한 가지 특성이 연구를 통해 드러났다. 자기 자신, 그리고 자기 가족에 대해서는 낙관하는 편향을 갖고 있다는 것이다. 그런데 다른 사람들에 대해서는 그렇지 않다. 낙관론 연구자인 탈리 샤롯Tali Sharot은 이렇게 말했다. "자신에 대해서, 자녀에 대해서, 가족에 대해서는 낙관적이다. 하지만 옆에 앉아 있는 이에 대해서는 그리 낙관적이지 않다."

사람들이 자신의 미래에 대해서는 낙관하지만 다른 이의 미래에 대해서는 그러지 않는 이러한 수수께끼에는 진화론적 이유가 숨겨져 있다. 경쟁 상황에서 우월감을 고취시켜 자신감을 불어넣고자 했던 것이다. 적자생존의 상황에서 이런 태도는 유익하다. 그렇지만 오늘날에는 이런 편향은 오만으로 변할 수 있고, 이런 태도 때문에 성공에서 한 걸음 멀어질 수도 있다. 현실적인 낙관주의자 되는 것이 성공에 다가갈 방법이다. 따라서 다른 사람들의 시각을 이용하는 것이 현명할 것이다. 다른 사람들의 시각이 사건을 좀 더 현실적으로 평가함으로써 현실감각을 잃지 않고 불필요한 혹은 그릇된 위험을 감수하지 않는 데 도움이 된다는 것은 이미 그 효과가 수차례 입증된 사실이다. 솔직한 이야기를 해줄 수 있는 좋은 친구나 조언자, 동료는 당신이 보지 못하는 것을 볼 수 있다. 이들은 당신과 달리, 당신에 대해 지나치게 낙관하는 편향을 갖고 있지 않다. 그렇기 때문에 그들은 현재 당신이 낙관 스펙트럼 중 어디에 서 있는지 정확히 알려줌으로써 더 나은 판단을 내리도록 도와줄 수 있다.(오늘날 조직에서 어떤 결정을 내릴 때 팀이, 공동 작업이 매우 중요한 것도 부분적으로는 이 때문이다. 연간 예산 결정이든, 인수 합병에 대한 평가든, 투자 옵션 선택이든 팀 혹은 공동 작업을 통해 부담 상황에 수반되는 위험을 줄일 수 있다. 백 명의 다수가 한 명의 천재보다 낫다는 말이 있지 않은가.)

당신만의 이사회를 효과적으로 이용하려면, 믿을 수 있는 조언자들에게 부담 상황을 가능한 사실 그대로 설명하고, 그에 어떻게 대처할 계획인지 이야기한다. 예를 들면 매우 중요한 새로운 프로젝트를 맡을 기회가 생길 수 있다. 현실적으로 당신이 그 프로젝트에서 성공할 가능성이 얼마나 된다고 생각하는지 0점부터 10점까지 점수를 매겨달라고 이사회에 요청할 수 있다. 당신도 자신의 성공 가능성에 점수를 매겨볼 수 있다. 만약 그들의 점수와 당신의 점수가 일치한다면, 당신은 상황을 정확히 인식하며 자신의 성공 가능성을 현실적으로 평가하고 있을 가능성이 높다. 그렇지만 당신의 점수와 다른 이들의 점수 사이에 큰 차이가 있다면, 어느 쪽 점수가 더 높으냐에 따라 당신이 지나치게 낙관하고 있는 것일 수도 있고 불필요하게 비관하고 있는 것일 수도 있다. 어느 쪽이 되었든, 두 가지 인식 모두 당신의 삶에 걸림돌이다. 따라서 평가 차이가 난 이유를 좀 더 깊이 들여다볼 필요가 있다.

여기서 중요한 것은 방어적인 태도를 취하지 않는 것이다. (흥분을 가라앉히고 몸과 마음에서 일어나는 갖가지 반응을 진정시킨다) 대신 평가 차이를 '배움의 기회'로 이용하여 이사회에서 어떻게 그런 평가를 내린 것인지 파헤치도록 한다. 당신은 그들의 평가의 근거를 헤아릴 수 있을 것이다. 그리고 그런 정보를 통해 아마도 유익한 통찰을 얻게 될 것이다. 이러한 통찰을 바탕으로 행동 계획을 수립한다면, 목표를 달성할 가능성을 높일 수 있고 그 과정에서 낙관적인 시각을 한층 강화시킬 수 있다.

당신이 어떻게 그런 평가를 내린 것인지 따져보는 것 역시 현명한 일이다. 그들이 중요한 정보를 간과했을 수도 있다. 당신이 그들보다 자신의 상황을 더 많이 알고 있기 때문에, 사실 그들에게는 상황을 재평가하고, 당신이 지닌 긍정적인 시각이 틀리지 않았음을 인정하는 계기가 될 수도 있다.

낙관 스펙트럼에서 당신이 현재 어디에 서 있는지 정확히 아는 것은 유용한 도구가 될 수 있다. 자신의 위치를 정확히 파악하는 데 부담 상황이 긴요하게 쓰일 수 있다. 보통 그런 긴장되는 상황에서 어느 정도 낙관적인 시각을 갖고 있는지가 밖으로 드러나기 때문이다. 중대한 결정을 내려야 할 때, 영업 계획에 커다란 차질이 생겼을 때, 배우자나 파트너와 갈등을 빚고 있을 때 등 극심한 부담을 느낄 때, 타고난 낙관적 혹은 비관적 특성이 본모습을 드러낸다. 세스와 배리의 경우에는 확실히 그랬다. 그들이 위험에 빠진 것은 처음에는 자신들이 얼마나 낙관적인 시각을 갖고 있는지 몰라서 그에 대한 대비책을 제대로 세우지 않았기 때문이다. (그들의 경우 매우 낙관적인 시각을 갖고 있었으므로, 변호사의 조언에 귀를 기울이는 대비책을 썼어야 했다.) 다행히 그들은 낙관적인 시각 덕에 실패를 모면할 수 있었다. 그들은 좌절에도 불구하고 묵묵히 앞으로 나아갔고, 치명적인 투자 유치 결정을 내린 뒤 9·11 사건이 터졌어도 결코 포기하지 않았다. 그들은 헤어날 수 없는 수렁에 빠지기 전에 궤도를 수정했고, 살아남기 위해 자산(차 제조 공장)을 매각하는 특단의 조치를 취했다.

배리는 이렇게 말했다. "불운이 닥쳤을 때는 두 가지가 필요합니다. 바로 낙관적인 시각과 자사 상품에 대한 굳은 믿음입니다. 세스는 세상에서 가장 낙관적인 사람입니다. 그는 모든 일이 가장 좋은 방향으로, 올바른 방향으로 흘러가게 되어 있다고 항상 생각합니다. 두 번째는 자사 상품에 대한 진정한 믿음입니다. 열정적이 될 수 있는 것도 그 때문입니다. 우리가 파는 상품 하나하나가 미국인들의 식습관 개선에 기여하고, 좀 더 건강한 삶을 영위하는 데 일조하고 있다고 굳게 믿고 있습니다. 우리가 파는 상품 하나하나가 변화의 바람을 일으키리라 진심으로 믿습니다. 고객들도 그렇게 말하고 있습니다. 그 큰 그림이 옳다는 것을 알고 있습니다. 실수로 모든 일을 망쳐 버리지만 않으면 됩니다. 그럼 괜찮을 겁니다."

세스와 배리는 성공적인 결실을 거두었다. 그들은 어니스트 티에서 불면의 밤을 보내며 많은 난관들을 극복할 수 있었다. 물론 그것은 그들이 낙관적인 시각을 갖고 있었기 때문이다. 2008년 코카콜라가 어니스트 티에 거액을 투자했다. 코카콜라는 어니스티 티 지분의 40퍼센트를 매입했고 유통망을 확대할 수 있도록 도와주었다. 2011년 3월, 코카콜라는 100만 달러에 어니스트 티를 완전히 인수했다. 오늘날 어니스트 티는 코카콜라의 독립 자회사로 운영되고 있으며, 미국 전역에 십만 여 개의 매장을 운영하고 있다. 1998년 세스의 부엌에서 시작된 꿈이 열다섯 번째 창립기념일을 맞은 어엿한 기업으로 성장했다. 세스는 건강과 환경과 사회적 책임에 대한 전과 다름없는 열정으로 '티이오TeaEO, 최고경영자CEO에 차Tea를 결합시켜 만든 용어'로서 어니스트 티를 경영하고 있다.

당신이 사업가가 되어야만 세스와 배리처럼 과거를 긍정적인 방식으로 해석하고, 미래에 대해 긍정적인 기대를 가질 수 있는 것은 아니다. 사실 부담되는 순간에 맞닥뜨렸을 때 약간의 위험을 감수하기만 해도, 혹은 삶이 항상 계획대로 되지는 않는다는 사실을 깨닫기만 해도, 당신은 삶에서 앞으로 나아갈 수 있다. 미래에 대한 긍정적인 기대와 예상은 장기적인 행복과 성공에 필수적이다. 당신이 얼마나 낙관적인 사람인지 정확히 알고, 낙관의 정도를 적절히 조절하는 것이 중요하다. 그래야 낙관주의자들이 누릴 수 있는 진화론적 이점은 극대화하고, 그에 수반되는 위험은 누그러뜨릴 수 있다.

● **낙관적인 시각을 불어 넣는다**

수많은 임상 심리학 및 긍정 심리학 연구에 따르면, 사고방식과 정신적 습관은 바뀔 수 있다. 다음 전략들은 삶에 낙관적인 시각을 불어넣는 데 도움이 될 수 있다. 물론 한 가지 명심할 점은 다음 전략들이 통할 수 있도록 낙관적인 마음자세로 연습에 연습을 거듭해야 한다는 것이다. "실행에 옮길 때 비로소 전략이 소용이 있다."

낙관적인 시각을 삶에 불어넣을 방법은 이렇다.

낙관적인 표현을 쓴다

낙관주의자들이 많은 것을 이루어내며, 다른 이들과 구별되는 이유 가운데 하나는 기대감을 억누르거나 제한하는 표현, 소망을 좌절시키는 표현, 혹은 좀 더 우수한 성과를 거둘 수 있다는 믿음을 훼손시키는 표현을 쓰지 않는다는 점이다. 비관주의자들은 "나는 할 수 없어.", "했어야 했는데 하지 않았어.", "그런 일은 없을 거야.", "달라지지 않을 거야." 같은 표현을 많이 쓴다. 특정 상황이 영원히 계속될 뿐 아니라, 삶의 전반에 부정적인 영향을 미치리라는 믿음이 이런 부정적인 생각들을 부채질한다. 이런 마음가짐은 당신을 구속하여 앞으로 나아가기보다 뒷걸음질 치게 한다. 긍정적인 마음가짐, 혹은 낙관주의는 더 많은 성장 기회를 제공한다. 그러므로 이렇게 하도록 한다.

- "나는 할 수 없어.", "했어야 했는데 하지 않았어.", "내가 할 수 있는 게 아무것도 없어." 같은 표현을 쓰지 않도록 의식적인 노력을 기울인다.
- "할 수 있어.", "할 거야.", "할 수 있었어." 같은 긍정적인 표현을 쓰도록 노력한다. 또 '만약 살아 돌아온다면' 같은 가정법 표현 대신 '살아 돌아와서' 같이 긍정적인 결과를 기정사실화하는 표현을 쓴다. 이런 표현을 쓰다보면, 자신이 갖고 있는 선택지에 주의를 기울이게 되고, 보다 긍정적인 시각을 갖게 된다. 부담감 극복비법 8, '긍정적인 본성을 십분 활용한다'가 이러한 노력에 도움이 될 수 있다.

세상이 공정하다고 믿는다

대체로 세상은 공정하다는 생각을 받아들이도록 한다. 낙관적인 사람들은 세상이 공정하다고 믿는 경향이 있다. 그 결과 피나는 노력이 결실을 맺게 된다. 그들은 세상이 결국 자신의 노력에 굴복하리라 믿는다. 이러한 믿음 때문에 그들은 더 열심히 노력한다. 예를 들면 공정한 세상을 믿는 학생들은 공정한 평가가 이루어진다고 생각하기 때문에 더 많은 노력을 기울이게 된다. 공정한 세상을 믿음으로써 그들은 삶을 신나고 흥미로운 극복 가능한 '도전의 연속'으로 보게 된다. 그들에게 삶은 위험이 끊이지 않는, 불안정한 환경이 아니다. 이러한 긍정적인 인식은 삶의 수많은 전선에서 스트레스를 줄여주며, 최선을 다해야 하는 순간에 그럴 수 있도록 도와준다.

다음 방법이 세상이 공정하다고 믿는 습관을 기르는 데 도움이 될 수 있다.

- 당신이 경험했던 불행들을 목록으로 작성해 본다. 이제 당신이 누렸던 행운들을 목록으로 작성한다. 이를 통해 대체로 인생이 공정하다는 것을 확인토록 한다.
- 나쁜 일이 일어날 때마다, 얼마 전에 있었던 좋을 일을 즉각 떠올리도록 한다.
- 의욕적으로 연습에 연습을 거듭한 것이 어떤 결과를 초래하는지 잊지 않도록 한다.

이러한 습관을 기르는 목적은 삶이 긍정적이고 도전적이라는 시각, 부단한 노력이 성공의 열쇠라는 시각을 잃지 않기 위함이다.

세상이 공정하다는 믿음을 갖고 있으면, 당신은 긍정적인 시각을 견지하게 되고 비생산적인 비관적 행동을 삼가게 될 것이다. 낙관주의자들 중에는 계속 투덜대는 이가 거의 없지만, 비관주의자들 중에는 불평불만을 일삼는 이가 많이 있다.

주위에 감사한다

감사함을 느낀다는 것은 사람들을, 사건들을, 나날의 경험을 당연시하지 않는다는 의미이다. 그 모든 것들을 삶에 의미를 더해주는 요소들로 생각한다. 현재의 삶을 즐길 수 있다면, 역경이 닥쳤을 때 그것이 덜 힘들게 느껴질 것이다.

하루에 5분씩 삶의 긍정적인 측면에 대해 생각해 본다. 자주 하면 할수록, (컵에 물이 반 쯤 담겨 있을 때) 컵의 빈 부분보다 '찬 부분'을 점점 더 많이 보기 시작할 것이다. 이러한 인식을 갖고 있으면 기분이 좋아지고, 더 낙관적으로 사고하고 되고, 좀 더 빠른 회복력을 발휘할 수 있다. 육체적 장애를 지닌 노인들과 우울증에 걸린 사람들을 연구한 결과, 삶의 긍정적인 측면에 초점을 맞추는 연습을 하다보면 긍정적인 감정과 낙관적인 사고를 갖게 된다. 감사하는 마음은 낙관적인 시각을 기르는 데 매우 훌륭한 전략이다. 데브라는 자신의 컵이 반쯤 비어 있다고 생각하지 않고 반쯤 차 있다고 생각했다. 그녀는 사랑하는 사람들과 좋아하는 일, 유망한 미래가 있다는 것에 감사했다.

삶을 낙관적으로 해석한다

낙관적인 시각에서 삶을 해석하기 시작한다면, 그 열매를 거둬들일 수 있다. 이러한 연습을 해보자. 30분 정도 시간을 내어 비관적 관점에서 자신의 삶에 대해 적어본다. 그러고는 낙관적 관점에서 다시 삶에 대해 적어본다. 그 차이를 곰곰이 생각해 보면, 자신이 삶에서 일어나는 중대한 사건들을 과거에 어떻게 해석했고, 지금 어떻게 해석하는지 알 수 있다. 각각의 내용을 보고 어떤 감정이 솟아나는지 주의를 기울인다면, 삶을 낙관적으로 해석함으로써 어떤 이익을 얻을 수 있는지 깨닫게 될 것이다.

한 걸음 뒤로 물어나서 낙관적인 시각이 어떤 작용을 하는지 살펴보자. 낙관적인 사고방식을 갖고 있는 사람들은 아침에 일어나서 즐거운 하루가 되리라 믿는다. 긍정적인 기대는 긍정적인 감정을 불러일으키고, 그러한 감정을 갖고 있으면 다른 이들과 긴밀히 협력하며 기분 좋은 하루를 보낼 수 있다. 긍정적인 사건이 일어나면, 낙관주의자들은 그것을 열심히 일했기 때문이라고, 혹은 풍부한 경험을 갖고 있기 때문이라고 생각한다. 뭔가 고장이 나거나 차질이 빚어지면 낙관주의자들은 그것이 일시적 일이며 자신이 처리할 수 있는 문제라고 생각한다. 그 기회를 통해 그들은 다음에 도전에 부딪혔을 때 현실적 낙관주의자로 대처할 수 있는 자신의 능력을 재확인하게 된다. 당신이 얼마나 양질의 삶을 살고 있는지 스스로 깨닫고 감사하는 하루를 보내보라. 그러면 내일 해가 뜨면 또 다시 찬란한 하루가 시작되리라 믿으며 잠자리에 들게 될 것이다.

끈기

끈기가 없다면 장기적인 생존은 불가능하다. 이 과감한 말이 간과하기 어려운 말이라면, 완보류와 같은 끈기를 갖는 것이 모두에게 이익이 된다고 하겠다. 완보류는 세상에서 가장 복잡한 생물 중 하나로, 육체적으로 혹은 지구화학적으로 극한의 환경에서도, 즉 지구상의 대부분의 생명체에게 매우 유해한 환경에서도 서식할 수 있다.

흔히 물곰으로 유명한 이 생물은 물에서 사는, 발이 여덟 개 달린, 몸집이 아주 작은 동물이다. 이들은 0도에서 100도 이상에 이르는 극한의 온도를 견딜 수 있고, 가장 깊은 바닷속 압력의 여섯 배가 넘는 압력에도 적응할 수 있으며, 인간의 치사량에 해당하는 양의 수백 배가 넘는 방사선 폭격도 이겨낼 수 있다.

물이나 식량 없이도 최소 10년을 버틸 수 있을 만큼 이들은 끈질 기다. 공기가 부족한 우주에서 휴스턴 우주 관제센터에 도움을 요청할 수도 없는 상태에서 떠다닌다고 해도, 이들은 아무 문제가 없다. 2011 년 5월, 완보류는 우주에서 살아남은 첫 번째 동물이 되었다. 이탈리 아의 과학자들이 완보류의 우주비행을 예약했고, 우주왕복선 인데버 Endeavour의 마지막 비행인 STS134 임무 때 이들을 우주로 실어 보냈 다. 과학자들은 우주의 미세 중력 및 우주 방사선이 비행 시 완보류의 생존에 중대한 영향을 미치지 않는다는 결론을 내렸다. 완보류가 우주 연구에 유용한 대표적인 동물임을 확인한 셈이다. 완보류는 끈질긴 생 명력으로 5억 3,000만 년을 살았다. 이것이 바로 끈기다.

2006년 영화, 〈아키라와 철자 경연대회Akeelah and the Bee〉는 아 키라 앤더슨의 감동적인 이야기를 다루고 있다. 그녀는 뛰어난 단어 실력을 갖고 있고, 학교의 어떤 학생보다 단어를 잘 외울 수 있다. 로 스앤젤레스의 빈민촌에서 자란 아키라는 반 친구들에게 '괴짜천재 brainiac'라며 공공연히 놀림을 당한다. 그녀의 어머니조차도 철자 경 연대회에 나가는 것을 쓸데없는 짓이라며, 학교 공부에나 충실하라고 말한다.

처음에는 응원해주는 사람이 없었기 때문에, 아키라는 몰래 끈질 기게 단어 연습을 한다. 지방 대회, 주州 대회, 지역 대회에서 우승하 자, 그녀는 워싱턴 디시에서 열리는 전미 영어 철자 경연대회에 출전 할 수 있는 무료 여행권을 받게 된다. 물론 아키라는 영화 속 가상의 인물이지만, 펜실베이니아 대학교의 심리학교수인 앤절라 더크워스

Angela Duckworth는 190명의 아키라 같은 아이들을 연구했다. 그들은 워싱턴에서 열린 스크립스 전미 영어 철자 경연대회에 출전할 자격을 얻어내는 데 성공한 학생들이었다. 그녀는 연구를 통해 부담 상황에서 우수한 성과를 거두고 삶에서의 성공을 이루어내는 데 필요한 것이 무엇인지와 관련해 중요한 통찰을 제시한다.

더크워스 교수는 철자 경연대회 우승자들이 각종 철자 경연대회에서 우승할 수 있었던 이유가 무엇인지 조사했다. 사진 찍은 듯 정확히 기억해내는 능력을 갖고 있었던 것일까, IQ가 특별히 높았던 것일까? 부담감이 극심한 이런 경연 대회에서 그들의 성공 뒤에 감춰진 비밀은 무엇이었을까?

더크워스와 동료들은 이들이 실력 향상을 위해 부단한 노력을 기울였다는 것을, 그리고 그것이 재능(이 경우에는 단어를 외우는 능력)보다 훨씬 중요했다는 것을 알아냈다. 본질적으로 그녀는 이 학생들이 온갖 노력을 기울이는 완보류 같은 끈기를 갖고 있었다고 말하고 있는 셈이다.

주변을 둘러보면 인류 문명에서 끈기의 결과물들을 볼 수 있다. 예술적, 과학적, 물리적 성과들 모두가 끈기에서 비롯된 것들이다. 성공한 부동산중개업자들, 변호사들, 학생들 모두가 끈기가 있었기에 성공할 수 있었다.

더크워스의 연구는 부담 상황에서 우수한 성과를 거두는 데 또한 가지 중요한 요소를 추가하고 있다. 아무 준비도 없이 부담 상황에 나가서는 우수한 성과를 기대할 수 없다. 시간과 노력을 들이는 끈기가 필요하다. 우수한 성과를 거두기가 어렵다고 생각하는 사람들은 종종 준비와 부단한 노력의 필요성을 무시한다. 위기에 강한 선수나 영웅 같은 리더, 혹은 천재 같은 이들의 전설적인 이야기에 현혹되기 쉽다. 각고의 노력 없이는, 끈기 없이는, 부담 속에 우수한 성과를 올릴 가능성은 그리 높지 않다. 부단히 노력하며 어려움을 끝까지 견뎌내는 방법을 배워야 한다. 이것이 끈기가 부담 상황에서 우수한 성과를 올리는 데 중요한 요소 중의 하나인 이유이다. 사람들이 피할 수 없는 좌절에 부딪혔을 때, 끈기는 중간에 포기하지 않고 끝까지 견뎌낼 수 있도록 도와준다. 우리는 모두 살면서 끈기 있는 사람들을 만나게 된다. 그리고 때때로 우리 모두가 끈기 있게 행동한다. 갑옷처럼 입고 다닐 당신만의 '코트'를 제작하는 데 끈기라는 재료를 추가하는 우리의 목표를 달성하기에 앞서, '끈기'가 무엇인지 정의할 시간부터 가져보자.

● 끈기의 징글 쟁글 오류

학생들의 학교 생활 참여도를 연구하고 있는 조지아 대학교의 심리학자인 에이미 레슐리Amy Reschly와 샌드라 크리스튼슨Sandra Christenson은 일명 '징글 쟁글 오류(jingle/jangle problem, 징글 쟁글 오류란 동일한 용어가 서로 다른 개념으로 쓰이거나 서로 다른 용어들이 동일한 개념으로 쓰임으로써 잘못된 가정을 하게 되는 현상을 뜻한다.)'라 불리는 심리학 현상을 설명했다. 동일한 용어가 다른 개념으로 쓰여 그릇된 가정을 하게 되는 경우를 '징글 오류'라고 부르고, 동일한 개념을 나타내는 데 서로 다른 용어들을 사용함으로써 혼동을 일으키는 경우를 '쟁글 오류'라고 부른다. '끈기'를 정의하고 개념화하는 과정에서도 이러한 혼선이 빚어질 수 있다.

예를 들면 교사는 도전 앞에서 피나는 노력을 기울이는 학생들, 목표를 달성하기 위해 슬럼프와 실패, 역경을 겪어도 수년 간 흥미를 잃지 않고 노력을 경주하는 학생들을 설명할 때 투지grit라는 용어를 쓸 수 있다. 임상심리학자는 이러한 특성을 지닌 환자를 회복력resiliency이 뛰어나다고 말할 수 있다. 연구 전문 심리학자는 종종 고집persistence과 인내perseverance에 대해 연구한다. 그들은 장애물, 어려움, 혹은 좌절에 굴복하지 않고 끊임없이 특정 목표를 향해 나아가는 행동을 설명할 때 이 용어를 쓴다. 스포츠 심리학자는 정신적 강인함mental toughness에 대해 이야기한다. 넓은 의미에서는 시합, 훈련, 생활방식과 관련해 선수들에게 요구되는 많은 일들에서 상대편 선수보다 더 효과적으로 대처할 수 있는 선천적인 혹은 후천적인 정신력을 갖고 있을 때, 더 좁은 의미에서는 의지가 굳고 집중력이 뛰어나며 자신감 있고 부담감 속에서도 통제력을 잃지 않는 면모를 갖춤으로써 상대편 선수보다 우수하고 일관된 성과를 거둘 때 스포츠 심리학자는 이러한 표현을 쓴다.

스탠퍼드 대학교의 심리학자, 캐롤 드웩Carol Dweck은 끈기와 혼동해 쓰이는 많은 표현들을 총동원하여 학업에 매진하는 끈기 있는 학생들의 특성을 다음과 같이 설명했다(이는 끈기 있는 근로자, 영업사원, 중역, 운동선수의 특징이라고도 말할 수 있다).

첫째, 끈기 있는 학생들은 자신들이 학교에서의 학업 활동 및 사회 활동을 잘 하고 있다고 믿고 있다…… 둘째, 그들은 배움을 게을리 하지 않고 부단한 노력을 긍정적으로 생각하며 과제를 위해 눈앞의 즐거움을 기꺼이 포기한다……셋째, 지적 어려움이든 사회적 어려움이든 그들은 어려움 때문에 궤도를 이탈하지 않는다. 그들은 좌절을 굴욕으로 해석하지도 않고, 미래의 실패를 상징하는 상징물로 해석하지도 않는다. 그들은 자신이 무능력하거나 무가치해서, 혹은 그 자리에 어울리지 않는 사람이라서 좌절을 겪었다고 생각하지 않는다. 그들은 그저 좌절을 배움의 기회로, 혹은 해결해야 할 문제로 여긴다. 끈기 있는 학생들은 많은 시간과 노력을 들여 어떤 일을 끝까지 이루어내는 방법, 좀 더 효과적으로 나아가기 위해 새로운 전략들을 구사할 방법을 알고 있다.

분명 회복력도 끈기 있는 사람들의 특징이지만 인내심 역시 그러하다. 끈기가 없는 사람이라면 좌절을 딛고 일어날 수도, 인내심을 발휘할 수도 없다. 목표를 달성할 새로운 전략을 제시하는 것은 당신을 끈기 있는 사람으로 만들 방법이다.

끈기라는 개념을 둘러싸고 있는 다양한 유의어들이 지닌 특성들을 조사하는 것이 끈기를 이해할 정확하고 유용한 방법이다. 당신이 이러한 특성들을 지렛대로 이용하길 바란다. 그리하여 회복력이 뛰어나고, 정신적으로 강인하며, 뭔가를 집요하게 파고들며, 역경을 극복하고 성공으로 가는 길을 개척하길 바란다. 이것이 끈기다. 중력 없는 우주에서 살 수는 없다고 해도, 끈기가 있다면 당신은 과학자들과 기술자들을 도와 우주선을 만들어 우주에 갈 수는 있을 것이다.

● 재능만으로는 충분하지 않다

학교의 영재 프로그램에 들어가고, 우수한 SAT 점수를 받아 대학에 입학하고, 대학을 졸업하자마자 유명한 회사의 경쟁력 있는 일자리를 꿰차고, 빠른 속도로 승진에 승진을 거듭하는 등의 중대한 사건들에 있어, 성공의 예측잣대로 재능을 지나치게 강조하는 경향이 있다. 경쟁 세계에서 조직들은 이러한 잘못된 인식을 오히려 조장한다. 그것이 그들의 브랜드 가치를 지켜나가는 길이기 때문이다. 하버드 대학교, 스탠퍼드 대학교, 맥킨지, 혹은 골드만삭스 같은 기관들이 경쟁 우위를 지키는 방법 가운데 하나가 바로 배타성이다. 사람들은 가장 선발 기준이 높은 학교나 기관에, 최고 중의 최고에 들어가고 싶어 한다. 이러한 조직들은 재능이 성공의 열쇠라는 신화를 조장하길 즐긴다. 문제는 재능이 중요하지 않다는 것이 아니라, 재능만으로는 충분하지 않다는 것이다. 여기서 사람들이 종종 간과하는 것은 재능을 제대로 발휘하기 위해 갖춰야 하는 특성들이다. 재능이 빛을 발하려면, 궁극적으로 재능보다 이러한 특성들이 훨씬 더 중요하다. 재능에 기초한 평가의 한계를 보여주는 대표적인 사례가 바로 해마다 진행되는 NFL 컴바인(Combine: 프로미식축구에서 드래프트Draft, 즉 신인선수 공개 선발이 이루어지기 전 선수들의 자질을 알아보는 테스트)이다.

컴바인은 한 마디로 300여 명의 대학교 미식축구선수들에 대한 4일 간의 집중 면접이라 할 수 있다. 이는 매년 2월, 인디애나 주 인디애나폴리스에서 열린다. 이 행사에 서른두 개의 NFL팀의 경영진들과 코치진들, 인사팀들, 의료팀들이 향후 있을 NFL 드래프트에 참여할 실력을 갖춘, 뛰어난 미식축구 유망주들을 평가하기 위해 참석한다. 많은 선수들이 그것을 드래프트에 선발되어 NFL에 진출하기 위한 일종의 오디션으로 본다.

컴바인에는 한 가지 문제가 있다. 바로 무용지물이라는 것이다. 연구를 통해 컴바인의 결과로는 어떤 선수가 NFL에 진출하여 우수한 성적을 낼지 예측할 수 없다는 결론이 나왔기에 하는 얘기다. 프랭크 쿠즈미츠Frank Kuzmits와 아서 아담스Arthur Adams의 철저한 연구에 따르면, 컴바인 테스트와 프로 미식축구 선수의 성적 사이에는 통계학적으로 밀접한 상관관계가 없다. 이들은 1999년에서 2004년까지 6년에 걸쳐 NFL 컴바인 테스트 결과와 세 차례 상이한 공격수 위치(즉 쿼터백, 러닝백, 와이드 리시버)에 드래프트된 선수의 NFL에서의 성적 사이의 상관관계를 조사했다. 컴바인은 유망한 대학 미식축구 선수의 기량을 평가하고 프로미식축구에 출전하여 그들이 거둘 성과를 예측하기 위해 고안된 일련의 운동능력평가, 면접, 적성 검사, 신체검사로 이루어져 있다. 연구에서 조사한 컴바인의 운동능력평가 중에는 10야드 대시, 20야드 대시, 40야드 대시, 벤치 프레스, 버티컬 점프, 브로드 점프, 20야드 셔틀, 60야드 셔틀, 쓰리콘 드릴이 포함되어 있었다. 선수의 실력을 평가하는 기준에는 드래프트 순위, 3년 동안의 연봉, 출전 경기, 포지션별 자료 등 열 가지 변수들이 포함되었다. 러닝백 선수의 전력 질주 기록을 제외하면, 컴바인이 이러한 실력 평가 기준으로는 NFL에서 누가 성공할지, 누가 성공하지 못할지 예측할 수 없다.

이런 대규모 연례행사가 어떻게 그렇게 무용지물일 수 있을까? 겉보기에는 유망한 선수들을 이런 식으로 테스트하는 것이 프로 선수로서의 잠재력을 완벽히 측정하고 있는 것처럼 보인다. 그렇다면 컴바인에서 놓치고 있는 것은 무엇일까? 자신의 기량을 뽐내는 이런 테스트를 받아본 사람이라면, 이 대답에 깊은 공감할 것이다.

컴바인에서의 테스트 상황이 선수들이 현실 세계에서 부딪힐 상황과 다르며, 테스트 때 필요한 요소가 NFL의 부담되는 환경에서 성공하기 위해 필요한 요소와 다르다는 것이 바로 컴바인의 문제다. 물론 선수의 재능은 중요하다. 그렇지만 특정 수준 이상의 재능을 갖추고 나면, 선수가 자신의 재능을 발휘하기 위해 얼마나 끈기 있게 노력하느냐가 훨씬 더 중요하다.

예를 들면 치열한 경쟁이 벌어지는 훈련 캠프에 들어서며, 대학 때와 달리 선수들이 연봉을 걸고 경기를 펼치는 곳에 발을 디디며 어떤 결심을 할 것인가? NFL의 플레이북을 습득해야 한다면 그는 어떻게 할 것인가? 경기 테이프를 돌려보며 다음 경기에서 맞붙게 될 상대 팀을 본다면? 중요한 피드백을 얻는다면? 부상을 당한다면? 출전선수 명단에서 순위가 뒤로 밀린다면? 부상을 당한다면? 코치가 그에 대한 믿음을 잃어버린 것 같다면? 팀에서 그와 동일한 포지션을 담당하는 자유 계약 선수free agent를 새로 영입한다면? 현실 세계의 문제는 단순히 당신이 벤치 프레스나 버티컬 점프를 얼마나 많이 하느냐, 컴바인의 길이가 짧고 인위적인 환경에서 쓰리콘 드릴을 얼마나 빨리 뛸 수 있느냐로 해결할 수 있는 문제가 아니다. NFL 컴바인은 불완전한 평가 기준을 이용하고 있다. 선수는 필히 좌절에 부딪힐 것이고, 그러한 좌절에 부딪혔을 때 인내심을 갖고 장기적인 목표를 향해 부단한 노력을 경주하려면 끈기가 있어야 한다. 컴바인에서 놓치고 있는 것이 바로 선수의 끈기를 테스트할 방법이다.

캘빈 쿨리지 대통령은 이렇게 말했다. "끈기를 대신할 수 있는 것은 아무것도 없다. 재능도 끈기를 대신할 수 없다. 재능이 있는데도 성공하지 못하는 사람들이 수두룩하다. 천재성도 마찬가지이다. 열매 맺지 못한 천재 이야기는 흔히 들을 수 있는 이야기다. 교육도 그렇다. 이 세상에는 많이 배우고도 떠돌이 생활을 하는 이들이 넘쳐난다. 끈기와 불굴의 의지만이 모든 것을 가능케 한다."

● 끈기 DNA

진화 유전학자라면 '끈기 DNA' 가닥을 G-F-H-C로 부호할 수 있다. 이 네 개의 염색체, 즉 G(goal, 목표), F(focus, 집중), H(hope, 희망), C(coping, 대처)가 이 순서로 배열되어 있다. 각 염색체가 그 다음에 위치한 염색체에 연료를 공급하는 역할을 하기 때문이다.

이 염색체들 가운데 어느 하나가 손상되거나 약화되면, 끈기 있게 행동하기가 어려워지고 성공에서 한 걸음 멀어지게 된다. 목표 의식이 뚜렷하지 않은 학생이나 근로자는 한 가지에 제대로 집중하지를 못하기 때문에 당연히 목표를 향해 꾸준히 나아가지도 못한다. 희망이 없는 사람들은 좀처럼 뭔가에 끈기 있게 매달리지 못하며, 대처능력이 부족한 사람들은 목표를 이룰 때까지 묵묵히 견뎌내는 것을 불가능하게 생각한다. 그러므로 중요한 것은 이 염색체 각각이 건강할수록, 이 네 가지 염색체들이 단단히 연결되어 있을수록, 끈기 DNA 가닥이 더 튼튼하리라는 사실이다.

● 목표

모든 생명체의 첫 번째 목표는 생존이다. 인간의 가장 기본적인 본능인 생존 본능이 끈기 있는 행동의 도화선인 것도 이 때문이다. 생존 본능은 행동의 강력한 원동력이다. 예를 들면 잃어버린 휴대 전화를 찾아오기 위해 불타는 건물 속으로 기어들어갈 사람은 거의 없을 것이다. 그렇지만 목숨을 구하기 위해서라면 모든 이들이 건물 속을 기어 다니는 것도 마다하지 않을 것이다.

우리 안에는 생존 본능이 기본적으로 프로그램화되어 있다. 새끼 찌르레기가 지저귀는 것처럼, 갓난아이가 젖을 빨고 뭔가 필요할 때 소리 내어 우는 것은 생존 본능에서 촉발된 것이다. 사실 어떤 이는 생존 본능이 개인의 발전에 꼭 필요한 연료라고 주장할 수도 있다. 우리 모두 살아남고자 하는 의지 때문에 매우 충격적이고 무시무시한 순간을 극복한 사람들의 이야기를 들어본 적이 있다. 스포츠 세계에서는 생존 의지가 '승리 의지'로 발현된다. 기업에서 그리고 교실에서 생존 의지는 성공 의지로 표면화된다. 많은 의사들이 나이 많은 환자가 알 수 없는 이유로 사망했을 때 생존 의지를 잃어서라고 설명하는 경우를 종종 볼 수 있다. 목적에 부합되는 행동을 하도록 일깨우는 역할을 하는 것도 생존 본능이다. 근본적으로 생존 본능은 끈기를 갖도록 자연스럽게 동기를 부여하는 역할을 하고 있다.

어떤 목표를 세우든, 합목적적인 행동은 목표 달성에 도움이 된다. 목이 마르다면 앉자 있던 안락한 의자에서 일어서는 것이 합목적적인 행동일 수 있다. 그래야 음료수를 구해 갈증을 해소하는 목표를 달성할 수 있기 때문이다. 반면 갈증을 느끼지 않는다면,(혹은 배고픔을 느끼지 않거나 여타 행동을 하도록 동기 부여를 받지 않는다면) 당신은 계속 앉아 있을 것이다.

우선 끈기는 목표를 향해 나아가는 과정을 포함하고 있다. 투지가 있는 학생들은 우수한 성적을 향해 열심히 공부하고, 강인한 정신력을 지닌 선수들은 경기든, 시합이든, 대회든, 승리를 향해 끊임없이 노력하며, 뛰어난 회복능력을 지닌 환자는 다시 걷겠다는 일념으로 노력을 경주한다.

둘째, 끈기는 자발적 노력이 필요하다. 노력이 없으면, 인내심도, 회복능력도, 강인한 정신력도 있을 수 없다.

오늘날 교육자들과 심리학자들은 육체적으로 그리고 정신적으로 흥미로운 목표를 수립할 때 목표 달성 가능성이 높아진다고 주장한다. 다시 말해 의미 있는 목표를 세우는 것이 끈기를 발휘하기 위한 첫걸음인 셈이다. 이러한 목표가 있으면 당신은 수학 문제를 푸는 일이든, 파트너가 하는 이야기를 듣는 일이든, 그에 온전히 집중할 수 있다.

● **집중**

인류가 처음 배고픔을 느꼈을 때, 생존 본능이 주변의 식량을 찾는 데 초점을 맞추도록 그들을 일깨웠다. 이러한 각성은 주의를 집중시키는 역할을 한다. 이 경우 선조들의 주의가 주변 환경에 집중되었을 것이다. 분명 더 많은 결실을 얻을 수 있는 표시나 길목이 있었으리라. 그러한 길을 찾아내려면, 그들은 아주 사소한 단서나 세부 사항에, 이를테면 동물의 배설물이나 동물의 발에 밟혀 꺾인 풀 등에 주의를 집중시켜야 했다. 이러한 사소한 단서를 빨리 찾아내는 사람일수록 목표물을 찾아낼 가능성이 더 높았다. 이와 같이 집중은 궁극적으로 식량을 찾아내는 데 유리했다.

오늘날 목표 달성에 도움이 되는 모든 것에 주의를 모으고, 그렇지 않은 것들은 흘려버리는 능력을 말할 때 '집중력'이라는 표현을 쓴다. 부담 상황에서 집중력이 매우 중요한 것도 그 때문이다. 주목하고 집중하는 능력은 어두운 방에서 손전등을 갖고 있는 것과 같다. 손전등을 켜면 당신은 방안을 볼 수 있다. 하지만 어디로 가야 하는지 길을 찾고 싶다면, 불빛을 하나로 모아야 한다. 진화론적 시각에서 시선을 하나로 모으는 과정인 집중은 훌륭한 길 찾기 도구이다. 이 덕에 사람들은 단기적 목표뿐 아니라 장기적 목표를 달성하는 필요한 일들을 훌륭히 해낼 수 있다. 다시 말해 집중은 머릿속의 시선 제어gaze control 기술인 셈이다.

수많은 연구를 통해 학생의 성적이 집중력과 직접적인 관련이 있으며, 끈기가 부족하고 성적이 좋지 않은 것이 집중력 부족과 밀접한 관련이 있는 것으로 드러났다. 미 해군 특수부대요원들, 서퍼들, 성공한 간부들, 운동선수들은 부담감속에서도 최선을 다하려면 집중력을 잃지 않는 능력이 무엇보다 중요하다고 말한다. 아마 당신도 집중력을 잃으면 최하는 아니라고 해도, 수준 이하의 성과를 거둔다는 사실을 경험을 통해 알고 있을 것이다. 고속도로에서 운전하면서 집중을 하지 않는다면, 참담한 결과를 초래할 수 있다.

한 등반가는 히말라야에서 에베레스트 산 정상에 오르는 과정을 이렇게 묘사했다.

> 산에서는 한 순간도 방심할 수 없다…… 주의를 집중해야 한다. 한 번에 한 걸음씩 생각했다. 한 번에 한 걸음씩 걸어 산에 오르는 것이다. 정상에 시선을 집중하고 싶은 마음이 굴뚝같겠지만, 당신이 시선을 집중해야 하는 대상은 바로 하루하루이다. 그것이 성공에 이르는 열쇠다.

성공함에 있어 집중이 중요한 것은 변함이 없지만, 오늘날의 집중은 선사시대의 집중과는 그 전개 양상이 다르다. 선조들은 단기적인 목표를 더 많이 생각했다. 식량을 구하는 것이 가장 시급한 일이었고, 그에 따른 절박감이 사냥감을 향해 전력 질주하고 때때로 소용돌이치는 계곡물 위를 건너뛸 힘의 원천이 되었다. 초기 인류는 환경에 발빠르게 대응해야 했다. 포식동물과 마주쳤을 때 신속히 도망치는 것처럼, 당시 환경이 요구했던 일들을 해내려면 무엇보다도 결단력 있으면서도 신속한 대응이 필요했다. 망설이다가는 죽을 수도 있었다. 진화론적 측면에서 초기 인류의 사고 양식은 직관적이고 충동적이며

비자발적이고 기계적인 성격을 띠었다. 노벨상을 수상한 심리학자, 대니얼 카너먼은 이를 '빠른 사고'라고 불렀다. 빠른 혹은 '본능적' 사고는 뇌 하부의 신경 회로에서 이루어진다. 생사가 달린 일에서는 이런 반응들이 흔히 중요한 역할을 한다.

인류가 점점 진화함에 따라 하루하루 생존을 걱정하며 사는 생활 수준을 벗어나게 되었고, 사람들의 육체적 그리고 정신적 목표도 뚜렷이 달라졌다. 주거지를 짓는 데 필요한 집중력은 위험한 사냥감을 잡는 데 필요한 힘과는 매우 달랐다. 그런 장기적인 목표를 달성하려면, 정신적으로 많은 노력을 기울여 장기간에 걸쳐 동기를 부여하고 집중력을 발휘해야 했다. 따라서 인간이 진화함에 따라 뇌의 신피질이 발달했고, 그 덕에 적응하는 데 필요한 또 다른 사고양식을 발전시킬 수 있었다. 이 사고양식은 신중하고 자발적인 성격을 띠었고, 새로운 일을 익히고 숙달하는 데 도움이 되었다. 카너먼 교수는 이를 '느린 사고'라고 불렀다.

이러한 사고양식은 노력을 기울일 것을 요했다. 느린 사고에서 비롯된 일들은 정신적 노력이든 육체적 노력이든 노력이 필요하다. 합당한 결정을 내리고, 전략을 수립하며, 장애물을 찾아내고 예측하며, 그것을 극복할 전략을 세우는 것은 신중한 혹은 느린 사고를 요하는 일이다. 전략을 세우는 데는 정신적인 노력이 필요한 반면, 그것을 실행에 옮기는 데는 육체적 노력이 필요하다.

장시간 정신적, 육체적 노력을 기울일 수 있는 사람들이 장기적인 목표를 달성하는 데 유리한 것은 분명하다. 이들이 장시간 집중을 할 수 있기 때문이다.

장시간 집중을 할 수 있는 사람들은 인내심 있고 의욕적이며 끈기 있는 사람들이다. 사실 그들은 집중할 수 있는 시간이 길어서 장기적인 목표를 달성하는 데 필요한 특정 과제들에 지속적인 주의를 기울일 수 있다. 부담감 극복비법 4, '임무에 집중한다'는 이 요지를 축약해 놓은 것이라 할 수 있다.

사람들이 얼마나 오랫동안 집중할 수 있느냐는 여러 가지 요인들에 의해 결정된다. 그중 한 가지가 '유전'적인 요인이다. 주의력 결핍 장애의 원인 중 하나로 유전을 꼽는 것도 이 때문이다. 또 다른 요인은 얼마나 많은 양의 '자극'과 '노력'을 불러일으키고 유지시켜 나갈 수 있느냐는 것이다. 자기보호 본능(두려움)은 즉각적인 자극제 역할을 하여 즉각적인 노력을 기울이게 한다. 그렇지만 장기적인 목표는 육체적으로 자극제 역할을 거의 하지 못한다. 따라서 포기하지 않고 목표를 장기적으로 이뤄나가려면 육체적·정신적 노력이 필요하다. 궁극적으로 육체적, 정신적 노력은 심리학적으로 사람들을 피곤하게 만들고 집중력을 약화시킬 수 있다.

'결정 피로 현상(decision fatigue: 의사결정에 장시간이 소요되면서 사람들이 내리는 결정의 질이 악화되는 현상)'을 조사한 한 연구에서, 이 대표적인 사례를 찾을 수 있다.

● 결정 피로 현상

자동차 대리점에서 마지막으로 자동차를 구입했던 기억을 되살려 보자. 그 과정에서 당신이 내렸던 결정들을 기억하는가? 우선 차종부터 골랐는가? 인터넷을 통해 차종을 검색했는가? 제조업체, 모델, 색상, 자동차 문짝 개수, 엔진 크기, 부식방지처리 여부, 옵션 품목, 대금 결제 방법(현금, 대출, 혹은 리스), 보증 연장 가능 기간, 사후 서비스 등 미리 결정해 놓아야 하는 사항들을 생각해 보자.

자동차를 구입할 때, 이러한 문제들을 고민하고 사소해 보이는 다른 많은 결정들을 내리는 데 '생물학적 비용'이 소요된다. 사람들은 좀처럼 의식하지 못하지만, 놀랄 정도로 많은 생물학적 비용을 치르고 있다. 하루 중 어떤 결정을 내릴 때마다 사람들은 정신적 에너지를 소모한다. 그리고 시간이 지남에 따라 의사결정을 담당하는 뇌 부위인 전전두엽에 점점 피로가 쌓이게 되면서 끈기를 잃기 시작한다. 정신적 에너지가 부족해지면 사람들은 질러갈 방법을 찾게 되고, 그로인해 결과를 충분히 따져보지 않고 성급한 결정을 내리게 된다. 목표를 망각하게 되는 것이다.

아우디Audi에서 실시한 연구에 따르면, 사람들은 새로운 차를 구매할 때 갖가지 결정을 내리는 과정에서 어느 시점에 이르면 매우 피로해져서 자신이 원하는 것이 아니라, 자동차 제조업체의 권장 사양을 택하기 시작한다. 그들은 충동적인 선택을 하기 시작하고, 성급히 모든 결정을 마무리 지으려 한다.

문제는 자동차 제조업체들이 이러한 현상을 잘 알고 있고, 일부 비양심적인 영업사원들은 이러한 점을 이용한다(아우디 영업사원들이 그렇다는 얘기는 아니다). 그들은 값싸고 사소한 부분부터 고르게 하여 구매자들을 피로하게 한다. 그러면 나중에 휠 림(wheel rim: 자동차 타이어를 끼우는 부분)과 서비스 패키지 같이 값이 비싸고 고르기 어려운 중요한 부분들을 결정할 때 구매자는 자신이 무엇을 원하는지 이성적으로 파악할 수 없게 된다. 구매자들은 자신의 목표를 망각한다. 이는 사소한 문제가 아니다. 구매자가 자신에게 무엇이 가장 적합한지 충분히 생각하지 않고 지름길로 가려고 권장 사양을 그대로 받아들일 경우, 훨씬 더 많은 비용을 치를 수 있다.

그러한 자동차 구매자처럼, 많은 정보와 매우 다양한 사소한 옵션들이 계속 쏟아지면 판단력과 자제력이 크게 손상되어 사람들은 충동적이 될 수도 있고 현재에 안주하려 들 수도 있다. 이는 끈기 있게 노력을 경주하는 데, 대부분의 사람이 인식조차 하지 못하는, 장해물이 될 수 있다. 사람들은 왜 이런 피로를 느끼게 되는 걸까?

독일에서 이루어진 한 연구에서, 로이 바우마이스터와 연구원들은 참가자들에게 무선호출기를 나눠주고 30분 간격으로 호출해서 그 순간에 뭔가를 제어하려는 노력을 기울이고 있었다면 그것을 적게 했다. 그들은 참가자들이 충동을 억제하거나 뭔가를 자제하는 데 하루 평균 네 시간을 할애한다는 사실을 발견했다. 그들이 제어 노력을 기울인 것은 크게 네 가지였다. 즉 생각을 통제하고, 감정을 통제하고, 욕망을 억제하고, 일에 집중하려 노력했다. 이 모든 노력이 사람들이 갖고 있는 자제력을 소진시킴으로써 그 후속 결정들이 달라지게 한다.

이런 식의 정신적 에너지 소모가 그리 해로운 결과를 초래하지는 않을 것처럼 보인다. 그렇지만 이스라엘의 사법제도를 조사한 연구에서는 모두에게 시사하는 바가 큰, 충격적인 정의(혹은 불의) 구현 현장을 보여주었다.

수감자의 가석방 여부를 결정하는 이스라엘 가석방 심의 위원회 위원은 모두 세 명이었다. 이들은 판사, 사회사업가, 범죄학자였다. 〈뉴욕타임스〉에서 세 명의 수감자들과 관련된 판결을 기사화했다. 그들 모두 형기를 적어도 3분의 2정도 마친 상태였지만, 가석방 판결을 받은 이는 단 한 명뿐이었다.

나중에 밝혀진 것처럼, 수감자들의 가석방 여부에 결정적인 역할을 한 요소는 그들이 어떤 범죄를 저질렀느냐, 혹은 사회복귀교육을 얼마나 충실히 받았느냐가 아니었다. 아침 8시 50분에 심의 위원회 앞에 모습을 드러낸 첫 번째 수감자는 아랍계 이스라엘인으로 사기죄로 30개월 형을 선고받고 복역 중이었다. 오후 3시 10분에 심의 위원회 앞에 선 두 번째 수감자는 유대계 이스라엘인으로 폭행죄로 16개월 형을 선고받고 복역 중이었다. 세 번째 수감자는 아랍계 이스라엘인으로 첫 번째 수감자처럼 사기죄로 30개월 형을 선고받은 사람이었다. 그는 다른 날, 오후 4시 25분에 가석방 심의를 받았다.

어느 수감자가 가석방으로 풀려났을까? 당신은 추측을 하는 데 필요한 모든 정보를 갖고 있다. 심의 위원회는 가석방 대상자를 수감자의 도덕성으로 결정했을까? 아니면 범죄로, 형량으로, 혹은 복역 기간? 아니다, 그중 어느 것도 아니었다. 아침에, 즉 첫 번째로 심의를 받은 수감자가 가석방되었다. 한 해 동안 이루어진 1100여 건의 심의 결과를 조사해본 결과, 가석방 심의 위원회에 아침 일찍 출석한 수감자들이 가석방을 받을 가능성이 가장 높은 것으로 드러났다. 아침 일찍 심의 위원회에 출석하여 가석방 판결을 받은 경우는 70퍼센트에 이르는 반면, 오후에 출석하여 가석방을 받은 경우는 채 10퍼센트도 안 되었다. 첫 번째 아랍계 이스라엘인이 가석방될 가능성이 가장 높았고, 실제로 가석방을 받았다. 그럼 다른 수감자들은? 그들은 그저 좋지 않은 시간에 좋은 않은 장소에 있었을 뿐이다.

스탠퍼드 대학교의 조나선 레바브Jonathan Levav와 벤구리온 대학교의 샤이 댄지거Shai Danziger는 악의가 있었던 것은 아니라고 보았다. '결정 피로'가 가석방 심의 위원회의 결정에 영향을 끼쳤을 뿐이다. 판사들은 한 건 두 건 심의 건수가 증가함에 따라 피로가 쌓인다. 스포츠 경기 심판들이 경기 막바지에 오심을 하는 것도, 경영진과 정치인이 저녁 늦게 물의를 일으키는 선택을 하는 것도, 하루 종일 일하고 집에 돌아온 부모가 자제심을 잃고 자녀에게 폭력을 행사하는 것도 피로 속에 악수惡手를 두는 것으로 이해할 수 있다. 대부분의 사람들이 이러한 결정 피로를 의식하지 못한다. 연구원들은 그것이 어떻게 일어나는지, 그에 어떻게 대처해야 하는지 면밀한 조사를 하고 있는 중이다.

이스라엘 판사들에 대한 이 흥미로운 연구와 아우디 연구에서는 피곤할 때 사람들은 시간적으로 효율적이고, 에너지 소모가 적게 되며, 좀 더 신속하기는 하지만 훨씬 믿을 수 없는 결정을 내린다는 사실을 알아냈다. 피곤하면 사람들은 외부 세계로부터 쏟아지는 정보 공격을 막아낼 능력을 상실하게 된다. 자제력이 바닥나고 결정 피로에 빠지면, 이러한 사고 및 감정을 많이 경험하게 된다. 피로하면, 협력하고 소통하며 타협하는 것이 훨씬 더 힘들어진다. 피곤할 때는 권장 사양 혹은 기본 사양을 택하는 경향이 훨씬 더 강해진다. 수많은 다른 사양들을 일일이 따지는 것이 더 힘든 일이기 때문이다.

● 아침 식사를 하면 일을 더 끈기있게 할 수 있을까?

안 믿을지 모르지만, 뇌의 에너지 공급원인 포도당이 혈액 속에 얼마나 함유되어 있느냐 역시 끈기 있게 목표를 향해 나아가는 능력에 영향을 끼친다. 저혈당인 사람들은 힘든 결정을 잘 내리지 못하거나 자제력을 제대로 발휘하지 못한다. 이스라엘의 판사들이 점심 식사 직전과 하루 일과가 끝날 무렵으로 혈당이 낮을 때, 현상을 그대로 유지하는 결정이나 손쉬운 선택인 가석방 거부 결정을 내릴 가능성이 더 높은 것도 이 때문이다.

학생들을 대상으로 한 연구에서, 바우마이스터는 절반의 학생들에게는 아침식사를 온전히 제공한 반면 절반의 학생들에게는 제공하지 않았다. 아침식사를 하지 않은 학생들이 아침식사를 한 학생들에 비해 더 충동적으로 행동했고, 행동상의 문제를 더 많이 일으켰다. 또한 끈기가 더 부족하여 하던 일을 더 일찍 포기했다.

그 집단에게 늦게라도 아침식사를 제공하자, 그들의 행동상의 문제가 일찍 아침식사를 먹은 학생들 수준까지 줄어들었고, 해야 할 일에 훨씬 더 집중할 수 있었다. 한 마디로 그들의 끈기가 놀라 정도로 향상되었다.

● 희망

선사시대로 돌아가 보자. 오랫동안 사냥감을 찾아 돌아다녔지만 허탕만 쳤을 때 그것이 사냥꾼들에게 미쳤을 영향을 생각해 보자. 고약한 날씨에 시달리고 피곤에 지쳐서 사냥꾼들은 돌아다닐 의욕이 점점 사라졌을 수도 있다. 그렇다면 이때 사냥을 포기하지 않도록 무엇이 의욕을 불어넣는 역할을 할 수 있을까? 이는 오늘날 시험공부를 하는 학생에게도 해당되는 얘기다. 만약 지난 시험에서 C학점과 D학점만 줄줄이 받아서 향후 시험에서 어떤 성적을 받을지 그 결과가 뻔히 예상되는 상황이라면? 다른 이들이 포기할 때, 어떻게 하면 포기하지 않고 계속 주의를 집중할 수 있을까? 그것은 바로 '희망'이다.

그리스 신화에서 제우스는 신에게서 불을 훔쳐 인간에게 갖다 준 프로메테우스에게 몹시 화가 났다. 제우스는 인간에게 복수하기 위해 판도라라는 아름다운 여자를 만들어 지상에 내려 보냈는데, 그때 혼수 상자 한 개를 함께 들려 보냈다. 제우스는 하지 말라고 하면 더 하고 싶은 마음이 생기는 '역심리reverse psychology'를 이용한다. 심리학 역사상 이것이 최초의 '역심리' 사례 중 하나가 아닐까 한다. 즉 제우스는 판도라에게 상자를 열어보지 말라고 경고하고, 판도라는 제우스의 예상처럼 지상에 도착하자마자 상자부터 열어 그 안을 들여다보았던 것이다. 그 결과 상자 안에 갇혀 있던 온갖 재앙들, 이를테면 복통, 류머티즘, 통풍 등의 육체적 해악과 양심, 복수 등의 정신적 해악이 온 세상에 퍼졌다. 자신이 무슨 짓을 했는지 깨닫고 판도라는 얼른 상자 뚜껑을 닫았다. 세상 밖으로 빠져나오지 못한 채 상자 속에 남아 있는 것은 희망뿐이었다.

시간이 지남에 따라 사람들이 희망에 점점 더 많은 관심을 쏟은 것으로 미루어보아, 희망도 판도라의 상자를 빠져 나왔다고 짐작할 수 있다. 문명 초기에 이 주제를 무겁게 다뤘던 사람들은 종종 희망을 판도라가 이 세상에 가져다준 또 하나의 해악으로 보았다. 플라톤의 경우 희망을 '어리석은 고문foolish counselor'이라고 생각했다. 소포클레스는 희망 때문에 인간이 더 오랫동안 고통을 받는다고 주장했다. 벤저민 프랭클린은 희망을 먹고 사는 사람들은 빨리 죽는다고 말했고, 또 다른 이들은 희망은 환상이라고 혹은 지속되지 않는다고 주장했다.

오늘날 과학에서는 이런 위대한 인물들이 얼마나 잘못 생각했는지 보여주고 있다. 수많은 연구를 통해 초기 인류가 수만 년 전에 이미 알고 있었던 사실, 즉 희망이 심리적으로 온갖 혜택을 가져다준다는 사실이 드러나고 있다.

희망 항목에서 높은 점수를 받은 어른들과 아이들이 첫째 만족감, 자부심, 낙관주의, 삶의 의미, 행복 항목에서도 높은 점수를 받았고, 둘째 부상, 질병, 육체적 고통에 효과적으로 대처했으며, 셋째 초등학교부터 대학원에 이르기까지 우수한 성적을 거뒀고, 넷째 더 뛰어난 운동 실력을 보였다. 마지막 두 가지 연구 결과와 관련해 특히 흥미로운 점은 연구원들이 타고난 재능을 바탕으로 성과를 정확히 예측할 가능성보다 희망이 성과와 밀접한 상호관련성을 드러낼 가능성이 더 높았다는 것이다. 다시 말해 학업 성적을 예측하는 데 지능보다 희망이 더 효과적이고, 운동 실력을 예측하는 데 타고난 능력보다 희망이 더 정확하다는 얘기다.

어떻게 희망이 영원히 샘솟을 수 있을까? 이는 희망의 진화론적 기능 때문이다. 즉 희망이 긍정적인 결과를 얻고자 하는 욕구를 북돋우기 때문이다. 여기서 요점은 '욕구'이다. 흔히 이것을 '동기'라고 부른다. 초기 인류는 식량을 찾길 희망했고, 이러한 희망이 동기가 되어 목표를 이뤄낼 방법에 집중하게 되었다. 대개 희망을 지닌 사람들이 희망이 없는 사람들보다 이러한 탐구 과정에서 더 많은 성공을 거뒀다.

C. R. 스나이더C. R. Snyder가 캔자스 대학교의 임상 심리학 교수로 있었을 때(그리고 와이신저 박사의 논문심사위원회 위원이었을 때) 고안한 희망 이론으로 이 간단한 논리를 입증할 수 있다. 대학원 학생들은 그를 릭이라고 불렀다. 릭은 자신이 인류를 관찰하는 예리한 눈을 갖고 있다고 생각했고, 그의 생각은 옳았다.

그는 변명에 관한 연구를 실시했고, 그 과정에서 사람들이 왜, 그리고 어떤 식으로 자신과 부정적인 결과를 결부시키지 않는지 살펴보았다. 그는 그 연구에 참여했던 학생들을 인터뷰했다. 인터뷰 과정에서 그는 한 가지 공통점을 찾아냈다. 그들은 긍정적인 결과와 자신을 결부시키려는 욕구를 갖고 있었다. 그는 학생들이 변명을 늘어놓을 때 그 이면을 들여다보면 바로 이런 바람이 자리하고 있다고 주장했다. 그는 이런 바람을 '희망'이라고 불렀다.

기본적으로 희망 이론에서는 사람들이 일반적으로 목표 지향적이라고 본다. 그들은 식량 및 물을 찾으려 애쓰는 것처럼, 목표 달성에 도움이 되는 행동을 한다. 희망의 두 가지 구성요소, 즉 행위자agency 사고와 경로 사고pathway thinking가 여기서 중요한 역할을 한다.

'행위자'란 흔히 의지력willpower이라고도 불리는데, 목표를 향해 자신이 택한 경로로 나아가도록 사람들에게 동기를 부여하는 역할을 한다. 행위자는 목표를 달성하기 위해 부단히 노력할 수 있다는 사람들의 인식이 반영되어 있다. 또 목표를 이루기 위해 끝까지 참아내는 능력에 대한 사람들의 평가도 반영되어 있다. 목표를 달성함에 있어 동기 부여가 항상 중요하지만, 특히 장해물에 부딪혔을 때 이것이 중요한 역할을 한다. 누군가 "난 할 수 있어." 혹은 "아무것도 날 막지 못해."라고 말한다면 그 사람은 희망을 잃지 않는 사람, 정신력이 강한 사람, 혹은 인내심이 강한 사람인 것이다.

행위자가 효과적으로 목표를 달성하기 위해 흔들림 없이 특정한 경로로 나아가는 의지라면, 경로 사고는 목표를 달성하려면 어떤 경로를 거쳐야 하는지 그 경로를 찾아내는 능력이다. 성공하려면 원하는 목표를 달성할 경로를 찾아내는 것이 절대적으로 중요하다.

경로는 어떤 행동을 하고 어떤 생각을 할 때 길잡이 역할을 하는 로드맵 혹은 마음속의 계획이다. 어떤 경우에는 자원이 경로일 수 있다. 당신이 앞으로 나아갈 수 있도록 힘이 되어줄 수 있는 개인적 인맥, 당신의 노력을 경제적으로 뒷받침해줄 자금, 필요한 사람 혹은 전문가들을 만날 수 있도록 도와줄 사회적 네트워크 같은 자원 말이다. 하지만 컴퓨터 소프트웨어 프로그램 같은 도구가 경로가 될 수도 있다. 당신은 소프트웨어 프로그램을 통해 영업 데이터를 좀 더 쉽게 수집할 수 있고, 이를 통해 당신에게 할당된 목표량을 보다 쉽게 달성할 수 있다. 세부 전략 역시 경로가 될 수 있다. 특정 단계에서 그 다음 단계로 나아갈 방법을 그려 놓은 세부 전략 말이다.

목표를 달성할 경로를 많이 확보하고 있다고 느낄수록, 많은 희망을 품게 되고 목표를 끝까지 추구하도록 강한 동기 부여를 받는다. 보통 "뜻이 있는 곳에 길이 있다."고 말하지만, 희망 이론에서는 "길이 있는 곳에 뜻이 생긴다."로 보는 것이다. 다시 말해 경로와 행위자가 결합되어 희망이 샘솟게 되는 것이다.

게다가 다양한 집단을 대상으로 실시된 수많은 연구들에 따르면, 훈련을 통해 희망적인 사고를 기를 수 있다.

한 연구에서 우울증 환자 집단이 목표의 우선순위를 정하는 방법, 목표를 달성할 경로를 찾아내는 방법, 그러한 경로를 추구하도록 동기를 부여하는 방법을 배웠다. 희망을 고취시키는 이 훈련을 통해 환자들은 우울증이 한결 완화되었다.

또 다른 연구에서는 지역 정신 건강 센터를 찾은 외래 환자들에게 정상적인 치료를 받기 전에, 희망 이론의 원칙들을 가르쳤다. 그러한 교육을 받은 외래 환자들이 그 교육을 받지 않은 환자들에 비해 보다 우수한 치료 효과를 거뒀다. 세 번째 연구에서는 어릴 적 근친상간으로 고통 받은 여성들에게 희망적인 메시지가 담긴 비디오테이프를 보여주었다. 그러한 비디오를 본 여성들이 자연 풍경이 담긴 비디오를 본 여성들보다 지속적으로 희망적인 시각을 보여주었다.

네브라스카 대학교의 연구원들은 희망이 생산성을 향상시킨다는 사실을 발견했다. 전형적인 책임자 집단이 개인적으로 가치 있고 도전적이면서 처음과 끝이 분명한 업무상의 목표를 달성하는 훈련을 받았다. 책임자 각각이 특정 목표를 달성하고 나면, 그 집단으로부터 목표 달성 과정에서 부딪힐 수 있는 추가적인 장해물들에 대비할 방법뿐 아니라, 목표를 달성할 또 다른 방법들에 대한 피드백을 받았다. 이러한 방법들 모두가 희망을 북돋웠다. 이 훈련을 받은 책임자들이 보다 생산적으로 목표를 달성했고, 상사들로부터 생산적이라는 평가를 받았다.

● **대처**

가장 희망적인 사람도 장애물이나 장벽에 부딪히는 것은 시간문제일 뿐이다. 어떤 사람은 그러한 장벽에 짓눌려 결국 두 손을 들 수도 있다. 가장 희망적인 사람들은 자신의 감정을 적절히 다스리고, 문제를 해결할 방법을 효과적으로 모색하여 장애물을 극복하고 목표를 달성할 수 있다.

본질적으로 문제는 스트레스와 불안감을 유발한다. 그러므로 효과적으로 문제를 해결하는 과정에 스트레스와 불안감을 극복하는 과정이 포함되어 있을 수밖에 없다.

사람은 본래 고통을 피하도록 프로그램화되어 있다. 고통 회피 전략이 발달할 수밖에 없었던 이유는 초기 인류에게서 찾을 수 있다. 스트레스에 보다 효과적으로 대처한 인류가 하루하루의 생존 경쟁에서 우위를 차지하고 살아남을 수 있었기 때문이다.

현대 심리학자들은 문제에 맞닥뜨렸을 때 구사하는 전략들을 몇 가지 범주로 구분하는데, 그중 상당수가 '평가'에 초점을 맞추고 있다. 다시 말해 우리가 구사하는 전략들 대부분이 상황에 좀 더 효과적으로 대처할 수 있도록 도전이나 두려움을 바라보는 시각을 수정하는 전략이라는 얘기다. 예를 들면 시험을 위협이 아니라, 도전의 기회로 평가하는 학생들이 두려움과 부담감을 덜 느끼며 더 우수한 성과를 거둔다. 이는 운동선수들의 경우에도 마찬가지이다. 우수한 성적을 올리는 운동선수들은 다음 경기나 시합을 하나의 도전으로 생각한다. 그들은 그것을 통과하지 못할 수도 있는 시험이라 생각하지 않는다.

평가에 초점을 맞춘 다양한 전략들이 2부에 제시되어 있는 부담감 극복비법들 속에 포함되어 있다. 예를 들면 부담감 극복비법 1, '부담되는 순간을 즐긴다'에도 그러한 전략들이 반영되어 있다. 이러한 극복책들은 매우 불안하고 부담스런 순간을 효과적으로 대처하는 데 도움이 된다. 이러한 방법들은 부담 속에서 최선을 다할 수 있도록 도와줄 뿐 아니라, 일상의 불안감과 스트레스를 완화시키는 데도 보탬이 된다.

그렇지만 역경을 아무리 효과적으로 재평가하여도 그것만으로는 충분하지 않다. 초기 인류는 장해물을 극복하는 데 도움이 되는 다른 전략들을 발견했다. 심리학자들은 궁극적으로 이것을 휴식 전략이라고 부른다. 그늘에 잠시 앉아 있을 수도 있고, 나무에 기대앉을 수도 있고, 천천히 숨을 들이마셨다 내쉬었다 할 수도 있으며, 두려움을 몰아내기 위해 노래를 하거나 콧노래를 부를 수도 있다(음악은 불안감 및 여타 고통스런 감정을 떨쳐내는 효과적인 방법이다).

심리학자들은 이러한 대처 방식을 '감정' 중심 대처 방식으로 분류한다. 이중에는 명상 및 이완 훈련으로 두려운 감정을 다스리는 방법도 포함되어 있다. 2부에 제시되어 있는 부담감 극복 비법들은 모두 부담감에 수반되는 스트레스와 불안감을 다스리는 데 도움이 된다는 점에서 감정에 초점을 맞춘 해법이라 말할 수 있다.

그렇지만 사고와 감정에 근거한, 인지적인 대처 전략들은 때때로 한계를 드러낸다. 예를 들면 결혼생활의 감정적 고통을 더 이상 무시할 수 없는, 혹은 결혼을 행복의 장해물로 생각하는 남편이나 아내는 궁극적으로 "더 이상은 못하겠어."라는 결정을 내리게 될 것이다. 변호사나 영업사원, 교사, 간호사, 혹은 공무원이 자신의 일이 더 이상 도전적이지 않다고 혹은 성공의 발판이 될 수 없다고 생각한다면, 또는 일상생활에서 심한 스트레스를 느낀다면, 결과적으로 그만두겠다는 결정을 내리게 될 것이다.

이러한 시점에 이른 사람들 가운데 상당수가 심리 치료사, 정신과 의사, (알코올 중독 등 동일한 문제를 지닌 사람들끼리 서로 도움을 주고받는) 지지집단 등 다른 이들에게 도움을 청한다. 또 어떤 이들은 자신에 대해 새로운 낙관적인 시각을 가질 수 있도록 행동을 달리하는 전략을 구사하기도 한다. 고객을 유치하는 자신의 방법이 비효율적임을 깨달은 영업사원이 보다 성공할 수 있는 다른 방법을 써볼 수 있다. 비효과적인 마케팅 전략을 구사하고 있는 기업의 경우에도, 학생들이 자신의 수업을 잘 따라오지 못하고 있는 교사의 경우에도 이는 마찬가지이다.

심리학자들은 문제의 원인을 찾아내어 해결하는 것을 강조한다는 점에서 이러한 대처 전략을 '문제' 중심 전략이라고 부른다. 이러한 전략의 목표는 문제나 스트레스의 근본원인을 찾아내어 없애버리거나 바꿔 놓는 것이다. 문제 중심 전략은 특정 문제에 관한 더 많은 정보를 찾아냄으로써 문제에 대처할 새로운 기술들을 배울 수 있다. 이는 부담감 극복비법 16, '자의식을 극복한다' 같은 많은 부담감 극복비법들의 근거이다.

부담 상황에서의 스트레스와 불안감에 대처하는 가장 좋은 방법은 여기 제시되어 있는 다양한 대처 방안들을 적절히 섞어 사용하는 것이다. 이를 통해 당신은 빨리 좌절을 딛고 일어나며, 역경을 극복하고, 목표를 지속적으로 추구할 수 있다. 이는 어떤 도전에도 맞설 수 있는 끈기와 회복력을 제공할 것이다.

한 걸음 뒤로 물어나서 생각해볼 한 가지 중요한 사실이 있다. 바로 끈기가 '역동적인 과정'이라는 점이다. 끈기는 사람들이 갖고 있는 혹은 갖고 있지 못한 어떤 개인적 특성이 아니다. 이 역동적 과정의 시발점은 열정과 목적의식을 불어넣는 자극적인 목표에 주의를 집중하는 것이다. 지속적으로 자극을 느낄 때, 사람들은 장기적으로 뭔가에 끈기 있게 매달릴 수 있다. 이는 어떤 일을 완수하거나 해결책을 찾거나 목표를 달성한 길을 찾아내는 데 필요한 집중력을 북돋운다. 목표를 달성하는 데 도움이 되는 다양한 선택지들을 확보하는 것은 피할 수 없는 장해물들에 맞닥뜨렸을 때 동기를 부여하는 역할을 한다. 실패에 굴복하기보다 목표에 맞춰 자신의 생각과 행동을 수정하게 된다.

● 끈기 있는 사람이 되는 방법

그렇다면 어떻게 하면 끈기 있는 사람이 될 수 있을까? 부담 상황에서 끈기 있게 버텨낼 수 있으려면 어떤 단계를 밟아야 할까?

1단계: 의미 있는 목표를 세움으로써 활력을 북돋운다.

끈기는 동기부여와 노력이 필요하다. 그러므로 첫 번째 단계는 필요하면 언제든 에너지를 갖다 쓸 수 있도록 에너지 저장고를 만들어놓는 것이다. 당신에게 자극이 되어줄, 가치 있는 목표를 세운다. 어떻게 하면 가치 있는 목표를 세울 수 있을까? 당신의 관심사를 바탕으로 적당히 도전적인 목표를 수립하면 된다.

첫째, 당신의 관심사를 명확히 한다. 장래의 성공, 관심사, 그리고 문화적 가치 및 주제와 밀접한 관련이 있는 의미 있는 목표를 향해 나아가고 있을 때, 도전과 좌절에 부딪혀도 굴하지 않고 끝까지 견뎌낼 가능성이 더 높다. 도전과 좌절의 원인이 불합리한 상관에 있든, 팀원들의 노력 부족에 있든, 컴퓨터 오류에 있든, 경기장에서 발생한 당황스런 사건에 있든 상관없이 말이다.

J.P.와 함께 세 차례 올림픽 준비를 했던, 올림픽 비치발리볼 동메달리스트인 마크 히스는 이렇게 말했다. "연습 계획을 짤 때 목표 수립은 항상 중요한 부분입니다. 목표가 일상 훈련에 동기를 불어넣는 역할, 의욕을 고취시키는 역할을 합니다. 목표가 없으면 강도 높은 힘

든 훈련을 견뎌낼 수 없습니다.

"나의 첫 목표는 예상치 못한 곳에서 생겼습니다. 자세히 설명하자면, 생애 처음으로 출전했던 캐나다 전국 선수권 대회에서 최강팀을 만나 우리는 15대 2로 센터 코트에서 무안을 당했습니다. 우리는 패했고, 당시 신인이었던 내가 패인으로 거론되었습니다. 나는 몹시 당황했고, 집에 돌아와서 내 첫 목표를 적었습니다. 당시 그 강팀의 리더였던 에드 드래키치를 이기겠다는 것이었습니다. 하루도 빠지지 않고 그 목표를 떠올렸습니다……그로부터 1년 뒤 전국선수권대회에서 나와 파트너는 마침내 복수를 했습니다. 드래키치와 그의 파트너를 15대 4로 이겼던 것입니다. 그것은 매우 자극적인 목표가 되어주었고, 그 경험은 선수 생활 초기에 목표 수립의 중요성을 깨닫는 계기가 되었습니다."

최근 대학 졸업생들이 이따금 빠지는 함정이 있는데, 이를 조심해야 한다. 그들은 자신이 타고난 열정을 갖고 있으며, 목표는 열정에서 비롯되어야 한다고 굳게 믿고 있다. 사실 의미 있는 목표가 항상 명명백백하게 존재하는 것은 아니다. 의미 있는 목표가 생기기까지 상당한 시간이 걸릴 수도 있고, 우연한 경험으로 그런 목표가 생길 수도 있다. 예를 들면 마크 히스의 경우 예상치 못한 곳에서 다른 사람들을 바라보다가 목표를 찾아냈다. "내 인생에서 중요한 의미를 지녔던 또 한 가지 목표는 어느 해 최우수 선수들의 뛰어난 실력을 주의 깊게 관찰하다가 발견한 것입니다. 당시 나는 올림픽 출전 자격을 얻기 위해 일주일에 한 번씩 최우수 선수들과 시합을 했습니다. 나는 선수들이 지닌 특성들 가운데 가장 본받을 만한 특성들을 적기로 결심했습니다. 경기장 안팎에서 그러한 특성들을 생활화할 방법을 고민했고, 그것을 바탕으로 목표를 세웠습니다. 이는 내 삶에 커다란 영향을 미쳤고, 경기장 안팎에서 좋은 결실을 거둘 수 있었습니다. 전반적으로 자신감이 크게 향상되었습니다. 내가 소망했던 바로 그런 선수가 되어 있었을 뿐 아니라, 내가 꿈꿨던 그런 사람이 되었기 때문입니다. 그러한 목표들이 비치발리볼 선수로서의 내 모습뿐 아니라, 남편으로서, 아빠로서, 형제로서, 아들로서, 친구로서 내 모습에까지 영향을 미친 것입니다."

관심사를 토대로 자신의 목표가 무엇인지 알았으면, 그것이 도전적인 목표가 될 수 있도록 수위를 조절한다. 게임 기획자game designer와 군부대 교관들은 자신의 기량에 부합되는 도전을 이어나갈 수 있는 환경을 조성하거나 목표를 수립하는 것이 성과를 향상시키는 열쇠임을 인정한다. 이러한 환경이나 목표가 마련될 때, 사람들은 한 단계 성장할 수 있는 도전을 경험할 수 있다. 적당히 도전적인 목표란 불안감을 불러일으킬 정도로 너무 높아서도, 따분함을 야기할 정도로 너무 낮아서도 안 된다. 그러한 요소들은 끈기 있게 목표를 향해 나아가는 데 방해가 될 수 있다. 도전적인 목표를 갖고 있는 사람들은 심리학자인 미하일 칙센트미하일Mihaly Csikszentmihalyi의 말처럼 '몰입flow', 즉 단 한 가지 일에만 집중하여 다른 모든 일에는 개의치 않는 마음 상태에 빠진다. 몰입에 빠지면 지극히 즐거울 수 있다. 우리는 행복이나 즐거움을 추구하려도록 프로그램화되어있기 때문에, 몰입은 지속적으로 목표를 추구하기에 바람직한 상태이다.

당신의 목표가 적당히 도전적인지 아닌지 어떻게 알 수 있을까? 당연히 이는 목표에 따라 다르다. 그 목표를 달성하는 데 무엇이 필요한지, 어떤 기술이 필요한지 정확히 평가한다. 예를 들면 수학 수업을 들어야 하는 학생은 수업이 흥미롭고 도전적일 때 최선을 다하게 된다. 사전 지식 없이 바로 미적분 심화 수업을 듣는다면 학생은 좌절만 맛볼 것이다.

2단계: 집중력을 기른다.

장기적인 집중력을 기르는 효과적인 전략은 먼저 단기적인 집중력을 기르는 연습을 하는 것이다. 줄타기 곡예사들이 궁극적으로 5분 동안 줄을 타려면, 우선 몇 초 간 줄 위에서 균형을 잃지 않는 연습부터 해야 한다.

단기적인 집중력을 기르면, 단기적인 목표 달성에 많은 주의를 기울이고 그에 온전히 매달릴 수 있다. 반면 먼 곳의 표지판을 보는 데 쓰이는 자동차의 상향등처럼 장기적인 집중력을 기르면, 장기적인 목표를 내다볼 수 있고 그로 인해 최종 목적지를 향해 계속 경로를 수정해가며 앞으로 나아갈 수 있다. 단기적인 집중력은 바로 눈앞에 있는 것을 보는 데 도움이 되는 반면, 장기적인 집중력은 최종 목적지를 내다보는 데 도움이 된다. 단기적인 집중력을 기르기 위해 이렇게 해보자.

- 지금 이 순간에 주의를 집중한다. '시간 여행' 때문에 종종 집중력을 잃는다. 미래에 대해, 아마도 당신이 얻게 될 성과에 대해 생각하기도 하고, 타임머신을 타고 과거로 돌아가서 그때 겪은 실패를 곱씹기도 한다. 미래로 가든, 과거로 가든 그렇게 되면 주의를 빼앗겨, 지금 이 자리에 주목해야 함에도 불구하고 그렇게 할 수 없게 된다.
- 집중력은 '마음의 근육'이다. 단기적인 마음의 근육을 기른다. 방에서 2분 동안 쉬지 않고 다음의 집중력 강화 훈련을 한 다음, 30초간 쉬웠다가 이를 다시 반복한다. 일주일 동안 하루에 다섯 번씩 이 훈련을 되풀이한다.

1. 물건이든, 책이든, 장면이든 어느 한 가지를 고른 다음, 앉아서 편히 볼 수 있는 위치에 그것을 갖다놓는다.

2. 발을 마룻바닥에 붙이고 의자에 앉아서, 그 물건 혹은 장면의 특정 지점에 시선을 집중한다.

3. 편안한 속도로 숨을 들이마시고 내쉰다. 숨을 들이마실 때, 그리고 내쉴 때 호흡에 주의를 집중한다.

4. 집중력이 흐트러지는지 혹은 호흡이 달라지는지 감지한다. 변화를 감지하는 즉시, 다시 정신을 차려 물건에 그리고 당신의 호흡에 재집중하도록 한다.

일주일 동안 상기 훈련을 되풀이한 뒤, 동일한 시간을 투자하여 약간 변형된 다음 훈련을 해본다.

1. 텔레비전 위에 당신이 고른 물건을 올려놓는다.

2. 텔레비전 스크린 전체뿐 아니라, 당신이 고른 지점도 볼 수 있을
   만큼 텔레비전에서 충분히 뒤로 물러나 앉는다.

3. 텔레비전을 켜서 볼륨을 낮추고, 당신이 좀처럼 보지 않는 채널을
   틀어 놓는다.

4. 이제 처음에 했던 훈련처럼 당신이 고른 지점과 호흡에 주의를 집
   중한다. 텔레비전 소리나 화면 때문에 주의가 흐트러질 때마다 다
   시 정신을 차려 재집중하도록 한다.

한 달간 연습하면 더 좋겠지만, 2주 정도 꾸준히 연습하면 이 간단
한 훈련으로 당신은 체계적으로 집중하는 마음의 근육을 발전시키고
강화시킬 수 있다. 주의가 흐트러졌다가도 재빨리 제정신을 차리고, 집
중력이 점점 향상되기 시작하는 것을 곧 발견하게 될 것이다.

개별에 맞게 집중력을 써먹을 수 있도록, 20분에서 1시간 정도
시간을 정해놓고, 동료나 가족에게 당신을 방해하지 말아달라고 이야
기해놓는다. 정해진 이 시간 동안, 까다로운 고객을 어떤 식으로 상대
할 것인지 혹은 친구의 테니스 서브를 어떻게 받아 넘길지 등 집중적
으로 할 일을 고른다. 당연히 목표를 향해 한 걸음 나아갈 수 있는 일
이면 좋을 것이다. 첫 번째 경우에는 고객과의 관계를 돈독히 하는 것
이 목표일 수 있고 두 번째 경우에는 친구를 이기는 것이 목표가 될
수 있다. 어느 경우든 목표 달성에 도움이 되는 일에 집중한다.

3단계 : 융통성을 발휘한다. 다른 경로를 찾아본다.

본질적으로 끈기 있는 사람은 목표를 달성하리라는 확신을 스스로에게 심어준다. 그러기 위해서는 목표에 도달할 방법을 알아야 한다. 혹은 목표에 도달하는 데 필요한 자원들과 도구들, 그리고 전략들을 찾아낼 방법을 알아야 한다. 목표에 도달할 경로를 더 많이 찾아낼수록, 성공하리라는 확신을 강화시킬 수 있다.

경로 사고에는 '예상 대처anticipatory coping' 과정이 포함되어 있다. 이는 목표를 향해 나아가는 과정에서 부딪힐 수도 있는 장해물들을 극복할 방법을 미리 찾아보는 과정이다. 앞을 가로막는 장해물과 도전은 항상 있기 마련이다. 각종 도전과 장해물이 가로막고 있어도 그것을 뚫고 앞으로 나아갈 수 있으면, 목표를 추구하는 과정에 좌절을 겪어도 툭툭 털고 다시 일어서는 회복력을 발휘할 수 있게 된다. 목표를 달성할 다양한 경로를 확보하고 있으면, 성공 가능성도 높일 수 있고 의욕도 잃지 않을 수 있다.

경로 사고를 발전시킬 효과적인 방법이 있다.

- 관리하기 쉽도록 목표를 작은 단위로 혹은 단계로 쪼갠다.
- 각각의 목표를 달성할 다양한 경로를 찾아낸다.
1. 각각의 목표를 달성할 경로를 목록으로 작성한다.
2. 장해물에 부딪히면 어떻게 할지 마음속으로 검토한다.
3. 당신이 찾아낸 경로 및 향후 부딪힐 장해물에 대해 다른 이들과 상의한다. 연구에 따르면, 예상되는 장해물 및 목표에 대해 다른 이

들과 상의하다보면 그러한 장해물들을 극복할 혹은 피할 추가적인 경로들을 찾을 수 있다.

4. 당신의 경로 사고에 다른 이들의 생각을 접목시킨다. 우선 가장 쉬운 단계부터 시작한다. 자신감을 기르는 데 도움이 되는 소소한 성공들부터 일구도록 한다.

예를 들면 '취직해야 하는데'라는 막연한 생각을 하는, 대학을 갓 졸업한 학생은 그저 불안감과 부담감만 커진다. 반대로 관심 있는 회사 및 일자리 목록을 작성하는 등 간단한 일부터 시작하는 사람들이 더 자신감 있게 더 의욕적으로 뛰어다닐 가능성이 높다. 그들은 다양한 선택지가 있다는 것을 알고 있기 때문이다. 그런 졸업생들은 더욱 희망에 차 있다. 사실 어떤 일을 작게 여러 단계로 세분화하면, 구직자는 자신이 통제력을 쥐고 있다고 느낀다. 그 때문에 구직자가 면접 같은 부담되는 상황에서뿐 아니라, 폭넓은 구직 활동에서도 보다 최선을 다할 수 있다.

4단계 : 관점을 바꾸어 장해물을 '기회'로 본다.

끈기 있는 사람들은 장해물을 바라보는 시각을 달리한다. 그들은 장해물을 기회로, 혹은 뛰어넘어야 하는 도전으로 생각한다. 부정적인 말과 표현 대신 긍정적인 말과 표현을 쓰는 습관을 기르면, 장해물에 부딪혔을 때 그것을 극복하려는 마음이 생긴다. 앞에서 권유한 대로, 당신이 이미 마음속의 목소리에 귀를 기울이는 능력을 길러 놓았다면, 이처럼 부정적인 말을 긍정적인 말로 바꾸는 일이 그리 어렵지 않을 것이다. 이러한 습관을 기르다보면 궁극적으로 목표를 가로막는 장해물에 부딪혔을 때 그것을 극복 가능한 일시적 어려움으로 생각하는 사고방식이 머릿속에 자리 잡게 된다. 사실 장해물을 기회로 바꿔보는 새로운 시각을 기르는 것은 모든 인지적 대처 전략에 적합한 선천적인 전술이라 할 수 있다.

우리는 식음료 컨퍼런스에서 코네티컷 주, 노워크에서 성공적으로 레스토랑을 운영하고 있는 레니를 만났다. 그는 끈기 있게 목표를 추구하는 좋은 사례였다.

"내 목표는 높은 수익을 올리는 훌륭한 레스토랑을 경영하는 것입니다. 나는 단 1분도 그 목표를 생각하지 않을 때가 없습니다. 이해하시겠습니까? 단 1분도 그 생각에서 벗어나지 못합니다. 아니, 적어도 그런 것 같습니다. 항상 목표를 생각합니다. 아버지께서도 레스토랑을 운영하셨습니다. 그래서 사업 환경 속에서 자랐고, 다른 이들에게 좋은 음식과 서비스를 제공하고 있다는 생각에 흐뭇했습니다. 이는 우리 집안의 가업입니다. 물론 가족과 좋은 시간을 보내고 건강히 생활하는 등의 다른 목표들도 갖고 있지만, 내가 가장 끈질기게 매달리고 있는 것은 바로 사업 목표입니다. 레스토랑을 운영하다보면 각종 압력에 시달리게 됩니다. 며칠 서비스가 안 좋거나 몇 차례 식사가 나쁘면 매출이 뚝 떨어집니다. 한 번 놓친 고객을 다시 모셔오기란 어려운 일입니다…… 이 동네에서 가장 우수한 레스토랑으로 만들 방법을 항상 고민하고 있습니다. 그것이 내 목표입니다. 어떤 점을 개선하면 좋을지 고민합니다. 매력적인 메뉴를 개발하고, 더 좋은 식기와 후추 통, 소금 통에 대해 고민합니다. 음식과 음료, 장식과 관련해 각각 작은 목표들을 갖고 있습니다. 그러한 작은 목표들 하나하나가 모여 한 가지 커다란 목표가 됩니다. 폭풍우 때문에 정전이 된 적이 있습니다. 지금은 정전 대비책이 마련되어 있습니다. 어떤 문제가 발생할 수 있을지 계속 주의를 기울입니다. 항상 고객 가까이에 서서 개선할 점이 없는지 물어봅니다. 나는 비판을 받아도, 그것을 결코 부정적으로 받아들이지 않습니다. 비판으로부터 깨달음을 얻습니다. 사업이 부진할 때 손 놓고 앉아서 그저 잘 되기만 비는 일이 없도록 배웠습니다. 혁신적인 요리를 개발하고 가격을 낮추는 등의 모든 노력들이 도움이 되었습니다. 한 마디로 목표를 달성할 방법에 대해, 모든 사업에 특히 레스토랑 사업에 수반되는 도전을 극복할 방법에 대해 생각하고 또 생각합니다."

레니야 말로 정말 끈기 있는 사람이라 생각되지 않는가? 그는 의미 있는 목표를 갖고 있고, 장기적인 목표에 지속적인 주의를 기울임으로써 의욕을 북돋우며, 목표를 달성할 전략을 갖고 있고, 예상되는 문제뿐 아니라, 뜻밖의 문제에 대한 대비책도 계속 마련하고 있다. 가장 중요한 것은 자신도 모르게 자동으로 단기적·장기적 목표에 세심한 주의를 기울인다는 점이다.

열정

앨리슨 포델Alyson Podell은 캘리포니아 주 산타모니카의 한 양로원에서 함께 일하고 있는 사람들의 마음속에 열정을 불어넣겠다는 생각으로 매일 아침 7시 45분에 출근을 한다. 양로원 주변에는 깔끔하게 손질된 정원이 펼쳐져 있고, 실외 테라스가 마련되어 있다. 그곳은 태평양으로부터 십 블록밖에 떨어져 있지 않은 곳에 위치해 있다.

배우 겸 가수로 활동한 적 있는 앨리슨은 일흔여덟 살에서 아흔네 살에 이르는 '청중'들에게 노래책을 나눠주며, 자리에 앉으라고 권하는 것으로 하루를 시작한다. 그녀는 코러스 자리에 앉아 있는 이들 대부분을 매우 잘 알고 있다. 그렇지만 오늘은 새로운 얼굴이 두 명 있다. 그녀는 처음 온 멜과 사라에게 묻는다. "무슨 노래를 좋아하세요?" 멜은 칠십대 후반으로 각종 노인병을 앓고 있었고, 사라는 팔십대 초반으로 얼마 전 남편을 여의고 혼자가 되었다. 여기저기서 잡담하는 소리가 들리더니 점점 커져 방이 시끌시끌했다. 8시 15분 즈음 앨리슨이 방에 모인 서른 명의 노인들에게 정식으로 이렇게 말했다. "자, 악보를 펴시고 제 지휘를 따라주세요." 45분 동안 그녀의 지휘 아래, 그들은 뮤지컬 〈웨스트 사이트 스토리〉에 나온 노래들을 불렀다. 그녀는 체계적으로 지휘했다. 느리고 부드럽게 부르기 시작하다가 점점 박자가 빨라지면 음량도 점점 커졌다. 이렇게 해야 듣는 이의 귀를 사로잡을 수 있고, 노래에 점점 깊이 빠져들며 흥미를 느끼게 할 수 있었다. 그들의 시선은 그녀의 손동작에 모아졌고, 노래하는 이들 모두가 거의 최면에 걸릴 지경이었다. 그녀는 높고 날카로운 소리를 냈다가, 낮고 굵은 소리를 냈다 하며 목소리의 강도를 조절했다. 이러한 기술은 잠재적으로 듣는 이들의 기분을 바꾸는 역할을 했다. 이제 그들에게 자발적으로 그녀의 몸동작을 따라하게 했다. 그녀는 밝게 웃으며 엉덩이를 흔들었다. 그들은 그녀를 따라 엉덩이를 흔들더니 점점 팔을 흔들고 몸을 흔들며 광란의 춤에 빠져들었다. 그들은 주변 세계와 단절된 심적 '해리 상태'에서 춤에 완전히 몰입했다. 어느새 축제는 끝이 났다. 새로 온 사라가 자리를 뜨며 앨리슨에게 말한다. "기분이 좋아요. 정말 좋아요."

그날 저녁 7시 45분, 그곳에서 4800여 킬로미터 떨어진 곳에서는 듀크 대학교Duke University 학생들이 푸른색의 학교 티셔츠를 입고 캐머런 실내 경기장에 들어섰다. 그들은 경기장 앞쪽 정해진 자리에 앉았다. 듀크 대학교의 숙명의 라이벌인 노스캐롤라이나 대학교 the University of North Carolina의 타르 힐스(Tar Heels, 농구 명문대 노스캐롤라이나 농구 팀의 별칭)와의 야구 경기에 열릴 예정이었다. 그들은 그날 일찍부터 나이 많은 열성 팬들이 빠져 있는 응원 동작을 따라하려 한다. 그 학생들은 다양한 사람들로 구성되어 있지만, 향후 몇 시간 동안은 캐머런 크레이지(Cameron Crazies, 농구명문 듀크 대학교 열성팬의 별명)로서 동질감을 느끼며 함께 응원할 것이다. 캐머런 크레이지들은 어떻게 하면 열정이 샘솟는지 정확히 알고 있다. 그들은 우선 소리를 낸다. 1분 동안 '우우'하는 소리를 점점 크게 내다가 경기 시작을 알리는 점프 볼이 이루어지는 순간 폭발시킨다. 다른 팬들과 달리, 그들은 경기 내내 서서 응원한다. 듀크 선수가 자유투를 하면 그들은 오른 팔을 위로 쭉 뻗었다가, 자유투가 성공하면 우레 같은 환호로 상대팀의 기를 죽인다. 그들은 잠시도 가만히 있지 않는다. 그들은 다양한 소리로 자신을 표현한다. 때때로 특정 단어를 또박또박 외치며 느린 속도로 응원하기도 하고, 때로는 빠른 속도로 응원하기도 한다. 듀크 팀이 상대팀에 밀리고 있을 때는 흔히 빠른 속도의 응원을 한다. 특히 선수들이 좋은 경기를 펼치면 서로 하이파이브를 하는 등 동시다발적인 소리 및 몸짓으로 그들은 서로서로 응원의 열기를 더한다. 경기 시작 처음 1분 동안 크레이지가 보여준 강렬한 응원 열기는 시간이 지나도 좀처럼 수그러들지 않는다. 그들은 시합 내내 열띤 응원을 벌인다. 듀크 팀의 홈 경기장에서의 경이적인 성적을 보면, 캐머런 크레이지의 열띤 응원이 듀크 팀이 신들린 경기를 펼치는 데 도움이 되는 게 분명하다.

이 두 가지 사례를 통해, 열정과 관련해 몇 가지 기본적인 진실을 엿볼 수 있다.

- 첫째, 열정은 정서적 상태이다. 열정적일 때 당신은 어떤 감정을 느끼는가? '에너지가 넘친다' 혹은 '흥분된다'는 것이 일반적인 대답이다.
- 둘째, 열정은 고조된 각성 상태이다. 열정을 느낄 때 호흡수, 심장 박동수 등 육체적으로 어떤 반응이 일어나는지 주의를 기울여 보라. 아마도 호흡이 가빠지고 심장 박동이 빨라질 것이다.
- 셋째, 열정에는 긍정적 사고가 수반된다. 열정적인 사람들은 '나는 이 일을 할 수 있어', '난 이게 좋아.'라는 생각을 한다.
- 넷째, 열정은 행동이다. 열정을 느낄 때 사람들은 거의 가만히 앉아 있지 못한다. 열정은 팔이든 다리든 눈이든 얼굴이든 들썩이게 한다. 열정적일 때 당신은 어떻게 행동하는가? 대부분들의 사람들이 정력적으로 부지런히 움직인다.
- 다섯째, 문화에 열정적일 때 문화에 상관없이 모두가 보여주는 몇 가지 공통된 반응이 있다. 웃기, 박수치기처럼 말이다. 이런 반응은 몸속에 프로그램화되어 있다. 캐머런 크레이지가 듀크 대학이 농구 경기에서 승리할 때 환호하듯, 브라질에서 군중들은 축구팀이 우승할 때 환호한다.
- 여섯째, 열정은 주변 사람들에게 흥분, 참여의식, 긍정적인 시각을 퍼뜨린다. 이는 열정이 지닌 가장 중요한 특성이다. 열정은 전염성

이 있다. 열정이 이러한 정보를 어떤 식으로 전달하는지 보면, 자신을 혹은 다른 이들을 좀 더 열정적으로 만들 방법을 알 수 있다.

● 열정의 뿌리

열정enthusiasm은 '안에'를 뜻하는 그리스어, 'en'과 '신'을 뜻하는 그리어스, 'theos'가 결합된 것으로, 어원적으로 '우리 안의 신'이라는 의미를 갖고 있다. 한 마디로 신으로부터의 영감이, 혹은 신들린 것이 열정인 셈이다. 자신감, 낙관, 끈기와 마찬가지로, 존경받는 인물들은 열정에 주목했다. 빅토르 위고Victor Hugo는 이렇게 적었다. "열정은 이성의 열병이다." 파스퇴르는 이렇게 주장했다. "열정은 내면의 신의 사색이다." 에프리Epre는 이렇게 말했다. "열정은 인간의 보이지 않는 내면의 강인함이다."

인간이 열정을 처음 경험한 것이 정확히 언제인지는 의견이 분분하지만, 진화 심리학 연구를 통해 자연적으로 열정을 불러일으키는 요소가 적어도 두 가지 있다는 것을 알 수 있다. 바로 '목표 달성'과 '인간의 끌림 현상'이다.

선사시대로 거슬러 올라가보자. 끈기 있는 소규모 부족은 며칠씩 물을 찾아다녔다. 부족민들은 물을 찾아 여러 곳으로 흩어진다. 아마도 서로에게서 90미터 이상 떨어지지는 않을 것이다. 마침내 그중 한 명이 맑은 물이 흐르는 개울을 발견한다. 물을 발견한 부족민은 흥분한다. 그가 그 부족을 살린 것이다. 자신이 발견한 개울에 몹시 흥분하여 그는 정찰 중인 다른 부족민들에게 신호를 보낸다. 다른 부족민들이 자신의 목소리를 알아들을 수 있도록 아마도 큰 소리로 외칠 것이다. 어쩌면 물을 찾아낸 소식을 다른 부족민들에게 알리기 위해 팔을 흔들어댈 수도 있다. 다른 이들이 도착하여 흥분한 그를 보고, 그들 역시 팔을 흔들고 흥분하여 기분 좋은 소리를 내며 펄쩍펄쩍 뛰기 시작할 것이다.

오늘날 소프트웨어 엔지니어가 팀원들 모두가 매달려 있었던 어려운 문제를 해결했을 때도, 어느 스포츠팀에서 결승골을 성공시켰을 때도 이것은 마찬가지이다. 목표 달성이 열정을 불러일으키는 첫 번째 자연적인 요소이다.

열정을 불러일으키는 또 다른 요소는 두 사람이 서로에게 끌릴 때이다. 인간의 성적 욕구와 사회 심리에 관한 연구를 보면, 서로 끌리면 흥분하게 된다. 자신이 좋아하는 사람 혹은 흥미를 느끼는 사람(혹은 대상)에게 끌리도록 되어 있기 때문에, 이 때의 흥분은 즐겁고 긍정적인 경험이다. 두 사람의 열정은 서로에게 다가가도록 동기를 부여한다. 마찬가지로 좋아하는 영화를 보거나 좋아하는 레스토랑에 가면 열광한다. 다시 말해 자연적 끌림이나 관심 혹은 좋아하는 마음은 열정을 불러일으키는 또 하나의 요소이다.

와이신저와 J.P.는 선조들 사이에서 열정의 진화적 기능이 소속 욕구를 고취시키고 흥미를 증진시키는 것이었다고 생각한다. 많은 시간이 지난 지금도 유대감을 느끼는 사람들은 성공에 필요한 많은 특성을 갖추고 있다. 선조들은 열정적인 사람들이 생존 경쟁에서 우위를 점했다. 이는 오늘날의 경우에도 마찬가지이다.

● 긍정적인 감정이 미치는 효과

부담감은 사고력과 올바른 판단력, 응집력을 저하시킨다. 또한 창의력도 떨어뜨린다.

긍정적인 감정 및 열정이 지닌 강력한 효과 중 몇몇을 설명하면, 창의력을 향상시키고, 팀의 응집력을 높이고, 장기적 회복력을 강화시킨다는 것이다. 긍정적인 감정이 사람들에게 어떤 영향을 미치는지 이해하는 데 가장 큰 기여를 한 연구원 중 한 명이 미시건 대학교의 연구 전문 심리학자인 바버라 프레드릭슨Barbara Fredrickson이다.

프레드릭슨은 다음과 같은 사실을 찾아냈다. (이는 와이신저와 J.P의 진화론적 접근방식과 일치한다.) "확장 구축 이론은 진화에 있어 긍정적인 감정이 얼마나 중요한 역할을 했는지 말해주는 이론이다. 어떤 면에서는 이를 이해하는 가장 좋은 방법은 부정적인 감정이 진화에 미친 영향에 대해 우리가 갖고 있는 일반적인 시각과 이것을 견주어보는 것이다. 부정적인 감정 덕에 사람들이 특정 방식으로 행동할 수 있었다는 점에서, 즉 위험이 닥쳤을 때 발 빠르게 '투쟁 혹은 도피' 반응을 취할 수 있었다는 점에서, 부정적인 감정이 진화에 중요한 역할을 했다고 할 수 있다.

"그렇지만 긍정적인 감정은 장기적인 시각에서 봐야 그 효과를 제대로 볼 수 있다. 긍정적인 감정의 효과는 시간이 지남에 따라 누적되고 서로 뒤섞이게 된다. 그리고 훗날 새로운 도전 및 부담 상황에 부딪혔을 때 놀라운 적응력으로 긍정적인 감정의 효과가 그 빛을 발한다.

"부정적인 감정은 특정 행동을 취하도록 사람들의 시야를 좁히는 역할을 하지만, 긍정적인 감정은 단순히 그 역할만 하는 것이 아니다. 긍정적인 감정은 사람들이 추구하고 싶어 하는 대상의 폭을 넓히기도 한다. 긍정적인 감정은 일반적인 기준 그 너머로 사고방식을 확장시키고, 그러한 방식들이 점점 쌓이게 된다. 그러면 그러한 사고의 확장으로 사람들은 새로운 것을 찾아내고 습득할 수 있게 된다. 긍정적인 감정을 느끼면 사람들은 더욱 창의적이고, 박식하며, 회복력과 융화력이 뛰어난 사람으로 스스로를 변화시킬 수 있다."

열정을 기르고 증대시킬 방법을 찾아냄으로써 여러 가지 이익을 누릴 수 있다. 뇌의 경우 작업 기억이 늘어남으로써 즉각 더 많은 정보를 흡수할 수 있게 된다. 또 여러 가지 아이디어들을 더 다양한 방법으로 접목시켜 더 많은 있음직한 조합들을 만들어볼 수 있고, 그 과정에서 창의력도 한층 발전시킬 수 있다. 열정은 참여도와 관심도도 높인다. 열정이 있으면 사람들은 자신이 하는 일에, 그리고 자신이 직면한 상황에 더 많은 관심을 기울이게 되고 좀 더 효과적으로 대처하게 된다. 또 활력도 더욱 넘치게 된다. 그리고 이는 함께 일하는 다른 사람들에게도 긍정적인 영향을 미친다.

바버라 프레드릭슨의 연구에서도 긍정적인 감정이 장기적으로 유용한 자원들을 확충하는 역할을 한다는 사실을 찾아냈다. "긍정적인 감정 상태가 계속되는 동안 개인적 자원들이 쌓이고 쌓였다. 긍정적인 감정은 비록 일시적이라고 해도, 그러한 감정 덕에 습득한 자원은 좀 더 오랫동안 유용하게 쓰인다. 또 그러한 자원들이 또 다른 폭넓은 자원들을 찾아내는 데 원동력 역할을 한다. 그리고 장기적으로 이러한 자원들은 사람들이 특정 상황에 효과적으로 대처하고 끝까지 살아남는 데 유용한 밑거름이 되어준다. 이는 또한 사라지지 않고 사람들을 괴롭히는 부정적인 감정들을 없애준다. 이는 사람들이 놀라운 회복력으로 힘든 상황을 딛고 일어설 수 있게 된다는 얘기다."

좌절이 끝없이 이어지고 긴장이 고조될 수 있는, 매우 힘든 장기 프로젝트를 맡고 있을 때, 긍정적인 감정의 이러한 강화·확대 효과가 특히 중요한 역할을 할 수 있다.

열정의 힘: 부담 상황 속의 픽사Pixar

에드 캣멀Ed Catmull은 1998년 궁지에 몰려 있었다. 에드는 앨비 레이 스미스Alvy Ray Smith와 함께 애니메이션 제작사, 픽사Pixar를 설립했다. 픽사는 조그만 하드웨어 회사에서 출발했다. 최초의 컴퓨터 애니메이션 영화를 제작하겠다는 획기적인 아이디어를 찾아냈을 때 그들은 빚을 지지 않으려고 허리띠를 졸라맨 상황이었다. 오늘날 컴퓨터 그래픽 애니메이션에서 볼 수 있는 대부분의 것들이 이 두 명의 독창적인 박사 출신 컴퓨터 그래픽 애니메이션 제작자들의 작품에서 비롯된 것이다. 그들은 뉴욕에서 사회생활을 시작했고, 그곳에서 두 사람 모두 컴퓨터와 애니메이션에 대한 애착을 갖고 있다는 사실을 발견하고 함께 일하기로 손을 잡았다. 많은 이들이 그들을 컴퓨터 그래픽 시대의 폴 매카트니Paul McCartney와 존 레논John Lennon이라고 생각한다.

그렇지만 픽사의 항해는 그리 순탄하지 않았다. 픽사가 설립된 지 12년이 지난 1998년, 그들은 커다란 압력에 부딪혔다. 캣멀은 그것을 픽사의 전환점이라 생각했다. 3년 전, 그들은 최초의 애니메이션 영화, 〈토이 스토리Toy Story〉로 아카데미상을 수상했다. 그리고 1998년에 그들은 두 번째 영화, 〈벅스 라이프A Bug's Life〉를 선보였고, 박스 오피스 상위권에 오르며 흥행에 성공했다. 그렇지만 그 다음 제작물, 즉 그들의 세 번째 영화 〈토이스토리〉의 속편은 질이 떨어진다는 평가를 받았다. 우선 그들은 〈토이스토리 2〉를 비디오용 영화direct-to-video로 제작하는 전략적 실책을 저질렀다. 질적인 측면에서 비디오용 영화에 거는 기대는 극장 상영용 영화에 거는 기대보다 훨씬 낮다. 비디오용 영화는 훨씬 적은 예산으로 제작되고, 제작자들은 보통 B등급, C등급 정도의 품질에 만족한다. 반면 극장 상영용으로 출시된 〈벅스 라이프〉는 최상급으로 제작되었고 그에 상응하는 예산이 투자되었다. 〈벅스 라이프〉 제작에는 픽사의 가장 재능 있는 200여 명의 직원들이 투입된 반면, 〈토이 스토리2〉에는 애니메이션, 조명, 모형제작 부서에서 차출된 150명 정도의 인력이 투입되었다.

〈벅스 라이프〉 개봉 일주일 뒤, 픽사의 크리에이티브 팀에서 그 문제를 알아차렸다. 그들은 커다란 성공을 거둔 극장 상영용 영화의 속편을 비디오용 영화로 제작하려던 전략이 얼마나 어리석은 것인지 깨달았다. 비디오용으로 만들어놓은 〈토이 스토리 2〉는 한 마디로 볼품이 없었다. 극장에서 상영하기에는 품질이 턱없이 부족했다. 그 영화는 9개월 내에 개봉되어야 했다. 1998년 당시 픽사는 개봉일자를 옮길 수 있을 정도로 커다란 영향력을 갖고 있지 못했다. 2014년 픽사는 〈다이노소어the Good Dinosaur〉의 개봉 일자를 2014년에서 2015년 11월 25일로 마음대로 바꿀 수 있는 위치에 올라 있었다. 하지만 1998년에는 계약상에 개봉 일자가 9개월 뒤로 정해져 있으면, 9개월 뒤에 개봉되도록 하든지 아니면 아예 개봉을 포기해야 했다.

그러므로 에드 캣멀과 픽사의 경영진은 용기 있는 결단을 해야 했다. 즉 기존에 만들어 놓은 모든 장면들을 폐기하기로 결정했던 것이다. "우리는 이미 만들어 놓은 것들을 모두 버리고 극장 상영용으로 그 영화를 다시 제작하기로 했다. 문제는 9개월은 영화를 새로 제작하기에 충분한 시간이 아니라는 것이었다."

애니메이션의 경우 프로젝트를 진행하는 내내 부담감에 시달리며, 개봉일이 다가올수록 부담감이 극대화된다. 마케팅 담당 업체에서는 개봉일에 맞춰 홍보물을 제작하려면 작품이 나오길 기다릴 수밖에 없다. 극장들도 영화 제작이 끝나길 기다린다. 극장을 통해 영화를 개봉하는 것은 세부적인 사항들에 꼼꼼한 주의를 기울여야 하는 커다란 프로젝트이다. 개봉일이 다가올수록 부담이 하루하루 조금씩 증가한다.

캣멀은 이렇게 회상한다. "믿을 수 없을 정도로 빨리 이 프로젝트에 재착수했고, 쉼 없이 일했다. 대단히 힘든 일이었다. 우리는 직원들을 다그쳤고, 시간이 째깍째깍 흐르는 가운데 밤낮으로 정신없이 일했다. 모두가 얼마나 무리를 하고 있었는지 단적으로 말해주는 사건이 일어났다. 팀원 중에 결혼하여 갓난아이의 부모가 된 두 사람이 있었다. 너무 열심히 일하다보니, 어느 날 아기 아빠가 출근하면서 아기가 차 뒤에 타고 있다는 사실을 잊어버렸다. 출근길에 아기를 유아원에 데려다주었어야 하는 데 그것을 잊어버린 채 비몽사몽 상태에서 주차장을 나와 사무실로 들어간 것이다. 오전 늦게 아내가 아기를 유아원에 잘 데려다주었는지 묻자, 그는 깜짝 놀라 소리를 지르며 주차장으로 달려갔다. 아기는 푹푹 찌는 자동차 뒷좌석에 앉은 채 의식이 없었다. 그들은 몹시 당황했고 아기를 데리고 허둥지둥 병원으로 달려갔다. 다행히 아기는 의식을 되찾았고 그때야 비로소 그들은 안도의 한숨을 내쉴 수 있었다. (아기는 이제 완전히 건강을 회복했다.) 아기가 거의 죽을 뻔했다."

〈토이스토리2〉를 성공적으로 제작해야 한다는 부담은 연설을 한다든지, 음악 경연대회나 스포츠 경기에 출전한다든지 하는 것처럼 한 순간으로 끝나고 마는 부담이 아니었다. 장기간의 강도 높은 부담이 사람들을 녹초로 만들었다. 게다가 그때는 〈벅스 라이프〉를 제작하느라 3년 동안 고생한 직후였다. 〈벅스 라이프〉는 〈토이 스토리〉보다 열 배는 복잡한 작품이었다. 스토리 아티스트들은 초기 개념 스케치만 2,000여 장을 그렸고, 아트 팀에서는 영화에 대한 그들의 구상을 보여주기 위해 300장의 파스텔화를 그렸다.

시간이 지남에 따라 부담감이 극대화되는 그런 상황에서는 성공하려면 다른 뭔가가 추가적으로 필요한데, 그것이 바로 열정이다.

● 열정의 과학

1998년 픽사 팀은 매우 힘든 상황에 몰려 있었다. 픽사가 성공하려면, 이 팀은 창의적으로 생각하고 극심한 부담감 속에서도 끝없이 스마트한 결정을 내려야 했다.

지난 십년 간, MIT의 미디어 예술 및 과학 교수the Toshiba Professor of Media Arts and Sciences인 알렉스 샌디 펜틀랜드Alex Sandy Pentland는 많은 기술 기업에서 중역으로 활동했다. 그는 매우 유능한 사람들과 팀이 심한 부담에 시달릴 때 일어나는 일들을 보고 놀라움을 금치 못했다. "사람들은 완전히 비이성적으로 행동했다. 그들은 똑똑한 사람들이다. 그들은 결코 바보가 아니다. 따라서 '도대체 무슨 일이야?'라는 의문이 들지 않을 수 없다."

그는 힘든 상황에서 목표를 달성하려 고군분투할 때, 팀들이 그리고 팀원들이 어떤 식으로 활동하고 소통하는지 궁금했다. 일부 사람들은 놀라운 설득력을 갖고 있었다. 그들이 말하는 것을 자세히 들여다보면 가능하다고 생각되지 않는 일인데도 그들은 그 일을 하도록 다른 이들에게 동기를 부여할 수 있었다. 그는 특히 이 점에 흥미를 느꼈다. "사실이 아닌 말을 어떻게 그렇게 설득력 있게 말할 수 있는 걸까?"

그러므로 페틀랜드와 그의 팀은 진화론적 시각에서 언어와 의사소통을 이해하려 노력했다. 의사소통이라고 하면 대부분의 사람이 언어를 떠올리지만, 인간은 수천 년 동안 복잡한 비언어적 신호 체계로 의사소통을 했다. 페틀랜드는 이렇게 말했다. "우리는 그런 고대 신호를 무시하는 위험을 감수하고 있다. 비언어적 단서들 때문에 비합리적 주장이 이상하게 설득력 있게 들릴 수 있다. 사람들은 상대방이 그 주장을 펼치는 방식에 현혹되어 그것을 그냥 믿어버린다. 이를 알아보고 적절히 이용한다면, 훨씬 더 생산적인 집단 토론이 이루어지게 할 수 있다."

이러한 고대의 신호 체계를 연구하기 위해 샌디 페틀랜드의 연구 단체인 MIT의 휴먼 다이내믹스 랩Human Dynamics Lab에서 사회성 측정 지표로 알려진 새로운 기술을 개발했다.

연구 단체들 사이에서는 사회성 측정기sociometer로 널리 알려져 있는 이 기술은 착용 가능한 전자기기이다. 이것을 차고 있으면, 다른 사람과 얼굴을 맞대고 상호작용하는 시간이 어느 정도인지, 얼마나 오랫동안 대화를 나누는지, 다른 이들과 육체적으로 얼마나 가까이 있는지, 어떠한 육체 활동을 어느 정도 하는지 등이 자동으로 측정된다. 이 과정에서 목소리 특징, 동작, 상대적 위치 등에 함유되어 있는 각종 사회적 신호들이 이용된다. 페틀랜드 박사 팀에서 수백 가지 사회성 측정 지표를 만들었는데, 여러 조직들에서 개별 및 집단 행동 패턴을 측정하고, 무의식적인 사회 신호를 바탕으로 사람들의 행동을 예측하며, 같은 팀에서 일하는 사람들이 사회적으로 어느 정도 친한지 알아내고, 그들 간의 사회적 상호작용을 강화시키는 데 그것을 이용하고 있다.

샌디는 이렇게 말했다. "팀에서 중요한 것은 '한 사람'이다. 그 사람이 바로 성공을 예측할 수 있는 잣대이다. 그 사람은 상대방의 이야기를 듣고 필요한 질문을 한다. 그러고는 그 다음 사람에게 옮겨 또 그렇게 한다. 이러한 과정을 통해 그 사람은 다른 이들에게 열정을 '전염'시킨다."

그들의 조사에 따르면, 팀원들을 열정과 긍정적인 감정으로 전염 시키는 이 한 사람이 "팀의 성과에서 다른 요소들보다 훨씬 중요하다."〈하버드 비즈니스 리뷰〉에서 페틀랜드 박사는 극심한 부담을 느끼고 있을 때 열정이 병원의 회복실에서부터 콜센터, 혁신 팀에 이르는 다양한 팀들의 성과에 어떤 영향을 미치는지 설명했다. "인간은 많은 종류의 신호를 갖고 있지만, 소위 '정직한 신호'는 그 신호를 받는 사람을 변화시킨다는 점에서 특별하다고 할 수 있다. 정직한 신호는 사회적 동물이 자신을 상황에 맞게 변화시키기 위해 이용하는 비언어적 단서를 가리키는 생물학적 용어이다. 그에 몸짓, 표정, 어조 등이 포함되어 있다. 우리가 시간을 함께 보내고 있는데, 내가 행복하고 기분이 좋으면 당신도 행복하고 기분 좋아질 것이다. 이러한 신호들을 전달하는 생물학적 신호들이 있다. 내가 행복한 것이 말 그대로 당신에게 영향을 미친다."

샌디 팀은 팀의 열정(혹은 에너지)을 측정하고, 그러한 감정들의 전염성을 측정했다. 사람들이 상호작용을 할 때 감정은 신경 회로를 통해 한 사람의 뇌에서 다른 사람의 뇌로 전파된다. 흥분에서 불안감에 이르는 감정이 한 사람에게 다른 사람에게로 순식간에 전달될 수 있다. 이러한 현상을 흔히 "감정의 전염성"이라 부른다. 기쁨이나 분노 같은 감정이 사회적 바이러스로써 그 사람이 접촉한 모든 이들을 감염시킨다.

"이 기구는 이러한 것들을 측정할 뿐 아니라, 당신이 상대방을 얼마나 많이 쳐다보는지, 얼마나 가까이 서는지, 상대방에게 말할 기회를 얼마나 많이 주는지도 측정한다. 사람들은 성공할수록, 에너지가 넘친다. 그들은 더 많이 말할 뿐 아니라, 상대방의 말에 더 많은 주의도 기울인다. 그들은 다른 사람들과 얼굴을 마주할 시간을 더 많이 갖는다. 그들은 다른 사람들로부터 어떤 실마리를 찾아내어 필요한 조언을 해줌으로써 용기를 북돋우며, 외향적이 되도록 돕는다. 그들이 사람들을 휘어잡는 매력을 발휘할 수 있는 것은 그들이 다른 이들에게 무엇인가를 보여주어서가 아니라, 다른 이들 안에 있는 뭔가를 밖으로 '끄집어내기' 때문이다. 이처럼 열정적이고 긍정적인 사람들이 팀에 많이 있을수록, 팀의 성과는 더 좋아진다."

샌디와 그의 팀은 극심한 부담감 속에서 우수한 성과를 거둔 팀들을 상세히 기록하는 과정에서 그는 팀원들 사이에 '윙윙거리는 열정의 소리'를 들을 수 있었다. 팀원들이 무슨 이야기를 하는지 전혀 알지 못했음에도 불구하고 말이다. 이는 우수한 성과의 열쇠는 팀원들이 토론하는 '내용'이 아니라, 토론하는 '태도'와 더 관련이 있음을 시사한다. 혁신 팀, 수술 후 회복 관리 팀, 은행의 고객응대 팀, 비밀 작전 팀, 콜 센터 팀 같은 부담되는 환경에서 일하는 팀들에서 그들은 어조, 몸짓 언어, 특정 대상과의 대화 빈도 등 사회성 측정 지표를 이용해 개인들의 소통 방식에 관한 데이터를 수집했다. 그들은 사람들이 대화 내용을 기억하지 못하는 것을 발견했다. "데이터 수집 과정에서 찾아낸 주목할 만한 일관된 사실은 '소통 패턴'이 팀의 성공의 가장 중요한 예측 잣대라는 것이다. 그뿐 아니라, 소통 패턴이 개개인의 지능, 성경, 기술, 토론 내용 등 다른 모든 요소들을 합친 것보다도 중요하다는 사실도 발견했다."

겉으로는 비슷해 보이는 팀들 사이에 성과 차이가 나는 이유를 설명할 수 있는 것도 바로 한 명의 열정적인 사람이 촉발시킨 이런 소통 패턴이었다. 훨씬 더 놀라웠던 점은 공식적인 회의실 밖에서의 이러한 소통 패턴이 매우 중요한 역할을 했다는 것이다. 에너지와 참여도로 '집단들 간의 경제적 생산성 차이의 3분의 1'을 설명할 수 있었다.

부담 상황에서 중대한 영향을 끼치는 것은 지능이나 성격, 토론 내용이 아니라, 회의실 밖에서 한 사람이 얼마나 강렬한 열정을 지폈느냐이다. 연구에서는 이러한 화학작용이 일어나는 NBA 팀들이 매년 여섯 번 더 승리한다는 사실을 발견했다. 제약업계 영업에서도 동일한 현상을 찾을 수 있다. 개인의 실력이 우수한 경우와 팀워크가 더 뛰어난 경우를 비교했을 때 후자가 13퍼센트 정도 영업 실적을 더 끌어올렸다.

● 픽사가 〈토이 스토리2〉를 성공시킬 수 있었던 이유

지난 10년 간, 혹은 20년 간 가장 성공한 영화감독이 누구냐고 영화를 사랑하는 사람들에게 물으면 그들 대부분이 스티븐 스필버그Steve Spielberg나 마틴 스콜세지Martin Scorsese, 클린트 이스트우드Clint Eastwood, 혹은 피터 잭슨Peter Jackson이라 대답할 것이다. 그렇지만 가장 성공한 감독은 픽사의 크리에이티브 리더, 존 래스터John Lasseter이다.

픽사의 문화를 연구한 사람들을 인터뷰하면 항상 거론되는 주제가 한 가지 있다. 그것은 존 래스터의 열정이다. 그의 열정이 픽사 팀의 성공에 가장 중요한 영향을 끼쳤다. 《픽사 이야기The Pixar Touch》를 집필한 데이비드 프라이스David Price는 이렇게 말했다. "존은 제작 과정 내내 자신감이 넘쳤다. 그는 팀 전체에 열정을 전염시켰다. 그는 돌아다니며 모든 이에게 농담을 건네고 웃음을 주며 긴장을 풀어주었다. 긴장감이 팽배했던 1998년에는 이것이 특히 중요했다. 그는 우리는 해낼 것이라는 굳은 믿음을 갖고 있었다. 겁먹을 필요가 없었다."

〈뉴욕타임스〉에서는 이렇게 말했다. "래스터는 현실적이면서도 편안한 사귐성 있는 사람이었다······그는 매우 신선했고 호감이 갔으며 '젊은 마음'을 지닌 사람이었다. 그의 이러한 특성은 사실 픽사의 핵심적인 특징이기도 하다. 래스터의 기술 혁신과 초특급 상상력 이외에 이러한 개인적 특성들은 그의 성공에 매우 중요한 역할을 한 요소들이다."

화려한 무늬가 들어간 하와이풍 셔츠를 입고 다니며 즉석에서 사람들을 모아 콩가(쿠바에서 축제에서 사람들이 추는 춤)를 추는 것으로 유명한 래스터는 픽사 팀에게 무엇보다 중요한 열정을 지닌 대표적인 인물이다.

데이비드 프라이스는 이렇게 적었다. "존과 그의 시나리오 집필 팀이 처음 그 프로젝트를 맡았을 때, 주말에 모두 함께 사라졌다가 돌아오더니, 모두가 합심하여 새로운 스토리를 만들어냈다. 그는 매우 인상적이고도 긍정적인 방식으로 그 일을 해냈다. 어떤 이들은 작게 이야기를 한다. 말도 조금만 하고 동작도 작게 한다. 존은 그런 사람이 아니었다. 그는 모든 것을 크게 했다. 동작도 시원시원했고, 포부도 남달랐다. 그는 당당한 풍채를 자랑했고, 의욕을 북돋우는 표현을 골라 썼다. 예를 들면 그가 당신과 마주친다면 단순히 악수를 나누기보다 포옹을 하며, 아주 반갑게 인사할 가능성이 높다. 그렇지만 그 프로젝트에 대한 열정을 사람들에게 불어넣는 데 이 모든 것이 절대적으로 중요했다. 애니메이션 제작자들에게 이 일은 몹시 힘든 일이다. 오랫동안 장시간 일해야 하기 때문이다. 제작하는 영화에 대한 믿음이 없으면, 영화에 대한 열정을 갖고 있지 않으면 버텨내기 매우 힘들다. 존은 잘되리라 생각했고 그러한 믿음이 팀 전체에 중대한 영향을 끼쳤다."

에드 캣멀은 이렇게 말했다. "〈토이 스토리2〉는 우리 스튜디오에게 매우 중요했다……인재들과 그들의 협력 방식이 아이디어보다 훨씬 중요하다. 다른 회사에서 우리의 기술은 모방해도, 우리 팀을 모방할 수는 없다."

놀랍게도 래스터와 그의 팀은 9개월의 짧은 일정을 맞추는 불가능한 일을 해냈다. 〈토이 스토리2〉는 개봉하자마자 박스오피스를 석권하며 4억 5,000만 달러 이상을 벌어들였다. 본래 전편보다 나은 속편이 없다지만, 이 작품은 전편보다 뛰어났던 몇 안 되는 속편 중 하나이다. 픽사 팀에서는 연이어 열네 편의 우수한 영화를 제작했고, 열다섯 차례 아카데미상을 수상했으며, 일곱 차례의 골든 글로브 상을 받았고, 열한 차례 그래미상을 수상했다.

할리우드뿐 아니라, 다른 어떤 곳에서도 이렇게 끊임없이 창의력을 발휘한 사례는 찾아볼 수 없다. 그리고 픽사가 창의력을 발휘하며 커다란 성공을 일군 데에는 열정적인 존 래스터의 공이 크다.

● 열정을 북돋우는 방법

많은 이들이 열정을 타고나는 것이라고 생각한다. 혹은 자신이 처한 환경의 산물이라고 여긴다. 일부 사람들이 다른 사람들보다 긍정적인 성격을 지닌 것도 사실이고, 일부 환경이 열정을 발휘하는 데 더 적합한 것도 틀림없는 사실이지만, 어느 정도 열정을 발산할지 통제할 수 있는 힘을 사람들은 생각보다 더 많이 갖고 있다. 다음 장에 자신뿐 아니라 팀원들의 열정을 북돋울 구체적인 방법들이 제시되어 있다. 부담 상황에 발을 들여놓기 직전에, 혹은 장기적으로 중압감에 시달려야 할 때, 이러한 방법들을 이용해 당신은 최선의 결과를 얻어낼 수 있도록 의욕을 고취시키고 적극적인 참여를 유도할 수 있다.

자연스럽게 열정이 발휘되는 경우도 종종 있지만, 기본적으로 열정은 '선택'의 문제이다. 언제든 특정 상황을 긍정적으로 평가하고 그에 열성을 다하는 길을 택할 수도 있고, 아니면 그 상황을 부정적으로 보고 열의를 다하지 않거나 그보다 더 나쁜 길을 택할 수도 있다. 게다가 당신이 어떻게 대처하느냐가 다른 이들에게 영향을 끼치고, 그들을 전염시킬 수 있다. 부담 되는 프로젝트를 진행하고 있는 중에, 당신은 긍정적인 요소를 찾아내어 그 상황에 열정을 불어넣을 수도 있고, 자연적으로 열정을 고취시키는 방법들을 이용해 팀원들이 모두 함께 일에 주의를 집중하며 창의력을 발휘할 수 있는 환경을 조성할 수도 있다.

아래 전략들을 이용해 당신은 더 자주, 더 강렬히 열정을 발휘할 수 있다. 앞의 두 가지 전략, 즉 목적의식 고취와 유대감 형성은 장기적인 전략인 반면, 나머지 전략들은 지금 이 순간 당신이 직면해 있는 단기적 상황에서 열정을 기르는 데 도움이 될 수 있다.

목적의 힘

버팔로 빌스Buffalo Bills는 전반전에서 휴스턴 오일러스Houston Oilers에 28대 3으로 지고 있었다. 그때가 1993년 1월 3일이었다. 그것은 버팔로 리치 스타디움에서 열린 NFL 플레이오프 와이드카드 첫 경기였다. 여기서 승리한 팀은 피츠버그 스틸러스Pittsburgh Steelers와 맞붙게 되고, 패배한 팀은 플레이오프에서 탈락하도록 되어 있었다. 빌스 팀과 코치진은 풀이 죽은 채 중간 휴식시간에 라커룸에 모였다. 마브 리비Marv Levy 코치는 이렇게 말했다. "창피를 톡톡히 당했군."

그 점수는 그리 놀라운 일이 아니었다. 정규 시즌 마지막 경기에서 오일러스한테 27대 3으로 진 바 있었다. 이것은 마치 그 게임의 반복 같았다. 설상가상으로 빌스한테는 최우수 쿼터백, 짐 켈리도 없는 상황이었다. 시즌 마지막 경기에서 부상을 당했기 때문이다. 또한 빌스는 경기 초반에 부상을 당하는 바람에 선발 러닝백인 서먼 타머스 Thurman Thomas도 없는 상황이었다.

하지만 이것은 어디까지나 전반 직후 리비 코치의 "기퍼를 기리는 뜻에서 승리하자(Win one for the Gipper: 기퍼Gipper는 비운의 미식축구선수로, 이는 경기하기 전에 선수들을 격려하는 뜻에서 하는 말이다.—옮긴이)."라는 격려가 기적적으로 반격의 불을 지피며 상황을 180도 바꿔 놓기 전의 이야기다. 사실 버팔로 빌스 입장에서 3쿼터 시작부터 경기가 잘 풀린 것은 아니었다. 오일러스의 부바 맥도웰Bubba McDowell이 빌스 팀의 패스를 가로채서 필드를 가로지르며 또 한 차례의 터치타운으로 점수를 올렸다. 3쿼터 초반에 버팔로 빌스는 35대 3으로 뒤져 있었다. 부담감이 극심한 플레이오프 경기에서 당신의 팀이 32점을 뒤지고 있다면, 그리고 경기장에 모인 8,000명의 팬들 모두가 실망하고 있다면, 당신은 어떻게 할 것인가?

대부분의 사람이 몇 점 차이든, 자신의 팀이 상대 팀에 뒤지고 있다면, 팀을 두려움에서 구해내고 경기에 계속 집중할 수 있도록 활력과 열정을 불어넣을 원천이 필요 할 것이다.

다행히 빌스에는 팀을 소생시킬 수 있는 열정과 긍정적 사고를 불어넣는 원천으로 특별히 활용할 수 있는 선수가 한 명 있었다. 그것은 바로 주전 선수를 대신할 백업 쿼터백 프랭크 라이크Frank Reich였다. 1984년 메릴랜드 대학교에서 쿼터백으로 활동하던 중 라이크는 비슷한 상황에 부딪힌 적이 있었다. 4학년 때 그는 선발 쿼터백이 되었지만 시즌 네 번째 경기에서 부상을 당했다. "어깨를 다친 나는 여러 가지 측면에서 내 인생 전체가 무너져 내리고 있다는 생각이 들었습니다. 다시는 경기를 할 수 없을 정도로 부상이 심하지는 않았습니다. 다만 문제는 내가 다친 동안 나를 대신했던 선수가 경기를 매우 잘 해서, 내가 건강을 회복한 뒤에도 내가 다시 기용되지 않았다는 것입니다."

그렇지만 시즌 마지막, 마이애미 대학교와의 경기에서 전반전이 끝났을 때 그의 팀은 31대 0으로 지고 있었다. 크게 좌절한 코치가 선발 쿼터백 선수를 빼고 후반전에 라이크를 투입했다. 라이크가 세 차례 터치다운 패스를 성공시켰고, 수비진을 뚫고 들어가 또 한 차례 터치다운에 성공하면서 팀을 결집시켜 42대 40이라는 있음직하지 않은 승리를 일궈냈다. 당시 그것은 대학 미식축구 역사상 최고의 반전 경기였다.

그로부터 9년이 흐른 뒤 라이크는 버팔로에서 동일한 상황에 처해 있는 자신을 발견했다. 벌팔로는 NFL 플레이오프 경기에서 상대 팀에 32점 차이로 지고 있었다. 중간 휴식 시간에 선수들은 축 처진 채 탈의실에 앉아 있었다. 그들은 홈경기를 보러온 팬들 앞에서 당혹스러움을 느끼고 있었다. 어떻게 그들은 반격에 성공할 수 있었을까?

라이크는 이렇게 말했다. "마브 리비 코치는 100퍼센트와 98퍼센트 사이의 차이는 2퍼센트가 아니라, 그 이상이라고 말씀하시곤 했습니다." 다시 말해 오일러스는 98퍼센트를 채우는 데 기울인 노력보다 훨씬 더 많은 노력을 기울여야 마지막 2퍼센트를 채울 수 있었다는 얘기다. 라이크는 따라서 버팔로 빌스 팀에 여전히 기회가 있다고 생각했다.

3쿼터 경기 중 라이크는 역전을 이뤄낼 수 있도록 버팔로 빌스를 이끌었다. 라이크는 이렇게 말했다. "터치다운에 두 차례 성공하자 리치 스타디움의 관중들은 빌스를 열렬히 응원했고, 선수들은 팬들의 긍정적 감정에 전염되었습니다. 감정과 믿음이 원동력이 되어 승리의 기운이 오일러스에서 빌스로 확실히 기울었습니다." 경기를 3분 남겨 놓고 그들은 오일러를 따라잡았고 연장전 경기 끝에 35대 32로 승리했다. 이는 단순한 역전승이 아니었다. 프랭크 라이크는 대학미식축구 역사상 최대 반전 경기를 선사한 뒤 프로미식축구 플레이오프 역사상 최대 반전극을 보여주었던 것이다. 이것은 단순히 우연히 일어난 일일까? 아니면 프랭크 라이크의 접근방식이나 사고방식에 배울 점이 있었던 것일까? 라이크는 무엇을 했던 걸까? 그는 어떤 행동에 했던 걸까?

경기 직후 있었던 일을 보면 이 질문에 좀 더 쉽게 대답할 수 있다. 라이크는 이렇게 말한다. "시상대 위에 서자, 질문이 쏟아지기 시작했습니다. 나는 그저 이렇게 말했습니다. '여러분이 제게 질문을 하시기 전에, 이번 주 내내 제게 영감을 준 노래의 가사를 들려드리고 싶습니다.'" 라이크의 누나가 경기 일주일 전에 그에게 전화를 걸어 자신이 들은 노래에 대해 이야기해주었다. 그는 이렇게 덧붙였다. "누나는 그 노래를 들으니 내 생각이 났다고 했습니다. 그래서 내게 들려주고 싶다고 했습니다. 그래서 나는 그 노래를 들었습니다. 그것은 바로 '오직 예수In Christ Alone'이었습니다. 기본적으로 삼사일 동안 시간이 날 때마다 그 노래를 들었습니다."

시상대에서 라이크는 노래의 가사를 읽어줌으로써 모두를 깜짝 놀라게 했다. 그는 이렇게 말한다. "마치 이 노래가 그 단 한 경기를 위해 쓰인 것 같았습니다."

경기 후 언론 인터뷰를 하는 그 순간에 라이크는 긍정적이고 열정적인 태도를 잃지 않도록 목적의식이 얼마나 중요한 역할을 하는지를 보여주었다. 어떤 일을 할 때 그 뒤에 감춰져 있는 더 큰 삶의 이유를, 삶을 목적을 생각하는 것이 그 순간에 매몰되지 않을 훌륭한 방법이다. 부담 상황에 접근할 때 대부분의 조언자들이 '바로 지금 이 순간에 충실하라'고 말한다. 그렇지만 어떤 일을 함에 있어 더 큰 뜻을, 더 큰 목적을 생각할 때는 지금 이 순간에 매몰되지 말아야 한다. 이때가 바로 현재에 얽매이지 않는 것이 더 나은 몇 안 되는 경우 중 하나다.

라이크는 이렇게 말한다. "인생 전체로 보았을 때 축구가 그렇게 중요하지 않다는 것을 나는 알고 있습니다." 그는 그저 그 경기보다 훨씬 더 중요한 일들이 있다는 것을 알고 있었다. 그는 그 순간에 매몰되지 않고 큰 목적을 생각할 수 있었고, 그 덕에 그 상황이 불러일으키는 부정적인 감정들에 휘말리지 않을 수 있었다. 더 큰 목적을 생각할 수 있을 때, 당신은 부담되는 순간을 극복할 수 있다. 그리고 그것이 바로 라이크가 한 일이다. 쿼터백이 직면할 수 있는 가장 큰 무대에서, 그것도 한 번이 아니라, 두 번씩이나.

어떤 일을 해야 하는 '이유'를 떠올리는 것은 열정과 긍정적인 감정을 되살리는 매우 효과적인 방법일 수 있다. 이것이 초심으로 돌아가서 무엇이 우리에게 가장 중요한지 다시 생각하게 하고, 그것을 향해 나아가도록 아주 마음 깊은 곳에서 견인차 역할을 하기 때문이다.

우리 고객 중 한 성공한 사업가는 한 분기 동안 재정적으로 어려움을 겪었을 때, 자신의 사업이 지닌 더 큰 의미, 즉 그 사업이 베풀고 있는 선행에 대해 생각하라는 조언이 어려운 시기를 극복하는 데 커다란 힘이 되었다고 말했다. 종종 낮에도 장기간 일하고 밤에도 늦게까지 일하는 비영리단체의 자원봉사자들은 이 비영리 단체가 어떤 변화를 이루어내고 있는지 잊지 않는 한, 기쁜 마음으로 일할 수 있다고 말했다.

그러므로 이렇게 자문해 보자. 당신이 하는 일 뒤에 감춰진 더 큰 목적이나 이유가 있는가? 당신의 노력이 일궈내고 있는 변화를 느끼고 있는가? 모든 이가 자신이 하는 일 뒤에 더 큰 목적이 감춰져 있다고 생각하지는 않을 것이다. 하지만 당신이 하는 일과 그 뒤에 감춰진 더 큰 목적을 결부시킬 방법을 찾아낼 수 있다면, 이것이 커다란 힘을 발휘할 수 있다. 힘든 시기에 맞닥뜨렸을 때 이것이 큰 힘이 되어줄 수 있는, 열정과 긍정정인 감정의 소용돌이를 일으킬 수 있다.

만약 당신이 책임자나 리더라면, 부하직원들이 하고 있는 일과 조직의 목표를 결부시킬 방법을 생각해 보라. 조직 행동 연구를 통해 확인할 수 있는 것처럼, 근로자들은 자신이 하는 일이 큰 목표, 즉 개인적 목표 그 이상의 목표와 관련이 있길 바란다. 더 큰 목적과 관련이 있는 목표를 달성할 때, 이것이 자연적으로 열정을 불러일으키는 요인으로 작용한다. 목적의식을 고취시키는 데 도움이 되는 연습이 있다.

1. 빈 종이를 한 장 꺼낸다.

2. 상단에 "이 일을 하는 이유가 무엇인가?"라고 적는다.

3. 머릿속에 제일 먼저 떠오르는 생각을 적는다. 자기 검열을 거치지 말고 머릿속에 떠오르는 생각을 모두 적는다. 여기에는 오답이 있을 수 없다.

4. 더 이상 쓸 말이 없을 때까지 세 번째 단계를 되풀이한다. 머릿속에 곧바로 떠오른 확실한 이유들 말고, 이 일을 하는 다른 이유들을 곰곰이 생각해 본다. 10분이나 15분이 걸릴 수도 있다.

5. 그 다음에는 적은 종이를 자세히 살펴보며 두 가지 주제를 찾아본다. 첫째 부모님이든 배우자든 그 밖의 누구든, 다른 사람들이 당신에게 바라는 것과 어떤 식으로든 관련이 있는 항목들을 찾는다. 이는 행동의 동인 중 가장 해롭고 지속성이 약한 동인일 수 있다. 이러한 항목들은 근본적으로 열정을 고취시키기 어렵기 때문이다. 그 다음에는 당신에게 좀 더 의미 있는 항목들을 찾아본다. 아마도 이는 당신이 다른 이들에게 영향을 끼치는 방식, 혹은 당신 자신보다 더 원대한 무엇인가와 관련이 있을 것이다. 어쩌면 살면서 당신이 지키고 싶은 가치관과 관련이 있을 수도 있다. 이러한 항목들 두세 개에 동그라미를 친다.

6. 당신에게 좀 더 의미가 있는 이 두세 가지 항목을 좀 더 자세히 살펴보도록 한다. 이 항목들이 당신에게 중요한 이유가 무엇인지 적는다. 이 항목들에 그렇게 신경을 쓰는 이유가 무엇인가? 당신은 이 주제에 좀 더 부합되는 활동을 하거나 그 일을 하는 때는 언제인가?

7. 마지막으로 이러한 두세 가지 보다 큰 목적에 더 부합되는 활동이나 일을 마련할 방법을 적는다. 당신이 이러한 계획의 책임을 맡을 방법도 생각해 본다.

유대감 형성

내가 시키는 대로 하세요. 그러기 싫으면 안 해도 됩니다. 기쁜 마음으로 당신을 대신할 사람들이 저 문밖에 길게 줄 서 있으니까요.
단 몇 마디 말로 그 사람은 내 꿈을 짓밟았다. 그 사람 때문에 나는 지금까지 매달린 영화에 더 이상 신경 쓰지 않게 되었다. 그 사람 때문에 나는 스튜디오에 더 이상 마음 쓰지 않게 되었다. 그 사람의 단 몇 마디 말 때문에.

존 래스터가 디즈니 스튜디오에서 애니메이션을 제작하겠다는 단 한 가지 꿈에 평생을 바친 사람임을 감안했을 때, 어떻게 한 개인이 그의 열정에 그렇게 엄청난 파괴적인 영향을 끼칠 수 있는지 믿기 어렵다.

당신은 세상에 대한 커다란 관심을 갖고 태어난다. 불행히도 당신의 타고난 열정을 가로막는 것들이 있으며, 이에 주의를 기울이는 것이 마찬가지로 중요하다. 열정을 가로막는 파괴적인 요소들 가운데 하나가 바로 소외된 느낌, 즉 사회적 배제social exclusion이다. 사회적으로 소외감을 느낄 때, 열정은 커다란 타격을 받는다.

살면서 어떤 집단으로부터 소외를 당하거나 따돌림을 당했던 순간들을 생각해 보라. 고등학교나 대학교 때, 직장에서 혹은 지역사회에서 그런 일을 겪었을 수 있다. 어떤 기분이 들었을까? 당시 삶에 얼마나 의욕을 느꼈는가? 열정적이고 긍정적이었을까? 물론 아니었을 것이다. 사회적 평가 및 판단이 부담감의 중대한 원천이다. 소외감이 열정을 꺼뜨리는 역할을 하는 이유 중 하나가 바로 사람들이 소속감을 느끼고 싶어 하기 때문이다. 사람들은 다른 이들과 유대감을 느끼길 바란다. 또래집단으로부터 따돌림 당하고 있다고 느낄 때, 이는 열정의 불씨를 꺼뜨리고 성과를 갉아먹는다.

캘리포니아 예술대학교the California Institute of the Arts를 졸업하고 래스터가 사회에 첫발을 내디딘 곳은 월트 디즈니사였다. 그곳에서 그는 애니메이션 제작자로 일했다. 애니메이션으로 유명한 영화사에서 일하는 것이 그의 평생의 소망이었다. 월트 디즈니에서 일하게 되었을 때 그는 그 어느 때보다도 열정에 불탔다. 그렇지만 데이비드 프라이스는 이렇게 말했다. "디즈니의 창단 멤버들은 존 같은 젊은 애니메이터들을 환영하지 않았다. 그들은 매우 비판적이었고, 이런 젊은 사원들은 더 오랫동안 근무해봐야 중요한 결정을 내릴 수 있는 영향력을 발휘할 수 있다고 믿었다."

래스터는 이렇게 말했다. "아이디어를 제시하여 더 나은 영화를 만들려고 했지만 그 간부는 중대한 결정을 내릴 수 있는 영향력 있는 집단에 내가 속하지 않는다고 생각하며, 열정을 짓밟는 이 몇 마디 말을 내게 던졌다."

이것이 디즈니에서의 존의 첫 경험이었고, 이는 훗날 그가 픽사에서 일하는 방식에 중대한 영향을 끼쳤다.

프라이스는 이렇게 말했다. "픽사에서 그의 근무 철학은 누가 제시하든 모든 아이디어에 가능성을 열어놓는 것이었다. 누가 말하든 상관없이 그는 모든 아이디어에 귀를 기울였다. 사람들은 자신이 진정으로 팀의 일원이라는 소속감을 느꼈고, 이 때문에 프로젝트에 상당한 열정을 쏟았다. 존은 모든 이들에게 마음을 열고 토론하길 즐겼다. 따라서 그들은 자신이 프로젝트에 기여를 하고 있다고, 자신이 팀의 일원이라고 느낄 수 있었다. 마지막으로 결정을 내릴 때가 되면, 최종 결정은 존이 내렸다. 이는 진정한 민주주의는 아니었다. 하지만 이러한 접근방식 덕에 팀원들 간에 믿을 수 없을 정도로 끈끈한 유대감이 형성되었다."

존 래스터의 열정은 픽사의 직원들에게 영감을 불어넣었는데, 그중 가장 커다란 영향력을 발휘할 것은 피드백 과정이었다.

에드 캣멀은 이렇게 말했다. "픽사만의 독특한 피드백 과정이 있다. 당신이 애니메이션 제작 중에 있는 애니메이션 제작자라고 한다면, 당신은 세계적인 수준의 다른 애니메이션 제작자들에게 자신의 작업을 보여주어야 한다. 그것은 몹시 부담스런 일이다. 매우 재능 있는 사람들과 일하고 있는 이런 창의적인 환경 속에서, 직원들이 더 좋은 작품이 나올 때까지 자신의 작품을 다른 이에게 보여주는 것을 미루고 싶어 한다는 사실을 발견했다. 그것은 당연한 일이다. 재능이 부족한 사람으로 보이고 싶지 않은 것이다. 자신의 약점이 드러나는 것을 원치 않는 것이다. 사람들의 그런 경향을 바꿔 놓는 것이 중요했다.

그래서 미완성 상태로 매일 작업한 것을 보여주도록 했다. 자신이 작업한 것을 매일 다른 이들과 공유하도록 했다. 비록 커다란 진전을 보지 못한 경우에도 말이다. 이것은 역학관계를 바꾸어 놓았다. 모든 이가 매일 자신이 한 작업을 보여주며 당혹감을 극복했고, 좀 더 창의적으로 변해 갔다."

존은 피드백 과정 전에, 그리고 그 과정 중에 사람들이 소외감을 느끼지 않도록 곳곳을 누비고 다녔다. 그 덕에 사람들은 더 편안함을 느끼게 되었고, 피드백을 자신의 작업에 대한 비난으로 받아들이지 않았다. 혹은 그들이 존중받고 있는지 아닌지, 소외당하고 있는지 아닌지 말해주는 징표로 받아들이지 않았다. 대신 그들은 피드백을 그저 영화를 개선시킬 방편으로로 여겼다. 강한 전염력을 지닌 그의 열정과 긍정적인 감정을 고취시키려는 그의 노력 덕에 팀원들은 엄격한 피드백 기간에도 유대감을 잃지 않을 수 있었다.

바버라 프레드릭슨은 이렇게 말했다. "상대적으로 안전한 상태에 있을 때, 주의 집중을 요하는 위협이 거의 없을 때, 우리는 긍정적인 감정으로 인해 장기적인 목표를 추구하게 된다. 선조들의 경우 일시적인 긍정적 감정 상태 때문에 단기적 생존의 시각에서 보면 무의미해 보이거나 사치스러워 보이는 행동을 했다. 그렇지만 그것이 장기적인 측면에서는 중대한 이익이 될 수 있었다. 이제 안전하므로, 현재에 대한 매일 매일의 걱정일랑 그만두고, 미래에 대한 꿈을 펼칠 때라고 당신에게 속삭이는 것이 바로 긍정적 감정의 기능이다.

팀원들이 목표를 달성하는 데 다음 방법들이 도움이 될 수 있다.

1. 과중한 업무의 함정에 빠지지 않는다. 해야 할 일에 너무 집중하다 보면 팀원들과의 관계를 소홀히 할 수 있다. 맡은 바 임무를 완수하는 것도 중요하지만, 유대감 형성을 계속 무시한 채 일에만 매달린다면 열정이 식을 수 있다.

2. 팀의 구성 혹은 구조를 바꿀 때마다 팀에 열정과 유대감을 불어넣을 사람을 적어도 한 명 확보하는 것이 중요하다는 사실을 반드시 명심한다. MIT의 샌디 페틀랜드가 알아낸 연구 결과처럼, 한 사람이 팀 전체의 열정과 팀원들 간의 역학관계에 중대한 영향을 끼칠 수 있다는 점을 잊지 않도록 한다.

3. 팀원들 간의 유대 관계를 강화시킬 계획을 세운다. 페틀랜드 박사의 또 다른 연구 결과에 따르면, 공식적인 팀 회의 밖에서 일어나는 일들을 보면 그 팀이 성공할 수 있을지 예측할 수 있다고 한다. 당신이 현재 하고 있는 일과 상관없이, 팀의 사기를 북돋울 방법을 찾아낸다. 존 래스터는 다양한 직원 행사를 마련했다. 예를 들면 영화 상영회(매년 열리는 픽사축제Pixarpalooza), 자동차 쇼, 그리고 일견 무의미해 보이지만 팀원들 간의 유대감을 향상시킬 여타 행사들을 준비했다. 이는 분명 효과가 있었다.

4. 팀이 일하고 있는 근무공간에 주의를 기울인다. 팀원들 간에 뜻하지 않은 상호작용이 일어날 수 있도록 근무공간이 설계되어 있는가? 픽사는 근무공간의 구조를 설계할 때 팀원들 간의 유대 관계의 중요성에 상당한 관심을 기울였다. 그들은 직원들 사이에 좀 더 활발한 상호작용이 이루어질 수 있도록 건물 한 가운데 아트리움을 만들었다.

이 아트리움에는 직원용 우편함, 휴게실, 카페테리아, 체력 단련장이 마련되어 있다. 사실 그곳은 사교 활동의 중심지 역할을 했다. 그곳에서 직원들은 자연스럽게 창의적인 아이디어들을 공유하고, 팀이 갖고 있는 여러 가지 문제들도 해결하며, 서로 필요한 도움을 주고받았다.

5. 당신이 코치나 책임자라면, 누구를 선발로 내세울지, 누구를 더 많이 뛰게 할지, 혹은 누구에게 중요한 임무를 맡길지 결정을 내려야 할 때가 있을 것이다. 이 때 당신의 선택을 받지 못한 사람들에게 어떤 식으로 말을 꺼낼지 신중을 기해야 한다. 그들이 소외감을 느끼지 않도록, 여전히 팀의 일원임을 느낄 수 있도록 최선을 다해야 한다. 뽑히지 못한 사람들은 자연적으로 열정이 식을 수 있는데, 이러한 노력이 열정이 식는 것을 막는 데 큰 도움이 될 수 있다.

● 긍정적인 정체성 확립

개개인과 조직 모두가 긍정적인 정체성 확립이 필요하다. 그렇지만 가만히 앉아서 기다린다고 그러한 개념이 저절로 유기적으로 형성되지는 않는다. 적극적인 노력을 기울여야 긍정적인 정체성 확립이 가능하다.

당신은 자신의 어떤 면모 때문에 열정을 느끼고, 자극을 받는지 생각해 본다. 당신이나 다른 사람들이 당신한테서 떠올리는 어떤 특성이 있는가? J.P.는 학사 학위를 받으며, 자신이 어떤 사람인지 알게 되었다. 그는 불굴의 의지를 지닌 열심히 노력하는 사람이라는 자아 정체성을 갖게 되었다. 그는 스스로에게 이렇게 말했다. "나는 누구보다 열심히 노력하는 사람이다." 그는 이 문구를 종이에 적어 기숙사 방문 안쪽에 붙여 두었다. 그리고 그 아래 비슷한 뜻을 지닌 고무적인 문구들을 추가로 적었다. 방문이 열리면 문의 뒤쪽은 벽면을 향하기 때문에 다른 사람들은 J.P.가 자신에게 무엇을 계속 일깨우고 있는지 알 수 없었다. 그렇지만 방문을 닫고 방안에 앉아 있을 때 J.P.는 적혀 있는 메모를 보며 자신이 어떤 사람인지 계속 일깨울 수 있었다. 이는 유기 화학과 신경 해부학 같이 힘든 과목을 통과하는 데 도움이 되었다.

당신도 이처럼 할 수 있다. 당신이 노력을 경주하고 실천에 옮길 정체성이나 주제를 고른다. 당신이 택한 정체성, 행동, 혹은 문구가 다른 사람에게 중요할 필요는 없다. 당신한테 중요하면 그만이다. 마음 내키는 대로 문헌, 영화, 음악, 스포츠를 뒤져보든, 당신이 지닌 강점, 특별한 친구, 혹은 가족의 힘을 빌리든 연상되는 모든 것을 찾아본다. 당신이 갖고 있거나 획득하고 싶은 특별한 기술을 생각해 보고, 그러한 소망을 반영해 별명을 지어본다. 함께 일했던 보험 설계사의 경우에는 자신을 '친근이the Closer'라고 부른다. 그는 이렇게 말한다. "이는 나를 천하무적으로 만듭니다. 고객을 만날 때마다 나는 내 자신에게 이렇게 속삭입니다. '친근이를 출동시켜.'"

그 다음에는 그 별명에 어울리는 긍정적인 시각자료를 만든다. 이를 통해 당신은 열정적인 감정을 느끼고, 새로운 긍정적 정체성에 맞게끔 생각과 행동을 변화시킬 수 있다.

이것은 긍정적 팀 정체성을 확립하는 경우에도 마찬가지이다. 다시 말하지만 사람들은 개인적 목표보다 더 원대한 목적의 일부가 되길 원한다. 그들은 자신들의 노력이 중요한 의미를 갖길 바란다.

팀원들이 정체성 확립 과정에 참여하도록 이끄는 것이 중요하다. 그들이 진심으로 그에 대한 믿음을 가져야하기 때문이다. 당신이 혼자서 팀의 정체성을 선택하고 팀원들에게 그것을 강요한다면, 그것은 열정이 아니라, 분노를 불러일으키는 역효과를 낼 것이다. 팀원들을 다음과 같은 방법으로 대화로 불러들인다.

1. 팀원을 한 자리에 모은다.
2. 팀원들에게 그 팀의 목적이 무엇이라 생각하는지 논의할 기회를 제공한다. 그들의 일이 왜, 누구에게 중요한가? 그 집단이나 조직의 보다 원대한 목적은 무엇인가? 당신이 정말 훌륭한 일을 하고 있는가? 그 일이 어떤 중요한 영향을 끼치는가? 조직이나 팀의 가치관으로 논의를 확대시킬 수 있다. 팀의 협력 방식에 대해 이야기해 보라. 보다 원대한 집단 정체성을 구축하는 과정에 이 모든 것을 주안점으로 삼을 수 있다.
3. 팀의 목적을 알리면서 팀의 열정과 유대감을 자극할만한 이름을 팀원들에게 지어보게 한다.

이러한 정체성 확립 과정은 열정을 불러일으키는 두 번째 요소, 즉 유대감에 영향을 미친다.

● 열정을 불러일으킬 단기적인 전략

본 장 초반부에서 앨리슨 포델과 캐머런 크레이지의 괴짜 같은 행동이 열정에 불을 지피는 데 어떤 식으로 도움이 되었는지 살펴보았다. 이는 행동이 감정을 일으키기 때문이다.

속설 및 연구에 따르면, 감정이 특정 행동을 하도록 동기를 부여한다고 한다. 그렇지만 제임스 랑게의 감정 이론the James Lange theory of emotion, 즉 우리가 취하는 행동에서 정서가 초래된다는 이론을 뒷받침하는 최근 연구들이 많이 있다. 도망치고 있기 때문에 두려움이 일고, 안절부절못하고 손톱을 물어뜯고 발을 구르니 불안감이 생긴다는 얘기다. 환호하고 팔을 흔들며 열렬히 몸을 움직이기 때문에 열정이 끓어오른다는 것이다.

한 연구에서 피험자에게 화난 행동, 불안한 행동, 기쁨에 도취된 행동 혹은 우울한 행동을 하도록 요구했다. 예상대로 그들은 자신의 행동과 일치하는 감정을 느꼈다. 또 다른 연구에서는 공모자(confederate: 실험의 일부로 특정 행동을 하도록 연구원들이 '심은' 사람)는 특정 감정만을 연기했다. 물론 피험자들은 그러한 사실을 알지 못했다. 연구 가운데 공모자와 이야기를 나눈 피험자들은 유사한 행동을 보이고 동일한 감정을 느끼기 시작했다. 중요한 것은 그저 어떤 열정적인 행동을 하는 것만으로도 열정을 느낄 수 있다는 점이다. 듀크 대학교 캠퍼스 위의 캐머런 경기장에 모인 팬들과 마찬가지로, 매일 앨리슨 포델과 함께 생활하는 행운을 누리고 있는 산타모니카의 노인들은 그녀와 같은 강렬한 열정을 느낀다.

고객을 만나든, 첫 데이트를 나가든, 부담되는 상황 직전에, 우선 당신이 어느 정도 열정을 갖고 있는지 측정한다. 그러고는 열정을 북돋울 필요가 있는지 없는지 자문해 본다. 만약 필요하다면 다음 기술들이 도움이 될 수 있다.

미리 기분 좋아지는 행동을 한다

기분 좋아지는 행동을 하면 자연스럽게 열정이 샘솟는다. 그렇게 열정이 샘솟고 나면 기분 좋아지는 행동을 그만둔 뒤에도 흥분이 가라앉지 않고 이어진다. 이와 같은 자극 이월효과carry-over arousal 덕에, 열정이 식지 않게 되고, 그 후 부담 상황이 닥쳐도 끈기 있게 참아낼 수 있을 뿐 아니라, 효과적으로 그 상황에 대처할 수 있게 된다. 또 다른 전략은 중요한 회의나 경기가 있기 전날, 재미있는 일을 하여 긍정적인 기분이 들게 한다. 운동선수들은 챔피언십 경기 하루 이틀 전에 자신이 어떤 재미있는 일을 하는지 종종 이야기한다. 이러한 활동은 긍정적인 자극을 불러일으키고, 이는 야구에서의 초구, 농구에서의 점프볼, 혹은 미식축구에서의 경기 시작을 알리는 킥오프에 수반되는 불안감에 정면으로 맞서는 데 도움이 된다.

걷기, 춤추기, 움직이기

놀랍게도 단순히 몸을 움직이는 것만으로 열정과 흥분, 창의력이 증가한다. 스탠퍼드 대학교에서 실시된 최근 연구에 따르면, 걷기 같은 단순한 활동도 창의력을 고취시키는 자극 이월효과를 갖고 있다.

최근 〈실험 심리학 저널the Journal of Experimental Psychology: Learning, Memory, and Cognition〉에 실린 연구에서 메릴리 오페조Marily Oppezzo 와 대니얼 슈워츠Daniel Schwartz는 이렇게 적었다. "많은 이들이 걷다 가 가장 기발한 생각이 떠오른 경험이 있다고 주장한다. 드디어 그 이 유를 찾아내는 여정에 한두 걸음을 내딛게 되었다." 그 연구에 따르 면, 참가자들 가운데 압도적 다수가 앉아 있을 때보다 걸을 때 좀 더 창의적인 생각을 하는 것으로 드러났다. 그들의 창의적인 결과물이 평균 60퍼센트 증가했다.

중요한 것은 걷기를 그만 둔 후에도 그 효과가 오랫동안 지속된 다는 점이다. 그 연구에서 참가자들은 앉자 있기 과정 혹은 걷기 과정 을 끝낸 뒤 테스트를 받았다. 걷기 과정을 끝마치고 앉아 있었던 경우 에도 걷기 과정이 창의적인 아이디어를 제시하는 능력을 향상시켰다. 그러므로 참신한 아이디어를 쏟아내야 하는 중요한 회의에 들어가기 전에, 5분 내지 10분 정도 걷기를 한다.

격렬한 춤을 춘 사람, 춤에 완전히 몰입한 사람은 열정이 넘치게 된다. 춤을 추면 열정을 느끼게 된다는 것을 설명할 필요가 없다. 결혼 식에서, 파티에서 처음에는 어색할 수도 있지만, 일단 한 번 흥이 나기 시작하면 흥분을 가라앉힐 수 없다. 축하 인사, 다른 이들과의 흥미로 운 접촉, 반짝이는 눈 같은 자연스런 열정 표현이 흥분을 불러일으킨 다. 긍정적인 환경 속에서 표현된 모든 것이 서로를 결합시키고 강화 시킨다. 함께 춤을 춘 파트너를 생각해보자. 감정 전염을 통해 그 흐뭇 한 경험이 다른 곳으로 확대된다. 당신은 구름 위에서 춤추는 것 같은 느낌이 들 수 있다. 회의나 발표 전에 열정을 북돋우기 위해 사무실에서 기분을 끌어올리는 3초짜리 간단한 율동을 해보라.

따라서 어떠한 일을 하기 전에 활발한 활동을 하도록 한다. 만약 1주일에 걸친 회의가 끝나가고 있고 발표를 해야 하는데 무기력감을 느낀다면, 계단을 찾아서 5분에서 10분 정도 오르내리도록 한다. 발표 전에 이 책의 저자들도 그렇게 한다. 많은 열정과 에너지를 발휘하는 데 그것이 도움이 되고, 물론 그 결과 좀 더 힘 있는 기조연설을 하게 된다.

음악 듣기

아기가 태어날 때마다 노워크 병원Norwalk Hospital에서는 확성기를 통해 자장가가 흘러나온다. 병원에서 근무하는 이들의 얼굴에 환한 미소가 번지며 즉각 열정이 샘솟는 것을 느낀다. 뉴욕 메츠 야구팀의 선수들은 야구장에 올 때 흥이 나도록 자신만의 음악을 듣는다. 경기장 오르간 연주자들은 홈경기를 보러온 관중들의 열정을 북돋우기 위해 감정을 고조시키는 유사한 부류의 곡을 연주한다.

음악은 자연적으로 감정을 고조시키는 역할을 한다. 청각학과 음악생리학 연구를 통해 알 수 있듯이, (자연 현상을 음악으로 옮겨 놓은 소리처럼) 특정 현상을 사실적으로 구현해 놓은 음악을 연주하여 흥분 수치를 끌어올리면, 그 효과가 1시간 이상 계속된다. 음악적 정서는 보편적이어서, 당신이 어떤 문화적 배경을 갖고 있든 상관없이, 음악으로 슬픔, 행복, 분노, 두려움 등의 감정을 불어넣을 수 있다.

고무적이고 흥분되는 음악을 들음으로써 열정을 고취시킬 수 있다.

1. 음악 소리를 키운다. 필요하다면 헤드폰을 사용한다.
2. 빠른 템포의 음악을 들으면 더 활발해진다.
3. 비트가 강한 음악을 꾸준히 들으면 몸과 마음에 자극이 된다.
4. 기분 좋은 노랫말의 경우 따라 부르면 열정이 솟는다.

열정적으로 말하기

존 래스터가 애니메이터들과 프로덕션의 부하직원과 우수한 성과를 거두는 것은 부분적으로 그가 그들과 이야기하면서 퍼뜨리는 열정과 에너지 덕이었다. 당신도 이러한 전략을 구사할 수 있다. 다만 다음 사항에 유의한다.

• 감흥을 불러일으키지 못하는 단조로운 어조로 말하지 않는다.
• 긍정적이고 감정을 자극하는 묘사적 표현을 쓴다. 이를테면 "당신에게 정말 잘 어울려요.", "스케치 솜씨가 뛰어나네요!"라고 말한다.
• 힘차게 열정적으로 말한다.
• 억양을 살려 말한다.

당신이 하는 말이 언제 열정적으로 들리는지 친구나 가족, 혹은 동료들에게 이야기해달라고 부탁한다. 또 자신의 행동으로부터, 그리고 다른 이들의 관찰로부터 깨달음을 얻을 수 있다. 다음에 회의를 시작할 때는 팀원들 각각에게 자신의 일에 대해 1분 정도 열정적으로 말할 수 있는 기회를 제공해 본다.

큰 소리로 웃기, 미소 짓기

유사 이래 웃음은 열정을 불어넣는 역할을 했다. 웃으면 긍정적으로 육체를 자극하는 엔돌핀이 분비된다. 이는 몸속에서 조깅을 하는 것과 같은 효과가 있다. 큰 소리로 웃다 보면 저절로 미소도 짓게 된다. 미소 역시 열정을 고취시킨다. 그저 자신이나 타인이 저지르는 바보 같은 행동에 주의를 기울임으로써 혹은 재미있던 경험을 되살림으로써 당신은 더 자주 웃을 기회를 가질 수 있다. 직장이나 가정에서 끝없는 부담감에 시달릴 때 당신은 어른으로서 매우 심각해질 수 있다. 의도적으로 더 많이 웃을 기회를 만듦으로써 당신은 열정을 고취시킬 뿐 아니라 기분도 더 좋아질 수 있다. 특정 기분을 '연기'하다보면 실제로 그 기분을 느끼게 된다는 점에 기억하기 바란다. 대학생, 고객 서비스 담당 직원, 회복실 환자를 대상으로 이루어진 많은 연구에 따르면, 그들이 자주 그리고 오랫동안 소리 내어 웃고 미소 지을수록 주변 사람들이 덜 괴로워하고 좀 더 생기 넘치게 된다. 함께 일하는 사람이든, 함께 생활하는 사람이든 주변 사람들은 그에 대해 당신에게 감사할 것이다.

긍정적인 과거의 경험을 되살린다

사실 당신은 과거에 열정을 느꼈던 경험을 이용해 지금 이 자리에서 열정을 북돋울 수 있다. 많은 부부 상담치료사들은 과거에 있었던 긍정적인 추억을 부부 고객들에게 이야기하도록 유도함으로써 보다 공감하며 서로에게 한발 다가가는 계기를 만들어준다. 색인 카드에 기분 좋은 추억이나 손꼽을 만한 성과를 기록한다. 책상에 두고 어깨가 축 처질 때마다 꺼내보며 긍정적인 감정을 북돋우도록 한다.

박수치기

〈후지어스Hoosiers〉라는 영화를 기억하는가? 이 영화는 1952년 주州 선수권대회에서 우승을 거머쥔 인디애나 고등학교 농구팀 이야기이다. 아카데미상 수상자인 진 해크먼Gene Hackman이 그 팀의 코치를 맡았다. 각 경기를 시작하기 전, 그는 선수들을 모여 앉혀 놓고 정신을 차릴 수 없을 정도로 빠른 속도로 박수를 치게 했다. 그러고는 그렇게 흥분한 상태로 선수들을 경기장으로 올려보냈다. ESPN을 통해 중계되는 농구 경기의 중간 휴식 시간을 보면, 휴식 마지막에 선수들이 손뼉을 치는 모습을 흔히 볼 수 있다.

박수는 두들기는 소리이다. 이 소리는 손으로 사물을 두들기거나 문질러 내는 소리이다. 이 소리는 인간의 소리 다음으로 빨리 초기 인류가 만들어낸 소리로 평가된다. 이는 소리와 움직임이 하나가 되어 기분을 향상시킴으로써 자연스레 열정을 북돋운다. 우수한 경기를 보거나 흥분되는 소식을 들으면 박수를 친다. 초기 인류는 (뿔피리를 사용하기 전에) 박수를 성공의 뜻을 전하는 신호로 사용했을 수도 있다. (무서울 때 혹은 팀이 저조한 성과를 거두었을 때 박수를 치지는 않았다.) 박수 소리는 상당히 빠른 속도로 퍼지기 때문이다. 긍정적인 감정을 더 많이 느낄수록, 박수는 더 빨라지고 이러한 신체 동작이 긍정적 자극을 불러일으킨다. 박수를 크게 칠수록, 더욱 고무된다(사람들은 웬만한 일로는 큰 소리로 열렬히 박수를 치지는 않는다).

심적으로 몹시 부담되는 상황에서 열정은 경기에 집중하는 데 매우 중요한 역할을 한다. 강한 열정을 갖고 있을수록 시야의 폭이 넓어진다. 더 다양한 선택지를 찾을 수 있고, 자신이 지닌 자원을 더 효율적으로 이용할 수 있다. 따라서 좌절에 부딪혀도 빨리 일어설 수 있고 빨리 회복할 수 있다. 그러기 위해서는 우선 열정을 어느 정도 발휘할 수 있느냐가 '선택'의 문제라는 사실을 깨달아야 한다. 당신은 매일 매 순간 무엇에 주의를 집중할지 결정할 힘을 갖고 있다. 목적에 주의를 집중하고, 소속감을 느끼며, (다른 팀원들 역시 유대감을 느낄 수 있도록 노력하고) 열정을 북돋우는 몇몇 단기 전략을 구사할 때 당신은 그러한 선택권을 제대로 행사할 수 있다. 또 자신의 열정과 에너지를 북돋울 뿐 아니라, 직장과 가정 모두에서 주변 사람들에게 직접적인 영향력을 행사할 수 있다.

'코트'를 손질하는 방법

이미 주장한 내용을 쓸데없이 다시 요약 제시하는 대신, 당신의 '코트'를 윤기 흐르게 손질하고 관리하기 위해 당신이 하루도 빠짐없이 해야 하는 네 가지 행동을 제시하는 것으로 이 글을 마무리 짓고자 한다. 모두 종합해 보면, 이 행동들은 이 책에서 제시된 태도와 기술을 압축하고 있다. 단 한 가지 주의할 점은 매일 행동으로 옮기지 않으면 '코트'에 녹이 슬 수 있다는 것이다.

- 자신의 가치를 확인한다.
- 매일 긍정적으로 생활한다.
- 최선을 다한다
- 칭찬을 아끼지 않는다.

이 네 가지 간단한 행동으로 당신은 가능한 최상의 삶을 영위할 수 있다. 당신은 네 명의 기사와 어깨를 나란히 할 수 있다.

Ashcraft, M. H., and E. P. Kirk. "The Relationship Among Working Memory, Math Anxiety, and Performance." *Journal of Experimental Psychology, General* 130 (2001): 224-237.

Babyak, M., and J. Blumenthal. "Exercise Treatment for Major Depression Maintenance of Therapeutic Benefit of Ten Months." *Psychosomatic Medicine* 62, no. 5 (2000): 633-638.

Bahrke, S. M., and B. Hale. "Effects of Attitude on Mood Behavior and Cognitive Functioning." *Sports Medicine* 16 (1993): 97-125.

Bakker, F. C., R. R. D. Oudejans, O. Binsch, and J. Van der Kamp. "Penalty Shooting and Gaze Behavior: Unwanted Effects of the Wish Not to Miss." *International Journal of Sport Psychology* 37 (2006): 265-280.

Barrett, L., M. M. Tugade, and R. W. Engle. "Individual Differences in Working Memory Capacity and Dual Process Theories of the Mind." *Psychological Bulletin* 130 (2004): 553-573.

Baumeister, R. "Choking Under Pressure: Self-Consciousness and Paradoxical Effects of Incentives on Skillful Performance." *Journal of Personality and Social Psychology* 40, no. 3 (March 1984).

Beckman, J. "Clenching Fists." *Journal of Experimental Psychology, General* (2013).

Beilock, S. Choke: *What the Secrets of the Brain Reveal About Getting It Right When You Have* To. New York: Free Press, 2010.

Beilock, S., and T, H, Carr. "On the Fragility of Skilled Performance: What Governs Choking Under Pressure?" *Journal of Experimental Psychology, General* 130 (2001): 224-237.

Beilock, S. L., and T. H. Carr. "When High Powered People Fail: Working Memory and 'Choking Under Pressure' in Math." *Psychological Science* 16 (2005): 101-105.

Beilock, S. L., and M. S. Declare. "From Poor Performance to Success Under Stress: Working Memory, Strategy Selection, and Mathematical Problem Solving Under Pressure." *Journal of Experimental Psychology: Learning, Memory and Cognition* 33 (2007): 983-998.

Bracco, F., and R. Gianatti. *Cognitive Resilience in Emergency Room Operation: A Theoretical Framework. Genova, Italy*: Department of Anthropological Studies, Unit of Psychology, University of Genova. Bracco@disa.unige.it.

Breenan, F. X. "Explanatory Style and Immunoglobulin A." *Integrative Physiological and Behavioral Science* 35, no. 4 (2000): 251-254.

Briones, I. "Young Archer Coaching His Way to Success." *In the New, Eastern Foundations,* May 22, 2013.

Bull, S., and C. Shambrock. "Towards an Understanding of Mental Toughness in Elite English Cricketers." *Journal of Applied Sports Psychology* 17 (2005): 209-227.

Burke, S., and T. Orlick. "Mental Strategies of Elite Mount Everest Climbers." *Journal of Excellence*, no. 8 (2003): 42-58.

Butler, J. L., and R. F. Baumeister. "The Trouble with Friendly Faces: Skilled Performance with a Supportive Audience." *Journal of Personality and Social Psychology* 68 (1995): 649-652.

Byrne, M., and S. Boviar. "A Working Memory Model of a Common Procedural Error." *Cognitive Science* 21, no. 1 (1997): 31-69.

Cadinu, M., A. Moss, A. Rosabianca, and J. Kiesner. "Why Do Women Underperform Under Stereotype Threat?" *Psychological Science* 16 (2005): 572-578.

Carver, C. S., and M. F. Scheier. "Assessing Coping Strategies: A Theoretical Based Approach." Journal of Personality and Social Psychology 56 (1989): 267-283.

Darley, J., and C. Batson. "From Jerusalem to Jericho: A Study of Situational and Dispositional Variables in Helping Behavior." *Journal of Personality and Social Psychology* 27, no. 1 (July 1973): 100-108.

Davidson, K., and K. Prkachin. "Optimism and Unrealistic Optimism Have an Interacting Impact on Health Promoting Behavior and Knowledge Changes." *Personality and Social Psychology Bulletin* 23, no. 6 (June 1997): 617-625.

Dewberry, C., and S. Richardson. "Effect of Anxiety on Optimism." *Journal of Social Psychology* 130, no. 6 (1990): 731-738.

Emerson, R. "Mount Everest: A Case Study of Communication, Feedback and Sustained Group Striving." *Sociometry* 14 (1996): 213-227.

Fitzgerald, T. E., and H. Tennen. "The Relative Importance of Dispositional Optimism and Control Appraisals in Quality of Life After Coronary Bypass Surgery." *Journal of Behavioral Medicine* 16, no. 1 (1993): 25-43.

Gardner, H. "Coming Through When It Matters Most." *Harvard Business Review* 90, no. 4 (April 2012).

"Getting Inside Their Heads." *Chicago Tribune*, February 20, 2008.

Gillham, J. E., and M. Seligman. "Footsteps on the Road to a Positive Psychology." *Behavior Research and Terapy* 37 (1999): 163-173.

Glucksberg, S. "The Influence of Strength and Drive on Functional Fixedness and Perceptual Recognition." *Journal of Experimental Psychology* 63, no. 1 (January 1962): 36-41.

Goodman, R. *Performance Under Presure: Examination of Relevant Neurobiological and Genetic Influence.* Dissertation, University of Maryland, April 2008.

Gopher, D., M. Weil, and T. Bareket. "Transfer of Skill from a Computer Game Trainer to Flight," *Human Factors* 36 (1994): 1-19.

Gray, W. D. "The Nature and Processing of Errors in Interactive Behavior." *Cognitive Science* 24, no. 2 (2000): 205-248.

Grimming, D., P. Huguet, J. Caverni, and F. Cary. "Choking Under Pressure and Working Memory Capacity: When Performance Pressure Reduces Fluid Intelligence." *Psychonomic Bulletin and Review* 13 (2005): 101-105.

Gucciardi, D. F., and J. A. Dimmock. "Choking Under Pressure in Sensorimotor Skills: Conscious Processing or Depleted Attentional Resources?" *Psychology of Sport and Exercise* 9, no. 1 (2008): 45-59.

Hayes, S., C. Hirsh, and A. Mathews. "Restriction of Working Memory Capacity During Worry." *Journal of Abnormal Psychology* 17 (2008): 712-717.

Helsen, W. F., and J. L. Starkes. "A Multidimensional Approach to Skilled Perception and Performance in Sport." *Applied Cognitive Psychology* 13 (1999): 1-27.

Hembree, R. "The Nature, Effects, and Relief of Mathematics' Anxiety." *Journal for Research in Mathematics Education* 21 (1990): 33-46.

Herrera, N. "The Chicago Cubs and the Curse of a Stereotype." *Personality and Social Interaction* (blog), October 26, 2009. www.psychologytoday.com/blog/personality.

Jones, G., S. Hanton, and D. Connaughton. "A Framework of Mental Toughness in the World's Best Performers." *The Sport Psychologist* 21, no. 2 (2007): 243-264.

Jordet, G. "When Superstars Flop: Public Status and Choking Under Pressure in International Soccer Penalty Shootouts." *Journal of Applied Sport Psychology* 21 (2009): 125-130.

Kaufman, C. "Positive Psychology: The Science at the Heart of Coaching." In D. Stober and A. Grant (eds.), *Evidence-based Coaching Handbook: Putting Best Practices to Work for Your Clients* (pp. 219-253). Hoboken, NJ: Wiley, 2006.

Kay, M. Interview with Eli Manning. *Michael Kay Show.* ESPN New York Sports Radio, 2011.

Keith, K.D., and R. L. Schalock. "The Measurement of Quality of Student Life Questionnaire." *American Journal of Family therapy* 22 (1994): 83-87.

Kolker, R. "Cheating Upwards." *New York,* September 16, 2012.

Kowalski-Trakofler, C. Vaught, and T. Scharf. "Judgment and Decision Making Under Stress: An Overview for Emergency Managers." *International Journal of Emergency Management* 1, no. 1 (2003): 278-289.

Kyle, T. "Preventing Choking and Raising Performance Under Pressure." *Kin* 365 (2009): 2-10.

Lam, W. K., J. Maxwell, and R. Masters. "Analogy Learning and Performance of Motor Skills Under Pressure." *Journal of Sport and Exercise Psychology* 31 (2009): 337-357.

Landsburg, S. "Women Are Chokers: Studies Show They Cave Under Pressure. Why?" *Slate.* February 9, 2007.

Lazarus, R. S. *Passion and Reason: Making Sense of Our Emotions.* New York: Oxford University Press, 1995.

Luthans, F., and J. Avery. "The Development and Resulting Performance Impact of Positive Psychological Capital." *Human Resource Development Quarterly* 21, no. 1 (Spring 2010): 41-67.

McKinney, E. H., and K. J. Davis, "Effects of Deliberate Practice on Crisis Decision Performance." *Human Factors* 45 (2003): 436-444.

Mesagno, C. "Alleviating Chocking: The Sounds of Distractions." *Journal of Applied Sport Psychology* 21 (2009): 131-147.

Milton, J., A. Solodkin, P. Hlustik, and S. L. Small. "The Mind of Expert Motor Performance Is Cool and Focused." *Neuroimage* 35 (2007): 804-813.

Ochsner, K., and J. Gross. "Cognitive Emotion Regulation: Insights from Social Cognitive and Affective Neuroscience." *Current Directions in Psychological Science* 17 (2008): 153-158.

Orlich, T. "Interview with Curt Tribble, Elite Surgeon." *Journal of Excellence*, no. 5 (September 2001): 117-125.

Otten, Mark. "Choking Vs. Clutch Performance: A Study of Sports Performance Under Pressure." *Journal of Sport and Exercise Psychology* (2009): 583-601.

Oudejans, R. D. "Reality Based Practice Under Pressure Improves Handgun Shooting Performances of Police Officers." *Ergonomics* 51 (2008): 261-273.

Patrick, T. D., and D. Hrycaiko. "Effects of a Mental Training Package on an Endurance Performance." *The Sport Psychologist* 12, no. 3 (1998): 283-299.

Peterson, C., and L. Bossio. *Health and Optimsim.* New York: Free Press, 1991.

Praca, C. "World Champion Highlights Round 1 Winners at 2009 Wrangler National Finals Rodeo." *Praca Events Report*, February 4, 2009.

Ramirez, G., and S. L. Beilock. "The 'Writing Cure' as a Solution to Choking Under Pressure in Math." Poster presented at the annual meeting of the Psychonomics Society, Chicago. November 2008.

Reschly, A. L., and S. L. Christenson. "Jingle, Jangle, and Conceptual Haziness: Evolution and Future Directions of the Engagement Construct." In S. L. Christenson, A. L. Reschly, and C. Wylie (eds.), *Handbook of Research on Student Engagement.* New York: Springer, 2012.

Rubin, Z., and L. A. Peplau. "Who Believes in a Just World?" *Journal of Social Issues* 31, no. 3 (1975): 65-79.

Ryn, Z. "Psychopathology in Mountaineering: Mental Disturbances Under High Altitude Stress." *International Journal of Sports Medicine* 9 (1988): 163-169.

Schlenker, B. R. "Championship Pressures: Choking or Triumphing in One's Own Territory?" *Journal of Personality and Social Psychology* 68 (1995): 644-648.

Schmalstieg, F. C., and A. S. Goldman. "Ilya Ilich Metchnikoff (1845-1915) and Paul Ehrlich (1854-1915): The Centennial of the 1908 Nobel Prize in Physiology or Medicine." *Journal of Medical Biography* (England) 16, no. 2 (May 2008): 96-103.

Schomer, H. "Mental Strategies and the Perception of Marathon Runners." *International Journal of Sports Medicine* 9: 163-169.

Scioli, A., C. M. Chamberlin, et al. "A Prospective Study of Hope, Optimism, and Health." *Psychological Reports* 81, no. 3 (1997): 723-733.

Seligman, M. *Learned Optimism.* New York: Random House, 1991.

Shectman, N., A. DeBarger, and C. Dornsife. *Promoting Grit, Tenacity and Perseverance: Critical Factors for Success in the 21st Century.* U.S. Department of Education, Office of Educational Technology, SRI International, February 13, 2014.

Shohan, A., M. G. Rose, and R. L. Kahle. "Practitioners of Risky Sports: A Quantitative Examination." *Journal of Business Research* 47 (1986): 237-251.

Simon, A. "Perception in Chess." *Cognitive Psychology* 4 (1973): 55-81, "Sniffing for Bombs: Meet America's Most Elite Dogs." *60 Minutes*, April 11, 2013.

Snyder, C. R. "Hope Theory: Rainbows in the Mind." *Psychological Inquiry* 13, no. 4 (2002): 249-275.

Snyder, C. R., and D. McDermott. *Hope for the Journey: Helping Children Through Good and Bad Times.* Boulder, CO: Westview Press, 2001.

Spencer, S. J., C. M. Steele, and D. M. Quinn. "Stereotype Threat and Women's Math Performance." *Journal of Experimental Social Psychology* 35 (1999): 4-28.

Staal, N. *Stress, Cognition, Human Performance.* Available from NASA Center for Aerospace Information, 7121 Standard Drive, Hanover, MD 21076-1320.

Steele, C. M. "A Threat in the Air: How Stereotype Shape Intellectual Identity and Performance." *American Psychologist* 6 (1997): 613-629.

Steele, C. M., and J. Aronson. "Stereotype Threat and the Intellectual Test Performance of African-Americans." *Journal of Personality and Social Psychology* 69 (1995): 797-811.

Understanding Pressure: Stop the Choking. Winning Edge Psychological Services, LLC.

Ungerleider, S., and M. J. Golding. "Mental Practice Among Olympic Athletes." *Perceptual and Motor Skills* 72: 1007-1017.

Vickers, J. *Perception, Cognition, and Decision Training: The Quiet Eye in Action.* Champaign, IL: Human Kinetics, 2007.

Wan, C. Y., and G. F. Huon. "Performance Degradation Under Pressure in Music: An Examination of Attention Processes." *Psychology of Music* 33 (2005): 155-172.

Wang, J., D. Marchant, and T. Morris. "Coping Style and Susceptibility to Choking." *Journal of Sport Behavior* 3 (2004).

Wegner, D. M. "How to Think, Say, or Do Precisely the Worst Thing for Any Occasion." *Science* 325 (2009): 48-51.

Weisinger, H. *Dr. Weisinger's Anger Workout Book.* New York: William Morrow, 1985.

Weisinger, H. *Emotional Intelligence at Work.* San Francisco: JosseyBass, 2000.

Weisinger, H. *The Genius of Instinct.* Saddle River, NJ: FT Press, 2009.

Weisinger, H. *The Power of Positive Criticism.* New York: AMACOM, 2000.

Wiley, J. "Expertise as Mental Set: The Effects of Domain Knowledge in Creative Problem Solving." *Memory and Cognition 26*, no. 4 (1998): 716-730.

Worthy, D. A., A. B. Markman, and W. T. Maddox. "Choking and Excelling at the Free Throw 0Line." *International Journal of Creativity and Problem Solving* 19 (2009): 53-58.

Yarrow, K., P. Brown, and J. W. Krakauer. "Inside the Brain of an Elite Athlete: The Neural Processes That Support High Achievement in Sports." *Nature Reviews, Neuroscience* 10 (August 2009): 585-596.

나를 단단하게 하는 부담의 심리학

나는 왜 잘하고 싶은데 잘하지 못할까?

초판 1쇄 발행 2017년 2월 28일

지은이 | 헨드리 와이신저, J.P. 폴루-프라이
옮긴이 | 정준희
발행인 | 홍경숙
발행처 | 위너스북

경영총괄 | 안경찬
기획편집 | 임소연, 김효단

출판등록 | 2008년 5월 2일 제310-2008-20호
주소 | 서울 마포구 합정동 370-9 벤처빌딩 207호
주문전화 | 02-325-8901

디자인 | 최치영
제지사 | 한솔PNS(주)
인쇄 | 영신문화사

ISBN 978-89-94747-73-6 03320

이 도서의 국립중앙도서관 출판예정도서목록(CIP)은 서지정보유통지원시스템 홈페이지
(http://seoji.ni.go.kr)와 국가자료공동목록시스템(http://www.ni.go.kr/kolisnet)에서 이용하실 수 있습니다.
(CIP제어번호 : CIP2017003246)